文汇传记

非才子的徐志摩

文汇传记

韩石山 著

文匯出版社

序

多年前，在一家刊物上写过一篇文章，叫《非才子的徐志摩》。去年吧，一位老朋友还记着这个事，见了面，劝我写本徐志摩的书，就叫这个名字。

想想，是个事儿。

现今的人们，一谈起徐志摩，总是想着他的风流韵事，他又有才，自然会想到“才子风流”，颠过来便是“风流才子”，再推导下去，就更不堪了。在中国，说谁是才子，多半不是好话。撇开才子的一面，或许更能见出其人的功业与品格。

好，那就写吧，撇开才子的一面，看看徐志摩究竟是个怎样的人。

早年写过《徐志摩传》，再写一部通常的传记，意思不大。写出来，只是线条的加粗，事件的细化，这一粗一细，相互渗洇，多半会模糊一片。如何突出资料的丰富，又能做到条分缕析，思了前，想了后，决定用一种新的写法。这个写法，是由平素填《干部履历表》想到的。是呀，看一个人的情况，再没有比看《履历表》更省事的了。何不将之作为一种体例，来写一部新的徐志摩的传记？

昔人有《尝试集》，且尝试一回！

2020年疫情期间，困居京师前半年写了长篇小说《花笺》，后半年写了这本《非才子的徐志摩》。

履历表的一格，叫一项。原想，这本书的章，就叫项。别太“格色”了，仍叫成章。

再就是，《非才子的徐志摩》这名目，也不是我的，是袭用了叶公超先生一篇文章的名字。鲁迅死后，他写过一篇文章叫《非战士的鲁迅》，意思是，不说作为战士的鲁迅了，只说鲁迅不是战士的那一面。

感谢徐州学者徐志东、上海学者朱勇强、武汉大学教授陈建军、复旦大学教授谈峥（瀛洲）等师友，在写作过程中给予的帮助。

还要感谢上海文汇出版社，肯接受一个文学老兵的这么一部书稿。我的第一本小说集，是差不多四十年前（1982年）上海一家出版社出的。料不到的是，到了这个年纪，还有这么一本书能在上海出版。

韩石山

2020年12月28日于潺湲室

目录

第一章　姓名及其他

1. 姓名　003
2. 出生年月日　008
3. 籍贯　010
4. 出身　011

第二章　相貌及其他

1. 他的相貌　019
2. 他的身高　026
3. 他的声音　028
4. 他的着装　031
5. 他的字　033
6. 他的做派　037
7. 性格上的缺陷　041

第三章 国内学历

1. 私塾 049
2. 开智学堂 049
3. 杭州府中学堂 051
4. 北京大学预科 057
5. 沪江大学 059
6. 北洋大学法科 070
7. 北京大学法科 071

第四章 国外学历

1. 克拉克大学政治和社会学系 081
2. 康乃尔大学夏令班 088
3. 哥伦比亚大学 095
4. 伦敦大学政治经济学院 106
5. 剑桥大学国王学院 112

第五章 职业

1. 松坡图书馆 121
2. 讲学社 124
3. 北京大学 127
4. 晨报社 128
5. 光华大学 130
6. 上海艺术大学 132
7. 中央大学 134
8. 北京大学 135

第六章 社团活动

1. 文学研究会 141
2. 新月社 143
3. 新月社俱乐部 146
4. 快雪同志会 150
5. 新月书店（“新月派”） 152
6. 平社 157
7. 国际笔会中国分会 163

第七章 书刊编辑

1.《晨报副刊》 167
2.《诗镌》 175
3.《新月》月刊 183
4.《诗刊》 190
5. “新文艺丛书”与“新文学丛书” 194
6. 为《醒世姻缘》写序 197

第八章 重要事件（上）

1. 为蔡元培呐喊 205
2.《康桥再会罢》刊登事件 207
3. 克莱斯勒小提琴独奏会 212
4. 与新剧家的论争 214
5. 南开暑期学校讲课 218
6. 海宁观潮 222
7. 泰戈尔访华 230

第九章　重要事件（下）

1. 参观丝厂　239
2. 撤稿事件　244
3. “耳朵”问题　248
4. “青年必读书”中的暗斗　251
5. 欧洲之行　255
6. “闲话”事件　261
7. 仗义执言为任公　271
8. 第四次欧美之行　276
9. 第一次全国美术展览会　282

第十章　著作（生前）

1.《涡堤孩》　297
2.《志摩的诗》　299
3.《落叶》　304
4.《赣第德》　306
5.《英国曼殊斐儿小说集》　307
6.《玛丽玛丽》　309
7.《巴黎的鳞爪》　310
8.《翡冷翠的一夜》　312
9.《自剖》　319
10.《卞昆冈》　320
11.《轮盘》　321
12.《猛虎集》　324

第十一章　著作（死后）

1.《秋》　333
2.《云游》　333
3.《爱眉小札》　335
4.《志摩日记》　337
5.《远山》　339
6.《徐志摩全集》　342

第十二章　南下、殒命与哀荣

1. 离北平前的十几天　349
2. 在上海的几天　356
3. 急急北上，所为何事　364
4. 殒命　368
5. 上海方面的祭奠活动　372
6. 北平方面的悼念活动　377
7. 下葬　382

附：年表　385

第一章

姓名及其他

1. 姓　名

姓不用说了，徐。

且说名。

出生后，父亲依照家谱这一辈的取名用字——章，为之取名章垿，带上姓即是徐章垿。

这叫谱名，也是学名。

好多年，上学，正式的文书，都用这个名。

还有字，也叫表字。

其父徐光溥，字申如，以字行世。生于同治十一年，公元1872年，此年干支纪年为壬申，即俗话说的猴年。儿子生在光绪二十二年，干支纪年为丙申，也属猴。大概这一点，让父亲很是高兴，他的字为申如，便给儿子也取了个字，曰幼申，即小猴子的意思。幼与又同音，也叫又申，意为又一个猴子。

让人一看就知道是个猴子，总觉得俗了点，便取这两个字的音，选了典雅的字，幼选了槱，申选了森，合在一起，该是嘉木成林的意思。这样，就有了一个见诸家谱的字，槱森。

他自己早年写文章，常用的自称是又申。

徐志摩这个名字，是怎么起下的，生前死后，众说纷纭，莫衷一是。

且看一个小故事：

有一次，我奉了暨南文艺研究会之托，去邀请志摩再度到校作专题演讲。那天，我和一个同学到法租界福熙路他的寓所去拜访他，我们一进去，就看见志摩在写着什么，他一看见我们的到来，立刻停了笔招呼我们……接着，我们还聊了一会儿天，和我同来的那个同学忽然发出奇问，他说："徐先生，你的大名，志摩两字的取义，是志在'摩顶放踵'呢？还是志在做诗人王摩诘呢？"

志摩听了，笑笑地说："你要怎样想都可以，可以随你的便！"

"这样说来，其志不小呀！"那个同学天真地说。

志摩笑得很响……

这是温梓川《徐志摩朗诵秋声》文中的一段话。收入韩石山编《难忘徐志摩》书中，2002年1月昆仑出版社出版。以下引用单篇文章，不再注明出处的，均选自此书。

温梓川当时是暨南大学的学生，文章前面说到认识徐志摩是在1928年春天。这次去请志摩，是第二次，当在同年夏天。

这个小故事，很有意思。它说明，早在志摩在世的时候，人们对他的这个名字，就有不同的说法。有的说是“志在摩顶放踵”，有的说是志在成为王维那样的大诗人。王维，字摩诘。

近年，有人甚至写出专文，对此进行探讨。

志摩上过沪江大学。这是一所教会学校，几经辗转，现在是上海理工大学的校园。2014年该校出版一本《1916：徐志摩在沪江大学》，上海交通大学出版社印行。编者为吴禹星。吴先生在书中，收有一文，名曰《诗人徐志摩名号考》，当为吴先生所作。文首有言：

> 陈从周在《徐志摩年谱》开头就称：“志摩姓徐，初字槱森，后更字为志摩，小字又申，谱名章垿，以字行（案志摩二字，离北京大学后，出国始更）。”明确“志摩”为字，是在离开北京大学出国前后启用。韩石山在《徐志摩传》中采纳了陈的大部提法，称其谱名为徐章垿，其父徐申如以字行世，而对“志摩”二字则有所疑虑，未确定其性质，只说：“志摩这个名字，是他北大肄业赴美之前自己取的。”

接下来，引用了吴其昌《志摩在家乡》中的话，说“志摩”二字，是他不经父母同意而“乱取”的号，在硖石人看来，是“算不得数的”。

按陈从周的说法，是志摩长大后，改了的字。也就是说，就是个表字。按吴其昌的说法，是志摩自己胡乱取的“号”。从正式名字这个意义上说，是算不得数的。

提出这个问题，应当说吴先生是严谨的。

陈从周所以说，志摩之名，是其“出国更始”，是指志摩在赴美的轮船上写了一篇文章，名为《民国七年八月十四日启行赴美文》，头一句，说过日期，便是：“志摩启行赴美。”也就是，陈先生认为，这是志摩一名最早的使用。插一句，有人或许会说，陈先生给此文起个名字，怎么就这么长。陈先生起这样的名字，是有讲究的。这是古代的“首句起名法”，《诗经》起名，用的就是这个办法。

志摩这个名字，真的是此文最早用上的吗？

现在看来，不是这么回事。

《1916：徐志摩在沪江大学》书中，发掘出志摩在校期间，在该校学生刊物《天籁》上发表的多篇文章，且是这个刊物的“汉文主笔”之一。共有五位，他排名第二。他是1916年2月入学的，3月该刊第4卷第1号出版，徐志摩的名字，就列上了。

于此可知，早在1916年3月，便启用了这个名号。

细细剖析，志摩在校期间，《天籁》共出了四期，志摩发文11篇。第4卷第1号，即志摩初任汉文主笔那一期，有3篇文言文章，用了徐志摩署名。此后三期，主笔仍署徐志摩，文章署名，一律是徐章垿。独有第4期上，有篇综述性小文《沪江春秋》，署名用了徐志摩。

再就是，英文版《天籁》的*Voice*中，一则体育消息，报道沪江大学体育会第三届年会，其中说，徐志摩（Zee Tsong Zu）被推举为网球队助理（Assistant Tennis Manager）。

如此情形，只能让我们推测，当了主笔之后，第1期编刊，用了署名徐志摩的文章，或许有人说，编者即主笔，多发了自己的文章。于是此后，主笔仍用徐志摩，而发文则用在校的学名。如此看来，这个徐志摩，相当于起了个笔名，或者说起了个别号。年轻人嘛，做什么都愿意玩个新花样。

那么，这就是用徐志摩一名的起始了吗？

还不是。

吴禹星在同一文中说，志摩在《天籁》上发表文章多篇，用文言写的文章中，有好几篇实际上是在杭州府中时所作。这些文章，有的不光署名为徐志摩，且文中有以志摩自称的文句。

《春游纪事》首段有言：

志摩好游而不择，非必名山川是践，即荒陬穷谷，人迹杳阒之处，志摩辄裹糇粮披荆棘而往。当风啸吁，观化为乐。岂尝恶肘柳而悲黍离也哉。

再比如《记骆何坤全谊事》末段：

志摩曰：晚近无道，友道无闻久矣。骆子独高义皎皎，信其然诺，正言格顽，暮夜负尸，于古鲜见，况于今乎？诗云：恺悌君子，四方为则，此之谓矣。

这里要特别说明的是，这个骆何坤，就是后来的何竞武，浙江诸暨县人，少年时考入海宁硖石米业两等学堂，与志摩成为好朋友。何竞武后来从军，北伐时曾任国民革命军东路总指挥部少校参谋，1930年任铁道部平汉铁路管理局局长，是志摩在政界的好朋友。何的女儿何灵琰少小时，认志摩和小曼为干爹干妈。志摩于1931年1月18日晚到南京，就住在何竞武家，第二天早上去机场，也是何用自己的小轿车送去的。

何竞武为朋友全谊事，发生在1912年5月，正是辛亥革命后，杭州府中停办，志摩休学在家的时候，听闻之后，写这样一篇文章，当在情理之中。

《春游记事》中写的事，在志摩的《府中日记》有相应的记载，可知此番春游，发生在1911年农历四月二十四日。

这两篇文章中用了“志摩”之名，可知早在杭州府中学堂上学时，十四五岁的志摩，便给自己取了这样一个名号。

那么，这算个什么呢，表字，还是别号？

我以为，不能算表字。因为表字与名之间，要有某种字义上的关联。而志摩与章垿之间，不会有丝毫关联。

那么，只能说是别号了，也可以说是。更准确地说，是他早早就给自己取了这样一个笔名。恐怕起初，只是用在这类自我欣赏的文章里。

权衡之下，还是叫别号吧。

还有一个名字，是他与陆小曼结婚前后，小曼叫他的一个昵称：摩摩。他后来在信中，也作为名字用。比如1931年10月1日致小曼信的落款为：你的“愚夫”摩摩。1931年10月23日致小曼信的落款为：摩摩。1931年11月9日，此生最后一封致小曼的信的落款为：摩摩吻上。

这样，可以综述一下：

姓徐，名章垿，字槱森，小字幼申，或又申，号志摩，昵称摩摩。以号行世。

且来探究一下，为什么起了这么个号。

前面已经说了，世人有两种猜测，还有一种说法，《诗人徐志摩名号考》里也提到了。说这是志摩1918年去美国留学时，父亲给另取的名字。依据是，志摩周岁时，有一个叫志恢的和尚，替他摩过头，并预言“此人将来必成大器”，其父望子成龙心切，即替他另取此名。

这样说来，志摩的意思，就成了“志恢和尚曾抚摩”。也太不靠谱了。

不过，他的这个名字，在留学之后，就得到了父亲的承认，或者说及时地通知了父亲。志摩赴美之后，有一张正规的照片寄家中，上面写的就是志摩。

仍说为什么起了这么个名字。

过去探究这个问题，总是往高处想，往远处想。比如因为他成了诗人，便想到是志在成为王维这样的大诗人。而不知，志摩在1922年之前，从来就没有写过一首诗，也没有想过要当什么诗人。再说，那个年代要当诗人，是要当龚自珍、吴梅村那样的诗人，志摩是个不懂韵律的人，怎么会想到这上头？

至于“志在摩顶放踵”，那是要成佛成仙，人们只是想到了那个“摩”字开头的成语，硬要往上凑，根本就不着边儿。哪有小小年纪，连媳妇还没有娶下，就要去当和尚的道理？

要往低处想，要往俗处想。

前多少年，曾看过一本美籍华人学者李欧梵写的书，叫《上海摩登》，副题为《一种新都市文化在中国1930—1945》。我的这本，是谢泳先生送我的，翻过，没细看。似乎里面，专为志摩写了一节。

人们往高处想，往大处想，是将徐志摩看作了成年以后，写了那么好的诗篇的大诗人。现在知道了，这是他在杭州府中，给自己起的一个号不是号、笔名不是笔名的名字。真的像吴其昌说的那样，是他自己不经父母同意而“乱取”的别号，是“小官人乱来的”。

一个十四五岁的少年儿郎，会怎么个乱来呢？

也跟“现在而今眼目下”的风气，差不了多少，怎么个“酷逼”怎么个来。

志摩上中学前后，正是风气初开的时候，最吃香的一个词儿，便是“摩登”。志摩者，就是志在摩登，或者说是我要摩登。彼时的摩登，绝不是单单冠于“摩登女郎”的一个词儿，乃是普遍的摩登，浑身上下通体的摩登。再往大点绽开了说，就是追求时代风尚，向往现代文明。

我觉得，这个理解，怕是最贴近摩摩这孩子的本意的。

2018年4月，中信出版集团有限公司出版了徐志摩嫡孙徐善曾写的一部志摩的传记。徐善曾的传记只有数万字，书中收罗了许多他祖父的诗文，印出来也是厚厚的一大本。书名呢，起得真好，就叫《志在摩登——我的祖父徐志摩》。

志在摩登，志摩之谓也。

有了这本书，这个公案就可以了结了。

志摩者，追求时尚与文明也。

留学期间，志摩还给自己起了个英文名字，过去不知道，现在知道了，就写在他的哥伦比亚大学硕士论文的首页。是这样一行字：

Author：HSU，CHANG HSU HAMILTON

译成汉语，则为：

作者：徐·章埁·汉弥尔顿

汉弥尔顿，美国开国诸英杰之一，曾任华盛顿时代的财政部部长，以善写文章与治国有术著称。志摩曾说，他去美国时，父亲希望他将来成为一个银行家，而他去了美国之后，最大的理想是做一个中国的汉弥尔顿。因此，在写哥大的硕士论文时，就署了这么一个洋名。这是他自己起的，应当说是他的一个名字。当然，读的时候，再连上前面的“徐·章埁”一起读。

名字，不管是长辈起的，还是自己起的，都是自己认可了的。还有一种称呼，是别人给起的，说起来也知道说的是谁，可说是名字的变异，也可以说是另一种名字。有的不认可，有的还是认可的。是不是可以说，自己认可的，也就算是一种特殊的名字了。若这个说法成立，那么，志摩还有一个外号式的名字。

且看这一段文字，是他的散文《南行杂记（二）》里的：

我在纽约那一年有一部分中国人叫我做鲍尔雪微克，因为——为什么？因为我房间里书架上碰巧有几本讲苏俄一类的书。到了英国我对劳工的同情益发分明了。在报纸上看到劳工就比是看三国志看到诸葛亮赵云，水浒看到李逵鲁智深，总是“帮”的。那时有机会接近的也是工党一边的人物。贵族，资本家：这类字样一提着就够挖苦！劳工，多响亮，多神圣的名词！直到我回国，我自问是个激烈派，一个社会主义者，即使不是个鲍尔雪微克。

鲍尔雪微克，俄语为большевиком，英语为Bolshevik。

这段话，等于是认同了他人给他叫鲍尔雪微克，另有一处，写的是鲍雪微克，意思是一样的。

2. 出生年月日

光绪二十二年十二月十三日酉时，也就是下午5点到7点钟之间，徐志摩出生在浙江海宁县硖石镇保宁坊徐家老屋第四进院子的楼上。

1987年我去海宁游玩，曾有朋友陪我去过这个院子。江南小镇上的院子，不比北方大户人家的院子，所谓的天井，站在院子里往上看去，真的像是站在井底下朝天上看。朋友指给我说，那个房子的二层，就是志摩出生的地方，我都想象不出来，那么小个房子，怎么能生下那么大一个诗人。

这个地方，在西河街中宁巷，前些年已拆除了。

当时，还去了干河街上，曾作为银行办公楼，刚刚腾出来，还没有来得及装修的那个中西合璧的二层小洋楼，后来说是徐志摩故居。当时只是直白地说，徐志摩和陆小曼结婚住的小洋楼。

仍说这个年月日。

光绪二十二年十二月十三日，换算成公历，就成了1897年1月15日了。

这个时间，给计算徐志摩的年龄造成了小小的不便。

比较一下就知道了。

与徐志摩同学，同在杭州府中学堂一个班上过学的郁达夫，是光绪二十二年十一月三日出生的，也属猴，只比志摩大40天。郁达夫在一篇文章里说，“称他作孩子，或者有人会说我卖老，其实我也不过是他的同年生，生日也许比他还后几天，不过他所给我的却是一个永也不会老去的新鲜活泼的孩儿的印象”。(《怀四十岁的志摩》) 这里说，或许志摩比他还大些，显然是一种模糊的记忆，因为他的生日不大，就觉得同年的朋友，可能比他还要大些。实际上，两人同年生，志摩比他还要小40天。

论农历，是同年，但论起公历，可就不一样了。达夫成了1896年12月7日，还在猴年大体对应的1896年这边，志摩呢，却到了1897年那边。按通行的年龄计算法算下来，达夫就大了一岁。

为什么说这样的计算，到了志摩这儿，会造成小小的不便呢?

且展开来说。按公历说，生于1897年1月15日，只差14天就是全年。志摩死在1931年11月19日，只差42天就是全年。也就是说，1897年和1931年，这两年他差不多是过完了。可是按公历计算岁数的规则，1931−1897=34岁，实际上他在世上活的年岁，去了前后的差数，差不多就是整整35年。说34年，是不符合实情的。

感谢吴禹星的《1916：徐志摩在沪江大学》一书，书中说到志摩的年龄，都是按35岁算的。比如志摩1915年考上北大预科，要按我过去的写法，就要写成是18岁上的，而这本书中，就说是19岁上的。我倒是觉得，吴先生的算法是对的。

因此这本书里，我也改变了算法，将志摩出生的那一年（1897年），也算成了一岁。

3. 籍　贯

按志摩出生时的行政区划，该说是浙江省海宁县硖石镇。因为当时的海宁县政府，在本县盐官镇上，就是王国维老家在的那个地方，离海边很近。

现在呢，该说是浙江省嘉兴市海宁市市区硖石镇了。

为叙事方便，这一节里，说到海宁市这个地方，仍说是海宁县。

海宁这个地方，1987年我头一次去，给我的感觉只有一个词：震惊。

山川之秀美壮丽，中国的地方太多了，数也数不过来，比也没法比。但是，一个县域之内，有这么多的名人，真还没有听说过。

扳着指头数一数。

学问家有王国维，数学家有李善兰，军事家有蒋百里，书法家有张宗祥，训诂学家有朱起凤，红学家有吴世昌，书画家有钱君匋，书画鉴定家有徐邦达，铁道专家有徐骝良，诗人小说家一大串，徐志摩、金庸、穆旦，等等。

现在的沪杭铁路，经过海宁，可是你拿上地图看看，会发现这个铁路线，是稍稍弯了的，顺直了应当是通过桐乡，直达杭州。

这是怎么回事呢？

难道是海宁的硖石镇，有重要矿产待开发，所以给了这样运输上的方便？

否。

不是有矿，是有人。

也不是此人有势力，而是此人有眼光。

这个有眼光的人，不是别人，恰是志摩的父亲徐申如先生。

光绪三十四年（1908），江浙两省着手筹建沪杭铁路，分两段进行，各省负责本省境内的工程。浙路经费，确定由浙商集股筹资。按原来的勘测设计，应直穿桐乡县境。桐乡的士绅，怕坏了本县的风水，竭力反对修建铁路。徐申如却独具慧眼，看出铁路的重要，挺身而出，一面以铁路公司董事的身份，与浙路督办（总经理）汤寿潜交涉，一面鼓动海宁士绅，联名具结上书，恳求铁路改道经过硖石。该过的不让过，不该过的要求过，督办自然心喜。然而建铁路自有章法，是否可行，须听技术人员的裁决，身为督办也不敢独断专行。

事有凑巧，当时主持沪杭铁路建设工程的徐骝良（法国巴黎铁道大学毕业，与詹天佑齐名，有北詹南徐之誉），恰是海宁人，也支持改道的动议。据说，为了避免审查者的盘诘，徐骝良特意将整个铁路的设计图，以硖石为界，画在两张图纸上，只是标的方向稍有不同，接在一起看，铁路仍是直的。这就带了些传说味道。这么大的事，怕不是图纸上做点手脚能奏效的。不管怎么说，沪杭铁路本应经过桐乡，最终却经过了海宁，这事对海宁后来的发展，功莫大焉。

海宁的士绅，也不是全像徐申如这样开明，只能说开明者多，徐申如的号召力大，把改道这件事办成了。那些顽固士绅，其凶悍并不稍逊于他们的桐乡同党。铁路开工后，曾鼓动无知乡民，结队捣毁徐申如的宅院。

4. 出　身

出身，按我的想法，该说成身世。身世有文化传承、道德熏染的意思在里头，出身呢，似乎只说穷富，穷了就好，富了就不好。想想，还是按过去多少年的积习，说成出身吧。文章是由人写的，用了出身，也不是说，就不能写写身世。

《猛虎集》是徐志摩生前出版的最后一本诗集，序中说：

说到我自己的写诗，那是再没有更意外的事了。我查过我的家谱，从永乐以来我们家里没有写过一行可供传诵的诗句。在二十四岁以前我对于诗的兴味远不如我对于相对论或民约论的兴味。我父亲送我出洋留学是要我将来进“金融界”的，我自己最高的野心是想做一个中国的Hamilton！在二十四岁以前，诗，不论新旧，于我是完全没有相干。我这样一个人如果真会成功一个诗人——那还有什么话说？

不全是谦逊，多半是一种自嘲。

先看一下家族的世系表。远祖不必说了，且从曾祖说起。

陈从周的《徐志摩年谱》，对此叙述甚详。

曾祖父廉墅讳宗泉，字词源，太学生，先后娶朱、吴、张、王四氏，生六男四女。

祖父星匏，讳明枢，试名元衡，附贡生，工书法，娴习掌故。娶同邑伊桥太学生孙二酉女，继娶嘉兴王店国学生何松岩女，生二子。

伯父蓉初，谱名义煃，讳光济，小字祖荫，号寅庵，富收藏，尤多海宁文献。

父亲申如，谱名义烒，讳光溥，小字曾荫，候选中书科中书，与南通张季直（謇）友善，兴办实业，建设桑梓，在浙江很有名。娶同邑国学生沈炳华女，亡故，继娶慈溪国学生钱纯甫讳修德长女慕英，即志摩母亲。

徐志摩的上辈，与海宁县蒋家、查家都有亲戚关系。军事家蒋百里是他的表叔。作家金庸（查良镛）是他的表弟。徐的父亲是大哥哥，查的母亲是小妹妹，志摩和金庸的母亲年龄差不多，金庸没有见过志摩。

不必说徐家是多么有文化的家庭。在海宁地面上，应当说是个书香门第。证据是，志摩伯父蓉初先生，是个藏书家。我家里有海宁朋友送的《海宁藏书家印鉴》，其中徐蓉初的藏书印和姓名印就有好几十枚。据书中介绍，徐蓉初藏书逾万卷，编有“汲修斋丛书”。

据说徐家到了志摩父亲这一辈，兄弟两个是分了家，但哥哥分得的产业，仍由弟弟经管。哥哥只是坐享其成，吃自己的一分红利而已。这一份红利数额之大，足以让蓉初先生喜爱书画，大肆收购，成为当地的藏书名家。

志摩年轻时，曾两度居京，都有为伯父张罗购置字画的书信存留下来，看看这些书信，能见其大概。

头一次是在北京上学。1915年10月间，初到北京，先报个平安，总是行前有所嘱托，打听了行情，便给伯父写信说：

> 伯父大人尊前：敬禀者，侄儿到京以来，起居粗适。北海三希堂，约须四十馀元可以拓全，伯父如要，可信来通知。有正局者亦精，侄儿以六五折购得一部，计十元，与原拓丝毫不差，亦尚值得。又珂罗版中国名画及名绘外集，并精美可喜，已买多种，惜定价过昂耳。此间菊花甚好，有一茎一花价至数十元者，多接木，有一茎而花开十馀色者，朵头亦极肥大，以万牲园所陈列者为富丽，南方当无此大观也。严复、樊老近并鬻字，伯父要否？北方天气早寒，已非重裘不温矣。侄儿章垿顿首谨禀十月七日

于此也可看出志摩的爱好。来京不久，自己先在有正书局购得一部《三希堂法帖》，知道伯父不会要这种印刷品，便报告了北海三希堂原拓的价钱。知道伯父喜好养花，顺便说了北京菊花之美艳，若伯父喜爱，也是可以买下运回的。

第二次是放洋归来，在北京住了将近一年，正好遇上画家陈师曾去世，家藏字画义卖，看伯父能不能认上一股：

大伯尊前：林宗孟现在天津。林文忠手迹，梁先生已经答应题跋。陈师曾（衡恪）画家的死，美术界很深惋惜。他现在身后萧条，只剩下一百多幅的画，他的朋友想一起拿来出卖，凑起万把块钱的样子，作为他家庭的善后。梁先生叫我寄一份目录给你，盼望大伯也作成他一两件。师曾的画却是值得买的，目录已经画铅圈的已经卖去，大伯要几张，请写信来告我，有便也可以问问阆声和四老爷。我现在寄回他替我画的一把扇子，给你们看看他的画意与笔致，我觉得他是最有胸襟的一个画家。樊樊山的字只有出钱去买一法，大伯要什么，中堂还是对子，请来函，以便照办。专此。敬颂秋安。侄儿志摩上，十一月二十一日北京西单石虎胡同七号

连梁启超都知道此人是个能买得起的主儿，可见在收藏界还是有点名气的。当然，或许是志摩在梁先生面前，夸赞过蓉初先生收藏的品位与气派。文中的阆声，乃海宁书法名家张宗祥，志摩死后，坟前碑上的几个大字，就是张写的。四老爷，指张宗祥的四弟张麟书，想来也是个喜好收藏而又出手阔绰的主儿。

有这样风雅的大伯父，志摩后来成为诗人，也该说是门里出身了。

有些事，过去我们不注意，或者说是，注意了，但着眼点不在身世上。且举一件事，看是不是也可捋出身世的成分。

1921年夏天，志摩在英国剑桥大学，得遇国王学院教授狄更生，两人相处甚洽，狄帮志摩以特别生的身份进入国王学院。到了这年秋天，志摩曾送给这位英国学者一部家藏的《唐诗别裁集》，有研究者翻阅过此书，得知这部《唐诗别裁集》，乃康熙五十六年刻印。

另有学者说，志摩在英国时常拜访名流，而去的时候，又经常“手持中国书画的手卷”，一则可以看出他爱这一手，再则可知他家里确实有这些老旧东西。

这样的家庭，能说不是个书香门第吗？

至于他父亲这边，经营着何种产业，又如何富有，且看《浙江通志》上的词条，可以明白个大概：

徐申如（1872—1944），名光溥，字申如，海宁硖石人，诗人徐志摩之父。交游甚广，与南通张謇尤为友善，深受其“实业救国”思想的影响。徐氏世代

经商，早年继承祖业，独资经营徐裕丰酱园。清光绪二十三年（1897），合股创办硖石第一家钱庄——裕通钱庄。光绪三十三年（1907）至1935年间，先后任硖石商会总理、会长、主席近30年。曾因兴办实业，蜚声浙江。20世纪初，江浙人士反对帝国主义侵略、力争自筑铁路，申如积极参与其事，任浙路公司董事，协助汤寿潜奔走策划，筹集资金。又与海宁地方人士徐骝良、徐行彬、吴小鲁等协力促成沪杭铁路行经硖石，横贯海宁。铁路通车后，1913年与沈佐宸、沈叔英等集资创办硖石电灯公司，为浙江最早兴建的火力发电厂之一，后屡加扩建，以供应当地能源及照明需要。1917年创办捷利电话公司。1924年与李伯禄等合资兴建硖石双山丝厂（今中丝三厂）。热心地方公益，与吴小鲁办硖石商团，与吴欣木兴办消防事业，1919年与兄徐蓉初创办贫民习艺所。1911年徐申如曾递补为浙江省谘议局议员，又当选为硖石镇董事会总董。1927年，北伐军入浙，一度避居上海。1934年，海宁大旱，任县旱灾赈济委员会首席常务委员兼上海分会主任，积极奔走募款赈灾。抗战期间隐居上海，直至病逝。

此条目，转引自刘培良文《一个应该被铭记的乡贤——徐申如》，载《徐志摩研究》第二辑。海宁市徐志摩研究会主编，2015年印行。

2016年，海宁学者刘培良，在中国文史出版社出版了一本《徐申如——诗人徐志摩之父》。书前有志摩孙子徐善曾写的序，有几句话，概括得很好：

在曾祖父七十一年的生命之中，他于丝绸生产、电气照明、发电、电话通信、银行和国家铁路的发展，都有所建树。刘先生深刻地注意到，我曾祖父是在硖石这个小地方开创事业、壮大家族的。虽然上海或北京经营上述这些行业会容易得多，但他并没有以这类大都市为根据地，相反地，他在硖石这个浙江省的农村地区指挥调度他麾下的事业。这里环境平静安宁，一派田园风光，对我祖父徐志摩日后的创作影响甚深。

我见过这个徐善曾，用农历纪年，跟我同岁。美国耶鲁大学工科博士，一句中文都不会说。这个序，当是英文写下，译成中文的。别说，还真有见识，且新颖而独到。正是父亲营造的这样一个富足而又安宁的环境，培育了志摩这样的一代奇才。父亲的事业，就这样跟儿子的成功有了关联。

徐志摩的出身，若用后世的标准，该说是富商家庭，或者说是民族资本家家庭。当然，如果考虑到中国传统文化的影响，也可以说是一个书香门第。

关于徐申如老先生，还想多说几句。

我曾在一篇文章里说过，作为一个精明而又成功的商人，他最好的一笔投资，便是以充足的资金供养并培育儿子成人。

十一二岁时，便领上去了上海，拜在郑孝胥门下，接受书法上的指点。

在北大读法科时，以一千大洋的贽礼，安排志摩拜在梁启超的门下。

志摩海外留学，翅膀硬了，要展翅高飞，徐老先生就像一个收容队，将儿子撇下的烂摊子，一个一个收拾整齐。志摩与幼仪离婚了，他将幼仪收为寄女（干女儿），在欧洲的生活费一点也没有降低。

志摩与陆小曼订了婚，再不情愿，也在硖石干河街上，建起一座中西合璧的小洋楼，作为成婚的新房。志摩死后，他每月供给陆小曼300大洋，一如当年对待离异后的幼仪。

有人说，志摩之死，其父脱不了干系。你那么有钱，怎么能让儿子为了养家，去北京教书，京沪两地来回跑。其中郁达夫的话，最是刻毒，虽未明言，都能看出，将志摩的死，归罪于申如先生。原话是“那一种借名教作商品的商人的根性，因不理解他的缘故，终至活生生地逼死了他”。(《怀四十岁的志摩》)

可是我们别忘了，1928年志摩在光华大学教书时，就有了自备的小轿车，那样贵重的东西，只会是老爹给买的。

事实上，徐老先生一直是为有这样一个儿子骄傲的，只是不愿意让幼仪这边太难堪。毕竟幼仪这边联系着一个大家族，其二哥张君劢、四哥张公权，都是其时中国社会上卓有声望的人物，儿子不给这个面子，他得将这个面子拾起。

据说1931年11月，得知儿子的死讯后，老人长叹一声：“完了！”

这一声，不光是说儿子完了，同时是说，他的人生也完了。

后来果然如此，家中的生意全托给幼仪打理，他自己是没有一点心劲了。

1944年去世，正是日据时期，丧事全是幼仪料理的。

第二章

相貌及其他

1. 他的相貌

多少年来，徐志摩一直是人们谈论的一个热点。

不光文化人里谈，什么人里都会谈，只要听过徐志摩这个名字的，似乎就有了谈论他的资格。这不是坏事，恰恰证明这个人，有魅力让人谈论。有的作家，你没看过他的书，就不好谈他的什么。比如废名先生，这个人这些年，也热了起来，但是，你听谁没事了会谈起废名来？没有，这个人，除了知道他是老北大的学生，周作人的弟子之外，可说是一无所知。不看他的书，你什么都不知道。

徐志摩就不同了，没看过他的书，照样可以谈，而且照样底气十足。最常听到，也几乎无法反驳的有两点：一是资产阶级文人，一是风流才子。资产阶级文人好说，跟胡适是一伙的，组织了个社团叫新月社，办了个刊物叫《新月》。你看革命作家，组织个社团叫太阳社（蒋光慈），办个刊物叫《北斗》（丁玲），他不是资产阶级文人是什么？至于风流才子，看他勾结了多少女人，且都是大美女，不说是流氓文人，就算是客气了。

我觉得，在这上头争究，没有意义。因为你不能说，跟胡适在一起的，有不好的和也有好的，徐志摩是好的，任谁也说不出这样的话。你也不能说，跟徐志摩相好的女人，也有长得不漂亮的，因此不能说他是个风流才子。法庭上讲究，谁主张谁举证，先举证的一方，会占许多便宜。比如人家说徐志摩是风流才子，你要证明他不风流，就很不好办。等你把他与众多女性交往，如何纯净、如何得体说完了，他们会说：看看看，这不叫风流，世上还有风流的人吗？

因此，我从来就认为，在知人论世上，最好不要当反驳者，只管自说自话就是了。

怎么个自说自话呢，就是谈论徐志摩，认识徐志摩，从最基本的方面入手。一是看他的为人，一是看他的著作。著作不用说了，而为人上，很少有人专门谈到。我们说起一个人的什么，总是先确定思想，再说别的，等于一出场，先就定下是红脸白脸，往后再说什么，只会是红的更红，白的更白。思维定式，如同开车设置了导航一样，只要你不犯迷糊，就不会拐到别的路上。

我的意思是，先把既定的认知去掉，就是去不掉，也将之减到最少的程度。学一学农村老太太，给女孩子介绍对象的路数。先说那男人，长的什么样，脾气怎么样，至于是不是公务员（村妇用语是，吃不吃公家饭，干不干公家事），等看了人再说。看不上的人，纵有家财万贯，有品德的女孩子还是个不喜欢。

好了，先说他的长相。

徐志摩的长相，最早写下的，是郁达夫。

这个早，不光是有长相记载的文章早，也是说志摩很早的长相，叫记了下来。

他俩是中学同班同学，还是同岁。这个同岁，是按农历说的，都是光绪二十二年即农历丙申年出生。农历同年生的人，过去叫同庚，也就是说，两人不光是同学，还是同庚。

两人都是1911年春节前，考上杭州府中学堂的。彼时中学新办，年前考试，年后上学。用现在的说法，是春季入学。郁达夫考上了杭州府中，同时又考上了嘉兴府中学堂。开学后，去了嘉兴府中，上了一学期，觉得离家远，多有不便，又转回杭州府中。再过半年，辛亥革命爆发，学堂停办，再开学时，达夫转学走了，志摩仍在。也就是说，两人同学，只有半年，即1911年的第二学期。

就是这半年同学，志摩给达夫留下了极为深刻的印象。也正是这个极为深刻而又友善的印象，让两人成了要好的朋友。

这印象，首先是相貌上的。

志摩去世后，达夫写过两篇文章，一篇叫《志摩在回忆里》，一篇叫《怀四十岁的志摩》。志摩是1931年11月19日去世的，郁的头篇文章，写于同年12月11日，也就是说，志摩去世二十二三天，便写了出来。悲痛之中，主要是回忆两人同学的一段时光。

说到初识，必然会提及相貌。

先说他离开故乡的小市，初入杭州府中，是怎样的诚惶诚恐、战战兢兢，跟蜗牛似的蜷伏着，连头也不敢伸出壳来。而这时，同一年级，同一宿舍里，却有两位奇人，引起了他的关注：

一个是身体生得很小，而脸面却是很长，头也生得特别大的小孩子。我当时自己当然总也还是一个孩子，然而看见了他，心里却老是在想，“这顽皮小孩，样子真生得奇怪”，仿佛我自己已经是一个大孩子似的。还有一个日夜和他在一块，最爱做种种淘气的把戏，为同学中间的爱戴集中点的，是一个身材长得相当的高大，面上也已经满示着成年男子的表情，由我那时候的心理猜来，仿佛是年纪总该在三十岁以上的大人——其实呢，他也不过和我们上下年纪而已。

这个小的，当然就是志摩了，大点的，是志摩的表兄沈叔薇，早早就去世了。

学业上，志摩当时已显出了他的天分。达夫文里，说到这一点，也是连带相貌一起说的：

而尤其使我惊异的，是那个头大尾巴小，戴着金边近视眼镜的顽皮小孩，平时那样的不用功，那样的爱看小说——他平时拿在手里的总是一卷有光纸上印着石印细字的小本子——而考起来或作起文来却总是分数得的最多的一个。

好了，现在可以概括一下，刚上中学时的志摩是什么样子了：个子不高，头大，脸面长，还戴着金边的近视眼镜。

这个时候，志摩也就是十四五岁。

少年儿郎，还会长的。所幸，达夫的文章里，也说到了长大后的志摩的样子：

民国十三四年——一九二三、二四年——之交，我混迹在北京的软红尘里；有一天风定日斜的午后，我忽而在石虎胡同的松坡图书馆里遇见了志摩。仔细一看，他的头，他的脸，还是同中学时候一样发育得分外地大，而那矮小的身材却不同了，非常之长大了，和他并立起来，简直要比我高一二寸的样子。

达夫的记述里，民国年份与公历年份不一致，可能是公历年份记错了，也可能是民国年份记错了。我看的本子上，说是公历年份记载了，可我现在的感觉是，民国年份记错了。因为志摩是1922年底到的北京，先在朋友家住了一段时间，就了松坡图书馆英文秘书一职，便搬到馆内住下。大体也在这个时候，达夫到北京大学，接替赴俄考察的陈齐修，做了教统计学的讲师。这样，志摩一到北京，两人就续上了差不多十年未相见的同学之谊，达夫对志摩相貌上的变化，印象也就格外清新而准确。

到了北京，等于有了社会上的交往。

志摩早年的交游，也可说是最初的社交圈子，得益于父亲的精心安排。

1915年考上北京大学预科，冬天回到硖石，与张幼仪完婚。在京时间不长，住在锡拉胡同蒋百里家，没有其父赴京的记载。1917年考入北洋大学法科，很快北洋法科与北大法科合并，志摩二次进入北大。这次在北京，住了一年多。妻兄张君劢，是梁启超的入室弟子。不知谁给出的主意，申如先生以一千大洋的贽礼呈上，饱学而高傲的梁启超，欣然收下志摩为入室弟子。这样，志摩一回到北京，就等于踏入中国最高雅的一个学术圈子。

名分上，虽屈尊做了一个小图书馆的英文秘书，几首新诗发表，就在京师学界有了如雷震耳一样的名声。连人才辈伏（由“人才辈出”改造而来）的清华乙卯级，也要请他来学校小礼堂做个演讲。

这样的文艺新贵，能不能请来，还在两说。

好在，这个班上，有个叫梁思成的学生，是梁启超的公子，由真正的儿子，请一个名分上的弟子，想来不是难事。也确实不是难事，一请就应允了。思成的事，到此为止。具体负责联系并接待的，是同班同学梁实秋。梁不是趋炎附势，也不是急功好义，虽是学生，却是他的本分。清华有个文学社，他是庶务，名义上是跑腿的，不名义上，则是实际负责人。打徐的主意，让思成去请，该都是他的点子。此人聪慧多智，办这样的事，不过是小菜一碟。晚年在台湾，梁先生写了长长的一篇文章，先发表，又当成一本书出版，叫《谈徐志摩》。

第二部分，一起首就说了这件事，说了徐的相貌，还说了徐的穿戴：

我最初看见徐志摩是在一九二二年。那是在我从清华学校毕业的前一年。徐志摩刚从欧洲回来，才名籍甚。清华文学社是学生组织的团体，想请他讲演，我托梁思成去和他接洽，他立刻答应了。记得是一个秋天，水木清华的校园正好是个游玩的好去处，志摩飘然而至，白白的面孔，长长的脸，鼻子很大，而下巴特长，穿着一件绸夹袍，加上一件小背心，缀着几颗闪闪发光的纽扣，足登一双黑缎皂鞋，风神萧散，旁若无人。

这里的时间，需要订正一下。

志摩是1922年10月15日回到上海，在南方勾留了一段时间，12月初到的北京。这个时间，说是秋天，也该是深秋。查《万年历》，这年12月8日是大雪，22日是冬至，而志摩穿一件绸夹袍，外加一件小背心，这穿戴也显得太单薄了。再就是，文中说，其时志摩也“才名籍甚”，怕也对不上号。1922年底，志摩回国之初，诗作只有《地中海》在《努力周报》上发表，文章也仅《印度洋上的秋思》在《新浙江报》发表，《罗素与中国》在《晨报副刊》发表，严格地说，还没有多大名气。真正暴得大名，是在《康桥再会罢》一诗，连同更正信，三次在《时事新报》副刊《学灯》刊出，因惊异而广为人知，方可说得上是“才名籍甚”。而《康桥再会罢》一诗，第一次是1923年3月21日刊出的。

志摩来清华是肯定的。梁实秋写此文章，是1958年在台湾。也就是说，是在讲演三十六年之后。梁先生纵然是天生的好记性，遇到这样的事，怕也只能是推断。这样一来，我们要订正，就有了两个倾向，一个是往时间上靠，一个是往服装上靠。往时间上靠，志摩的穿戴就不准确了，就是晴天，也该加上件外套才是。往服装上靠，那么这个时间就该另作处置。

我以为，时间不会是1922年12月，应当是1923年春天，三四月间，《康桥再会罢》三次刊出之后。

仍回到志摩的相貌上。跟达夫先生的描摹相比，实秋先生的笔下，是有夸张的成分，却不能不说，更接近一个年轻人突然见到这个名诗人的感觉。

人的相貌，其基本特征不会变，随着年轻与经历的增长，会有些微小的变化。再看1926年婚后，到了上海那几年，他人对志摩相貌的记载。

先看一个青年学生的。温梓川，南洋人，当时上海暨南大学的学生，最早曾在望平路上的新月书店里，见过徐志摩时，时间是1928年春天：

一九二八年春，上海新月书店忽然在望平街申报馆对面出现……我经常最喜欢拐进新月书店去翻书，而且经常看到一个长脸孔，长鼻子，一个没有膏沐过的乱发，戴着粗边眼镜，穿着长袍的面目清秀的中年人坐在柜台后聊天，这个人后来我才知道就是徐志摩。

温梓川是暨南大学秋野文学社的成员，此后曾请诗人去作过讲演。他写志摩的文章，叫《徐志摩朗诵秋声》，说的就是讲演的事。同一文中还说，志摩的外形，跟邵洵美差不了多少，其天真和坦率又和郁达夫很是相像。

再看一个年轻女子的。

志摩去世后不多久，苏雪林曾写过纪念文章，名曰《北风——纪念诗人徐志摩》。文中对志摩的相貌，有独到的描述。

当时，徐志摩应邀去苏州第二女子中学演讲，校长邀了苏雪林来作陪。上海到苏州，火车不正点，志摩来晚了。在未见面之前，苏读过不少徐的作品，喜爱他的散文，曾学着朱熹评价陆放翁的口气说过："近代唯此人有诗人风致。"这样她的描述，可说是一个年轻女子对诗人相貌上的记忆了：

我出门时，衣服穿得太少，支不住那冷气的侵袭，并冻得发抖，只想回家去。幸而校长再三留我，说火车也许在十一点钟到站，不如再等一下。我们只好忍耐地坐着，想出些闲谈消磨那可厌的时光。忽然门房报进来说，徐志摩先生到了。我们顿觉精神一振，竟不觉手舞足蹈，好像上了岸干巴巴喘着气的鱼，又被掷下了水，舒鳍摆尾，恨不得打几个旋，激起几个水花，来写出它那时的快活。

我记得诗人那天穿着一件青灰色湖绉面的皮袍，外罩一件中国式的大袖子外套。三四个小时旅程的疲乏，使他那双炯炯发亮，专一追逐幻想的眼睛，长长的安着高高鼻子的脸，带着惺忪的睡意。他向陈校长道迟到的歉，但又说那不是他的罪过，是火车的罪过。

苏文中有“两年前”的时间指向，文章是志摩去世不久写下的，那么这当是1929年的冬天。

我们印象中，苏雪林是百岁老人，再老的老人，也有年轻的时候。苏是1897年生人，跟志摩同岁。见到志摩时，是三十二三岁。可见，在初遇者眼里，纵是最具好感的年轻女子，印象最深的，还是长长的脸上，安着高高的鼻子，只是在异性眼里，他的眼睛也具有了特色，炯炯发亮，且是专一追逐幻想。

对志摩的相貌不无挖苦，但却又是最真诚的赞美的，是清华教授温源宁。此人与林徽因是表亲，对志摩也有“同情之理解”。志摩去世没几年，他在《逸经》上用英文写了篇记述志摩的文章，翻译出来，题名就是《徐志摩——一个大孩子》。此文后来收入他的名著《一知半解》中。且看译文：

志摩个性的秘密在哪里呢？在身体上吗？也许有一点儿。但是身体比志摩更俊更美的人不知有多少，却没有一个有他十分之一的魅力。他的鼻子太大，眉毛也不成名堂，嘴稍嫌太阔，下颚有点蠢像，总之都说不上漂亮。不，他的魔力的秘密另有所在。这我想应当求之于他的气质，和他的心性。他那份气质和心性根本是一个活泼伶俐的孩子，永远不会衰老，对于周围的事物有着无厌的好奇心，分不清醒的世界与梦的世界，永不能恨人，也从不想到人会厌恶他。生活经验从他身边擦过去，却不能改变他。他像小孩搬弄玩具似的玩玩这样，玩玩那样……他的生活就是不断的串门儿。他住的地方只能算是他朋友们来往的走廊。谁也猜不透他怎么有工夫写出那么些作品。

最能说清志摩面部特征的，还是邵洵美。有两个原因：一是两人是好朋友，走得近；二是两人相貌，确有相似之处。太像了，怎么说呢，贴在一起，就是一个人。

1927年到1931年，徐志摩在上海住家的时候，家里有一个精美的册子，专供朋友们来了随意写写画画之用。志摩去世后，小曼将此册子作为一辑，编进《志摩日记》书中，名为《一本没有颜色的书》。其中一幅画是邵洵美画的，洵美原本是学美术的，墨笔刷刷几下，涂抹出一个长长的脸，猛一看像现在一些人家里挂的那种带角的羊头骨。旁边有他的题词：

长鼻子长脸，没有眼镜亦没有胡须，小曼你看，是我还是你的丈夫？

光凭这几句话，知道两人都是长鼻子长脸，谁戴眼镜谁有胡子，就不好说了。且看洵美《儒林新史》中的一段话："我们的长脸高鼻子的确会叫人疑心我们是兄弟；可是他的身材比我高一寸多，肌肉比我发达，声音比我厚实；我多一些胡须，他多一副眼镜。"这下就知道谁有什么谁没什么了。再看上面引用的话，全句的意思成了：你看这幅画，脸儿长长的，鼻子长长的。说是志摩吧，没戴眼镜；说是洵美吧，没有胡须。小曼呀，你说我画的是你丈夫志摩，还是洵美我？

这是1928年前后的事儿。更早几年，为了这份相貌的相似，两人在欧洲互相寻觅，真还费了一番精神呢。

这个故事，放在后面说，较为合适，到了后面，事情多了，怕顾不过来，且在这里先说了。

1925年春，洵美赴英留学，上的是剑桥大学，市中心广场上一位卖旧书的老人，一见面就问他是不是姓许，或是徐，或是苏？说三年前有一个和他同样面貌的中国人，说是要翻译拜伦全集，后来就回他黑龙江的老家去了。洵美听了，莫名其妙，弄不清这个人是谁，只知道当年在剑桥的中国留学生中，有一个姓许或徐或苏的人，长相与他几乎一样。夏天去了欧洲，在巴黎见着徐悲鸿，悲鸿和他的一班朋友都说洵美太像徐志摩了。只是他们也弄不清，徐志摩是海宁人，为什么那个卖旧书的老人会说他是黑龙江人。都说志摩那一段时间在欧洲，一定要两人见上一面。又过了几天，洵美和一位谢姓朋友在大街上行走，前面两个中国人，其中一个回过头来，是先前认识的一位严姓朋友，一见是洵美，马上拉了跑回同伴那儿，高声狂叫："志摩，我把你的弟弟给找来了！"志摩呢，没等这位严姓朋友把话讲完，两只手早已拉住了洵美的两只手，动情地说："弟弟，我找得你好苦！"接着讲了徐悲鸿怎样说他俩最像，他怎样四处打听洵美。

四人一同走进附近一家咖啡馆。闲谈中方知，志摩在剑桥读书时常买书，因而认识了卖旧书的老人，他说过要翻译拜伦的诗，但没说要翻译全集，那次回国拟走西伯利亚，说到了中国还得经过黑龙江，没想到老人竟以为他的老家在黑龙江。（实际志摩那次回国，最终定下的是走水路。——韩注）

问及洵美在剑桥的学业，一听说想学政治经济，志摩并不表示失望，又好像有些不相信地说："真奇怪，中国人到剑桥，总是去学这一套。我的父亲也要我做官，做银行经理；到底我还是变了卦。”一个多钟头很快就过去了，严姓朋友提醒志摩还要去买船票，这才分手。原来志摩明天就要动身回国了。令人惊奇的是，就是这一个多钟头的谈话，改变了洵美的志向。回到英国后，入剑桥大学依曼纽学院，放弃原来的打算，转而研修英语文学。

和志摩相同的是，洵美迷恋的也是诗歌，不同的是，洵美最初迷恋的是古希腊唯美派诗人萨福，还为此写了一出短剧并自费出版，遗憾的是一本也没有卖出去。正是这一转变，使洵美回国后，成为中国唯美派诗歌的领军人物。

1926年5月，家中有事，洵美提前回国。过不多久，志摩和小曼，婚后到了上海，这一对面相酷似的朋友，又聚到了一起。

好了，关于相貌的叙说，就到此为止。

2. 他的身高

相貌指的是面部，要对一个人有整体的印象，身子多高，必不可少。明明一米八的大个子，你说他像个侏儒，说给谁都不会相信。威猛的人，多半壮实，儒雅的人，多半修长，这已是普遍的看法。志摩是诗人，该有个诗人的模样。这模样，除了面部的特征，身材上也要说得过去。

前面一节，达夫说到在北京再见到志摩时，实际上已说了他的个头。原话是，“那矮小的身材却不同了，非常之长大了，和他并立起来，简直要比我高一二寸的样子”。达夫的个子不高。跟夫人王映霞站在一起，也就一般高低。王映霞是大美人，不会矮了，当在一米六五，达夫也就这么个高低。比达夫高了一两寸，那就在一米七了。

这是个约数，我一直想得到一个具体的数字。

写《徐志摩传》的时候，就动过这个脑筋。

当时想的办法是，去清华大学档案馆，找见林徽因的档案，若有林的身高记载，不难推知徐志摩的身高。因为有一张照片，是泰戈尔来华时，林徐二人，分别站在泰左右两边。这样的相片，照的时候，三人肯定是站在一条线上的。知道了林的身高，同比例放大，不难得出徐的身高。后来看书，知林并非清华正式职员，也就不会有她的档案。又想到，有泰戈尔的身高也行，为此还专门买了一本厚厚的《泰戈尔传》，翻来翻去，也没找下泰氏身高的记载。

办法总是人想出来的。

随着徐志摩图像资料的发现，我又悟出了一个新的办法，就是在多人一条线的照相上，做个大致的推断。

承上海学者朱勇强先生的美意，发给我一张有徐志摩的黑白照片。上面空白处，一行繁体汉字，道是“留美银行学会摄影”。推测当是，1918年至1920年期间，徐志摩在美国留学期间所摄。

志摩赴美国留学，其父申如先生的本意是要他学银行学的。志摩的室兄、其妻的胞兄张公权，早在志摩赴美之前，已是中国银行的副总裁，不难为这个聪明绝顶的妹夫，介绍几个留美的银行家。这样，有银行家的聚会，志摩去了，也就会留下这样的照片。

照片上共是十六人，前面一排坐着的七人，后面一排站着的九人，志摩在其中，为右数第四人。前面一排，大概是论资排辈，有坐着身躯明显高出他人的，却在左起第二的位置，中间的身矮者，分明是一位老者。

后面一排，大概不分什么长幼了，大体是按个头排的，个头最高的，自然就站在了中间，有两个身材明显矮小者，一为右起第一，一为左起第二。通体细看，志摩比中间的高者，也低不了多少，而比两个矮者，明显要高，与其他五人，则看不出明显的差异。由此是不是可以说，志摩的个头，是中等还要偏上一点。用现在我们对人体身高的判断，当在一米七至一米七五之间。就是放在现在，也不能说是矮个子。

但是，正如达夫感觉到的，身躯长高了，并没有过多的影响到头大脸长这一显著特征。

这一点，很快就为梁实秋的记述所证实。梁的话，前面引过了，不赘述。时间，正好是在志摩回国后不久，与达夫再见到志摩，差不多在同一年份。

人的身高，若没有具体的数据，最为准确的还要数同时代人的无意间的判断。1925年秋天，志摩访欧归来，一面担起《晨报副刊》的编务，一面还在北大教英国文学。班上有个叫许君远的学生，在志摩去世后写过一篇文章，怀念这位老师。文章里说，时候是冬天，徐先生“穿的是紫羔青绸皮袍，架着浅黄玳瑁边眼镜，因为身材高，他总是喜欢坐着，坐在讲台桌的右面”。（许君远《怀志摩先生》）

这个姿势，是个子高的人的惯常动作。我教书多年，对此有点体会。这里的坐，不会是一屁股坐在桌子上，而是半个屁股斜倚在讲台的边上，外人看去，就是坐的姿势了。

有这个随意带出来的判断，几乎可以肯定地说，志摩的身高当在一米七〇到一米七五之间。

3. 他的声音

声音是心灵的外化，认识一个人，不可不知道他的声音。

没有留下视频，仅有的在日本参观某企业的六分钟录像，能看见身影，听不到声音。这样，只有依靠当年听过志摩谈话的人的记录，来还原，来想象了。

谈话有两种，一种是面对面谈，一种是听徐的讲演。

接触到的资料，还是听讲演的多些。

先说他的口音。

沈松泉《诗人徐志摩轶事》里，记载了一则徐志摩托他打电报，举报日本货轮走私毒品的事。

沈当时是上海三友实业社驻新加坡分店的会计，一天店里来了两个客人，其中一个姓徐，将他约出来，告诉他，他们乘坐的远洋客货轮，仅有三间客舱，共有六位旅客，他俩一间，一对英国老夫妇一间，另一间是一个朝鲜人和他的一个中国伙伴。二十多天的行程，彼此都熟了，到新加坡的前一天，那个朝鲜人的中国伙伴告诉他，他俩从欧洲贩了大量的毒品吗啡去中国销售，他不忍心毒害国人，希望徐能向香港海关检举此事。此船下午三点启碇，徐给沈留下足够的钱，叮嘱沈，待船一开，就去电报局发一通给香港海关的电报。

后来沈回到国内，翻检旧报纸，果然有香港海关查获一批毒品的报道。这件事，在许多书里都有记载。且看作者在初见到志摩时是怎么说的。

多年后写文章，他把年份记错了，应当是1922年，他记成了1923年。

> 这一年九月下旬的一天，我清楚记得是旧历中秋节的前一天，上午，店里来了两位操上海口音的顾客，一位年轻的穿西装，另一位中年人穿纺绸大褂。在新加坡，一般通用的是马来话，华侨之间有讲广东话的，也有讲闽南话的，很少遇到有讲上海话的。这天居然来了两个操上海话的顾客，是同乡人嘛，他乡遇故知，我们以十分亲切的心情款待这二位客人。

所以选这一则资料，是因为作者当时在海外，又是个很少有人讲上海话的地方，他是上海人，对上海话特别敏感。

这是志摩留学四年归来，到了讲中国话的地方，又是跟中国人讲话，很自然地转换成了平日说话的声口。也就是说，志摩平日说话，是带着上海腔的。他是海宁人，曾一度在上海沪江大学上学，说话带上海腔，也就稀松平常了。

还是讲演，更能看出一个人的声音的特质。

前面提到的温梓川，在其文章中，说了志摩的相貌之后，也说到了志摩的讲演，对其声音有切实的体味：

那天我以为他会谈诗，他却不谈诗，他来了，坐了一阵，主席讲完了开场白，他便从容地步上讲坛去，行了礼，说了几句客套，便从那件深褐色的长袍的衣袋里，掏出一束白纸，展开了，朗朗地吟诵起来。他的声调的抑扬顿挫，听起来倒是很舒服的，但是内容是什么，却听不清楚，那份稿子，大概是三页原稿纸，不一会儿功夫便吟诵完了，他才说今天念的这篇散文，题目叫做《秋声》，后来在《秋野》上发表了。

其声朗朗，抑扬顿挫，听来很是舒服。

《秋野》是暨南大学文学社办的一份刊物。温梓川的文章，是多年后写的，其记忆容或有误。徐志摩去世后，仅一个星期，他的学生赵家璧给他出了本小书，名字叫《秋》，为良友图书印刷公司所出“一角丛书”之第十三种。用的就是这个讲演稿。因为篇幅太少，赵家璧特意在前面写了长长的一篇序，叫《写给飞去了的志摩》，后面还附了英文的《翡冷翠日记四页》。既是据讲稿编的，可见讲演的题名，应该说是《秋》。

苏雪林在苏州二女中，听过徐的演讲，其《北风——纪念诗人徐志摩》文中，对志摩声音也有描述。是作家，也是年龄相当的女子，笔下亲切了许多，也生动了许多。

他从大衣袋里掏出一大卷稿子，庄严地开始朗诵。到一个中等学校讲演，又不是莅临国会，也值得这么的预备；一个讽嘲的思想钻进我的脑筋，我有点想笑。但再用心一听便听出他演讲的好处来了。他诵读时开头声调很低，很平，要你极力侧着耳朵才能听见。以后，他那音乐一般的调子，便渐渐地升起来了，生出无限抑扬顿挫了，他那博大的人格，真率的性情，诗人的天分，都在那一声一韵中流露出来了。

这好似一股清泉起初在石缝中艰难地，幽幽地流着，一得地势，便滔滔汩汩，一泻千里。又如他译的济慈《夜莺歌》，夜莺引吭试腔时，有些涩，有些不大自然，随即一声高似一声，无限变化的音调，把你引到大海上，把你引到深山中，把你引到意大利蔚蓝天宇下，把你引到南国苍翠的葡萄园里，使你看见琥珀杯中的美酒，艳艳泛着红光，酡颜的青年男女在春风中捉对跳舞……

他的辞藻真繁富，真复杂，真多变化，好像青春大泽，万卉初葩，好像海市蜃楼，瞬息起灭，但难得他把它们安排得那样和谐，柔和中有力，深厚中有淡泊，鲜明中有素雅。你夏夜仰看天空，无数的星斗撩得你眼花缭乱，其实每颗的距离都有数万万里，都有一定不错的行躔。

不知读者朋友，注意到了没有，或者说是注意到了，起了疑问没有，就是前面提到的两次演讲，志摩都是带了稿子来的。若是没有忘记，最早来到北京，梁实秋他们请他来清华的那次，也是带着稿子来的。也就是说，志摩这几次演讲，都可说是朗诵自己的讲稿，或吟诵自己的作品。

总括以上，可知志摩的语言能力是不错的，尤其善于吟诵自己的作品。这也就难怪，对志摩知之甚深，又相当自负的青年学者郭子雄先生，在其《忆志摩》一文里说：

志摩是一个豪放的人，他一点也不拘束，能笑时便笑，他决不把笑隐藏在心里。他能写诗，更能读诗；中国诗旧的还容易读，新的却读起来不大令人起美感，但志摩读诗时却真能使你感动。他不仅能读诗，他还会唱凤阳花鼓。记得有一夜我同他从牯岭走回小天池，正几杯酒后，他一路高声地哼着花鼓的辞句，谁听了都要发笑。

声音轻柔优美，调子抑扬顿挫，说话如此，讲演如此，读起诗来，就更悦耳中听了。这几项，该是一种功能的多种运用，不会截然分开。

最让我信服其表达准确的，该是刘海粟在《志摩之死》一文里的一个说法。此文写于志摩遇难十日之后，可说一气呵成，没有什么推敲斟酌，全是真实的感觉。文中说，1931年11月14日上午，志摩去刘家看画，午饭前说罗隆基请他吃饭，出去了，下午三点多，又带着罗隆基夫妇来刘家看画。画室在楼上。

我正想着留他吃饭，他说罗隆基请他吃饭，吃过饭再来详细复看几幅。大约三点多钟，他又用他天生的银一般澄澈的声音，一直喊上楼来，将一双大手一把拉住我，使我重复感到无穷的温情。

“海粟，我同了二位朋友来看你的杰作。我来介绍罢，这是罗隆基，这一位是王□姐。”

“天生的银一般澄澈的声音”，即是说，志摩的声音，是三个因素合成的。有天生的成分，不造作。银一般，意思是悦耳。澄澈，意思是音质之纯净。简略地说，该是，朗朗的男声，却有着女性的妩媚——诱人，也感人。

□字系印刷不清，后文中有诠释，此处不赘。

4. 他的着装

这一节的题目，颇费斟酌，起初想叫“他的穿戴”，觉得俗了点。后来又想叫“他的穿着”，似乎后面会跟着“打扮”，刻意了点。想了又想，还是叫“他的着装”吧，觉得正规点。现在某些场合不是还要求“着正装”吗？

这些年看书，觉得徐志摩的着装，最怪异的一次，是梁实秋《谈徐志摩》里说的，1922年秋天去清华学校演讲的那次。梁说，徐那天“穿着一件绸夹袍，加上一件小背心，缀着几颗闪闪发光的纽扣，足蹬一双黑缎皂鞋，风神萧散，旁若无人”，觉得怪模怪样。后来看到一篇文章，也是那两年，有作者说他在上海到天津的海轮上，遇见梁启超，其装扮比志摩的还要怪异，竟是缎面绣花鞋。可见这样的着装，是当时的一种时尚。民国肇建不久，这样的着装，该是清末贵胄公子的衣饰吧。

再看他临死前的着装。1931年11月18日，从上海来到南京，在张歆海、韩湘眉夫妇家里，韩注意到了徐的穿戴。

那是你因屋里热已将长袍脱去，这时再使我们注意的，是你穿的西装裤子。你虽然平时蓝得发绿的裤子也穿过，这半截的西裤，在你身上却是绝无仅有的。这裤子穿着又短又小，腰间尚破着一个窟窿，你还像螺旋似的转来转去，寻一根久已遗失的腰带，引得我们大笑，你说是临行仓促中不管好歹抓来穿上的。（韩湘眉《志摩最后的一夜》）

从这段文字可以看出，这次离开上海，外面穿的是件中式的长袍。里面没有穿西装上衣，却是穿了西裤的，这样湘眉才会说是“半截的西裤”。也就是说，这个季节，志摩外出的着装，应该外面是长袍，里面是一身西装。

那个年代，文明社会的男子，穿西装，穿长袍，都是常事，像这样的天冷了外出，西装外面再套长袍，也是常事。看志摩的照片，西装的有，长袍的有，西装外面再加长袍的，只有韩湘眉的文章说了，我们才知道。现在要探究的是，除了场合的要求之外，志摩的着装，是爱穿长袍呢，还是爱穿西装。

且看在国外这样一个情节。1920年底，张幼仪出国与志摩团聚。行程是先随朋友来到马赛，志摩从伦敦赶来接上，飞回巴黎，再到伦敦。夫妻久别重逢，幼仪对志摩的着装，也就格外留意。

在马赛码头，倚在甲板（栏杆）上，迫不及待地等船靠岸，近了，瞅见人群中的志摩，“穿着长长的深色羊毛上衣，脖颈上围着白色的丝围巾。我从来没见过他穿西装的样子，但还是一眼就认出了他”。

到了伦敦，在中国留学生公寓住下，多在楼下大厅用餐。

我们相互用中文交谈，吃着中国菜，就连徐志摩也好像收敛起他那套西方做派。他抿嘴喝茶，有时候会换一件长马褂下楼用餐，我们就在那里和其他中国人一起吃饭。我也不清楚，这是不是因为他喜欢穿中国服装吃中国菜。

这是张幼仪的侄孙女张邦梅，在其《小脚与西服》里的记述。

从这个记述里，能看出来，至少在幼仪的感觉上，志摩是喜欢穿中装的。

国外尚且爱穿中装，回国后就更不用说了。不是特殊场合，热天爱的是长衫，冷天爱的是长袍。

喜欢什么，不喜欢什么，在生活困窘时，最能看得出来。

1931年春，志摩应胡适之邀，北上教书，因小曼的奢华，家计并不宽裕，但是，对自己喜爱的中装，他还是有着刻意的要求。

开学前到北平，住胡适家。2月24日给小曼信上说，“我的两件丝绵袍子，一破一烧，胡太太都已替我缝好”。可见在西装之外，还带了两件中式的丝绵长袍。

3月22日给小曼的信上说，昨晚在玉华台饭庄聚会，饭后“去白宫跳舞场，遇见赫哥及小瑞一家，我和丽琳跳了几次；她真不轻，我又穿着丝绵，累得一身大汗”。可见朋友聚会吃饭，穿的是丝绵袍子。这件丝绵袍子，当是上海带来，经胡太太补了的两件中的一件。

6月上旬曾回过上海一次。北返时，行李是家中女佣给打理的。到北京一个星期后，6月16日给小曼信中说：

我家真算糊涂，我的衣服一共能有几件。此来两件单哔叽都不在箱内！天又热，我只有一件白大褂，此地做又无钱，还有那件羽纱，你说染了再做的，做了没有！

我要洵美（姜黄的）那样的做一件。还有那匹夏布做两件大褂，馀下有多，做衫裤，都得赶快做。你自己老爷的衣服，劳驾得照管一下。我又无人可商量的。做好立即寄来等穿，你们想必又在忙唱，唱是也得到北京来的。昨晚我看几家小姐演戏，北京是演戏的地方，上海不行的，那有什么法子！

同一个牢骚，6月25日的信上，又发了一次：

说到衣服，真奇怪了。箱子是我随身带的。娘亲手理的满满的，到北京才打开。大褂只有两件：一件新的白羽纱；一件旧的厚蓝哔叽。人和那件方格和拆夹做单的那件条子都不在箱内，不在上海家里在那里？准是荷贞糊涂，又不知乱塞到那里去了！

荷贞是小曼的贴身女佣。

这两节文字，颇堪把玩。

天热了，只有一件白大褂，在北京做没钱，只有让上海家里做。做两种，一种是买下面料做，一种是用家里现成面料做。不说现成面料了，买了料子做的，且有样式，就是邵洵美穿过，小曼见过的那种姜黄色的绸缎长衫。

再就是，注意一下，“做好立即寄来等穿”。说过小曼在上海忙着唱戏之后，又说“昨晚我看几家小姐演戏”云云。事实上，志摩北来之后，时常去戏楼看戏，说是捧角都不为过。而看京戏，穿着上该是有讲究的。一身高雅洒脱的长衫，几乎是看京戏名角演出的必备行头。

志摩在北京，不光在北大有课，在女大也有课，这两个地方讲课，对于志摩来说，当然还是穿上长衫，风流倜傥，招人喜欢。

我的《徐志摩传》，自2001年出版以来，不说版次了，一共出过四个封面的本子。第三个，即人民文学出版社头一次出的本子上，志摩身穿绸缎长衫，优雅地坐在那儿，真可说是神态自若，和善安祥。当时对这身长衫的颜色，总也说不准，白是不会的，黄嘛，也不像。现在知道了，这颜色，正是志摩信中说的，“我要洵美（姜黄的）那样的做一件”，该叫姜黄。

5. 他的字

志摩的字，起初我没怎么在意，看了觉得好，也只是个好，没往书法上想。

这里立题，我也不说“他的书法”，只说“他的字”，我觉得，对一个文化人来，字好，是本分，往书法上靠，反显得俗了。比如鲁迅，已经是个伟大的作家了，你再添一句，还是个了不起的书法家，有什么意思呢。

要写本节的正文了，自然要将之当作书法来说，不这么说，你连个正经资料都找不着。

多年前，海宁的吴德健、虞坤林二先生，曾编过一套线装本的《徐志摩墨迹》，一函五册，承蒙不弃，曾贻我一函。前两年，又见《新文学史料》上有陈子善先生写的一篇文章，是篇序，为新出的《徐志摩墨迹》增补本写的。想来收罗更为宏富。

陈子善兄的文章，收入他的论徐专著《说徐志摩》，我看了觉得，对徐志摩书法的发现过程，出版经历，梳理之细，无人能过。这里，就免了这一叙事，只说我自己对徐字的认知过程，再就是说说名家对徐字的评价。

写《徐志摩传》时，曾去国图（那时还叫北图），复印过许多资料。其中有《美展》会刊多期，每期也就一大页。刊头的题字，均为名家所写，记得有叶恭绰的。到了最后，将多期合为一册，成为“汇刊”，封面上一行字横排，道是“第一次全国美术展览会美展汇刊”。我以为定是什么名家所书，落款竟是“徐志摩”三字。也没有当回事，觉得不过是自己在编，顺手就写了。

过了几年，南方一家出版社要我编本《徐志摩图传》，这可就要用心搜罗了。这一搜罗不要紧，还真让我对志摩的字，刮目相待，起了几分的敬意。手迹本的《爱眉小札》不用说了，那份轻松秀丽，可说是典型的才子笔墨。喜爱自不心说，但总觉得，还是文人本色，不值得过多称道。然而，待见到他在英国，送给狄更生的清代《唐诗别裁集》上的题字，真是大吃一惊。

这套书，想来是张幼仪去英国团聚时，带给志摩的，志摩正在为去剑桥大学读书而奔走，国王学院的狄更生教授最是给力，志摩便将此书送给了狄先生。顺手在扉页上写了两句话：

书虽凋蠹，实我家藏，客居无以为赆，幸先生莞尔纳此，荣宠深矣。

徐志摩敬奉　十年十一月剑桥

落款是剑桥，当是事情已经办成，他与幼仪已搬到剑桥附近的沙士顿住下了。

这几十个字，分作四行，不说字了，布局之得体，不是书法上训练有素的人，先就摆弄不了。而其字体，除了“凋”字第四笔的横折勾，竖画格外粗壮，颇得郑孝胥之笔意，也可说是学下了此老的毛病，整体看来，那个劲道，那个得体，你不能不承认幼仪的四哥张嘉璈（公权）先生，十年前，仅凭着字体，就看上了这个小妹夫是极具眼光的。

此事在幼仪的侄孙女张邦梅，据幼仪口述而写成的《小脚与西服》里，有详细的记载。我有此书，是复旦大学教授谈峥（瀛洲）赴美讲学买下送我的。原文过长，且抄录我的《徐志摩传》里经过整理的文字：

1913年，徐志摩在杭州府中学堂上学时，与张幼仪订婚。结婚还要再过两年。这年志摩十六岁，幼仪十三岁，正在苏州第二女子师范学校读书。

徐志摩一生满是故事，在订婚这么一件全由父母做主的事情上，也有个不俗的故事。

这年春夏间，幼仪的四哥张公权，年方二十四岁，担任了浙江省都督朱瑞的秘书。据张幼仪后来回忆，有一天四哥回来说，为她觅得一个好夫婿，叫徐志摩。几个星期以前，他到杭州府中视察的时候，对其中一个学生的作文印象极为深刻，尤其是一篇题为《论小说与社会之关系》的文章，将梁启超的文笔模仿得惟妙惟肖。他翻遍数百份学生模拟梁启超的作文，没有一篇捕捉到梁启超文字间那种优雅的文白夹杂的风格。

再就是，徐志摩的书法也透露出不凡的才气。四哥细看他的每个字形，留意到字"骨"，也就是笔法的劲道或是毛笔每写一画、一钩、一撇时在纸上所用的力量，显示出他有坚定的目的和方向；字"气"，也就是字的自然神韵，这种神韵只有在一个人受过几年书法训练以后，适时摒弃所学才能表达出的眼光和操守。

经过打听，四哥知道这位年轻的士子，是硖石商会会长徐申如的独生儿子，有这一条也就毋需知道更多。当天晚上，就寄了封以本名张嘉璈署名的信给徐申如，提议徐志摩与他的妹妹成亲。信寄出没过多久，徐申如就回信表示同意：

"我徐申如有幸以张嘉璈之妹为媳。"

多引一些，是为了说明事情不是这么单一。

还没有完。志摩所以能在十四五岁的年龄，写出这么有劲道的字，一半是天分，还有一半，不能不归诸其父申如先生的着意培养，且是舍得下本钱的那种培养。大约在志摩十二三岁的时候，父亲便带他到上海，拜会其时最有名望的书法家郑孝胥先生，给以指导。此事，在多年前出版的《郑孝胥日记》上有记载。本书中别处引用了，此处不赘。

自家灵慧，又受到名师指点，十五六岁上写出那么好的字，也就不足为奇了。

在我看过的，志摩写过的，最见风骨也最见水准的字，是某年赴欧前一天晚上，写给林语堂的一个大条幅。内容为白居易的《新丰折臂翁》，竖12行，正文10行，落款2行。想来该是四尺宣纸一整张。正文就那样，落款两行，颇见意趣：

丁在君发明古诗新读法，最擅读此诗，声容并茂。新丰翁诗交文江公，盖不打矣。

玉堂要我写字，录此博粲。欧行前一日深夜。志摩涂

志摩死后，林语堂将此字幅，下面加了跋语，装裱成中堂。

梁实秋在《谈徐志摩》长文中，曾谈到此事，说“1928年12月，志摩欧游前一日给林语堂先生写白居易《新丰折臂翁》，林先生1936年正月十三日跋云”如何如何。林语堂作跋的时间，不敢说错，而志摩欧游的时间，肯定有误。以情理论，该是1925年3月赴欧前一天。只有彼时，才会称林语堂为玉堂。

1923年志摩在杭州时，曾持梁启超之信，在西湖边的别墅，拜会康有为，请学问字。有人说他的字，有康南海的风骨，这怕是附会。其时志摩已年近三十，就是有意摹习，怕也不会有什么长进。我的看法，还是将之归在郑孝胥门下，名实相副，较为恰当。

志摩生前，朋友圈里，认可其字者，少有公开评价，死后懂字者多有赞誉。

梁实秋在《谈徐志摩》里，说到他为林语堂写的中堂时，曾说：“志摩的字颇娟秀，有时酷似郑孝胥。”

陈从周见过志摩的《府中日记》，对其字迹，很是赞赏。在《记徐志摩》文中说：

志摩少年，真可说是书生意气，挥斥方遒，少年的文笔很像梁启超先生，无怪后来拜门为弟子。在硖石开智小学求学时，写过《论哥舒翰潼关之败》的短论（文见拙著《徐志摩年谱》）。不但古文写得好，书法也秀劲，不信出于一个十四岁的小学生。他的书法学北碑张猛龙，有才华，自存风格，在近代文学家中是少见的。

评价文字，见过不少，一下时能想起，也能得见的，就这么两条。

6. 他的做派

是做派，还是作派，我查了词典，觉得还是做派好些。不是说他如何作秀，是想说他平日的举手投足，有什么经久不变的特征。

说名人，不能光从喜欢他的人这边说，也要从不喜欢他的人这边说。前一节，是从喜欢志摩的人说起，这一节，换个角度，从不喜欢他的人说起。

20世纪二三十年代，是个名家鹊起的时期。刚起步那阵子，谁也不知道谁后来会是怎样的归宿，因此上，品评起来，往往口无遮拦，怎么个感觉，就怎么个说。有个年轻作家，叫毕树堂的，像是清华的学生，对吴宓先生很是敬重，吴先生还活着，就写了篇像是悼念的文章，叫《琐记吴宓》。说他觉得，吴宓与徐志摩，这样两个同是留洋归来的人，反差太大了。行文中就将徐志摩拈出来，说道了两句。

当时泰戈尔访华气息还没有散去，报刊上不时会有泰氏在华期间的照片刊出，其中一张是泰氏在清华园，跟清华校长曹云祥及清华教授辜鸿铭、王文显等人在一起的合影。上面当然会有徐志摩，还有徐的朋友张歆海、张彭春等人。毕树堂的文章里说：

印度诗人泰戈尔来清华，住后工字厅，辜鸿铭和徐志摩陪着，在荷花池畔照的一张相片里，徐的姿势就是那么一股子劲儿，dignity的反面，怎么样？

这张照片，不难找见，见过的人定然不少。

Dignity这个英文词，我请教了复旦教授谈峥先生，他说是庄重的意思。Dignity的反面，那就是轻佻，通俗点，就是烧包了。

且看志摩怎样一个做派，也就是说，摆了怎样一个姿势，才落下了这样的诟病。

照片上，志摩是年轻人，自然不能坐在前面，泰戈尔和辜鸿铭都是老人，坐在椅子上。一旁是石砌的围栏，也还宽厚，曹云祥、徐志摩、张歆海依次而坐。曹是校长，坐在前面，从照相的角度看，该是与泰、辜两人在一条线上。志摩是泰戈尔的翻译，坐在曹校长左侧，也正是泰氏的右侧，再下来是张歆海。王文显一身西装，站在辜鸿铭身后。另有一人着中装站立，该是张彭春了。

我拿着放大镜，将志摩的神态、着装、身姿，看了又看，实在看不出有什么“轻佻”的地方。再看，终于明白了，在他的腿的处置上。

这天，志摩穿的长袍，腿上是西裤，脚上是皮鞋。石砌围栏不高，约略相当于普通凳子的高矮，曹校长坐在那儿，双腿下垂，一手握住另一手，搁在屈起的膝盖上。张歆海的半个身子，泰戈尔挡着看不清，想来也是正常的坐姿。志摩就不然了，也跟曹校长一样，屈腿坐着，只是两条腿的摆放，与曹不一样。曹是双腿并起下垂，他呢，一条腿下垂，另一条腿曲起，搭在前腿的膝盖上，双手五指交叉，搂住曲起的腿的膝盖。加以身子平挺，是有那么股子“格色”的劲儿。

平常人不往“轻佻”上想，有成见的人往“轻佻”上想，你还真不能说有什么不对。

好了，记住，有成见的人，对志摩的做派有一个看法，就是不庄重，就是轻佻，就是烧包。

下面引述几个熟人的。

一个是他的表弟吴其昌。此人也是梁启超的门生。志摩去世后，写过一篇文章，叫《志摩在家乡》，也说了一些他在北平与志摩交往的事。志摩到北平教书后，夏日晚上，与朋友去中山公园玩。有一天晚上，吴其昌和妻子，还有他的弟弟吴世昌，也去了中山公园，两拨人在松林里遇上了。

五凤城阙下的暮春，本来是黄金无价，中央公园的牡丹花盛开的几晚，用数百盏五彩纱灯熠着花睡，我和我的妻，我的弟，还有一位硖石朋友张惠衣先生，因为要领略一些“春明”的风味，所以夜深还绕着花走，远远从巨大的古柏的黑影中间，送来一阵说的声音，一位是张海歆先生，一位是熊佛西先生，一位就是志摩先生。我老弟赶过上去和熊先生谈他们所兴头的而我所一窍不通的剧，志摩就绊住我们三人闲扯，一手斜撑着一株柏树，皇天在上！我还清清楚楚记得是哪一株树的哪一块地方，他第一句问我的到:“顿（住，居）在北京，好不好？舒服不舒服？”接着第二句就对我妻说:“我这趟来，是坐飞机来欧（硖石语助）！”

注意，志摩一手斜撑着柏树，跟表弟谈话的身姿，其特别的风韵，竟让也算见过世面的表弟，发出了“皇天在上”的感慨。且多少时日之后，仍能记着，志摩的手掌，扶在哪棵柏树的哪一块地方。可见这个姿势，是多么的让人铭记在心了。

同一文中，还记述了志摩抽烟的动作，是吴其昌看望了朱启钤（桂莘）先生，一同出来的梁思成，邀他去家里坐坐。大概两处相距不远，相跟上就去了。进门之后，原来徐志摩也在。

一进门思成先生喊："客人来了！""哪一位客人？"林徽因女士在里边问。"吴公其昌！"这样一个滑稽的回答。"噢！其昌，难得！"这是志摩跳起来的声音。静静地一盏橙黄色的华灯影下，隔窗望见志摩从沙发上跳起来，旋了一转，吐出一缕白烟。我们进去了以后，志摩用香烟头把我一指，向徽因女士说，"我们表弟兄啊，其昌是我表弟，你比我小几岁？八岁？你还没有知道？"

这是志摩去世前，约莫一星期的事。

第二天就要乘机南下，特地来向徽因夫妇道别。看见了吗，若是思成一个人回来，他不会这么个动作，因为是表弟来了，不免有些小小的惊讶，动作也就不那么稳重。先是一听见其昌来，还没有进来，一边说着"难得"，一边从沙发上跳了起来。大概坐的姿势，不是朝向门口，身子便"旋了一转"。这旋转的空儿，又吸了一口烟，"吐出一缕白烟"。前面已说过"难得"等语，不会是说这些话之前吸的烟没有吐出来。待吴其昌进来，这才用香烟头把客人一指，说是他的表弟某某。

志摩前面的动作，是吴从窗户上看到的，不会是编造。于此可知，志摩平日的做派，是有些"轻浮"的，或者说是有些夸张。毕树堂不管是出于恶意，还是善意，都没有说错。

叶公超对志摩的做派，也有简明的记述，语见《志摩的风趣》：

志摩爱说人家Dull，说的时候那副眼睛的闪烁，嘴唇两端的曲线，头部稍微的前倾，最能显出那种灵敏和同情的幽默。志摩的诗也许不及他崇拜的雪莱，但是他的幽默却远在雪莱之上。

Dull，无趣，乏味。

最能见出志摩做派特征，也最能见出为人随和的，当数梁实秋《谈徐志摩》中的记述：

我记得，在一九二八、一九二九年之际，我们常于每星期六晚在胡适之先生极斯菲尔路寓所聚餐，胡先生也是一个生龙活虎一般的人，但于和蔼中寓有严肃；真正一团和气使四座并欢的是志摩。他有时迟到，举座奄奄无生气，他一赶到，像是一阵旋风卷来，横扫四座，又像是一把火炬把每个人的心都点燃，他有说，有笑，有表情，有动作，至不济也要在这个的肩上拍一拍，那一个的脸上摸一把，不是腋下夹着一卷有趣的书报，便是袋里藏着一扎有趣的信札，传示四座，弄得大家都喜欢不置。他的这种讨人喜欢的风度，常常使我忆起《世说新语》里所记载的王导。

文中还引用了《世说新语》里写王导的一节文字，就不摘录了。

略事概括，可知志摩的做派，是有让人诟病的地方，但总体来说，则是其举动有个人特色，也还让人喜欢。这只是就朋友而言，不是朋友的，要么会看不惯，要么是有成见，那就怎么也不会喜欢了。

比较下来，还是郑振铎在《悼志摩》里，对诗人的做派，两个方面都说了，更近持平之论。他承认，志摩外表上，似是一位十足的“公子哥儿”，而为人上，却有着绝大优点，为常人所不及。且将这两段话都引了出来：

有的人误会志摩是一个华贵的“公子哥儿”：他们以为他的生活是异常愉快与丰富的，他不必“待米下锅”的，是不必顾虑到他的明天乃至明年以后的生活的。在表面上，这种推测倒未必错。他的外表，他的行动，似是一位十足的“公子哥儿”。可惜他做“公子哥儿”的年代未必很久。他的父母的家庭的情况，倒足以允许他做一位无忧无虑的“公子哥儿”。但他早已脱去了家庭的羁绊而独立维持着他自己的生计。

志摩是一位很可交的朋友，凡是和他见过面的人，都要这样说。他宽容，他包纳一切，他无机心，这使他对于任何方面都显得可以相融洽。他鼓励，他欣赏，他赞扬任何派别的文学，受他诱惑的文人可真不少！人家误会他，他并不生气，人家责骂他，他也能宽容他们。诗人、小说家都是度量狭小得令人可怕的，志摩却超出一切的常例之外，他的度量的渊源，颇令人难测其深处。

做派，往好里说，也有风度的意思。且看梁实秋的一段记事：

有一天志摩到我的霞飞路寓所来看我，看到桌上有散乱的围棋残局，便要求和我对弈，他的棋力比我高，下子飞快，撒豆成兵一般，常使我穷于应付，下至中盘，大势已定，他便托故离席，不计胜负。我不能不佩服他的雅量。他很少下棋，但以他的天资，我想他很容易成为此道中的高手。至少他的风度好。（《谈徐志摩》）

若论简洁，还是志摩死后，蔡元培的挽联的上联，说了个通透：

读诗是诗，举动是诗，毕生行径都是诗，诗的意味参透了，随遇自有乐土；乘船可死，驱车可死，斗室坐卧也可死，死于飞机偶然者，不必视为畏途。

7. 性格上的缺陷

说一个人，不能光说优长，也该说说他的缺陷。

缺陷有多种，有的是性格上的，有的是品质上的，还有的是，由性格而起，却落在了品质上。

温源宁是个智者。多少人看去，志摩的相貌是英俊的，下巴是长了点，也还可爱。众多文章里，只有温源宁说，那下巴看去有点蠢。温先生看到的，可说是一种相貌上的缺陷。在性格上，也有人作了与众不同的审视。

最早看出名堂的，该是出身官宦人家而又世事洞明的梁实秋先生。仍是在他那本《谈徐志摩》中，有周详的分析与判断。

先是与他们一个共同朋友的对比：

一个人的性格品质，以及在行为上的作风，与他的出身和门第是有相当关系的。例如，我们另外有一位朋友，风流潇洒，聪颖过人，受过最好的西方教育，英文造诣特佳，照理讲他应该成为一个有成就的学者或文人，但是他爱慕的是虚荣与享受，一心的想要猎官，尤其是外交官，后来虽然如愿以偿，可是终归一蹶不振，蹭蹬无闻。据有资格批评他的一个人说，这一部分应该归咎于他的家世，良好的教育未能改变他的庸俗的品质。他家在一个巨埠开设着一爿老牌的酱园。我不相信一个人的家世必能规范他的人格。但是我也不能否认家庭环境与气氛对一个人的若干影响。志摩出自一个富裕的商人之家，没有受过现实的生活的煎熬，一方面可说是他的幸运，因为他无需为稻粱谋，他可以充分地把时间用在他所要致力的事情上去，另一方面也可说是不幸，因为他容易忽略生活的现实面，对于人世的艰难困苦不易有直接深刻的体验。

这里说“我们另外一个朋友”，就是大名鼎鼎的叶公超。此人确实是有天分，有才干，台湾时期，当过差不多十年的“外交部部长”。晚年虽也有虚衔，明显是落魄了。这里要注意的是，将两人做了比较，并没有说徐志摩是一个不受富商家庭影响的人，而是说，也有他的“不幸”，只是不同于叶公超的不幸罢了。

接下来，说当年创造社诸人艰窘的生活，志摩亲眼见过，他也亲眼见过。创造社诸人，因困苦的生活，所培养出来的一股“狂叛”的精神，是很可惋惜的。但是志摩席丰履厚的生活，所育煦出来的那种对“梦想的神圣境界”之追求，又何曾是健全的态度？二者都是极端，所以他说成是一种强烈的对比。

这里，梁先生的意思比较隐晦，但是“细思极恐”，等于是明确地指出，志摩的性格是有缺陷的，人格也是有缺陷的。

若论深刻而明确，还是温源宁的观察，太到位，也太犀利了。仍是在《徐志摩——一个大孩子》文中。

先是对志摩的为人与诗，有一个不同寻常的衡量，说是志摩之为人，比志摩之为诗人伟大远甚。我们有好多人喜欢他的诗，完全是因为那是他写的。我不敢说是否有人因为喜欢他的诗而欢喜他。他的个性就是他的天才。因此，在他所做的事或所说的话里，他的成分越多，我们就越觉得有不可思议的魅力。

做足了赞美，才是那最为痛心的一击：

当然，志摩的生活中也有种种的悲哀：剧烈而且锐利，像一个孩子的悲哀一样；可是都和朝露差不多，一会儿便什么都没有了。他常常把痛苦给他的朋友受，但这痛苦却失去了一半的锋芒，因为放它出来的那只手是纯洁天真的。像一个孩子弄死鸟儿或扯去苍蝇的翅膀，志摩有时也能对人残忍无情，自己并不知道。心地纯洁而全凭感情用事，志摩是把摔茶杯，扯花瓣儿，以及在荆棘丛里跳跃嬉笑当做每天的娱乐节目的。

到了什么程度，又是什么事情，他没说，这就用得着我们来寻找事例印证了。当然，也要稍稍提醒一下，此人是林徽因的表兄弟，在英国留学时，与志摩就是好朋友。在印证他的观察时，这些可以忽略不计。

志摩的直率，有时到了不近人情的程度。《徐志摩朗诵秋声》一文里，温梓川记述了一件小事，是直率还是不近人情，看了再做判断：

据何家槐说，他有一次从杭州乡下到上海来，兴冲冲地携了一筐梨子送到法租界福煦路志摩的家里去，刚巧他不在家，他便把梨子留下，想留下一张便条，便拉开他的抽屉，取出他的信笺来写条子；后来，志摩恰巧从外面回来都碰见了，便责备他，说他不应该私自拉开他的抽屉，即使是小曼也不敢这么做，因为夫妻间也应该有那么一点秘密的。当时说得家槐羞愧得简直无地自容。由此也可以看出志摩的天真，因为这一份天真，所以不免常常会遭受人们的误解。

作者说了这件事，也给了解释，说是“一份天真”。

家槐姓何，是志摩的学生，志摩在上海教书期间，常在徐府走动。爱写作，可说是志摩身边的青年作家之一。志摩去世后，家槐写了篇纪念文章叫《怀志摩先生》，也提到了这件事，只是小有不同。

先说今年即1931年夏天，他突然想要志摩给他写一张屏，从家里带了不值一元钱的鲜梨，一共二三十个。志摩推诿不要，最后是收下了，仍取出四个，放回家槐来时带的小网篮里。说完这件事，才说了拉抽屉的事：

还有一次，我在他的抽屉里乱翻，看他的许多信简。过几天去的时候，他很严正的责问我：“家槐，你为什么看我的私信？你知道这是犯法的，许多夫妻竟因此而离异。”但那严正只是一刹那的。看见我不声响，生怕我难堪，于是他又很温柔地说：“不过我是不要紧的，你千万不要介意。”

可见不是一天的事。得知家槐曾乱翻过他的抽屉，做那样的责备，不能说不对。我们要留意的是，责备家槐的话里，有句“小曼也不敢这么做”，也就是说，这个禁忌，在志摩家里是实行了的。志摩当然有他的理由，从西方学回来的规矩嘛，但是从小曼这边考虑，夫妻之间设下了这样的防线，让小曼情何以堪？再作推论，假定小曼起初犯了家槐同样的过错，志摩该也是这么严厉地责备吧。倘若这样，是不是就有些不近人情了？

还得说，志摩的情绪里常有不稳定的成分，让他在没有管束的情况下，会突然发作。

1924年6月，送泰戈尔去日本归来，时在8月，天气正热，他与张歆海去了庐山，是避暑，也是借机将泰戈尔访华期间的讲演翻译出来。料不到的是，一上庐山，为吃冰激凌事，竟跟一家外国人开的冷饮店的员工，打了一架。

有个叫郭子雄的文学青年，是志摩留英同学郭有守的弟弟，恰好也在庐山避暑，听说志摩上了山，便约了朋友，一同去胡金芳旅馆看望。去之前，即知志摩歆海两人，与冷饮店员工有过冲突，一去了就先问此事，并表示同情。志摩去世后，郭在《忆志摩》文里，对此事有记载，且是转述志摩的话语：

“事情是这样，”志摩先开口，“我们今天上山来，住定旅馆后，便到外面散步，走过一家名叫杜约翰的铺子，看见门口挂着卖冰的招牌，我们便登楼去，坐下来吩咐茶房要冰激凌。茶房说：‘没有’；我们说：‘你们门口明明挂着牌子，为什么说没有？’他说：‘正好卖完。’我们问他还有什么卖，他说只有汽水，于是我们便叫汽水喝。正在喝汽水的时候，两个高鼻子的外国人来了，茶房连忙恭恭敬敬地走过去；他们说要冰激凌，茶房立刻端了两杯去到他们的桌上。我们看见了这种情形，心里很生气，便叫茶房过来责问他为什么我们叫冰激凌便没有，洋人叫便有。他当时脸上现出了窘况，想了一会儿，便说：‘这两杯冰激凌是他们老早打电话来订好了的。’我们看出了这中间的‘花头’，可是也把他没奈何，喝完汽水便付钱下楼，在楼下买点饼干糖果，哪知道店里的人却装出一副鬼样子。我们责备他们的不是，店里的经理便立刻叫出十几个苦力拿着棍棒往我们追来。走到所谓洋街口的高坡上，扭住我们生事。亏得我这位朋友张先生的气力大，还能同他们应酬两下，否则真是不知道会弄到怎么样。”

我掉过头问张先生可曾受重伤。

“还好，”张先生说，“我气力大，没有十分吃亏。只是我滑了一跤，跌伤了手臂，有一个家伙，不自量地走上前来打我，我用手把他一推，他便滚下了石阶。”

就是这么个事。郭子雄文中，没有多说什么，我们看了，只能说是冷饮店员工，狗眼看人低，中国人看不起中国人，志摩和歆海两位，出于义愤，给了他们切实的教训。但是，再看下面，紧接着的叙述，就不难明白，志摩和歆海，上得山来，原本是带着一肚子气的。若不是恶语相加，惹恼对方，何至于走开之后，经理会再率人赶来动了棍棒？

子雄文中，是这样写的：

“已经到公事房去过了，且看他们怎样办。”张先生说。接着告诉我，他在山下的时候读了一本英文写的小册子，名叫*Fight for Kuling*，著书的人自然是高鼻子，内中说明他们怎样强占牯岭，用意在使得一般游山的人知道他们的光荣。为了这本书，他们已经有点不高兴，上山来的第一天又遭受这大的委屈。

两个都是年轻人，我们可以赞赏他们的勇气，但是，能说没有抒愤懑的成分？两个有教养的人，在山上与冷饮店的工人打了起来，是不是有失体统？

最能看出志摩性格里“残酷”一面的，是在英国，对待张幼仪的几件事上。这不属于风花雪月之事，我们在这里说起，为的是探究志摩性格上的缺陷，该是可以谈谈的。

张家兄妹好几个，其中老八叫张嘉铸，有个孙女叫张邦梅，在哈佛大学读书时，偶然得知他的老姑妈，竟然是民国著名诗人徐志摩的前妻，便着意采访，写了一本英文著作，名叫《小脚与西服》。书中记载了1921年徐志摩在英国留学时，将妻子接到英国后的种种往事。有的可笑，有的只能说是可恶。

可笑的是这样一件事。

在马赛接上幼仪后，他们乘火车来到巴黎，为幼仪买了几件衣服，然后乘飞机飞往伦敦。那是一架不大的飞机，小的夫妇两人非得双膝交叉对坐不可。幼仪以前从没搭过飞机，所以晕机吐在一个纸袋子里，她并不害怕，知道那只是因为空气不好，机身又颠来颠去的缘故。让她伤心的是，她呕吐的时候，志摩不光把头撇过去，还嫌弃地摇着头说："你真是个乡下土包子。"

话才说完没多久，他也吐了，幼仪不甘示弱，也带着小小的恶意，轻声脱口说："我看你也是个乡下土包子。"

可恶的事，是在得知张幼仪怀孕之后：

随着八月的热浪来袭，我身上出现了小生命的征兆。我从怀阿欢的经验察觉，我早上会有反胃和虚弱的感觉。在硖石的时候，我想要也需要生孩子；而在沙士顿，我不知道要怎么办，怀孕期间我要怎么料理家务？我能在这儿养孩子吗？我有必要回硖石吗？为了要怎样把这消息透露给徐志摩，让他知道这件事，我左思右想了好几天。有天下午，我趁郭君出门时告诉他了。

志摩听了立刻说："把孩子打掉。"

我这辈子绝没料到我会得到这种反应。就我所知，打胎是有生命危险的，只有濒临绝境——有了外遇、家人快要饿死、喂不饱另一张嘴——的女人，才会冒险打胎。

于是我说："我听说有人因为打胎死掉的耶。"

徐志摩冷冷地说："还有人因为火车肇事死掉的呢，难道你看到人家不坐火车了吗？"说完就没耐心地别过脸去，不看我。

"可是我去哪里打胎？"我问。

他摇摇头说："你会找到地方的，这种事在西方是家常便饭。"

这事情，我相信是真的，以幼仪性情之醇厚，不会在这上头诬陷她的志摩。

总括其性情，有和善的一面，有乖张的一面，也有浑浑噩噩、满不在乎的一面。至于其成数，当是和善七，浑噩二，乖张一。这里说性情而不说性格，在我的理解上，性格单一，而性情之涵盖，较宽博也。

第三章

国内学历

1. 私　塾

志摩是上过私塾的。徐氏有家塾，志摩入塾开蒙，业师是同邑庆云桥的孙荫轩先生。志摩在《雨后虹》文中，曾记述了读书时的情形：

我记得儿时在家塾中读书，最爱夏天的打阵。塾前是一个方形辅石的“天井”。其中有石砌的金鱼潭，周围杂生花草，几个积水的大缸，几盆应时的鲜花，——这是我们的“大花园”。南边夏天的中午，蒸热得厉害，全靠傍晚一阵雷雨，来驱散暑气……但在白天不论天热得连气都转不过来，可怜的“读书官官”们，还是照常临帖习字，高喊着“黄鸟黄鸟”，“不亦乐乎”；虽则手里一把大蒲扇，不住地搧动，满颊满腋，依旧蒸炉似透发，先生还是照常抽他的大烟，哼他的“清平乐府”。

徐家保宁坊老院为四进天井式大宅院。据志摩的描述，这个家塾，当在老院的某一进院子里。几岁开蒙，志摩无记载，只能以寻常年限推勘，再稍稍提前，就算是四岁吧。

第二个塾师是查桐荪先生。

据志摩说，这位查先生是个怪人，刚出生时，父母怕孩子受凉没给洗浴。此后几十年，直到去世，查先生没洗过一次身体。平日也不刷牙，不洗头，擦脸也很少。去世后发表的《志摩早期杂记一》里，曾带着自责的意味，说到这位塾师：

因懒而散漫，美其称曰落拓，余父母皆勤而能励，儿子何以懒散若是，岂查桐荪先生之遗教邪！志摩自是血性大，奈何幼时及成人，遂不闻丝毫激刺语；长受恶社会之薰陶，养成一种恶观念，恶习气，散漫无纪至于如此。从今起，事事从秩序着手，头头是道，再要乱七八糟，难了难了。

2. 开智学堂

1905年清廷废科举，兴新学，硖石镇上办起初级小学堂。志摩入学读书，时年9岁。在这个学校，一直读到小学毕业，于1911年年初，旧历年前毕业，考上杭州府中学堂。

这样说，是有些拗口。这是因为，当时的新式学校，其学制为春季开学，旧历年前毕业，考取更高一级的学堂，过了旧历年入学。志摩未有跳级的记录，这样就可推知，志摩一入学，上的是二年级，五年后毕业。

硖石镇上的这个小学，我看过的资料，都说是开智学堂。这该是当地人的简称。正式名称决不会是这样。我未看过光绪皇帝办学的圣谕，据我读书得来的印象，新学初兴，府一级办中学堂，县一级办高等小学堂，镇一级只能办初等小学堂。多年后，镇一级才可办高等小学堂。这也只是我的印象，实际的名称还要规范些。近日看到陈星的《丰子恺传》，丰是1898年出生，小志摩一岁，家在桐乡县，与海宁县相邻。他家也在镇上。先上私塾，1910年私塾改为“溪西两等小学堂”。据此可知，硖石镇上的这所小学，若最初就起名叫“开智”的话，也该叫“开智初等小学堂”。学生渐次升级，有了高年级班，就要叫成“开智两等小学堂”或“开智高等小学堂”。高等小学堂里，可以包括初等小学堂的年级。再后来，就要叫小学校了。

这里，我们还是称之为开智小学堂较为妥当。

新式小学堂的老师，不是塾师了，换了正规的教员。教国文的是张仲梧先生，字树森，乡试副榜，就是举人。吴其昌与志摩是前后同学，志摩是第一届，其昌稍后。吴其昌《志摩在家乡》文中，说到这位张先生：

张先生长方脸，结实身子，浓眉毛，两只眼睛炯炯有光，常常吓得孩子们心里别别乱跳，又是一位桐城古文家，读一句“……乎”“……耶”的文章，那尾声要拖至二分钟以上——我敢罚咒说：就是听龚云甫唱戏，也没有听张先生念书那么好听……张先生古文的高足，前后应该有三位：第一位一致的推戴志摩。第二位，是轮到许国葆先生。第三位，他们硬说是我。

同文中又说：“至于志摩少年之擅长桐城古文的，这个秘密，恐怕由我造孽，刚才揭开吧”？

最能看出志摩古文根底的，是在开智学堂上学期间，他写的一篇古文《论哥舒翰潼关之败》。时在1909年，该是高小一年级（也即小学五年级）了。陈从周的《徐志摩年谱》里，摘录了该文中的一段，且看：

夫禄山甫叛，而河北二十四郡，望风瓦解，其势不可谓不盛，其锋不可谓不锐。乘胜渡河，鼓行而西，岂有以壮健勇猛之师，骤变而为羸弱顽疲之卒哉？其匿精锐以示弱，是冒顿饵汉高之奸谋也。若以为可败而轻之，适足以中其计耳，其不丧师辱国者鲜矣！欲挫其锐，非深沟高垒、坚壁不出也不可，且贼之千里进攻，利在速战，苟与之坚壁相持，则贼计易穷。幸而潼关天险，西连京师，粮运既易，形势又得，据此以待援军之集，贼粮之匮，斯不待战而可困敌也。哥舒之计，诚以逸待劳，而有胜无败之上策也。奈何元（玄）宗昏懦，信任国忠，惑邪说而诅良谋，以至于败。故曰：潼关之失实国忠而非哥舒也……

条理清晰，用词简古，抑扬顿挫，气韵贯通，确是桐城派古文的笔致。

也是这一年，发觉自己的眼睛视物模糊了，查验后是近视，便配了眼镜。头一次戴上眼镜的情景，多年后在《雨后虹》一文里写道：

我记得我十三岁那年初次发现我的眼是近视，第一副眼镜配好的时候，天已昏黑，那时我在泥城桥附近和一个朋友走路，我把眼镜试带（戴）上去，仰头一望，异哉！好一个伟大蓝净不相熟的天，张着几千百只银光闪铄的神眼，一直穿过我眼镜眼睛直贯我灵府深处，我特由不得大声叫道，好天，今天才规复我眼睛的权利！

3. 杭州府中学堂

1911年春天，约当农历庚戌年的年底，徐志摩从开智小学堂毕业，考入杭州府中学堂，俗称杭州府中。

当时还是清季，没有实行公历，小学都是农历年底毕业，前去应考，考上了，过了年再去上学。

农历与公历，到了年头岁尾，叙事上的不方便，在这上头最是明显。说白了，就是旧历年前毕业，考试，录取，过了大年，一般都在过了十五，便去上学。这样一年，也是一个学年，只是第一学期在前半年，第二学期在后半年，跟现在的不一样。

杭州府中监督（校长）是邵伯炯先生，校址在一个叫大方伯的地方。这地方，现在还叫大方伯。

和志摩一起考入杭州府中的，有他的表兄沈叔薇。大概学校初办，学生的宿舍一时还没有着落，为了此事，志摩的姑父曾给他的表弟，后来成了著名民主人士的沈钧儒先生写了信。沈钧儒问过邵伯炯之后，复信说："伯炯兄备寄宿舍，大致四五月间沈徐张诸郎皆不生问题矣。"信中沈徐，指沈叔薇和徐志摩；张，指一位名叫张仕章的学生。这样说来，志摩直到这年的四五月间，才住进学校的宿舍。

和志摩在一个班上的，除了他的表兄沈叔薇外，还有董任坚、郁达夫、姜立夫、郑午昌（昶）等。董任坚后来和徐志摩一起赴美留学，姜立夫也曾留学，后来成了一位数学家。

郁达夫是从嘉兴府中学堂转来的。

他是富阳人，离杭州比硖石更近，原本也考上杭州府中，来到杭州后，因杭州府中无宿舍，便去了嘉兴府中学堂。后来他有一首《自述诗》道："欲把杭州作汴京，湖山清处遍题名。谁知西子楼台窄，三宿匆匆出凤城。"也就是说，他只在杭州待了三天便离去了。嘉兴离家更远，思乡情切，勉强待到第一个学期结束，第二个学期开始时，又转到杭州府中上学。

达夫一到班上，就注意到了志摩。用他的话说，志摩是个头大身子小的孩子，很顽皮，学习却是特别的好。

学堂规定，考试得第一的才能当班长。这样，徐志摩就常是班长了。

这年秋天，辛亥革命起来，地面上不安宁，杭州府中停办，志摩回到硖石老家自修。民国二年春天重新开办，更名为浙江省立第一中学校，志摩又回到学校。复校后，郁达夫没有回来，先去之江学堂念书，不久随兄长去了日本。这样，郁徐二人同校读书，不过半年光景。就是这半年同学，使中国新文学史上两位杰出的作家结下了终生不渝的情谊。

一上中学，志摩就开始写日记。日记本，是父亲为他准备的。竖式，上面有各种格子，照格填写就是了。第一页上是这样一段文字：

> 惟年辛酉，又申既毕业于高小学堂矣，其将奚适乎？闻之人曰，沪地学校多务名，不若杭州之为实。且学校在租界，则车水马龙不免无分心之虞，固不若杭城之为愈也。遂谋肄业府中校。去岁曾倩燕孙君代为报名，俟考期定后赴考可也。同往者有沈张二君，则此行亦不虞寂寞。

从笔迹与语气上看，这段话应当是徐父申如先生所写。只是"惟年辛酉"一句，定是有误。以志摩的年岁计，前后两三年，都没有辛酉年。1911年为辛亥年，往前推带酉字的年为1909年己酉年，怎么说都对不上，只能说是个笔误。

前面几页，全是抄录他人的诗词，从笔迹上看，也是申如先生所为。

正月二十一日（公历2月19日）起，才是志摩写的日记：

预记事件：明日拟租顾姓市屋，并中校上课。晨七句钟起，八句钟偕沈拱垣君赴车站，吴啸庐君及张仕章君先在，遂买票赴杭，途中无事。下车后即至中学校，缴纳学费卅元另八角。既暂寓同升栈，谒张夫子献之。又谒严公乾一，不遇。清泰二旅馆，晤张镜如，托赁寓舍不就。回大方伯，欲租顾姓市屋，因帐房不在，缓至次日再商。夜间到清和坊商务印书馆购《学堂日记》并杂记簿各一，返寓宿。亲朋问候：潘应升君、金如龙君、应尹衡君、陈树椿君到寓来访。潘、金二君同宿寓中。

游览地方：便游陈列所，地方狭小，男女混杂，殊不雅观。

自修课程：夜间写第一号家书一封，课程表三张。

预记事件、游览地方、自修课程，均为日记本上的固定栏目，写的时候，可以不拘泥这种固有格式。

从日记中看出，志摩小小年纪，已有家国情怀：

四月初二日（阳历四月三十日）雨终日不止 气候转寒

中夜闻雨声乃大恨，何老天之无情若是。盖自礼拜一以迄礼拜六，无日不旭日当卒，逢礼拜日而反雨，是非余一人以为恨，凡为学生者，无不引以为怅。晨起盥洗既毕，与燕孙、叔薇等作捉曹操戏。九句钟与颖斯至绍先处少坐，余先归。下午吴国培来，四句钟与张仕章至车站，在莅园饮茶。时风雨潇潇，天色阴晦既寒。且闷坐一句钟之久，车始莅至。父亲与王清甫、啸庐叔同来，至二馆，在栈晚膳。膳毕即归，旅行已作罢论。

要闻：《民立报》载称，广东革命军起事，焚毁督署，水师大败。事之成败未可必，而我国志士之流血者已不鲜矣。

自修课程：读英文。

仍延着高小时期，喜读史书，好发议论的习惯。秦末的乱世中，人们关心的是项梁、项羽、刘邦这些英雄人物，很少有人顾及义帝其人，志摩偏偏操上了这个心，在一则日记里，专门谈了他对义帝的看法：

四月十三日（阳历五月十一日）午后热不可耐，三句钟后乌云密布，少顷即大雷雨 礼拜四

读史至义帝流江被弑，未尝不为之三叹焉。夫义帝之才，不特项梁所不及，亦项羽之所不及，沛公之所不及也。观其作为，诚为开国之英主，惜乎其计未遂，而身已丧焉。楚自项梁死于章邯，统兵无人，国势几摇摇，义帝独收合余众，重震旧威，遣宋义救赵，而使沛公破秦，大有深意存焉。当项梁破秦之际，秦大发兵以助章邯，关中之虚可以□然矣，苟于此时分其师为二，遣大将以敌邯，己则统大军直趋关中，秦君臣束手而降，天下大事定矣。高祖虽强，又何能为？梁计不出此，轻敌致死，此项梁之所以不如义帝也。梁死，救赵之人不以项羽为正将，而遣宋义统帅，义帝知人之苦心也。籍暴横跋扈，义帝识之久矣。制之以（于）宋义之下，欲因此而去之，恐为后日患也。不然宋义知兵之将，非懦怯者流，顿兵安阳而不进者，知羽性躁急，必干军法。待其犯法而诛之，则羽又何辞。不意项羽未除，而宋义已丧羽手，是天不使义帝成事也。

最能看见叙事条理，而又文采斐然的，还是记述游踪的篇章。1911年春，有一日假期，曾与同学数人，去西湖一带浏览，种种见闻，回来均书之于日记：

四月廿四日（阳历五月二十二日）

惟日壬辰，林太守之生辰也。府中校创始于林公，故学堂特别放假，以示不忘。晨八句钟与燕孙、仲威、春晹、晓钟、阿大等至西湖林社，舣舟待。及孤山，中校学生而外，木业、农业、商业、安定、宗文诸校悉莅止。林公荣矣哉。余辈既至孤山，拟作灵隐游，遂由岳墓首途，旅行十余里，则一碑高峙，标其上曰“飞来峰”。至茶肆小憩，再入则林木深峦，景自天然，迥非俗地。又数武，则奇峰突峙，怪石峥嵘，石佛数百尊，随山上下，斯真奇景。山之下，石室辟焉，入内则凉风侵骨，迥非初夏之候，寒气袭人，竟有衣单之虞。台顶小孔，微露光芒，所谓“一线天”者是也。更数武而冷泉至，泉山石罅，声隆如也，涉手其中，寒若冰雪。上有小孔二三，以口就之，嗡然作响。其山谷之回音欤。既而至隐灵大精寺，方兴工未竟，至罗汉堂，阿大窃托塔天王手中之宝塔，使其暂为失塔天王。幸不为僧人所见，不然窘矣。余辈不敢复逗留，既循故道返。

时仅三句钟，复至玉泉。泉长三四丈，宽丈余。数千百之鱼家其中也。黄者、红者、青者、黑者为数最多，而绿、而白则所仅见者也。至长者约七八尺，鱼之奇者，体作三弯状，无以名之，名之曰弯鱼。市馒头投池中，群鱼奔

赴，相争不下，有若世人之趋利者然。其内又有一小池，面积仅二丈余，虾蟹游其中，水深不及尺，地流泉之一种也。以足蹴池畔石，水泡自地底而上，状珍珠然，故名之曰“珍珠泉”。既饱览名胜，爰携手同归。噫嘻，道路行且数十里，余实未尝一润饥肠，众议往聚丰园饮酒。既至岳墓，买棹而归，时已五时，由涌金门至丰聚（聚丰）园，众已足痛而肠饥，几筵既设，狼吞虎嚼。噫嘻，今日之游畅矣哉！

文中林太守，名启，字迪臣，清光绪年间任杭州知府四年，具有维新思想，为官刚正廉明，提倡农桑，相继开办三所新式学校。

以上所举，均为《府中日记》，还有一册是《留美日记》。现在能看到的这两册日记，说来还是一个神奇的故事。

最早披露这一消息的是陈从周先生。

陈先生是徐志摩的表妹夫。1987年初，陈接到志摩儿子徐积锴，从美国寄来徐志摩日记复印件一册。徐先生要这位表亲，把这册日记转交给香港商务印书馆，收入正在编印中的《徐志摩全集补编》。随信附去一件公函。陈从周在《徐志摩日记的发现》一文中，说了发现的过程，且全文抄录了这份文件：

文物管理局外事处：

日本社会科学家友好访华团来访时，副团长斋藤秋男（专修大学教授）交出两册中国诗人徐志摩日记手本。

日帝侵华时期，日本办的伪《浙江日报》记者冈崎国光，随侵略军到了浙江富阳（从周按为硖石之误），从徐志摩家抄走了两本日记，带回日本送给了中国文学研究会的松枝茂夫（斋藤朋友）。十五年前松枝转送给斋藤，日记记载了辛亥革命和五四时期的学校生活。

斋藤认为徐虽系胡适新月派文人，但这两本日记同中国革命中两个重要时期有关，作为反面教材，也许有参考价值，决心在两国恢复邦交后送还中国。

现将二本日记转送给你局处理。

中国人民对外友协秘书处　一九七五年八月十八日

这个文件，说明了一切。

这里要补充一句，侵华期间的日本宪兵，多是有文化的人，至少也是中学生，有的甚至是大学生。这样的宪兵中，有一个知道徐志摩的，且认识到徐志摩日记重要的，当不奇怪。

日记终归是日记，最能看出徐志摩中学期间才情的，该是这期间他写的文章。那时的中学，文学风气甚浓，大都办有校刊。杭州府中的校刊叫《友声》，现在能看到的有两期，1913年的为第一期，1914年的为第二期，两期上各有志摩一篇文章，均署名徐章垿。一期上的文章名为《论小说与社会之关系》，二期上的名为《镭锭与地球之历史》。

不怕讥为故做解人，是不是可以说，两篇文章各代表了志摩个人兴趣的一个方向，一个是文学的，一个是科学的。

后一篇太深奥了，只会是拼凑成文。前一篇，一看题名，《论小说与社会之关系》，立马就会想到梁启超的名文《小说与群治之关系》。梁文1902年发表，志摩上中学的时候，正是梁启超的文章风行天下的时候，仿着梁文的调子，生发开来，写篇快意文章，当不是难事。

且看写的，究竟如何。一起首便说：

无神仙鬼怪，不足以成小说；无喜怒哀乐，不足以成小说；无奸盗邪淫，不足以成小说；无贫贱富贵，不足以成小说；无忠孝节义，不足以成小说：博哉小说之范围也。执三尺童子而语以“大学之道，在明明德”，则不疾首蹙额昏然欲睡者几希；若与之谈桃园结义，梁山寻盟，则不眉飞色舞精神焕发者又几希：伟哉小说之能力也。小说之范围其博如彼，小说之能力其伟如此，宜乎嗜之者众矣。

这是小说的内容，再说小说的功用：

嗜之愈众，关系于社会愈大，而遂影响于数千年之历史。有不忍卒读者，皆小说有以致之也。夫小说入人之深既不可思议矣，故读《西游记》至唐僧受厄，则悚然惊，迨后遇救，则复泰然喜。牛鬼蛇神，一若真有其事也者，遂养成数千年来迷信之社会。人人拟之汉武秦皇，咸欲求长生不死丹矣。至读《水浒传》诸集，观其豪饮大嚼，结义寻盟，则莫不欣然羡之。致使满目荆棘，盗贼充斥。黄巢朱温之徒，方将乘间窃发，为帝为寇矣。至如“红楼”“西厢”，诲人淫乱，为社会之蠹贼。《三国演义》虽表彰忠义，然推戴君主过甚，为专制之积弊。然则吾国数千年专制黑暗之历史，盗轨日多，淫乱日甚。然则如之何而后可？曰新小说固改良社会之药石也。

这药石，医治社会弊病，疗效如何，又分类言之：

侦探爱情而外，若科学、社会、警世、探险、航海、滑稽等诸小说，概有裨益于社会。请备言之。科学小说，发明新奇，足长科学知识。社会小说，则切举社会之陋习积弊，陈其利害，或破除迷信，解释真理，强人民之自治性质，兴社会之改革观念，厥功最伟。警世小说，历述人心之险恶，世事之崎岖，触目刿心，足长涉世经验。探险、航海小说，或乘长风破万里浪，或辟草莱登最高峰，或探两极，或觅新地，志气坚忍，百折不回，足以养成人民之壮志毅力。至若滑稽小说，虽属小品文字而藉诙谐以讽世，昔日之方朔髡奴，亦足以怡情适性，解愁破闷。凡诸所述，皆有益小说也。其裨益社会殊非浅鲜。

末后，似乎站在高山之巅，振臂一呼：

有志改良社会者，宜竭力提倡之，勿使诲淫诲盗之小说，占优胜之位置，以为吾中国社会前途祸也。

从这篇文章的字句里，隐约间，能看到志摩后来在中国社会改造上，辟草莱以启山林的身影。

辛亥革命期间，社会混乱，学校停办。1913年初，社会秩序好转，学校恢复，改名为浙江省立第一中学校。复校后，志摩入学上课。

也就在此期间，徐家与张家操办，志摩跟张幼仪订了婚。其时幼仪在苏州第二女子师范学校念书。据说是幼仪的四哥张嘉璈（公权），任浙江省督军的秘书，代督军视察学校，翻到志摩的一篇作文，毛笔写的，看到笔画有劲道，文章也好，很是欣赏，便主动跟志摩的父亲联系，促成了这个好事。

4. 北京大学预科

1914年底，志摩中学毕业。

这个时间，很难确定。我的徐传里，起初说是1914年毕业，再版又改为1915年毕业。心里都没底。因为学制有变动，开学时间也不同。据章克标在《君子之交——我与志摩》文中说，他跟志摩相差四岁，也在府中上过学，但是，“我读中学时，满清王朝已倒，府学堂已改为省立中学了，而且又从五年制的改成四年制了”。他说的是他上学那几年的事，据此推勘，志摩上学时，还是四年制。

志摩入学时，是春季入学，冬季毕业。后来改变入学时间，由春季入学改为秋季入学，毕业时间，也由年底改为夏季毕业。志摩他们这批首届生，若按时毕业，就该在1914年底，旧历年前。要适应新学制，就会推迟到1915年夏。

过去，我总是依违于两者之间，一段时间认为是1914年，一段时间又认为是1915年，依了哪边，心里都不踏实。这次写这本书，手边的资料翻来翻去，有一则资料，终于让我眼前一亮，细思之下，吃了定心丸，再不改了：就是1914年底，按时毕了业。

哪一则资料呢？就是海宁市徐志摩研究会编的《徐志摩研究》第2辑上，虞坤林先生写的《有关徐志摩早年学历史料》中的一则。其文曰：

1914年浙江中学毕业（相当于美国高中）；以后（1915—1916）就读于上海浸信会学院，及在天津北洋大学学习半年，在北京大学法律学院一年。

为什么对这样一则资料，如此凭信呢？

因为，我认为这一行字，是徐志摩自己写下的。

原因是，虞坤林先生说，这些史料，是他参与编辑《徐志摩全集》时，段怀清老师发来的一组（资料），是段老师通过朋友从克拉克大学档案中查到的徐志摩的早年史料。克拉克大学存下的志摩早年史料，像中学时在哪儿上的，往后又上了些什么学校，只会是志摩本人写下的。他说是1914年浙江中学毕业，只会是1914年毕业，绝不会是1915年毕业。

在那个年代，中学毕业后，在家里待上半年，寻找下一步的出路，再正常不过了。

海宁离上海不远，消息灵通。

1915年夏天，北京大学在上海招考新生，正是志摩的出路。

考了，考上了，预科，备取生。

其时北大分设两科，一为本科，一为预科。两科各自为政，不相统属。预科毕业，就是预科毕业，不必再升本科。要升本科，当然也可以，再考就是。老作家茅盾先生，就是北大预科出来，未考本科。

有一种说法，说是预科的前身是京师同文馆，在语言文字教学上，有根基，比本科要强。有的家长，专为孩子选预科。志摩考预科，是不是他父亲的主意，不得而知。

徐申如送儿子赴京。

志摩存世的书信中，有一封致伯父蓉初先生的信，叙述初次去北京的行踪甚详，有路上的情景，还有初到北京的安置。惜乎信上，只有日期，没有月份。过去我将之定为9月，据海宁虞坤林考证，该是10月。既是备取生，总得等正取生不来了，才通知报到。信末有“专肃秋安”之语，也应了10月之说。

且逐日列出：

二十一日自上海动身，当晚抵宁，渡江上津浦车。

二十二日午刻过泰山，只见其背峰在云间耳。三时到济南，车站宏伟壮丽，盖德人所经营也。十时半抵天津车站，津浦路止此，当晚住中国旅馆。自河北以北，气温骤降，凉风甚厉。

二十三日乘八点十分早车晋京。

十一时抵前门，即正阳门车站。搜检颇不认真，站上有百里叔当差照应。现住金台旅馆，明日迁至蒋宅。

二十四日由金台旅馆迁锡拉胡同蒋宅居住。

蒋宅，蒋百里之宅也。蒋乃保定军官学校校长，因自戕受伤，在家中休养。锡拉胡同在王府井大街北段西侧，蒋宅为一西式房子。志摩平日称蒋百里为福叔，百里乳名为福。

信中还说，父亲在沪累受感冒，腹泻胃减，中途颇不舒服，现已稍好，拟请峄之（医生名）开方服药调养。又说，此间空气甚燥，侄体热，不免唇焦等现象，住惯当亦无妨。

如此体征，正是一个南方青年初到北方的正常表现。

这次在北京，没住多久，家里催着结婚，到就回去了。

结婚的日子，是12月5日，提前几天，就离京南下。若到京的日子是10月23日，则在京只待了一个月零几天。这么短，有些不可思议。

志摩此番回去，没有再来。这是志摩首次与北大结缘，只可说打了个照面，便扭身扬长而去。

5. 沪江大学

结婚不说了，婚后没有北上，就近去上海，上了沪江大学。

沪江大学，是美国浸信会教会办的一所教会学校，也叫浸信会学院，起初是专门培养教会人才的。

陈从周的《徐志摩年谱》上，说到志摩上学的时间，最初的说法是，“秋肄于上海沪江大学。十二月二十九日去天津北洋大学”。怎么能刚从北京大学回来，就上了沪江大学，而“秋”到“十二月”，再长也不过两三个月，如何又进天津的北洋大学。因此上，在我的《徐志摩传》里，就没有说曾上过沪江大学，直接说，婚后去了北洋大学。

陈从周故去后，修订出版的《徐志摩：年谱与评述》，“秋肄于上海沪江大学”一语删去，改为1916年12月离开沪江大学，去了天津北洋大学。我看到的是没有修订的本子，只能做那样的理解。

造成我的这一失误的，还有一个原因，就是徐志摩在哪儿上学，死后都有同学写文章回忆，我的搜罗，不能说不广，却未见有人回忆志摩在沪江大学的情形。后来见有文章说，法学家吴经熊，是志摩在沪江大学的同学。我的徐传初版，是那样写了，心里并不踏实，一直在找资料，期望能有所更正。2002年，吴的自传《超越东西方》在国内出版，赶紧买下看了，果然上面有徐志摩在沪江的记载：

我得允进入上海浸会大学（the Baptist College of Shanghai），继续学习科学。有一天，我在化学试验室做氧气试验时，好奇心大发，想看看氧在瓶里会怎样燃烧。我试着用火柴点燃它，但瓶子马上就爆成了碎片。当时我凑得很近以便于观察，却万幸未受损伤。紧接着，次日一个同学也发生了同样的事故，但是不够运气，他的一只眼睛受损伤，变瞎了。我突然意识到，我纯是凭运气逃过了这一事故，并且怀疑，一个像我这样的无法控制其怪诞好奇心的淘气包，是否适合于应付如此充满了潜在爆炸能量的元素和原子。在我看来，一吨的耐心和自制，加上一盎司的想象力和逻辑推理，便构成一项科学发现或发明。正当我考虑人生前程时，我的一个同学，徐志摩，跑来告诉我他决定了去天津北洋大学学法律。他问我想不想跟他一起去。我一听到“法律”，心就跳了起来。在我看来，法律是社会的科学，正如科学是自然的法律（To my mind，law was the science of society，just as science was the law of nature）。“好主意！”我说。因此，我们决定参加在上海举行的入学考试，两个人通过。其时为一九一六年冬天。

知道是知道了，但是我的徐传刚出来没几年，这中间倒是出过个“豪华本”，只是改变了封面与版式，内文原样，出版社连告诉都没告诉。这不能怨编辑，人家认为你当初给的是定稿，不会再有什么补充。那就只有等再版，知会我可以修订时，再补上志摩上过沪江大学这一经历。

写徐传前，为消化材料，我写过一篇文章，名为《徐志摩学历的疑点》。探究徐是不是上过沪江大学。我的看法是没有上过。而梁新华的《徐志摩新传》前面的图片，有徐志摩在沪江大学的英文成绩单子，这又如何解释呢？我就说，或许是徐父申如先生，为了儿子出国留学，走门子开出来的吧。此文先在报上发表，后来收入我一个叫《寻访林徽因》的随笔集子。或许是因为人民文学出版社出的，流布稍广吧，台湾学者秦贤次见了，撰文斥责，说我如何以小人心肠，厚诬前贤。文中还说，我将徐志摩上北大的年份弄错了，他在台湾的档案机构，找见了徐上北大的名册。

专门写文章表示接受，也没个地方发表，正好我的《徐志摩传》，北京十月出版社出了多年，2009年转到人民文学出版社出版。社方要我写个新序，我就写了个短序，说了此事。等于连前面说志摩没上过沪江大学的错判，也认了。

不怕丢人，为了见证一下我的荒唐，还有一点小小的坦诚，且将这个小序的全文抄录在这里：

拙著《徐志摩传》原由北京十月文艺出版社印行，这次改由人民文学出版社印行，又做了些修订。

修订的依据，主要是出版近十年来，学界徐志摩研究的一些新成果，还有我的自查自省。新成果，主要是台湾学者秦贤次先生发表在《新文学史料》2008年第2期上的《徐志摩生平史事考订》。秦先生文中，对我早些年发表的《徐志摩学历的疑点》一文作了严厉的批评，语多讥讽，我看了只有喜欢，毕竟他就近查阅了当年教育部迁台的档案材料，对一些问题提出了确凿的证据。史实考证，唯有求真一途，不存在什么个人的荣辱尊卑。

还有些朋友，也指出了原书中的错讹。在此一并感谢。

现在不用说了，徐志摩在沪江大学上学的情形，全抖搂出来了。

沪江大学的地方，几经周折，现在是上海理工大学的校园。好在沪江大学的资料，也还保存完好，理大的人员据此编写了《1916：徐志摩在沪江大学》（吴禹星编），2014年由上海交通大学出版社出版。

书中，徐志摩在沪江大学的星星点点，全都挖掘出来。

以下的叙事，全是从这本书上摘抄的，不再说明。为了弥补先前的亏欠，这一节要详细些。这也是因为沪江期间，志摩留下的文章甚多，最能看出年轻时的才情与志向。

不光有文章，还有许多印迹。此书中编，题名《徐志摩沪江印迹考》。共分五节，一为《成绩单》，二为《天籁》，三为《年刊》，四为建筑，五为《申报》有关记载。

且一一说来。

第一节“成绩单”。本节正文之前，有一段介绍文字，当是对这一节的总的提示：

1915年12月，19岁的徐志摩由北京回硖石结婚后，自请北大预科退学，以谱名徐章垿插班入沪江大学预科。1916年9月升入沪江大学一年级。1917年初春，与吴经熊一同在上海应考北洋大学法科特别班，并通过考试。1917年2月，21岁的徐志摩离开沪江大学，转入天津北洋大学法科特别班。

正文中说，成绩单是徐志摩求学沪江大学的直接证明材料。

又说，该成绩单是沪江大学美籍校长魏馥兰于1918年12月4日为徐章垿（HChang-hsu）出具的，由香港作家梁锡华于20世纪70年代从美国克拉克大学的档案中获得。其实徐志摩已于1918年8月14日乘中国轮船公司“南京”号轮赴美，并于8月31日在太平洋上作《启行赴美文》，9月18日入读马萨诸塞州克拉克大学四年级。（韩注，实为三年级。）

关于这个成绩单，要多说几句。

我当年疑惑最大的，就是徐志摩没有上过沪江大学，梁锡华的《徐志摩新传》上又有这么一张读过沪江大学的成绩单。现在当然明白了，志摩是上过沪江大学的，只是仍不明白，为什么这张成绩单的出具时间，会是“Dec，4，1918”，即1918年12月4日，入学几个月之后。

思来想去，只能说是需要，十分需要。

什么需要呢？

关系着徐志摩在克拉克大学，插入几年级学习。或者说，已经插 入了几年级，而没有充分的理由。要理由充分，就要有一个在沪江大学上过学，连续两年成绩的证明。

而我们的摩摩没有。

志摩离开沪江后，先去了北洋，很快就转到了北大，可以说1917年到1918年一年间，全是在北大上的。要开成绩单，由北大开具不好吗？

我又要推测了，美国那边，要的是你在一个学校连续两年的成绩单才作数。

这可就难住了我们的志摩，北大，沪江，北洋，再北大，哪个学校也没有两年的经历。

按说北大那边，加上预科，勉强可算是两年。但是不成，我们的志摩，因为1918年夏天以后，长期不到校，竟让北大给除名了。也就是说，他在北大连正式毕业生的资格都没有，一年的都开不出来，两年就更别想了。

为什么要沪江大学开具呢?

因为他虽是自费，却是由沪江大学提供的名额去的美国。这有后面的材料可以证明，我们先说开成绩单的事。

志摩在沪江，只上了一年，即1916年一年，而人家那边要的是至少两年的成绩。于是在这张单子上，就出现了1915年的各科学习成绩，九个科目，全是高分：

英国文学（每周3学时）	89分
英语修辞和作文（5）	92分
中国文学（3）	96分
中国历史（3）	97分
通史（3）	91分
基础物理（3）	85分
平面和球面三角（3）	89分
公民（3）	93分
圣经（2）	92分

一个1915年前半年，还在硖石镇上游荡的少年，后半年去了北大，待了两个月就回乡结婚，如何能全年在沪江大学上课，且有这么优秀的学年成绩？即便说是1915年12月入学，也在12月5日婚期之后，距寒假仅一个月的样子。

你是个天才，你就是个神仙，我都不信。

因此我才在我的文章，《徐志摩学历的疑点》里，说这是徐志摩的父亲“走门子”开具的。

台湾学者秦贤次，在《徐志摩生平史事考订》文中，专门有一节，痛斥我的这一说法，认为我这是用大陆人堕落了的品德，来诬蔑旧中国的一个著名的商人，同时又诬蔑了一个西洋的绅士。徐申如不会做这样的事，纵然徐申如做了，沪江大学的校长，一个美国绅士，也不会做这种不诚实的事。

我不相信是徐志摩在美国做的假，他没有这么高的仿造本事。

既然是沪江大学开出的，1915年在沪江顶多待了一个月，怎么会有9科的成绩，这不是造假是什么？

这本书的编写者，也注意到了这个问题，并有所解释：

徐志摩在沪江大学上学期间，魏馥兰校长回国休假，由副校长、中国籍教授董景安代理校长。当时徐志摩曾作《送魏校长归国序》送行，发表于1916年11月《天籁》第4卷第3号。该期《沪江春秋》也出自徐志摩手笔，第一条便是“送别”。（以下引文甚多，略）徐志摩应当也在送行的学生之列，而且当时沪江的师生数百人左右，作为高材生的徐志摩，应该是校长魏馥兰比较熟悉和欣赏的。所以通过跨洋邮件请求魏馥兰校长出具成绩单应该在情理之中。

说什么道理，只说什么道理，别扯到别的道理上头。

没有在校学习，而开具了全年的学习成绩，走到哪儿都是个不诚实。

当然，要叫我说，徐志摩先就不应当提出这个要求。

有人会说，徐志摩这么优秀的人物，怎么会提出做假的要求呢？

我的看法是，再优秀的人物，在利益面前，也有熏了心的时候。

上面，编者在解释魏馥兰校长开具成绩单的时候，说是因为魏校长喜欢徐志摩这个学生，“所以通过跨洋邮件请求魏馥兰校长出具成绩单应该在情理之中”。给人的感觉，似乎是徐志摩给校长发了E-mail，魏校长就给办了。那个年代，只会是通信，莫非沪江大学存留的档案里，有一封志摩的信没有公布？

既然没有这样一封情辞恳切的信，为什么不可以是志摩在给父亲的信中，提出这样的一个要求，父亲去上海找魏校长办的？这个时候，编者也应当像说到为建校医院志摩捐50块大洋时提及的，“当然这里应该作些说明，徐志摩的父亲徐申如是当时江南经济重镇——浙江海宁硖石镇的首富，家境殷实，非常人可比”。

既然存在着这种可能，说是徐父走门子开出这样的成绩单，这样的判断又有什么不对呢？

不管多少理由，我相信，造假的事情，上帝一定不会认同的。

前面的引文说，徐志摩到了克拉克大学，插入三年级。我看，校方的依据，就是这个成绩单。插入三年级，当然一年就毕了业。从后文可知，该校本科学制为三年。我写的传上，依据陈从周《徐志摩年谱》的说法，说到了1919

年夏天，徐志摩以一等荣誉学位毕业。我不知道，克拉克大学在授予该生一等荣誉学位时，考虑没考虑沪江大学提供的这个两年优异成绩单，若是考虑到了，那么我还要说，这个一等荣誉学位也是带有不诚实印记的。

第二节《天籁》。介绍沪江大学的这个学生刊物，及上学期间，志摩在校刊上发表文章的情况。

书上有《天籁》的封面和目录页的图片。

第一组图片，是1916年第一期，他们用的是“号”。

《天籁》刊头题字，是两个墨写的行书大字，竖排，几乎占三分之二的长度。其笔致，跟现在街头上的“交通银行”的字很像。不是像，就是一个人写的。此处署名孝胥，即书法名家郑孝胥。

书上说，《天籁》是沪江大学学生创办的一种综合性刊物。1912年6月创刊，初名《天籁报》，中英文合刊，每季出一册，经费自筹。上海浸会大学天籁报社印行。1914年第2卷第3号起，改署“沪江大学天籁报社印行”。1917年3月起，由沪江大学、杭州蕙兰中学、苏州晏成中学、宁波浸会中学、绍兴越材中学、梅县广益中学和上海明强中学七校联办。1919年后，改沪江校承办，恢复杂志形式。

综合以上情况，我有个推测，就是1916年全年的四期，既不同于以往的中英文合刊，也不同于后来的七校联办，而是杂志形式，纯中文文章，怕是徐志摩到校后，出了大力才办成这个样子的。我这里说的出了大力，包括出了印制的费用。想想吧，学校要建个医院，号召师生捐款，他一个刚入学的学生，一捐就是50块大洋。办个刊物的启动费，用不了50个大洋，他来出资，不算什么难事。要不怎么会一上来就是汉文主笔，且头一期就是四篇文章，此后三期，哪一期也少不了两篇。

何以敢说这样的话，你看嘛，志摩进了校，就办起来了，志摩离了校，就办不下去了，只好采用七校联合办刊的方式。要知道，这是一份学生刊物，所有经费，全靠学生自筹，学校是不出钱的。所谓七校合办，不过是有七个学校的学生参与。每校只要有一个人出了钱，就可以挂上这个学校的名了。

我甚至认为，连郑孝胥的题字，也是志摩寻到门上，请郑先生给写的。毕竟他在十一二岁时，已拜在了郑的门下。此事在《郑孝胥日记》中有记载。

这话，说过撂过，不必当真。

多少年之后，我们要看的是文章，和文章中透露出的生平事迹与个人性情。

封面上，除了“天籁”二字外，右上角是一竖行“中华民国五年三月”印刷体字。左侧是孝胥二字，下方有印章。最下面，是横排的三行字，每行均取由右到左顺序，分别为：第四卷第一号，沪江大学校，天籁报社印行。

第二页是天籁社职员表、本报启事、刊登广告价目。

天籁社职员表——

社长　赖祖光

副长　陆麟书

汉文书记　沈经

西文书记　戚正成

干事　朱博泉

司库　沈文鸿

校内销售员　胡咏骐　董承玉　校外销售处　时事新报馆

汉文总主笔　林朝翰

汉文主笔　陆麟书　徐志摩　沈文鸿　沈经　唐启宇

西文总主笔　魏馥兰

西文主笔　戚正成　刘颐年　虞秉荣　陈禹平　董承琅

广告价目为列表形式，分全年、半年、一册，又分全面、半面、封面。均有钱数，不赘。

启事为：本报每季出版一册，全年四册。由沪江大学天籁报社发行。报资每册大洋两角，全年八角，邮资在外。购报者函寄本社干事朱博泉。接洽报资，先惠空函。恕（不）复。

结合书中的说明，及刊出的文章，不难发现，职员表中，汉文总主笔为中文教授，西文总主笔为副校长，其他职员，诸如戚正成、胡咏骐、刘颐年、陆麟书、唐宁康和虞秉荣，均为1917年就要毕业的学生，也就是说是老学生了，极有可能是《天籁》的旧职员。唐启宇、沈经等人，也是高年级学生。只有董承玉是志摩的同班同学，委了个校内销售员。

第三页为本期目录。

目录的排列，有一怪异之处，或许是为了避免一个人的名字，出现多次，前一文署了姓名，后一文为前一人所作，署名为“前人”。当是“前一人”之意。

且将志摩在四期中，发表的文章，开列如下：

第一期：《祀孔纪盛》　　　　署名　徐志摩

《记骆何坤全谊事》　　　署名　前人
《春游纪事》　　　　　署名　前人
第二期：《渔樵问答》　　　署名　徐章埈
《卖菜者言》　　　　　署名　前人
《论臧谷亡羊事》　　　署名　前人
第三期：《说发篇一》　　　署名　徐章埈
《送魏校长归国序》　　署名　前人
《沪江春秋》　　　　　署名　徐章埈
（注：此期中《沪江春秋》，不能算志摩个人的文章，是一篇记者综述，故单独署名。）
第四期：《征人语》（徐章埈）

共是11篇。为志摩出国前，发表文章最多的一个地方。

至于文章特色，后面会有专门介绍。

第三节为《年刊》，全名为《沪江大学年刊》。

书上有影印的年级介绍。从图片文字中能看到，志摩这个年级，共有十五个学生，志摩排在倒数第二，吴经熊为倒数第三。所以这样排列，当是按英文字母顺序排的，不会有别的意思。

《沪江大学年刊》是学生组织编写的毕业纪念册。从1916年起，每年一册，内容以介绍毕业学生的情况为主，涵盖学校生活的方方面面。

因为是教会学校的缘故，1916年底出的《沪江大学1917年年刊》纯以英文编写。

1917届的毕业生有6位，是戚正成、胡咏骐、刘颐年、陆麟书、唐宁康和虞秉荣。然后年刊对这六位介绍很详细，有照片、在校时的各种头衔、生平简历等。由于当时学生人数不多，对后面几个年级的介绍，今天看来也颇为详尽。包括一张年级合影、年级的自我介绍、年级学生名单等。

当时沪江大学实行的是通识课程设置，没有分科，所以学生是按年级组织活动，相当于今天的班级。徐章埈所在的年级被称为“The Class of 1920”，按当时的学制，他们应该在1920年毕业。年刊中列出了中英文对照的该年级学生名单。

1916年级的学生，共是15名。不说英文名字了，后面的括号里，说了中文姓名，开列如下：

周汝衍　　范光荣　　方同源　　洪家秀　　尹宝明
李世海　　刘子影　　翁纪康　　董承玉　　张仕章
郑方珩　　黄　鹏　　吴经熊　　徐章埗　　徐民谋

由于徐志摩担任级长（president）的职务，在英文介绍本年级情况时，他除了居于年级合影的中心位置，另外还有一个头像出现在年级介绍的页首。年级介绍中是这样评价他的：

Mr. Zee, well known as a Chinese etymologist, who freely employs the ancient chinese in his writings. Thus, may we not declare onr "intellectual independence" as Emerson has named it?

对"Mr. Zee"徐先生一词，该书编者特加说明，说"同级为还有一个Mr. Zee，就是徐民谋，他从《天籁报》第4号第3卷也成为汉文主笔，但当时仅在第4卷第4号发一篇文章，即《博学与百科》，显然难当'Chinese etymologist'的盛名"。

上面两句英文，我请懂英文的朋友译了，说是：

曾被誉为"中国词源学家"的徐先生，在其著作中自由地运用了古代文字。因此，难道我们不像艾默生所说的那样，宣称我们的"智力独立性"吗？

为什么年刊编者，高三年级的同学，会称志摩是"中国词源学家"呢？初看很是奇怪，觉得毫无来由。但是，若细细看看摩摩在《天籁》上发表的文章里的用字，就不难发现，这个称号，是带点戏谑，却不能说是胡扯。

在他的那几篇文言文章里，不时会有常人难以辨认的古字，想来都是从《说文解字》或是《康熙字典》上看了记住，又用在这样的文言文章里的。

在这里，本该将他用了古体字的文章，摘录几句以见其怪诞，那就得造字，很是麻烦。且举一个不算多怪癖，但不说你也未必能想到的例子。《记骆何坤全谊事》文中，有句"莫夜负尸，于古鲜覼"，那个莫字，实则就是个暮字，那个覼字，义同见字。我们后人，不能说志摩这样做，全是为了显摆，至少也是为了显示学问深奥吧。

小小年纪，有了这样的用字习惯，也就难怪高年级同学，在编"年刊"时，提及这位小学弟，要称之为带引号的"中国词源学家"了。这样的特立独行，让饱读英文书的学长，借了艾默生的话，赞之为“智力独立性”，却不能说全是嘲讽。

第四节即“建筑”。

这一节里，说1916年志摩在沪江的时候，学校的主要建筑为北堂（1907年落成）、思晏堂（1908年落成）、东堂（1909年落成）、思裴堂（1909年落成）。此外还有运动场。文中说，可以肯定，在这些建筑与运动场中，都留下了志摩的身影与足迹。

文中介绍思晏堂时，说了吴经熊与志摩是同学，并引用了《超越东西方》里的一段文字。前面已摘录，不赘。

还说，学校当年要建一所医院，美国人麦克来氏为主要捐助者，因而也叫麦氏医院，又叫普济医院。筹办之时，号召校内师生捐款，并将捐款名单及钱数，在《天籁》上公布。捐款人119名，筹款1 039.24元。

初看，名单是按捐款多少往下排的。志摩以捐款50元，排名第三，仅次于第一名的100元，第二名的70元。细看后面，还有三位捐了50元，不知为何志摩得以名列第三。这么说来，又是按捐款时间先后排的。看后面的钱数，确也很是凌乱。比如校长董景安，捐款10元，不能算少，却排在六十多名上。总之作为一个学生，志摩的捐款数，是够大的。

文中说，“当然这里应该做些说明，徐志摩的父亲徐申如是当时江南经济重镇——浙江海宁硖石镇的首富，家境殷实，非常人可比”。这样的解释，有些多余，不管怎么说，也是志摩跟他爸说了，他爸才给了这么一笔钱。更大的可能是，志摩在沪江上学，家里每月给一笔钱，由他花销，那就得说，是志摩从自己的生活费中，捐出了这笔钱。

第五节即《申报》有关记载。

这一节里，说了三件事。一件是1914年4月16日的《申报》上，有一《命令》：“陆军总长段祺瑞请将……徐章垿、吴鸣康、张云骥、何文标、吴恢均授为陆军辎重兵少尉”。当时徐志摩尚在杭州府中读书，此徐章垿应另有其人。

再一件是，《申报》1916年6月21日载《沪江大学暑假事》，内中说：

沪江大学于前日举行暑假暨预科毕业礼……上午毕业生开演说会，沈经用英文演述美国哲学大家之历史。下午三时，开正式会，澄衷中学校长及县知事代表均莅会，由董校长报告宗旨，并请黄韧之君演说。黄君以觉世牖民为题，洋洋洒洒淋漓尽致，一时掌声如雷。次由美国总领事演说，谓该校毕业生于寿椿在该使馆任书记以来，勤于职务，办事井井有条，甚为彼所眷爱，足见该校教育之优良云云。众鼓掌。次给全校最优胜之学生施振林奖洋五元，及虞胡陆三君奖单、毕业生文凭。计毕业者沈经、洪家秀、唐存德、翁纪康、唐启宇、尹宝明、董承玉、徐章埒、杨星垣。后由董校长报告成绩，祈祷，散会，以茶点款客，至五时来宾始散。

据此可知，志摩1916年2月，是以预科生的资格进入沪江大学，当年6月下旬，就毕业，同年秋，即转为该校本科生。

第三件事，说的是1918年徐志摩等人留美，且挂起，放在《北京大学法科》一节说。

6. 北洋大学法科

前面说了，徐志摩鼓动了吴经熊，一起投考北洋大学法学特别班。考试就在上海进行，两人均录取。这样1917年春季开学后，志摩便去了天津上学。

北大的预科上了没几天，转学到沪江大学上预科，半年就毕业了。按说该在沪江上下去，拿到本科文凭，为何又考了北洋的法学特别班？

这要从志摩的心思上索解。

他现在已21岁，急着去美国留学。去了美国，要插入大学本科，必须要有国内大学本科的学历。预科不行。要是预科行，他在沪江不是已经毕了业，拿到文凭了吗？所以要投考北洋大学法学特别班，是招生时有承诺，这个特别班毕了业，会给本科文凭。

他就是奔着这个本科文凭而去的。吴经熊与他不同，吴是不喜欢在沪江的专业，在法学上有兴趣，是奔着专业而去的。

如意的算盘，也有打错了的时候。

他没有想到，他在北洋大学，一个学期没有上完，就遇上“院系调整”，当时的教育部发现，北京大学的工科不行，而北洋大学的法科不行，于是便动了手术，将北大预科第二部（理工科方向）并入北洋，而将北洋的法科，并入北大的法科。这样，志摩就等于转了一圈，又回到北大上了法科。

只是这次是本科，不是预科了。

以前只是推测，现在有了确凿的证据。

台湾学者秦贤次在《徐志摩生平史事考订》中有言：

1917年2月，教育部开会议决实行1914年部令，分函北洋大学及北京大学，要求在今年9月开学时，将北洋预科第一部毕业，或已在特别班肄业并愿入法本科之学生，并入北大法本科肄业。将北大第二部预科毕业（肄业）并愿入工本科之学生，并入北洋工科肄业。至于北洋法科本科生及北大工科本科生，则各自办到毕业为止。（《新文学史料》2008年第2期）

这么说来，等于志摩一去北洋报到，就知道不妙了。

在天津虽只半年，仍有人记下了他的行事。这便是跟他家有亲戚关系的蒋复璁先生，说来该是他的表弟。

志摩死后，蒋在回忆文章《徐志摩先生轶事》里说：

民国五年，志摩到天津北洋大学预科读书，我在天津德华中学读书，海宁同乡，他也是长兄迈伦的朋友。我的次兄公谷的老师沈修是先生与次兄及一孙君，在天津三不管创设益世医院。志摩以同乡的关系常来益世医院闲谈，我与他又碰头了，于是在益世医院相见之外，不是我到西沽去看他，就是他到德国租界来看我，有时一同去游俄国花园，这是天津从前风景最美的地方。那时别无消遣，只有看戏，所以星期天就同去看戏。民国六年下半年，北洋大学的法科取消，并入北大，他又到北京进北大法科学政治。我也考入北大文预科德文班。我们因班科不同，各有各的同学，所以不大碰头。他那时喜欢听戏，有时他在小报上谈戏。我偶然去看他，他把戏评给我看，大家谈的也是戏。北京戏甲天下，戏是北京人共同嗜好，所以大家能谈。

文中说的“民国五年”，是蒋先生的推测，实则民国六年的春天，即过了年之后才来的天津。

7. 北京大学法科

志摩转入北大，进的是法本科。

只是这样一来，北洋法科特别班，承诺的本科文凭就没戏了。并入北大法科，只能是按北大的规矩办。

北大的规矩是什么呢，我过去总认为，不管怎么说，这伙学生，已经念了一个学期，总该插入二年级。当时有一点疑惑的是，志摩怎么会那么不在乎北京大学的文凭呢，连出国，都是以沪江大学自费生的名义。后来看到徐国华的文章《南京号邮轮一二事》，方始明白，原来北大的规矩是，北洋过来的学生，从一年级念起。这样，志摩的学历，不光北洋的半年白念了，连沪江的一年也白念了。徐国华文章中的说法是：

查赴美留学的学生名单，报名就读克拉克大学的一共三人：徐志摩、李济和董时（任坚）。其中李济和董时为清华学校的官方留学生，徐志摩虽然以北京大学的学生身份留学，但1918年11月27日出版的《北京大学日刊》本校布告栏中刊登了："校长布告：（四）法本科一年级政治门学生徐章垿久未到校，照章应令退学，此布。"看来徐志摩此次留学未和北大沟通，擅自离校的可能性极大。

从后来查得的资料看，志摩入读克拉克大学，原本就是以沪江大学自费生的名义。只是到美国后，跟北大同学联络上了，便以北大留学生自居，曾想申请公费或半公费，也是想转为北大的公派学生。这是后话，且撂过。

上次来北京，住在蒋百里的宅子里，这次来北京，蒋百里早就回南方去了。从下面的引文中看，当是在一条叫腊库的街上，租了房子住的。

网上查了北京地图，有个腊库胡同，果然是在老北大附近。

毛子水在《北大求学时代的徐志摩》一文中，对志摩此番来北京上学的情形，有生动的记述。只是他把1915年的来京，和1917年的来京，混在一起了：

那时他对于文艺，似乎是很有兴趣的。我记得当时有所谓菊选，大家都纷纷拥戴梅兰芳，结果然梅兰芳被选为剧界大王。志摩却说，平心而论，当然是杨小楼最好——我头一次去看杨小楼的戏，还是跟他去的。——不知志摩的思想后来改变了没有。而我对于中国戏的观念，一直到现在，还受了他那时一句话的影响：我以为如果我们中国的旧戏，有些可看的地方，还是杨小楼好看些。他进预科的第一年，本住锡拉胡同他的亲戚蒋君家中。后来袁氏叛国以后，他的亲戚南返，他就搬到腊库去住。我有时候上他那边去，远远便听见他唱戏的声音了。（大约是学杨小楼的！）他对于网球，也有相当的嗜好，不过兴致不十分浓罢了。

同文中还说，志摩当时的环境是使他趋向政治的，这或许是说他在北京与梁启超等人交往较多吧。志摩自己说过，24岁以前，无论新诗旧诗，都与他完全没有相干。但据毛子水的观察，一切的文学，似乎从最初起，就是合他的脾胃的。再就是，志摩对于生活的奋斗，似乎在北大念书的时候，便是很努力的。

这次来北京，父亲为他办了件大事。

不知是1917年冬天，还是1918年夏天，徐申如来到北京，通过志摩妻兄张君劢的介绍，说服梁启超，收他的这个妹夫为入门弟子。张君劢是梁启超的得意弟子，办这个，不是难事。

梁启超的名气太大了，不知是事先说好的价钱，还是徐申如财大气粗，为了独生儿子的前程不惜破费，据陈从周说，为这次拜师，徐申如出了一千块银元作为贽礼。

这个数目是很大的。可是我们仍要说，徐申如的这一笔投资，在他一生所有投资中，是回报最丰的一笔。

在北京，志摩并未一心向学，思思念念的，还是早点去美国留学。

1917年混过去了，到了1918年夏大，实在混不下去了。不等毕业，父亲已为他联系好了以沪江大学学生的资格，去美国留学的事。于是回到南方，再也没有去北京。这年8月，便放了洋。

沪江大学这一拨放洋的事儿，在《申报》上曾有报道。信息文章，收在《1916：徐志摩在沪江大学》里。这就是我在本书《沪江大学》一节，该说不说，说且先挂起的缘由。

1918年8月10日《申报》第10版载《沪江大学学生游美记》，其中说到志摩留美事：

沪江大学开办十年，成绩卓著，毕业生之赴美游学者颇不乏人。其由该校备资保送者，有郑章成、邬志坚二人。郑君已得博士学位，将于今年下半年回国。邬君肄习专学，亦将毕业，将来亦有博士希望。兹悉本年又有学生五人游美。上月二十九日，顾泰来君先行放洋。本月十五日，徐章埈、陆麟书、姚传法三君将乘中国邮船南京号赴美。又有赖祖光君定于九月十四日起行。以上五生大抵研究教育医学云。

这个信息，表明志摩赴美，名分上是沪江大学派出的留学生，不过是自费而已。

这个自费，不只是志摩一人，也不是信息文章里提到的，是从前后文意中揣度出的。前面说，沪江大学开办十年来，赴美游学者不乏其人，由该校备资保送者，有郑章成、邬志坚两人。那么其余人，也就不会是“由该校备资保送”的了。

不知诸位注意到了没有，他们这一批学生赴美留学，乘坐的是“中国邮船南京号”。乘坐何船，按说关系不大，但是近年来史料挖掘，越来越丰盛，关于这艘轮船，不妨多说几句。

这些文字，放在下一节的前面可，放在这一节的后面可。想来想去，还是放在这儿好些。

这就要说到海宁市又一位徐志摩研究者徐国华先生了。他的《南京号邮轮一二事》一文，在近年来发掘出的徐志摩资料中，有着重大意义。此文载海宁市徐志摩研究会编《徐志摩研究》第三辑（2016年），所引资料又是民国时期的一个旧刊物。因此之故，要详细介绍。

在查阅民国期间旧报刊时，国华先生发现一本1918年的《环球》杂志，内有两张照片，分别是徐志摩（徐章垿）和徐光溥（徐申如），顿觉好奇，细细审视，方发现徐志摩为寰球中国学生会的普通会员，徐申如为寰球中国学生会的赞助会员。

寰球中国学生会，是专门为东西洋留学生报备而设立的组织，不光负责出洋留学事务，还负责为回国学生作职业介绍。《环球》杂志，1916年上海创办，由寰球中国学生会发行，主要介绍西欧各国的政治、军事、经济、教育、实业、农业、医药卫生、科学发明等，以及为教育部选派留学生摄影。

查阅相关资料，得知徐申如分别于1919年、1920年、1923年成为“赞助本会最力者”，而徐志摩在1923年也是一位“赞助本会最力者”。明白这一层，就知道徐申如为儿子和家族子弟留学，操了多大的心。

据此刊《欢送出洋学生大会纪事》一文记载，8月7日，寰球中国学生会与江苏省教育会、中国青年会、妇女青年会、美国大学同学会、留学美国学生会等六大团体，在法租界霞飞路倍开尔路转角，美国公使馆商务参赞安立德花园草坪内召开欢送出洋学生会。出席欢送会的，有此届出洋留学清华学校学生63人，又考取专科男生7人，女生9人；教育部资送男教员4人，女教员2人，各大学毕业生5人；河南省资送学生 30人；自费生70人，以及中西来宾不下700人。5点在护军署军乐队奏乐声中会议召开，安立德主题报告此次开会的宗旨，安立德夫人奏乐，寇来君领全体与会人员合唱美国各大学校校歌。交涉使陈安生、前美代理领事卜金斯、美国领事约翰生、修改关税委员会主任蔡廷干分别上台演讲，之后全体合影。

可见当年，送一批出国留学生的仪式有多么的隆重。

随后是，驻沪美国红十字会会长萨格颁发上一次在沪征求会员的奖品，唐露园获银盾，朱少屏、聂云台两人分别获红十字优胜旗，朱少屏、钱新之、蒋梦麟获红十字表锤，朱少屏队征得人数最多，奖励他的旗帜绣上了朱友角、汪精卫、邝熙、任传榜、徐季龙、郭仲良、沈楚纫、赵晋卿、虞信公、易次乾等队友名字。

接下来沈信卿做演讲，北京高等师范学校教务主任邓萃英代表出洋学生致答谢词，清华学生代表谢宝添致谢。朱少屏报告南京船确定8月14日出发。

散会时已近七点半。

南京号船是怎样的一艘邮船，《赴美学生行程纪事》文中说："南京船为中国邮船公司今岁新造之邮船，一切布置皆极精美。载重一万四千吨，每小时行十五英里"。

据《赴美学生行程纪事》一文记载，此次选派游学美国之学生，乘南京轮赴美者，内有教育部所派12人、奉天省所派1人、自费生57人、清华学校所派82人，共152名，其中有本应赴欧改作新大陆之游者。

《环球》上，载有赴美留学生名单。国华的文章里也载了。这个名单，要不要在这儿列出来，我想了又想，觉得还是要列出来。因为这怕是民国初期，最大的一批赴美留学生。将他们的名单列在这儿，以备后人查看，有许多的方便。再就是，从这个名单里，还有给研究者提供人事上的横的关联。不过一两页的篇幅，何不把好事做足？

原件一行一行排满了，看起来很不舒服，这儿排成五六个人一行，清爽些。

民国七年八月出洋学生名单

邓萃英、梁引年、卢领思、朱家骅、朱家骅夫人（女）（自费）、
杨荫榆（女）、沈葆德（女）、丁绪宝、裴益祥、严宏湝、任殿元、
张青涟、康时敏、顾宜孙、徐世大、徐宗源、王节尧、杨肇燫、张文泉、
顾岱毓（女）、杨保康（女）、唐玉瑞（女）、王淑贞（女）、胡　卓（女）、
丁素筠（女）、杨佩金（女）、章金宝（女）、朱兰贞（女）、杜光祖、
朱　彬、吴士棻、王贵循、余青松、叶企荪、陈宰均、郑步青、
李　济、沈　履、曾中毅、董　时、温祖荫、郑　重、张道宏、
张鑫海、关颂韬、汤承佑、邱正伦、杨绍曾、姚醒黄、周贤颂、
萧　蘧、李权时、李思科、黎藻鑑、刘廷冕、卢默生、董修甲、

谢宝添、孙　璜、汪心渠、程其保、刘　弜、楼光来、沈　诰、
唐仰虞、周廷鼎、王荣吉、杨克念、余泽荣、陈克恢、陈师经、
林国镐、曾明鑑、刘崇鋐、刘树墉、冯肇传、熊正瑾、陈　礼、
高　华、鲍国宝、陈崇清、黄受权、张兰阁、邝兆祁、李祥亨、
李耀煌、刘汝强、张廷玉、罗素安、裴冠西、王兆祺、陈　熹、
汤用彤、查良钊、彭尧祥、刘敬宜、赵慎枢、郭　楠、冯景兰、
李保和、郭坤巽、万　晋、郭　鹏、赵会午、仝书德、张鸣韶、
张人鉴、郭桂丹、陈汝珍、李馀庆、赵维汉、吴　沆、陈世桢、
张广兴、孙延中、马恒融、王承黻、王力仁、石心圃、孙润晨、
李相恺、王　琸、桂迺黄（自费）、曹诚克（自费）、柴　俊（自费）、
朱庆钟（自费）、朱惺斋（女）（自费）、温金美（女）（自费）、
周天骥（自费）、徐章婷（自费）、奚世英（自费）、叶元龙（自费）、
李立德（自费）、李立言（自费）、陈　灿（自费）、李　育（自费）、
刘晋藩（自费）、严康侯（自费）、凌舒谟（自费）、许士廉（自费）、
张家祉（自费）、张东民（自费）、王　选（自资）、胡兰生（自费）、
刘湛恩（自费）、陈希元（自费）、汤仁熙（自费）、林步基（自费）、
刘光颐（自费）、马建宗（自费）、俞秀爱（女）（自费）、谢颂羔（自费）、
程熙生（女）（自费）、孙竞存（自资）、姚传书（自费）、陆成爻（自费）、
赵仁铸（自费）、陆麟书（自费）、赖祖光（教育公费）、李迪云（自费）、
刘济生（自费）、刘润生（自费）、饶孟敏（自费）、曾staking益（自费）、
徐象数（自费）、严元熙（自费）、黄元吉

前面已经说了，报名克拉克大学的，是徐志摩、李济和董时。

这样一说，就知道当年这一批赴美留学人员的整体情形。

国华文中，对南京轮启碇后的行程，亦有记述，抄录于后。

1918年8月14日下午2点，赴美留学的学生和送行的亲友们在黄浦新关码头集合，然后乘坐驳船到吴淞，行者送者拥挤非常。下午5点30分抵达吴淞口，登南京号邮轮。9点，送客纷纷坐驳船回沪。

南京号于凌晨2点始发，15日早上风浪渐大，许多人开始呕吐并无法起床，到晚上风浪稍减，同学们开始起床到船头小坐。

16日午后，南京号过日本长崎马关，船并未停泊。17日晚，汪精卫接见部分同学并交谈。18日早上到日本横滨，日本医生上船验视，日警局也派人查验护照，发放登岸证单，上岸的时候已经8点半。留学生们乘电车至东京，分别

游览日比谷、上野、浅草等公园，以及皇宫外苑、靖国神社等。

19日上午，南京号由横滨开行，五六日内，风浪不兴，船极平稳，每天都有各种游戏比赛，大家还捐资作奖励以助兴。学教育的学生，每天轮流演讲，以自励励人。其他各团体也开会讨论，大家似乎忘了这是在船上而以为在学校。24日起，风力渐大，浪声震耳，24日后一日为重复日，盖已过东经180度而进入西半球。

28日早上10点30分，到檀香山，船停在港外岛上，医生以及海军军官上船体检身体检验护照。11点30分船进港，12点船到港。所有人的信件不准携带，一概交由船主代发。

同学们上岸后到亚历山大饭店午餐，应太平洋协会邀请，中国领事主席等四人进行了演讲。午餐后，男同学乘电车、女同学乘汽车游览岛中名胜。4点30分回船，6点船开。

南京号自横滨到檀香山岛后，开始向北行驶，风浪不兴，温度逐渐降低，开始有了初冬的感觉。

9月4日，南京号到达旧金山停在港外，7点医生上船查验，8点殖民局派人验视护照，非常严格，对于头等舱的客人稍宽，对于二三等客，尤为严格。后同学们相继下船到税局检验行李，一直到下午3点才结束。在旧金山住三四天，各留学生分别前往学校学习。

需要特别说明的是，8月31日在船上，徐志摩写了他那篇有名的《民国七年八月十四日启行赴美文》。

此文甚长，各种徐志摩著作选本，多有登载，不赘。文中名句甚多，要点也只一句话，即："国运以苟延也今日，作波韩之续也今日，而今日之事，吾属青年，实负其责。"什么意思呢，全在"波韩"二字中。波者，波兰也，韩者，朝鲜也。当时此二国，是作为被奴役国家的典型，常挂在国人的嘴上。通篇的意思，只是说，他此番出国，必将有番大的作为，绝不辜负诸先生之期望。

既是在太平洋舟中所写，又是如何流传开来的，陈从周《记徐志摩》文中的一段话，该是个友善的提示：

最重要的一篇文字，是我从他堂弟崇庆那里得到的。一九一八年夏出国留学时所写的《徐志摩启行赴美文》，白报纸用大号铅字排，印成经折式的启文，后来我把他全文刊入《年谱》中，成为海内外研究志摩的重要资料。激昂慷慨，真是一个爱国忧民的男儿。

从这段话里，我们可以推测，是志摩于南京号轮上写好此文，收藏起来，到了美国寄回家中，申如先生爱子心切，将之印了出来，且用的是“折经”式。这个折经式，等于旧时代的册页，只不过不用配硬板的封面罢了。更像是旧时代的账册，拉开是一条，折起来是个书本的样子。这么多字，大号字排，想来还是很讲究的。

这是一种可能。还有一种可能，我是从“启文”一词想到的。陈先生说，“印成折经式的启文”，可知这里的“启文”，不是“启行赴美文”的缩略。启文本身就是一种文体。启有预告的意思。启文，当是预告之文。那么启行赴美文，就是在赴美之前，告知众亲友。若这样的推测成立，那么此文，应当是在启行之前，就写好了。这样，“八月三十一日徐志摩在太平洋舟中记”，就是一种预设了。我倒是觉得，这样的理解，更符合实情。以徐申如先生之爱体面，以徐志摩之文采宏富，做得出这样的事。那么，徐崇庆的上辈，作为徐申如的本家兄弟，得到申如先生赠送的“启文”，就再平常不过了。

此文，我最早所见，是在陈从周的《徐志摩年谱》里。

陈谱出版于1949年。近年来发现，徐志摩在世时，曾发表过，在1930年6月印行的上海南洋中学同学会会刊《南洋》上。取名为《致南洋中学同学书》。

我在写《徐志摩传》的时候，给此文取名为《赴美致亲友书》，现在看来不太妥当。因为文中一开头，说的是“诸先生既祖饯之，复临送之”。也就是说，写此文的对象，是“先生们”，那个时代，称先生的，可能是长者，也可能是平辈，若包括父亲在内，是不敢这么说的。“亲友”中，最先想到的会是父亲。想想，还是称之为《致南洋中学同学书》较为妥当。1930年发表，其时志摩在世，当是得到认可的，不比徐死后的胡乱攀附。

也因此，我编的《徐志摩全集》里，就叫《致南洋中学同学书》。

第四章

国外学历

1. 克拉克大学政治和社会学系

到了美国，进入克拉克大学。

这是个规模不大，而声誉甚佳的大学，在一个叫乌斯特的小镇上。地属马萨诸塞州，习惯上称美东，首府为著名的休斯敦市。

选的专业是政治和社会学。申明一下，我原来以为上的是历史学系，如何更正，见下文。

徐志摩不是常说，他父亲要他学银行的吗，怎么会一出国就改变了研习的方向。

关于这一点，还要往前推溯一下。

1918年7月，也就是放暑假的前夕，志摩已知道南边，父亲正在为他张罗赴美留学的事。有次去了蒋百里家，给这位他叫福叔的饱学之士，说起留学的事。

蒋百里的新家，在北新桥烧锅胡同，是一幢单独的房屋。反袁斗争取得胜利后，蒋百里又回到北京，任公府顾问。此时百里已无意于军事政治，转向文化建设，正在协助梁启超，筹备赴欧洲考察的事务。

此时的志摩，已初步定了学银行，想来多半是听从了父亲的建议。闲谈中告诉他的这位福叔，说父亲在南边已办得差不多了。

“你去学什么？”蒋问。

“学银行。”志摩说。

“胡说。”蒋大不以为然。

“那么，我应当学什么？”

“当然学文学。”（郭子雄《忆志摩》）

来克拉克的中国留学生，是三个还是四个，徐国华的文章《南京号邮轮一二事》中说，“查赴美留学的学生名单，报名就读克拉克大学的一共三人：徐志摩、李济和董时（任坚）”。从实际到校的情况看，是四人，除了前面提到的三位外，还有一位叫张道宏的，《民国七年八月出洋学生名单》中有此人。

张道宏所学专业不详，李济是考古，董时（任坚）是教育，志摩是政治与社会学。这样的选择，或许与该校的学系设置有关，至少这个学系，离文学近些。想来该是听从了蒋百里的建言。

大概这四个人，是克大招收的第一茬中国留学生，便安排在一个宿舍里。

李济尝对人言，志摩初到美国时英文不佳，但肯努力苦学，故进步神速。

两人相处，也还可以。李济在给父亲的信中说："月来观察所及，儿以为最痛心者，则此间留学生之自私自利、卑鄙龌龊，实不减于国中之政党也。几于求一忠义愤发之士而不可得，或者耳目尚仄，闻见者浅欤，固甚望知之未深也。同住徐君，甚喜讲良知之学，箧中携有阳明全集，每值课暇则出而共相磋磨，心身获益良非浅矣，是亦客中之奇遇也。"

据梁锡华《徐志摩新传》上说，志摩初到克大，修习的科目计有：

三科历史学课程
（1）欧洲现代史（半年）
（2）19世纪欧洲社会政治学（一年）
（3）1789年后的国家主义、军国主义外交及国际政治（一年）
两科经济学课程
（1）商业管理（半年）
（2）劳工问题（一年）
两科法文课程（共一年半）
一科西班牙文（一年）
一科心理学（半年）
两科社会学（共一年半）

克大学习期间，研修学业之外，志摩最注重的，一是品德上的自律，再就是对社会问题的关注。先看品德上的自律。1918年7月12日（星期六）：

我的毛病，一年前与此时不同。起先是一味糊涂，见人的时候，丝毫没有打算。他怎样来，我怎样去。纯然是一味孩子气。现在可变了。变好变坏，不得而知。但是照智慧的评判，觉得这种心理，的确有存在的必要。以上三步推论见得也狠明白。就是最紧要一步，未能做到。往往理不制性，反酿恶果。从今以后，总要见得到做得到才好。这明知故犯是意志不强的一种征示。有理性人，决不如此。

对社会问题的关注，分两个方面，一是当前的政治局势，在这上头，最为关注的是梁启超的欧游，与巴黎和会的召开。再就是中国的社会问题，主要在民生方面。

且看五四运动前夕的一则日记，事关梁先生的出处进退，志摩对国内局势焦灼不安。1919年5月1日（星期四）：

通信：君劢信去。

二十六团凯旋大阅。

前日小余以纽约华报见示。有“广东电王正廷，电阻任命梁任公为媾和委员。旧国会以梁亲日，已将梁产充公。又上海总商会亦反对梁为代表”云云。广东人积怨，污词殊不足听。昨接《益世报》载有中美通信社消息，巴黎有华人逆谋助日，以隳顾、王之功，未知谁何，仅提某某亲日派。又有一节系陆、王、顾联电请任梁为对日协议委员。中日交涉先由两国协定再呈和席。《北京日报》亦有相等消息。今日最著之亲日派莫若新交通。而王景春、叶恭绰赴欧之含有政治关系，不难推测。惟今日千钧一发，万目睽睽，即有奸宄亦应震惮而稍敛迹。

文中的“二十六团凯旋大阅”，当指参加了第一次世界大战的一支美军部队，回到驻地，或许这个驻地，就在克拉克大学所在的乌斯特镇。要么就是在报纸上看到这么个消息，因为关心，顺手记了下来。

中国的社会问题，更是让志摩痛心疾首。看到美国的山清水秀，首先就想到了家乡硖石镇的用水。7月20日（星期日）日记载：

想起社会卫生问题，将来实施起来，着实有些棘手。水是第一难题，就家乡说，常年的疾病疫疠，太半是水的缘故。市河里的水，虽然流通，真不知龌龊到什么田地：这一家正在淘米，上流那一家在那里净桶；不要说别人家，我就是这样子吃大来的。其实难堪！还有许多袜厂，不顾公德，在上流把颜料都洗在水里，换一句说，就是轻轻的下了些毒。全镇人民都服了毒！谁禁止他去？到了夏天，更不得了。一个月不下雨，河底就向天。全镇的人都免不了挑臭水吃，凭你怎样的下矾，也干净不到那里去。每立方水里面，要是用显微镜一查考，不知容纳了沙数的微菌，微菌都变了资〈滋〉养料！这叫做甘心服毒。夏天一过毛病发作了。秋瘟！伤寒！瘪螺！吊〈大〉脚！以及希奇百怪的传染病。郎中药铺，做得好生意。人口短了一大段。但是那疾病究竟是怎样来的呢？不用说是人心太坏，上天示罚，瘟病下降。没有别的，赶快迎会罢；赶快打醮罢；拜平安忏罢；开梅坛拜斗忏罢。可怜连我们老太爷，也免不得要上山去住几天，斋戒礼拜，替合镇祓除不祥。唉！就是这样的社会情形！恐怕从开辟以来，没有换一些样儿！

志摩要在1919年夏季毕业，还差几个学分，正好康乃尔大学办夏令会，同时有夏令班，可以补上这个缺憾。

美国大学的学期，一年之中，不管是两个，还是三个，都有一个颇长的暑假，规定是三个月，不得缩短。暑假期间，除了各种夏令活动之外，还可以开设非主修功课的夏令班，并得到相应的学分。视作一个特殊的学期，亦不为过。

志摩是要修学分的，而落在日记上，就堂皇多了。6月22日（星期日）的日记上说：

摩来美仅九月，对于留学生情形不甚周悉。此次遄赴夏令会，并非有宗教兴趣，亦非以避暑晏息为主旨。此来盖为有多数国人会集，正好借此时机唤起同人注意。五月四日以来全国蜂起情事。国内学生已结有极坚固、极致密之全国学生联合会，专诚援盾外交、鼓吹民气，一面提倡国货、抵制敌货。吾属在美同学要当有所表示，此职任所在不容含糊过去也。

1997年我写《徐志摩传》的时候，用的是一台2406型的四通打字机，连网络搜索的功能都没有，一切全靠书刊资料。当时购得香港梁锡华教授所著《徐志摩新传》，梁教授说他是去过克拉克大学的，插页上果然有志摩在该校的成绩单。因此我写到这儿，几乎全依凭了该书的叙事。比如书中说，志摩在克大待了三个学期，我就想当然地以为，一年两个学期，三个学期，不就是一年半吗？说了克大是一年半，轮到哥伦比亚大学，又必须在1920年秋离校赴英，就说是半年拿下了哥大的硕士。井底之蛙，难得见天，总之是，有许多常识性的错误。

好在徐传出版后，我一直注意收集相关的资料，以便日后修订。凡是见到重要的材料，都存在电脑里。

《中国现代文学研究丛刊》2008年第1期，曾刊出南京大学张宏生教授的一篇大文《徐志摩就读美国克拉克大学行实钩沉》。作者赴美游学，去过克大，认真做了一番考察，不光纠正了我书中的许多谬误，就是对梁先生的《徐志摩新传》亦有所匡正。我常说，要做徐志摩研究，须得一懂英文，二有条件出国。果然，近年来在徐志摩研究上，有大突破的几个人，都是同时有这两方面便利的。最显著者，一是北师大的刘洪涛教授，一个就是南京大学的这位张宏生教授。这里说几句，意在有功绩的人，万不可使其功绩湮没无闻。我若不提此事，只是根据张先生的文章修订我的书稿，那就形同剽窃了。

该文先对过去各种文本的叙事，略加概括：

徐志摩于1918年8月14日从上海搭乘“南京号”客轮赴美留学，9月中旬进入位于马萨诸塞州乌斯特的克拉克大学读书，次年毕业，并获取一等荣誉学士学位。自徐志摩1931年逝世以来，已经出版了若干种年谱、传记等，但有关他在克拉克大学读书的情况，则或者语焉不详，或者叙述有误。笔者曾经访问克拉克大学，查阅了徐志摩在该大学的档案，并在友人的帮助下，获取了徐志摩在克拉克毕业时的成绩单，以及他写给老师的四封信。查最新版本的《徐志摩全集》（天津人民出版社，2005年5月版），其第六卷为书信，其《本卷说明》说：“本卷收入迄今为止已发现的徐志摩的书信。除生前在报刊零星发表的外，主要采自陆小曼编的《爱眉小札》，蒋复璁、梁实秋主编的《徐志摩全集》和梁锡华编译的《徐志摩英文书信集》。”但其中并没有这四封英文书信，因而可以视为集外佚篇。今就成绩单和信件略加整理，公之于世，并予以说明，希望能对徐志摩研究有所裨益。

接下来一一给以匡正：

徐志摩毕业于哪个系？

关于徐志摩从克拉克大学的哪一个系毕业，现有记载中有不同看法。早期著述多认为徐志摩就读于社会系，如陈从周《徐志摩年谱》认为，徐志摩“至美入克拉克大学社会系”；台湾传记文学出版社《徐志摩全集·年谱》说，徐志摩1918年到美，“入社会学系”，1919年“上半年仍在克拉克大学，习银行及社会学”。20世纪90年代以后的著作则大多认为徐志摩读的是历史系。仅就目验的几种，列之如次。赵遐秋、曾庆瑞、潘百生编《徐志摩全集》第5册《徐志摩年谱》：“就读于克拉克大学历史系。”宋炳辉《新月下的夜莺——徐志摩传》：“志摩在克拉克大学就读于历史系三年级（三年制本科）。”赵遐秋《徐志摩传》：“徐志摩……最后到达马萨诸塞州克拉克大学，就读于历史系。”刘介民《风流才子徐志摩》：“1918年9月4日，徐志摩抵达美国的旧金山，后横跨美国大陆，经芝加哥、纽约，最后到达马萨诸塞州。他首先入克拉克大学历史系插读二年级。”方慧《徐志摩》:“徐志摩……到达马萨诸塞州的克拉克大学，就读于历史系三年级。”这些记载或许都和梁锡华的辨正有关，梁说:“民国七年夏，志摩赴美入克拉克大学。根据该校的记录，志摩属历史系而不属社会系或银行系。”

梁先生应该是亲自到克拉克大学进行过调查，所以，韩石山撰《徐志摩传》，也引用了梁的说法:“抵美后，入克拉克大学。据查过该校记录的梁锡华先生说，志摩进的是历史系而不是社会学系或银行系。”但“查过该校记录的梁锡华先生”也可能有误。梁先生在克拉克大学确实看到了徐志摩的成绩单，即在其《徐志摩新传》前面所影印者。但是，他或许没有看到另外还有一份成绩单，虽说是大同小异，但是，这个“异”的地方，或许正可以说明问题。在这份成绩单上明确写到，徐志摩在克拉克大学主修（Tutor）政治和社会学，副修（Minor）历史。根据美国大学的制度，主修者即可以认为是所毕业的系。另外，成绩单显示，徐志摩的导师是富兰克·H.汉金斯（Frank H. Hankins）。汉金斯是当时克拉克大学政治和社会学系（Department of Political and Social Science）唯一的专任教授，该系另外还有两个教授，都同时在别的系兼课。因此，应该认为徐志摩毕业于克拉克大学的政治和社会学系。

张教授的考证，如此精准，只有承认以前的都是错的。志摩在克大，究竟待了多久毕业的，张教授也不厌其烦，梳理了个一清二楚:

克拉克大学的学制是三年，但徐志摩只用了一年就毕业了。并不是徐志摩三年的功课只用一年即学完，或因学习成绩好而跳级，而是他在入克拉克大学之前的学习成绩被承认，从而充抵了两年的学分……另外，据克拉克大学的档案管理员介绍，甚至他的中学以及在上海浸信会学院的一些成绩，也得到了承认。徐志摩在克拉克大学主要学习了6门功课，克拉克大学共保留了他的两份成绩单，大同小异。

张教授的结论是，以上成绩总体上仍然算是非常优秀的，因此，在毕业时，徐志摩被授予一等荣誉学士（First Honors）。在克拉克大学，荣誉学士有一等和二等之分，每个毕业班大约有10% ~ 25%获取这种荣誉，得到一等显然比得到二等更加困难，因而荣誉也就更大。

总之是，志摩在克大成绩的优秀，是无可怀疑的。接下来的问题是，徐志摩为什么参加康奈尔大学的夏令班?

方炯《徐志摩传略》说："徐志摩是1919年7月在克拉克大学毕业的，这个学校是三年制，而他只用了一年时间，中间他曾到康奈尔大学夏令班修了四个学分，以满足克拉克大学的要求。"这段话有个地方值得斟酌。徐志摩到康奈尔大学的夏令班不是在"中间"，而是在他已经结束了在克拉克大学第一学年的学习之后。因为很简单，既然是夏令班，当然是开在暑期的，7月毕业的说法，也和成绩单上不符合。从徐志摩的成绩单看，他获取一等荣誉学士的时间是1919年6月23日（不是方文说的7月），距毕业的要求还差4学分，于是他到康奈尔大学去上夏令班，以凑够这4学分。这时他面临的情况是这样的：他必须在夏令班中拿到4学分，在得到克拉克大学的承认后，还要抓紧在暑假中办理毕业手续，赶在秋季开学之前拿到毕业文凭，以便去哥伦比亚大学报到注册。

怕人们对徐志摩的学业成绩有别的理解，张教授特别说，1919年的整个夏天，徐志摩一定是非常紧张的，因为他不知自己能否及时拿到克拉克大学的毕业文凭，并赶得上哥伦比亚大学的注册截止日期。不过，到了9月下旬，他终于可以放心了，因为他收到了克拉克大学寄来的文凭，赶在截止日期之前不多的时间里，在哥伦比亚大学顺利注册了。从此，他成为哥伦比亚大学的一名硕士生，又在美国开始了新的也是更重要的学习生活。

文章的最后，刘教授对我的《徐志摩传》表示了特别的关注，一一指出该书中存在的问题。文中列出我书中写的各科成绩及学习时间，就不重复了，肯定有计算不对的地方。最重要的是，指出了我的好些常识性的错判：

最后要对韩石山先生的《徐志摩传》作一点辨正。在谈到徐志摩的克拉克大学生活时，韩先生根据梁锡华的《徐志摩新传》立说，并作了一定的发挥，有如下一段话："抵美后，入克拉克大学。据查过该校记录的梁锡华先生说，志摩进的是历史系而不是社会学系或银行系。第二年夏天，曾入康奈尔大学夏令班修了四个学分，才满足克拉克大学的要求，赶得及在1919年冬季毕业，取得一等荣誉学位。志摩在克拉克大学实际只有三个学期，修习的科目计有（略）。这一年，志摩在克拉克大学还参加陆军训练团，接受军事训练。政治热情归政治热情，一点儿不妨碍刻苦学习，他要尽量缩短学习期限，早点拿到学位文凭。他在一年半之内取得学士学位，且为一等荣誉学位，已经够快的了，更为快捷的是，只用了半年的时间，就拿到了哥伦比亚大学的硕士学位。"这一段有若干可斟酌之处。（1）徐志摩进的是政治与社会系，而不是历史系，此说已见前文。(2)徐志摩是毕业于1919年夏季，最多可以说是秋季，而不是冬季。(3)徐志摩在克拉克大学是两个学期还是三个学期，前面已经提及。但这里，韩先生将梁先生说的三个学期，理解成了一年半，不知是否符合梁先生的本意。(4)徐志摩并不是靠努力勤奋缩短了在克拉克大学的学习期限，提前毕业，他只用了一年是因为入学以前的学分被承认。(5)他在哥伦比亚大学拿到硕士学位是一年而不是半年，这是一个正常的学习期限。其中的某些说法当然都是有其来源，但刻苦用功以缩短学习期限云云，则是有些“想当然”了。

对这样细致的指谬，我只有远远地向南边作一个揖，道声:“太感谢了。”

2. 康乃尔大学夏令班

这样一来，康乃尔大学的夏令会及夏令班，就不完全是度假，而是有了实实在在学习的成分在里头，要认真研修，拿到相应的学分。因此上，我们这里，将之作为一个学历单位对待。

当然，3个月的时间，游乐还是主要的。不光他去了，约上张道宏、董时、李济，一起去了。

康乃尔是美国的名校，在纽约州，不在纽约，在一个叫衣色加的小镇上。这个名称，是那些年的翻译，现在译作伊萨卡。我们还是用彼时的译名。

据日记上说，6月22日，从吴城起程，去北场夏令会。这里的吴城，当是志摩对“乌斯特”的简称。30日到了衣色加的北场。北场是夏令会的所在地。两校均在美东，何以用了几天？想来是在康乃尔大学的好友处，勾留了些许时日。

日记上有参加夏令会活动的叙事。7月5日（星期六）载：

晚上，Cosm开会，Prof. Schimidt演说国际同盟会。他是主张真正民主的自由国家社会，无论何种人民，都按着选举法，派代表来组成一国际议会，如此如此。他对于现在的五大霸主会，非常反对，他所持的理由就是国会里反对党的主张。当然他狠替中国人抱不平，着实把英日讥笑了一顿。这位息密脱先生照名字看是德国人，有人说他是瑞士人。他说极不纯粹的英国话，可见决非生长在美国的。

文中两个英文词，据《徐志摩全集》注释，Cosm指朱霖，Prof. Schimidt指息密脱教授。

既是夏令会，必与留美同学多有交往。前一天主持会议的朱霖，第二天就成了要好的朋友。7月6日（星期日）载：

朱霖原籍江苏，生长湖南。我前日在他房里，他偶然将一女人照片给我看。原来是一位可爱的女郎。穿着西装，身段极为活泼。鹅蛋脸儿，喜孜孜笑晕涡圆。我不觉呆了一呆。知道有些关系，就把他揣在怀里。果然他着急了。后来他应许告诉我这段故事，我才还了他。这段故事，倒是小小一段情史。后文要是平坦下去，就没有话。若然再有风波，那真是绝好的小说资料了。老朱从小在湖南念书，他的姑母是熊凤凰夫人，生有一女。自从熊家搬到天津以后，他没有见过他表妹。他又有一位姨母在湖南，也有一位小姐，姨母爱上了姨外甥，就央人替女儿做媒。照湖南乡风，是男边出帖子的。老朱那时年轻，又没有父母，随便就把帖子出与女家。可是没有下定礼。后来朱霖的阿哥在北京，听见了不赞成，叫老朱京去。他就去北京。一见他那熊家表妹，出落得齐齐整整，由不得他不发生爱情。偏偏不是冤家不聚头，他表妹也隐隐有怜才之意。于是他决意的弃彼就此。无如他那姨母大人，胶住了不放，说亲事已定，无可更议，你若执意的不婚，我女儿就一辈子不嫁。一方面朱对于熊的爱情，愈打愈热，他那姑母，自然也爱他内侄的聪明伶俐，但是那一方面交涉未断，他们又不便提头。朱霖一急，就说"要娶必得熊，若然不成功，终身老男童"。他不管三七二十一，斜里的往外国一跑。一来于今三年，孙氏（他姨母）的关系尚未清结。他与熊小姐，一往情深，彼此都打了不嫁不娶的痴念。那张照片，是去年寄给他的。他视同拱璧，刻不离身。情不自禁的时候，当着人面，也抱住了狂吻一顿。

参加夏令会，同时参加夏令班，研修功课拿学分，也不能误了。日记中亦有叙事。8月1日（星期五）载：

提要：上班外没有读书。

治事：张邝来看，我们都不在家。

通信：白恩斯先生来信。纽约大学章程。

这一月内，着实经验了些没有钱用的难处。东拉西扯，借债满身，好不难过，真不自由。真不说虚话，用一分钱，也要掂掂斤量。周太尉入狱，方知狱吏之尊。我今日才晓得钱财之贵。到了昨日，袋中剩了一块多钱，吃饭不够两天，正在迟疑，救星到了。可是暂时的救急星，这还是靠不住。老邱寄来了二十一元三角六分。连前凑足一百五十块。他说月初再寄我五十块，以后要还好想法子。这位仁善的债主，真正难得！

钱一到手，就活动起来了，信纸也买了，香蕉也吃了（好几日不吃水果，连嘴唇都干焦了），头也剃了。今日（一日）下午下镇去。表也取来了，戏也看了，一笔零头债也还了（还李济三元）。真是舒服！

晚上李济、楼光来看了，谈了三点多钟的天，可没有什么意思。送李济上车的时候，刚碰到周邝陪着邝小姐看戏回来。在路上谈了几句。老邝这个夏天，简直完全牺牲在他表妹子身上，书也不念，整天到晚的忙。他们问我上他们家玩去，我说是要去的。胡适之说："爱情的代价是痛苦的，爱情的方法是要忍得住痛苦。"真有心得之言。情关真正难过，谁也跳不出圈子去。唉！志摩你不免太痴了，看破点儿罢。

这则日记有意思，要费点神。

"上班外没有读书"，不是说今天去哪儿打工，是说今天只去暑期夏令班上课，没顾上读书。

治事栏里的"张邝"与下文里的"周邝"很可能是同样的两个人，夏令会毕竟不是真的在一起上学，姓张还是姓周，不一定能分得清。

"白恩斯先生来信""纽约大学章程"，是两件事还是一件事不要紧，有大学章程几个字，就可以说明，志摩在这个时候，已经开始考虑克拉克之后，去哪儿读研究生了。

其他，借钱啦，恋爱啦，可看作留学生的日常生活，没什么奇怪的。

志摩是以沪江大学自费生的身份放洋的，沪江很小，留美的满共没有几个，克拉克的规模不大，中国留学生也不会多，康乃尔就不同了，本校学生多，来的人也多。志摩到了衣色加，很快就跟北大的同学打成了一片。8月12日（星期二）载：

这暑假内我们北京大学同学，不期而会者八人。前日清华1918班话旧，极有兴趣。因而我们也想来他一个。不过我们聚会，与其说温故，还不如说知新。当初在母校的时候，谁也不知道谁。这叫做新交有旧。八个人是孙、朱、严、张、张、周、瞿及我。

和北大同学在一起，志摩仍不忘时时检点自己。这是志摩灵慧的地方，一方面示人以随意，另一方面不忘检点自己的言行，以期品质上的提高，做人上的成熟。8月12日（星期二）又载：

我胸中有些骚气，突然说了以上几句话，连我自己亦未明旨趣所在，岂不可笑？总而言之，我愈来愈觉“人心不同有如其面”这句话的亲切有味。常听人说，大凡作事，无论宗旨如何纯正，成功终在手段。意思说不妨“出奇制胜，兵不厌诈”。反之我的见解，以为只有纯正的手段，可以表示纯正的宗旨，可以决定最后的成功。虽说经不废权，然君子不以苟且自假。可是新进的经遇，仿佛告诉我，你的理想固然高妙，但是脑筋未免太简单些，心地太忠厚些。我也几乎为他劝服了。但是我彻底的一想，还是抱定我素来的见解，丝毫不可摇动。有时作事不能圆满，非关于手段之如何，而终在于诚之未至。惟诚能成，不诚未有能成也。人家又说手段自为手段，非与宗旨无关。其意犹言“有伊尹之志则可”。但是谈何容易，人心惟危，立身行事，处处有勒马危崖之势，一息不小心，就出乱子。无刻不翼翼谨慎，诚以为本，犹有诚也未纯之□；若使一朝自纵，后象何堪。所以我还是抱这老宗旨，永远不变。

暑期功课补习班，直到8月15日结束。这天的日记里，治事栏里说：大考完结。内文里说：昨日计学大考。暑假补习，总算完结。接下来，又说了与北大同学的怀旧活动并修订章程的事：

今日上午预备北大怀旧，忙了半天。两点钟出发。走了半点钟模样，到了六里河。原来是清流乱石，别饶幽趣。我们先吃冰淇淋、照相、捞鱼。然后往前进，从水管上走过去，想攀悬梯上去看衣色蓄水池。那管上被水冲得苔滑异常，我滑了一滑，差一点失足入水，以后就没有冒险进取。于是改从他道，盘到池边。那里青林蓊郁，大水浩漾，林梢波涌，卷起了阵阵清风，裹着草香木气，吹得没有一人不连声痛快。我们在池边，大吃了一顿，喝着闹着狠有意思！后来又循池边盘了一转。回出来打了一会棒，一直到五点半，方才乘兴而归。晚上八时开会。先赛乒乓球，吃西瓜。后来正式讨论，张彦三提出修改北大同学会简章及进行办法。拟星期二再议。我变了一点小戏法。赛球给奖。各项游艺，捉曹操终局。有客三人：张鑫海、楼光来及胡应璜。大家闹得狠有兴趣。

功课结束，玩起来更疯了。8月17日，在衣色加，白天选举留美学生会，晚上便是party了。

学生会选举，糊里糊涂，选了个窝窝囊囊的谭某人当了会长，在志摩看来，实在是太不称职了。日记中说，论老谭个人的脾气，本来是有气无力，与他模样儿一般的枯瘦如柴。热心的事件，不外跳舞音乐，吃饭睡觉。此次夏天别地方来的人也不少，又当着国内纷扰的时候。大家眼巴巴地望着学生会开一开会，大家也好正式会个面儿。他们在此地的人，也着实催促他会长开会。哪里知道他一概置之不理。有人说他看不起人。我说他也配不上看不起人。大概是鼹鼠饮河，倒比方得确切一点。试想全体中国学生聚会的时候，他会长老先生，倒引避唯恐不及，真正有些笑话。由不得让他想起胡适之在康奈尔的时候。这麻布文袋，一袋不如一袋，岂不可叹？

参加夏令会的，都是全美各地来的留学生，年轻人嘛，不是久别重逢（来美的船上见了，下了船各奔东西），就是初次相逢（前后来美，一直没有机会相识），玩起来有义更有情，无忧更无虑。康乃尔校园里，中国学生多，外校来的也不少，人越多，越热闹，嬉乐游玩间，最受关注的，自然是不多的几个女生。

满共十位，日记中，均有风趣的描述。不避冗繁，且一一道来。

注意，文中说的是女人，用的都是“他”字。那个时候，刘半农的“她”字还没有发明出来呢：

那天晚上这几位小姐的情形，倒着实有些讨论的价值。我先把他们的性情举止，大概照我眼光分一分类。今年在衣色加总共有十位中国小姐：两邝，两杨，容，丁，两刘，袁，吴。这十位小姐，一位有一位特色，横竖空着，等我仔仔细细来分析评判一下。其中我最生疏的，是广东刘、容两位。从来不曾一亲芳泽，所以只可极粗简的说几句。刘女士尊容，颇为激目。因为他身材是矮而肥，简直直上直下，说句唐突话，像冬瓜那么一段。再加之一颗斗大的头颅。面如满月，眼若铜铃。口阔，眉浓，鼻大，就剩皮肤倒还白皙，否则不堪设想了。他时常同容小姐在一起。这位容小姐，也是一样的激目，前者是丑得激目，后者是美得激目。容的姿韵体态，在中国人中，决计是第一流。刘极侏胖，容是颀瘦。暂且摆开头面，只看他肩若削，腰堪搦，背直而不僵（最最难得），十指如春葱，行路似娇柳风挟，直（实）在是难有可贵，可与西施核一日之长。总而言之，体态轻盈，然而身体虽好，总还是面首侧重。容的微憾就是过瘦了些，下颌稍促，所以瓠犀的时候，不免有龋齿之迹。论他肤色是珠润玉圆，一双星波，深情荡漾之中，隐隐有几分霜气。容小姐分明是一性气高傲的女子。他那落落寡合的神情，也不知曾经得罪了多少人，但是他我行我素，艳李塞冰。张鑫海非常景慕他颜色，但是怪他的神色太活现了。我说原谅点儿罢，人家是伤心人别有怀抱噢！这刘、容二姐，独立为党，少与其他小姐们来往，男人是不用说了。

文中提到的张鑫海，又名张歌海，后来跟志摩成了极为要好的朋友。志摩跟小曼的关系还没有定下来的时候，张歆海也曾打过小曼的主意。后来歆海与有才女之称的韩湘眉结婚，去外交界做事。志摩去世的前一天晚上，曾专程去看过张韩夫妇。

另有两位邝小姐，一位刘小姐，志摩的笔下，就不恭敬了：

两位邝，一位湖北刘，住得一起。刘是矮、小、黑，走路是摇头摆脑；说话是倾江倒海。但是爽快干脆，一洗沾濡的旧腔。大邝T. N.不偏不随，最为中庸，身材合式，颜色中上。和蔼待人，丝毫没有造作的痕迹，可又温润而不枯塞。平均分数，我算他最多。小邝Amy是异军苍头特起。十分里倒有九分像美国青年女子。聪明活泼，稚气盎然（听说年纪已有二十多）。但是不知者误活泼为佻健，可谓煞风景。这灰亚门派（他们住的街名）可算是自由党，因为他们出来已经四年，闻见也多，经历得也多，从前扭捏的丑态，自然冲和了不少。

与志摩同赴美留学的，还有一位特殊的人物，就是杨绛的姑姑，后来当了北京女师大校长的杨荫榆，年纪不小了，到了志摩笔下，也在十位小姐之列。杨来美国，是留学，同时也负有管理留学生的责任：

现在讲到了我们的大本营，就是杨监学先生的统辖地。这勃拉恩党，除开党魁老杨外，是他的侄女保康，吴、袁及丁。保康直直落落，本来也不至于讨厌。无如受了他姑母的影响，连着中国女人通有的劣性（后天的），结晶成了一股奇形怪相。说他笨，倒不是笨；说他傻，也不是傻。总之是毒气太深，仅止过欠。但是最不可救药、最可怜的是胡女士。原来先天生的丑，又不学好，简直弄得如螃蟹一样，我也不好意思来过分刻画他，一言以蔽之——可怜！袁小姐是系出名门（袁希涛女），渊源家学，我想他才出来的时候，一定是拘谨得狠，就是现在也还看得出来。论他颜色，是中人之姿。但是一种娇羞朴敕之气，夹着诚恳有礼的表情，颇动人的怜敬之心。身体好像非常孱弱，也是缺点。

最喜欢的是一个叫丁素筠的山东姑娘：

山东丁素筠可算鹤立鸡俦，假如就容貌而论（英文句调）。性情也温良和蔼，说话喜孜孜的讨人欢喜。（就是握手，也至至诚诚，动你使劲一捻，你自然觉得一种快感。同样比如与湖北刘等握手，冷冰冰的生哈哈的松来些的微微一搭，我倒觉得还是免握来得亲近些。）身体硕美，颜色红润，不比得其余那一群的黄脸姑娘，我也给他一个四字评：叫做丰、腴、妩、媚。每回我见了丁大姑娘，无论讲一句话，讲十句话，总是甜蜜蜜的，耐人寻味。那天高华问我一个极笨然而狠有意思的问题：他说假如这一群姑娘里面，随你选一位做正宫娘娘，你要谁？我直截痛快的回答，说我要丁姑娘，第一就为他身体强壮。其次莫如大邝，不失为一贤内助。

不知为什么，对负有监学之责、年龄已然不小的杨小姐，志摩的印象太深刻了，最后专门写了一段：

十位姑娘已经论过九位，就剩杨监学。（人家也称他杨小姐，我听了有些肉麻。我说不如称他杨大姐，因为他是老小姐。称密司倒不触耳，因为小姐与密司有些不同。）我尊他为大本营的统帅。因为他的确有这种资格，并且他也自居不疑。他年纪大概四十左右，所以他的颜色，可以置诸不论。但是他从前来吴城看董时的时候，倒居然自忘年老，着意修饰：面上涂着脂粉，身穿齐腰的花洋纱短褂，头戴绯花的笠帽，手里还张着花绸洋伞，我当时看他步步莲花，何尝不当他是一二八佳人。自从到衣色而后，他还真反（返）朴，一味本色，到是有自知之明，中国人见了没有一个不说他是国粹保存家。这且不说。他的履历，我不甚明晰。但知道他是嗦了——他骂人了——他于是触怒人了！那末人家的怒，也并不反证他演说的是，我就始终与杨氏同情之一人。我第二天早上到元那里去。我知道他自从上回碰了一个钉子，就与他要好的监学，无形的生了意见，前天晚上的演说也隐隐的讽着他，他如何不想法出气呢？果然我一提他的演说，元就没头没脑的骂了一顿；非但骂他，而且连我也骂进了。我想好，你骂罢，你出气罢，横竖是为云为雨，不干旁人的事，我原来参透了你的心理的。旁人的批评，可就不一致了。大概多数是怪他太冒昧了；意思是不情愿受他的教训。也有一部分人随便听过，顺口说一句好，难得。还有一部分被他直接骂进的人，当场不能还骂，背后自然有了许多不逞之辞。人家问我你呢？我回答说我同情他的。他骂得有理。况且明知没有什么好结果好影响，他还是敢言不忌，的确是一位大本营里统辖管下的监学先生杨大姐！

大概是意识到自己太卑劣了，搁笔之际，还对自己斥责了几句，说他“因为填写日记，牺牲了自己的厚道，逞着轻佻的笔锋，（对）我们尊贵的姑娘，实在是造孽造孽，阿弥陀佛”！

1919年9月6日，离开康乃尔大学。

离开之前，照了一张正规的相片。洗的时候，在左下角特意用毛笔写上三行小字，因此洗出来的照片上，这三行字是白的，道是：

敬奉我最亲爱的父母亲大人，此是儿子至东美所照的相，大人看了一定狠欢喜的。

八月二十五日，衣色加。

3. 哥伦比亚大学

从日记叙事看，1919年10月初，志摩已经坐在哥伦比亚大学政治学系研究生的宿舍里了。

日记没有明确记载，但我们可以推断。

一是整整一个9月，只有一则日记，主要内容是：“七时四十分离衣色加，车行七小时到Troy。”是说他们离开衣色加，到一个叫特洛伊的小镇，住在郎思廉工业学校，继续他们的夏令会活动，只是主办方变了，不是康乃尔那几个人操持，而是留美学生监督会办的，带有官方性质。

要关注的是10月的日记，一开始就是10月5日，后面加个括号，注明系补记。

前面说了，美国的大学，不管是一学年两学期，还是三学期，暑假三个月，是铁定的。说是从6月到9月，但这三个月，想来不会是一个统一铁定的时间。有可能是6月中旬的某日，到9月中旬的某日。志摩去了哥伦比亚，是研究生，或许还可以通融些。这样，10月5日到校，也就不是什么奇怪的事了。这天的日记，一开始就说，自从离开衣色加，始终未记日记，不知补得起否。姑且尽力将记得的事情写下来，要详备是不成功了。

从这几句话，就能看出，是过了暑假，静下心来写的。

这些叙事，是他入哥大前的，但作为反思，却是来到哥大之后，故且放在这里。

前面说过，志摩的自省能力是很强的。看他的《留美日记》，感触最深的，也正是这一点。

9月8日到特洛伊小镇，到会人数在一百开外，会期8天。事先张道宏给他写信说，来了要审慎观察，不要轻举妄动，像从前在北京的时候。姚传法也有信来，表明同样的意思，所以他暗暗立定主意，“学一个会捉老鼠猫，勿叫，静静的看着”。

谨记了老同学的忠告，又打定了不张狂的主意，几天的静观默察，还真让志摩，对当时几个杰出的留学生，留下了深刻的印象。用他的话说，就是“倒颇认识了几个人”。

起初他是怀了“鬼胎”的。日记上说，他们一听说是去特洛伊的夏令会，马上就起了联想：

从前听说夏令会的特色，一是运动职位，二是做爱。弄得会墙上花花绿绿的异常好看；异常腥臭；异常鬼祟。但是今年不同，也不知道是大家兴致淡了，也不知道是我运气不好；自始至终，没有十分出色的好把戏看。

又说，他的同学董任坚开头做招待员，非常殷勤。眉目颦动，好像很得意似的。汪懋祖跟他同房间，晚上谈天，别有风味。礼拜一（8日）晚上，举行开幕仪式。郎思廉学校的教职员代表，欢迎他们，请吃茶点。校长演说，他们这边的主席张振忻致答词。

接下来才说，“我认识的几位人物，约略的叙一叙”：

洪煨莲　曾经听道宏提起过，说他狠有才干。礼拜一晚上，由黄勤介绍得识荆州。果然是名不虚传。身体颀削得狠，面孔狭长。广额涂眶钝口。两腮就剩一片精皮。最特色的，是他青悴的肤色，炯炯的目光，生辣的声音。他口若悬河，狠有辩士的气概。他见了我，劈头就问我对于禁酒的意见如何。我随口说自然我狠赞成。那里晓得他就把我捉住了，以后险一点出乱子。这也让我长长经验，暂且不提。

黄勤　他是仁友会的人，同道宏、李济都是狠要好的。这回李济到纽约见他的时候，大概提起过我。前日又特别来了一封介绍信，说狠希望我们成为深交。黄君狠是一热心人。承他不弃，到颇青眼相待，我那得不受宠若惊。那里知道他也要我帮忙。洪煨莲要提议禁酒，黄先生想立经济研究社。他问我赞成否，我说当然，又套上一圈。

林志煌　由黄勤认识林。他也显出狠想同我知己的样子。他有一天跑来找我，说他是学生月报总经理，要我帮他的忙。你想我答应不答应。

鲍明钤　留学生中数一数二的人物。说得好英文。人也狠和气。在会时同他见了几次，没有深谈。后来到纽约来，请他吃了一顿饭，谈了一会长天。他预备做牧师，但是他也读政治。所以人家称他政治的牧师，或者神学的政治家。他说他最喜欢演说，就苦官话说不好，想学。他上耶鲁去念博士去了。

庄泽宣　去年到芝加谷的时候，我混在南洋同学里面，吃了他一顿饭。现在他在哥伦比亚师范院。自从夏令会以来，到纽约又住在间壁，同他渐渐的熟识起来。

徐允中　去年在国防会全会见过，但是不曾相熟。此次见面，到着实谈了几次天，讨论了些国防会的问题。他同褚风章竭力的要我担任国防会今年的司选委员。好容易恳他们的情，不要叫我受罪。危险危险。老徐也是老北京。人极敦笃老成，有逐步为营，卓立不摇的气概，现在也是国防会的主脑分子，难得的狠。

蒋廷黻　今年从法国回美。在北场见过。他到衣色加过了几日。我同他打好几回网球。这一回我与他来一个双的，一直打到半结（决）赛，才叫李铿跟陈宏振打了下来。蒋是一朴茂忠勇男子，三湘人物。习教育。敷陈将来推广教育计画，颇有心得之言。我颇重之。

朱斌魁　衢州人，霍金大学毕业。据楼、张言，学问不错。人亦有浙西山水丛错之气，质直得狠。其弟即朱斌甲，向北洋同学也。

汪懋祖　苏州人，先到衣色加来，看他未婚妻袁小姐。任坚先见他是教育次长的门婿，颇思一抒他笼络手段。那里知道碰上一个钉子，从此记恨。说也可笑。在此与汪同房，时常谈论。汪先生是留学生之守旧派。他第一就不赞成胡适等文字革命。就如护路说话，都是老腔旧调。记得在衣色加有一次同游安飞涧时，他吟兴大作，就蹲下来在石块画上几句烂调的四六，到也别有风韵。他国文的确不错，但是观念识见，似乎有些胶柱宫商。论人品是端方君子，可敬也。

王凤华　学生会会长，就是上半年同国防会打笔墨官司的被告。身长玉立，风度翩翩。见人的敷衍工夫，狠有研究，将来一定是第一流的政客。

施济元　亦是清华出来有数人才。聪明勤学。但是我知道他不深。

聂其英　聂云台管臣之弟。自纽约同他夫人及其小囡来会。风雅仁善。惟不及乃兄尖利干练，然忠诚不怠，亦有为士也。其夫人为李文忠公侄孙女，大家风范，温温如玉，真良偶也。到纽约后常去伊家。后来伊动身归国，我也帮些小忙。

James晏　四川人。与蒋廷黻同自法归者。雄喉善唱，人雅爱之。乍视体格不伟，面目若绘。然一登演台，大放厥词。精神洋溢，有足令人倾倒者。

以上列举数人皆较然荦荦者。此外新识人不可数记矣。演说以福开森博士为最佳。论山东问题，翔举事实，用法律眼光分析评判之。出辞沉痛有力，自来讲山东者首此君矣。郭泰祺亦来演说，毫无精彩。李佳白赶到末会，依然一股老调，辩护德人。

这些人，都是人中龙凤。后来回国，差不多都大有作为。熟悉中国近现代史的，当会从中认出几位。

10月下旬，已在哥大生活了一段时间了。从来到纽约，水土不服“闹肚子”上，也可以做出同样的推断。10月26日（星期日）日记载：

注意：饮食不节，起居不时，病共杀之。

病！自到纽约以来，饮食起居，极不整齐。吃食既无一定地方，菜食又不卫生。有时吃中国饭，往往过量。因此反胃的老病又来了。日来气候又不好，不免感冒风邪。口中腻烂，唇皮燥烈，胃口钝迟。前日曹茂德来纽约。一时寻不到住处，来找康侯。我想出门人大家方便，他虽不是我朋友，也何妨效效劳。因此就出主意，用二褥连在一起，三人同睡。前晚到还好，就是睡得不饱。今天三点钟时候，冷醒了，觉得肚子痛。一连大便两次。还是不松。从此昏沉沉的身上也发微热，脐下起一大痞块。痛得不亦乐乎。午后博泉去拿了霍香正气丸及观音救急丹来。吃后还是不见效。一直痛到十二点钟，实在熬不过，一味嚷疼。后来老严用电气鼓动机来替我摩烫一下，脐眼内涂上救急丹。方才痛得定些。慢慢的睡着了。

既已进入哥大，先把学业上的事说了，再说别的。

入的是政治学系。导师何人，又是如何选定论文题目，日记上均能看出个大概。11月8日（星期六）日记载：

礼拜六朝上，同葛庭斯先生谈了一点钟的天，我告诉他愿意研究家庭制度。他狠赞成，要我先读威斯脱马克的《人类婚姻历史》，再同他讨论去。他又问了我许多国体民情的大问题，老先生和蔼可亲。

文中“朝上”系江南语，早上之意。这个老先生，也太好可爱了，12月20日，日记中又有载：

> 陈洁华偕一复旦新来李君见访，小坐。博泉、林志煌亦来，同去银行学会常会。Cook NYU教员演讲伦敦纽约钱市情形，简洁精当，精彩绝伦。
>
> 上午见葛庭斯教授，送与画二本、茶一包。伊大喜悦，称谢不置。问研究家庭制度，应读何书。伊云迳读初民法典，以绎其源流。
>
> 银行学会修改章程，彬元又凭空将我拉进。

志摩在国外，拜访名流，常是送上国内带去的画幅，中国学生给教授送一包茶叶，不是什么稀罕的。画二本，即两张画。现在说起过去的画，还用“本”这个词，比如“纸本”“绢本”。

同系有个白先生，收了志摩礼品，特别欢喜。11月15日（星期六）日记里说：“下午访白先生，前日送伊茶一包。今日带新茶叶去，试量与他看。白先生居然将我的照相，搁在火炉架上。一条绣货也挂了起来。可惜那块丝差不多灰黑了，丝光尽失，他日想再送他一块新的。”文中试量与他看，可能是教给白先生取多少茶叶，如何泡茶。

送给白先生的绣货，极有可能是“补子”，就是清朝官员穿的朝服，胸前缝上的那个四四方方的绣品。满清倒台后，这类东西，充斥市场，便成了留学生送外人的好礼品，不贵还雅致。

从12月20日这则日记上，还能看出，在纽约期间，志摩是参加了留美中国银行家学会的活动的。本书开头《他的身高》一节里说到的那张照片，当是这次去了所摄。从语气上看，他对银行学会的事，没有多少兴致。

学业上的事说过，接下来要说的是，初到哥大这段时间，志摩还做了两件事，一是想申请公费或半公费，一个写了一篇研究社会主义的论文。

此时，李济仍在克拉克大学，以情理而论，也该是在读硕士了。这是个聪明绝顶的主儿，学业上不会比志摩差。

李济读的，是人类学的硕士学位。

好朋友嘛，不时有书信来往。1920年1月14日，志摩的信中说：“今大考忽临，顿教忙措。案头山积，故习复来，殊可哂也。”同月19日信中又说：“我现想陈请官费。两路进兵——省费及清华半费。”

陈请即申请。申请官费，不全是钱上的事，主要的，该是面子上的事。可能当时北洋政府，在申请官费上，有什么可利用的政策，比如说在美国考上了著名的大学。过去在克大，不生这个心，现在上了哥大，由不得就动了这个心。再有钱，官费生听起来，总要体面些。

可能没申请上。徐家太有钱了，办事的人不会不知道。

再往深里说，杨荫榆来美，一半是读书，一半还兼着留学生监督的工作，你看他对人家的那副嘴脸，杨会给他个好果子吗？怕是见了他的申请，只会轻蔑地一笑。

看后面的日记，这事儿还真的到了运行阶段。11月18日（星期二）日记中说，他的妻兄张君劢来信，"云已托顾使转致严思桓，接洽官费事"。

顾使者，顾大使或顾公使之略称，民国时期著名外交家顾维钧也。

谁说话也不行。这么个富家子，自个来了，怎么会再给官费呢？大概志摩也知道，自己申请官费不过是一厢情愿，往后倒也没见到抱怨之辞。

再说写论文的事。

也是在给李济的信上说的。约当初夏前后，又致函李济，告知近况："我近来做了些中文，关于社会主义，想登《政学丛报》的，抄写得真苦，臂膀也酸了，指头也肿了。几时有个书记官才好。您论文都快写完了。真是有您的。我还没有动手，爽性不做也未可知。"

没有写硕士论文，却写了一篇关于社会主义的论文。

从臂膀酸了，甚至想请个书记员，可知此论文，篇幅甚长。

是篇怎样的文章呢？我写《徐志摩传》时，去过北京图书馆、上海图书馆，都想找到《政学丛报》，都没找到。复念，以徐志摩之性情，怕不会是多么有分量的东西，也就死了这份心。

想是这么想，仍一直在关注着。好长时间，都没有人挖掘出来。直到2012年的《新文学史料》上，刊出武汉大学教授陈建军的一篇文章，才知道志摩当年，写了怎样的一篇关于社会主义的论文。

我与陈建军先生从未谋面，却不能说不是朋友。他与徐志东合编的一本徐志摩佚文集，名为《远山》，是我推荐给商务印书馆出版。

写此书至此，我发微信让他转我，不到十分钟，转来了，名为《〈政治学报〉中的徐志摩佚文》。且注明，初发《新文学史料》2012年第4期。

文中，建军先生说了他发现此文的经过。

志摩在写给李济的信中，说他"近来做了些中文，关于社会主义，想登《政学丛报》的，抄写得真苦，肩膀也酸了，指头也肿了"。《政学丛报》疑为《政学丛刊》（*Political Science Series*）。该刊创办于1920年1月，纽约中国政学社编辑，上海中国政学丛刊经理部发行，上海商务印书馆代印。1921年8月出至第2卷第3期终刊，共7期。

建军先生说，他未翻检《政学丛刊》，不知其中是否登载过徐志摩的文字。不过，他在《政治学报》中倒发现了徐志摩的3篇“关于社会主义”的文章。

《政治学报》(*Political Science Quarterly*)由位于北京南池子的政治学报社编辑，编辑干事为万兆芝，上海中华书局印刷兼发行。政治学报社的成员主要有张奚若、金岳霖、徐志摩、王伯衡、王徵、朱中道等，多为时在哥伦比亚大学研习政治学的中国留学生和部分已经回国的留学生。据金岳霖回忆，这份刊物只出了一期，经手人是张奚若的夫人杨景任，那时她在上海读书。甘肃人民出版社1995年7月版《金岳霖文集》第4卷附录《金岳霖年表》中称，《政治学报》共出了3期，但年表中未见著录金岳霖在此学报上的发文信息，文集中亦不见收录金岳霖在此学报上所发表的文章。这些文章也未收入人民出版社2013年12月版《金岳霖全集》(全六卷)。所以如此，大概是编者没有觅到《政治学报》之故。《政治学报》仅见两期，出刊时间分别为1919年12月1日和1920年8月1日。

文中说，《政治学报》或属稀见刊物，国内图书馆鲜有收藏，将两期目次都抄录呈现。第2期的目录上，徐志摩的文章赫然在列，不是一篇，而是三篇。且将第2期的全目抄录如下：

第1卷第2期目次

论著

社约考论/张奚若

共和论（续）/金岳霖

韦罗贝政党论下（续）/万兆芝

社会主义之沿革及其影响/徐志摩

美国地方自治制度述要/王伯衡

币量与物价学说汇述/沈沅

读九年预算表感言/朱中道

工资支给法之研究（续）/沈沅

人民参政议/吴载盛

中国旅美侨民之历史及其状况/瞿桐岗

书评

希腊政论/张奚若

国家社会/张奚若

玄想的政国观念/金岳霖

公民责任之要义/金岳霖

歧路中之平民政治/金岳霖

乐土康庄/徐志摩

自由国家之社会　国际联盟之要义及其实施/徐志摩

中日关系之真相/王伯衡

中国海关改良刍议/王伯衡

由目次可知，徐志摩在《政治学报》上发表了一篇“论著”，即他给李济信中说过的“关于社会主义”的论文。

书评两篇，一是评罗塞尔著《乐土康庄》，一是评马罗著《自由国家之社会》和段耕辑《国际联盟之要义及其实施》。罗塞尔（Bertrand Russell）即罗素，《乐土康庄》即*Proposed Roads to Freedom*，1919年由纽约Henry Holt and Company出版，现通译为《通往自由之路》。

20世纪90年代，安徽诗人祝凤鸣曾在合肥一路边书摊购得英文版*Proposed Roads to Freedom*，扉页上方签署："C. H. Hsu，Apri l7，1920. C. U." 下方钤“志摩遗书”椭圆形蓝色印章。据祝君考证，“C. H. Hsu”是徐志摩的英文名，这本书是他1920年4月7日在哥伦比亚大学购买的。由此可知，徐志摩关于这本书的评论当作于1920年4月至7月间。马罗即Dwight Whitney Morrow，其《自由国家之社会》（*The Society of Free States*）由纽约Harper and Brothers于1919年出版。《国际联盟之要义及其实施》（*The League of Nations: The Principle and the Practice*）是时任万国教育研究会教务长、纽约大学教育学教授段耕（Stephen Pierce Duggan）辑录的，1919年由波士顿the Atlantic Monthly Press出版。

徐志摩自述，其论著《社会主义之沿革及其影响》共有“数章”，“拟溯论社会主义之昉始，诸家言之概异，及其影响于政治社会。最后窃欲详讨‘波尔希微主义’之原委、发展及俄国革命以还内政外交之设施与诸国相互之方策”。全文是否竟稿或悉数刊出，目前无法详知。

发表在《政治学报》上的这一部分，占原刊29个页面，约1.6万字，包括“绪言”“概略”和“第一章　社会主义孕育时期”。第1章除“总论”外，列有5节，即“第一节　鲍勃夫（Baboeuf）”“第二节　嘉培（Etienne Cabet）”“第三节　圣西门（Count Henry de Saint-Simon）”“第四节　福利安（Charles

Fourier)”和“第五节　欧温罗伯（Robert Owen）”。

徐志摩曾说：“我最初看到的社会主义是马克斯前期的，劳勃脱温一派，人道主义，慈善主义，以及乌托邦主义混成一起的。正合我的脾胃。”不少论者据此认定，徐志摩所读有关社会主义的书籍只是“马克思前期”的，他并不了解科学社会主义。新发现的3篇文章特别是《社会主义之沿革及其影响》或可修正这一说法，至于徐志摩对科学社会主义理解正确与否，则是另外一个问题。

这篇文章，先是收入陈建军、徐志东合编的志摩佚文集《远山》，现在又编入商务印书馆版的10卷本《徐志摩全集》中。

全文万余字，不便详加分析。看看他在《绪言》中的一段话，就知其命意何在，心志何在：

种种共产社会主义之主张，不可胜数。然推溯宗原，多自马氏。说者称《资本论》为社会党之圣经，有以也。夫社会主义之源委流别既如此，今论中土情事，何以云乎吾未能无虑也？日者俄国劳民，既已达共产之的，其势四布，正未有艾。欧美列强，劳工亦蠢然欲动。执政伟人，殚思极虑，仅乃补苴罅漏，迄未有彻底澄清之善策。独吾邦实业未振，工人不多。上海工商所萃，有时争资不决，亦复酿为风潮。以视他邦之巨大罢工，犹之海洋间惊涛骇浪，而池沼之微，亦间有鱼鳞荡漾，以为响应。然而有识之士，且未敢安枕而酣卧。俄之变也，非工之多，实民之穷。穷则离，离则变。今英美之未变，犹以其生厚也。顾吾民何似，天灾洊至，兵祸频仍。民生之穷，亦已甚矣。使其一旦摇乱，非细事也。故安排内治，计较生灵。毫厘之差将成巨祲，执政诸公，可不念哉？就使暂且无患，而实业日隆，劳工日众。种种劳工问题，阶级竞争，举将复演于吾国。谚曰：“前车覆，后车鉴。”今覆辙夥矣，奈何不智者见几，早作绸缪。吾不知将来之资本家，有仁慈如欧温者乎？有宽宏如福利者乎？使其薄人以肥己，营近而贻远，则冲动阶级之争，永遗无穷之患。拥资诸君，可不惧哉！然不肖尤以吾侪学者，实负疏解调剂之巨责。夫惟学者，乃能明史乘之变迁，人心之运化，学说之源流，兴衰之微旨。劳心者治人，治人犹言发纵指示也。今国内百凡待举，待举者，待纲举也。纲举而后目张，学者乃理纲之人也。约而言之，今日之学者，当悉心社会科学。务发明其旨趣，排汇其流别，参之以事物之常变，以示人以明白，而涵育培养新苞将放之思潮，解决社会棘手之难题。凡吾同志，盍兴乎来！不肖乘课余之暇，既摭此数言，以为缘起。

末一句中，“不肖”当是志摩的自称，其利用课余的空暇，写下这么一篇文章，全是为了中国当下社会有力者阶级，该何去何从。

刊物中还有两篇文章，均为书评，不赘述。

同一时期，志摩还写过一篇《罗素游俄书后》，一篇《评韦尔斯之游俄记》，表明了他对苏俄革命的看法。前一篇中说：

“鲍尔雪维克说之谬，在于侧重经济之不平，以为此路通而路路可通。吾不信社会问题之复凑而可抉一题以概万汇者，然使吾择一事为政治之主恶，则吾宁择权力之不平以概其余。吾不认此权力之不平，乃可以共产党独裁政治或阶级战争所可纠正而无憾。能致此权力之平等者，惟有和平与长期之渐进而已。”又言曰：“人与人善，毋悖毋恨毋暴毋侵，均布化育，善用余闲，陶发美术，奖进科学，凡此，皆言政治者所当慎重商榷者也。予不信革命与战争可得而扶植真正之进化。吾尤确信今日之事在于减灭战事所发生之残忍之气象。以此，故吾虽明认鲍尔雪维克与俄民殊特之关系，吾不愿其蔓延，吾尤不赞西欧大党之承袭其哲理。”

此罗氏游苏俄而后之结论也。彼向言国际，今言吾国，向蕲社会主义之胜利，今祝阶级战争之消灭。向言世界之和平有恃国际社会主义之胜利，今言和平有恃于迂缓之和平，不提社会主义。向言虽付巨值所不惜，今言货劣送我亦不要，况付钱乎！

由这三篇文章，我们知道，经过两年来的学习，志摩的思想，发生了大的变化。

简略地说，就是不愿遵从父命，去当一个银行家，而要当一个中国的汉弥尔顿。

这变化，也许是一种反叛，也许是一种扩充。

他父亲送他到美国留学，最初的希望，是希望他也像他的妻兄张公权一样，做一个中国的银行家。他到了美国以后才知道，一个银行家，也可能是一个有作为的政治家，于是便扩充了父亲的期望，要做一个中国的汉弥尔顿。写于1931年夏天的《猛虎集》的序里，他说：

我父亲送我出洋留学是要我将来进金融界的；我自己最高的野心是想做一个中国的Hamilton。

看看汉密尔顿是个什么人，就不难明白志摩的心志：

汉密尔顿，Hamilton Alexander（1755—1804），美国政治家，华盛顿时代的财政部长。1773年进入后来的哥伦比亚大学。此后一年间，写了《论魁北克法案》等三本小册子。1776年任炮兵上尉，在特伦顿战役中，率部抗击康华里勋爵指挥的英军，表现极为英勇。此后他的军事天才，为世人所公认。1781年战争基本结束后，研习法律，取得律师资格。1789年华盛顿建立新的联邦政府，汉密尔顿为财政部长。任内提出建立国家银行和加强中央政府的一系列政纲。与华盛顿一起，处理了许多重大的国际国内事务。对美国的建国方略起了不可估量的作用。1795年退出公职。1801年创办联邦党报纸《纽约晚邮报》。1804年在一场决斗中去世。汉密尔顿是一位雄心勃勃、目标明确、不避艰辛的实干家，是美国的一位行政天才，是美国最初的伟大爱国者之一。他的经济、政治、军事和外交纲领，都有一个明确的目标，即建立强大的美利坚合众国。

以上是从《简明不列颠百科全书》中抄录的汉密尔顿的简介。

从《留美日记》里，也不难搜寻到这种转变的痕迹。一是对政治埋论的关心，一是强烈的事业心。

1919年12月1日（星期一）日记载：

通信：来纯、任、邱。去宏、邱、李、纯、刘济、□。

予创议组一团体，共定国内报纸杂志，赞成者颇有。今晚廷黻、光义、泽宣、蔡正等来予房议办法。决提出学生会，视赞附者多少定夺。

泽宣逼予急。道宏远在浮省。

“予创议组一团体”，可见在美国，志摩就有创建团体的想法。这样一来，他回国后，创建“新月社”，再后来创建“新月书店”，都可说是其来有自了。

不说这个了，说说学业吧。

1920年9月，志摩提交的硕士论文（初稿），经答辩，获通过，OK，硕士学位到手。

论文题名《论中国妇女的社会地位》。本来该在这里谈谈的，这一节太长了，是去了伦敦完成的，放在下一节谈，也说得过去。

10月初，在美国已没有什么留恋，便与表兄刘叔和，一起乘海轮前往英国，寻求更大的发展。

4. 伦敦大学政治经济学院

美国去英伦，必经大西洋。

这天午夜时分，志摩和叔和，站在甲板上，领教了大西洋上的惊涛骇浪。

几年后，叔和病逝，志摩在《悼刘叔和》文中，写了他俩赴英途中，船过大西洋时的情景：

> 船过必司该海湾的那天，天时骤然起了变化：岩片似的黑云一层层累叠在船的头顶，不漏一丝天光，海也整个翻了，这里一座高山，那边一个深谷，上腾的浪尖与下垂的云爪相互的纠拿着；风是从船的侧面来的，夹着铁梗似粗的暴雨，船身左右侧的倾欹着。这时候我与叔和在水泼的甲板上往来的走——那里是走，简直是滚，多强烈的震动！霎时间雷电也来了，铁青的云板里飞舞着万道金蛇，涛响与雷声震成了一片喧阗，大西洋险恶的威严在这风暴中尽情的披露了。"人生，"我当时指给叔和说，"有时还不止这凶险，我们有胆量进去吗？"那天的情景益发激动了我们的谈兴，从风起直到风定；从下午直到深夜，我分明记得，我们俩在沈酣的论辩中遗忘了一切。

文中的比司该海湾，现在译作比斯开海湾。

这次离美很突然。

按原来的计划，是要在哥伦比亚大学拿到博士学位的。肯定拿得到，只要待下去就行。是大哲学家罗素的诱惑，让他临时改变了主意，刚通过硕士学位答辩，连论文都没做完就匆匆离开。

原因嘛，据他自己在《我所知道的康桥》一文中说，是：

> 我到英国是为要从罗素。罗素来中国时，我已经在英国。他那不确的死耗传到的时候，我真的出眼泪不够，还做悼诗来了。他没有死，我自然高兴。我摆脱了哥伦比亚大博士衔的引诱，买船漂过大西洋，想跟这位二十世纪的福禄泰尔认真念一点书去。

不在乎学位，只是要跟有真知的人，认真地念一点书。

文中说到的福禄泰尔，通译伏尔泰，法国启蒙思想家。

怎么认识罗素的呢，前面已有提示，就是读了罗素的《自由之路》，又看了他游俄的书，还得说是，研究并信奉了社会主义学说之后。

罗素访华，在中国知识分子中引起极大的震动，想不到的是，这震动竟波及大洋彼岸的美国，让一位青年留学生做出改变命运的决定。

从1920年10月到1921年7月，罗素访华，赵元任担任翻译。在华期间，发表演说十多次，每个讲题自成一个系列，共是五个讲题，依次是“哲学问题”“心之分析”“物的分析”“数学逻辑”“社会结构学”。当时称为“五大演讲”。看看这些题目，就知道会在中国知识界产生多大的震动了。罗素的观点和中国社会的反响，通过报纸很快就能传到美国。

说罗素“那不确的死耗”，是这样一件事：1921年3月14日，罗素应邀到保定的育德中学讲演，其他人穿着外套都冷得发抖，罗素却要显示他的绅士风度，拒绝穿外套。结果着了凉，患上了急性肺炎。送进一家德国人开的医院，整整两周胡言乱语，昏迷不醒。当时中国的各大报纸每天都报道他的病情，去医院探病的人络绎不绝。日本一家报纸甚至报道罗素已经不幸病逝，有人匆匆发来了讣告。好在那位德国主治医师医术高明，北京的洛克菲勒研究院又及时提供了抗肺炎血清，幸免一死，于3月29日脱离危险状态而开始好转。

年轻人虑事不周，及至到了伦敦，才知道事情有变，罗素不光是不在伦敦，还让剑桥大学除名了。

早在1916年第一次世界大战期间，罗素就因为主张和平，被剑桥大学三一学院除名。徐志摩计划来英国时，罗素倒是在伦敦，等他到了伦敦，罗素早已离开英国，踏上了去中国的途程。8月间离开英国，在法国待了二十多天，10月间到的中国。徐志摩所以匆匆赴英，或许以为既是访问，有一两个月就够了。匆匆赶到英国，为的是不误秋季的开学。想不到的是，就是开学了，回来了，也不能在剑桥这样的学校教书了。

既然来了，只得住下，不久即进入伦敦政治经济学院，师从拉斯基（Harold Laski）教授，学习政治学，一半是为了获得博士学位，一半也是为了完成他的硕士论文。

人到了哪儿，总得有个明确的住处，看去才像是真的在那儿。要不，飘飘忽忽的，像个魂儿似的捉不住。

在伦敦的住处，我的《徐志摩传》里没有写，只写了张幼仪来后，他们搬到距剑桥大学六英里的沙士顿去住。

怨我看书不细，手边就有《小脚与西服》，只顾了看两人的恩怨情仇，而没有顾及书中说到的住处情形。

我们在伦敦一家似乎聚集着所有中国人的俱乐部歇了下来。当时有许多中国人在那里，彼此认识，都是因这样或那样的原因而到此读书。那些认识徐志摩的人见到我们时就睁大了眼睛，似乎非常惊讶。徐志摩已经在英国独居了一年，在伦敦经济学校上学。

这一段文字，信息量甚大，不光说了志摩在未去剑桥上学前，在伦敦住的地方，而且说了他上学的学校，还有她到英国的大致时间。志摩是1920年10月到英国的，幼仪未到前，已在英国独居一年，那么幼仪到英国当在1921年的秋天。

“一家似乎聚集着所有中国人的俱乐部”，可以理解为留学生公寓。伦敦经济学校，无疑就是伦敦大学政治经济学院。

志摩的导师，乃是著名的经济学家拉斯基。好些中国留学生，投到他的门庭，差不多10年后，朱自清利用清华给的一年休假，来英国游学，也曾拜在此公门下。

这个人物，要稍作介绍，因为他的理论对志摩是有相当影响的。

拉斯基，英文名Harold Joseph Laski。通常对他的思想的介绍是：拉斯基终生是一个社会主义者。他主张基本工业国有化，要求政治民主服务于经济民主或社会主义，希望通过和平道路实现对社会的改造。1925年后，拉斯基开始怀疑通过和平的政治民主途径，实现大规模经济和社会制度改革的可能性。他认为没有经济安全，就没有自由，如果社会冲突加剧，势必导致自由的毁灭。他自称为马克思主义者，认为现实国家的权力，控制在掌握着主要生产工具的集团手中，他们绝不会自动放弃权力，允许变私有制为公有制。因此，要实现社会主义，暴力革命几乎是不可避免的。

幼仪来英国，正是志摩在英国进退行止的一个关键时刻。这个，幼仪正在苦闷中，感觉不是很强烈，但从她的记叙中，我们可以解析出来：

他所有时候都在忙自己的事情，好像我并不存在一样。他总是忙进忙出地处理自己的事务。他想以特殊学生的身份进入剑桥大学国王学院学习文学，计划搬到剑桥去住，所以他得打点住宿和行程安排。徐志摩让我自己待在屋里……他对我来说，就是个外国人。他对我很陌生。他说话的间歇会点根烟，而不是拿着折扇，还喝加糖和牛奶的浓茶。

他实际上来自完全不同的世界，用地道的英语与一个名叫戈兹沃西·洛斯·迪金森的外国人交谈，他曾有一次将此人请进屋子。徐志摩唤迪金森为“戈尔迪”，我得知此人是安排徐志摩进剑桥大学的人。徐志摩与朋友相处时总是很愉快，但只见过一面，看到这两人在一起时，我就知道徐志摩与迪金森的关系非同一般。我见过他丰富的肢体语言，也听出了他语气中对此人的敬重。而徐志摩送迪金森出门回到屋子里后，我又看到了眼中对我的厌恶。

这个迪金森，就是好多徐志摩传记中都会提到的狄更生。关于徐与此人关系，且放下，过一会儿再谈。

现在我们要做一番理性的梳理。

写人物传记的，没有不知道传主的结局，或是后来的情形的。而写起来，最好的状态，是什么也不知道，只是扛着一台摄像机跟在后面拍摄。这个差异，最好的弥补方法，只能是隔上一会儿，跑到前面回头看看，这样才不会走了大样。

现在我们要做的，就是从回到中国后的作为来审视徐志摩在英伦所受的影响。毕竟，这是他留学的最后一站，此后就要开始他在国内施展拳脚的日子。

他是1920年10月抵达英国，1922年9月离英回国。在英国，差不多是整整两年。而幼仪是在他抵英后一年，来到伦敦的，不久夫妻俩即搬到剑桥附近的沙士顿去住。且把这个时间点，定为1922年的1月。这样这两年，大致可分为两个时间段，一个是1920年10月至1921年12月，一年零两个月。一个是1921年1月到同年9月，九个月的样子。

两个地方，接触的是不同的人，看到的是不同的世相，做的事不一样，得到的人生体验也不一样。且分开来说。

第一个时间段，主要做了两件事，一是完成了学位论文，一是体验了英国的民主政治。

先说学位论文，即《论中国妇女的社会地位》。《我所知道的康桥》一文中，他说过这样一句话：

我在伦敦政治经济学院里混了半年……

这是志摩一贯的风格，越是得意的事，说起来越是俏皮。实际上，这半年，做成一件要紧的事儿，就是整理完成了他的硕士研究生论文，打印出来，装订成册，寄回哥伦比亚大学。

前面在提到离开哥大时，我说他提交了论文，经答辩，获通过。在论文二字后面，特意加了个括号，注明“初稿”。

这两个字，可不是随便加上的。

敢加上这两个字，是因我看到了徐志摩完成的论文原件的复印件。是谈峥教授去美国访学时，我托他在哥大图书馆复印回来的。

这个论文的封面，徐传出版时，作为插页，印在书上。

Author：HSU，CHANG HSU HAMILTON
The Status of women in China
Year：1921

引起我注意的，是下面提交的时间，或者说是完成的时间：1921年。

志摩是1920年9月下旬离开美国的，1921年完成，只会是在伦敦，而在伦敦，只会是1921年前半年，在伦敦政治经济学院学习期间。

我们不妨说，在追随不了罗素之后，他选择政治经济学院，正是为了充实完善他的这个论文。

徐的硕士论文，好些书上都说是1920年9月完成。这是推测。既然获得硕士学位，10月离开纽约去了英国，论文必然是前一个月做完。不知在美国，论文是可以过后补交的。胡适就是过了十年才补交他的博士论文。

论文打印好，寄到哥大，硕士证书到手，志摩的精神一下子就轻松了。

什么都不是截然分成两下的。只能说，前半年花费在论文上的时间多些，此后轻松了，花费在社会活动上的时间多些。这个事上，也可分作两个方面，一个是对世相的观察，一个是实际上的参与。这两个方面，在回国后，于1923年冬天写的《政治生活与王家三阿嫂》中，均有记述。

先看对世相的观察。这种观察，一到英国就开始了，只能说是越往后越强烈，越细致。且将英国的民主政治，与美国的作了比较：

我们初从美国到英国去的，最浅显的一个感想，是英国虽则有一个册名国王，而其实他们所实现的民主政治的条件，却远在大叫大擂的美国人之上——英国人自己却是不以为奇的。我们只要看一两桩相对的情形。美国人对付社会党的手段，与乡下老太婆对付养媳妇一样的惨酷，一样的好笑。但是我们到礼拜日上午英国的公共场地上去看看：在每处广场上东一堆西一堆的人群，不是打拳头卖膏药，也不是变戏法，是各种的宣传性质的演说。天主教与统一教与清教；保守党与自由党与劳工党；赞成政府某政策与反对政府某政策的；禁酒令与威士克公司；自由恋爱与鲍尔雪微主义与救世军——总之种种相反的见解，可以在同一的场地上对同一的群众举行宣传运动；无论演讲者的论调怎样激烈，在旁的警察对他负有生命与安全与言论自由的责任，他们决不干涉。有一次萧伯讷（四十年前）站在一只肥皂木箱上冒着倾盆大雨在那里演说社会主义，最后他的听众只剩了三四个穿雨衣的巡士！

对志摩触动最大的，该是随着拉斯基夫人，去为工党拉选票：

我在英国的时候，工党领袖麦克唐诺尔，在伦敦附近一个选区叫做乌立克的做候补员，他的对头是一个政府党，大战时的一个军官，麦氏是主张和平的，他在战时有一次演说时脑袋都叫人打破。有一天我跟了赖世基夫人（Mrs. Harold J. Laski）起了一个大早到那个选区去代麦氏“张罗”（Canvassing）（就是去探探选民的口气，有游说余地的，就说几句话，并且预先估计得失机会）。我那一次得了极有趣味的经验，此后我才深信英国人政治的训练的确是不容易几及的。我们至少敲了二百多家的门（那一时麦氏衣襟上戴着红花坐着汽车到处的奔走，演说），应门的有男有女，有老有小，但他们应答的话多少都有些分寸，大都是老练，镇静，有见地的。那边的选民，很多是在乌立克兵工厂里做工过活的，教育程度多是很低的，而且那年是第一次实行妇女选举权，所以我益发惊讶他们政治程度之高。只有一两家比较的不讲理的妇人，开出门来脸上就不戴（带）好看的颜色，一听说我们是替工党张罗的，爽性把脸子沉了下来，把门嘭的关上了。但大概都是和气的，很多说我们自有主张，请你们不必费心，有的很情愿与我们闲谈，问这样问那样。有一家有一个烂眼睛的妇人，见我们走过了，对她们邻居说（我自己听见）“你看，怪不得人家说麦克唐诺尔是卖国贼，这不是他利用‘剧泼’（Jap即日本鬼意）来替他张罗”！

对于到了伦敦的感受，志摩在给父母的信中，有一段说辞，是很好的概括。1920年11月26日，致双亲的信中说：

更有一事为大人所乐闻者，即儿自到伦敦以来，顿觉性灵益发开展，求学兴味益深，庶几有成，其在此乎？儿尤喜与英国名士交接，得益倍蓰，真所谓学不完的聪明。儿过一年始觉一年之过法不妥。以前初到美国，回首从前教育如腐朽，到纽约后，回首第一年如虚度，今复悔去年之未算用，大概下半年又是一种进步之表现，要可喜也。

英国学者魏雷，是威尔斯的好友，专门研究中国文学，是志摩在英期间，威尔斯介绍他与魏雷相识的。魏雷向志摩请教过不少唐诗的疑难问题。1940年，志摩死后多年，魏雷写过一篇文章怀念这个中国朋友，名为《欠中国的一笔债》。文中，对志摩的评价很高：

以往多年来，中国学生一直在英国接受工业教育。在剑桥大学那一班，大部分来自新加坡；他们当中许多人不能说中文，写就更不用谈了。大战过后，有一位在中国已略有名气的诗人到了剑桥。他似乎是一下子就从中国士子儒雅生活的主流跳进了欧洲的诗人、艺术家和思想家的行列。这个人就是徐志摩。

同文中还说，志摩把自己当作中国的拜伦，就天性而论，他并不适合扮演这个角色，他的瘦长脸孔没有一点儿拜伦气，而他那倔强的下巴，在五官中似乎是更明显地表露出他生活的决心——他要我行我素。他也没有丝毫沾染拜伦式的愤世嫉俗。

5. 剑桥大学国王学院

该着说在国王学院的生活了。

且看志摩自己的一段表述。

前面，我们引用了他在《我所知道的康桥》文中的一句话，即“我在伦敦政治经济学院里混了半年”，实则这只是半句，甚至连半句都不是，只是个引子。连上这个引子，说全了是：

我在伦敦政治经济学院里混了半年，正感着闷想换路走的时候，我认识了狄更生先生。狄更生——Galsworthy Lowes Dickinson——是一个有名的作者，他的《一个中国人的通信》（*Letters from John Chinaman*）与《一个现代聚餐谈话》（*A Modern Symposium*）两本小册子早得了我的景仰。我第一次会着他是在伦敦国际联盟协会席上，那天林宗孟先生演说，他做主席；第二次是宗孟寓里吃茶，有他。以后我常到他家里去。他看出我的烦闷，劝我到康桥去，他自己是王家学院（King's College）的fellow。我就写信去问两个学院，回信都说学额早满了，随后还是狄更生先生替我去在他的学院里说好了，给我一个特别生的资格，随意选科听讲。从此黑方巾黑披袍的风光也被我占着了。

接下来，还说了他上学后的情形：

初起我在离康桥六英里的乡下叫沙士顿地方租了几间小屋住下，同居的有我从前的夫人张幼仪女士与郭虞裳君。每天一早我坐街车（有时自行车）上学，到晚回家。这样的生活过了一个春，但我在康桥还只是个陌生人，谁都不认识，康桥的生活，可以说完全不曾尝着，我知道的只是一个图书馆，几个课室，和三两个吃便宜饭的菜食铺子。狄更生常在伦敦或是大陆上，所以也不常见他。那年的秋季我一个人回到康桥，整整有一学年，那时我才有机会接近真正的康桥生活，同时我也慢慢的"发见"了康桥。我不曾知道过更大的愉快。

这段时间，最大的一项，是跟英国文化名人的交往。

交往最多的，当然要数狄更生。在伦敦中国留学生公寓，两人就成为好朋友。是他主动介绍志摩进入剑桥大学国王学院作了特别研究生。

此人英文名为Calsworthy Lowes Dickinson，他的《一个中国人的通信》《一个现代聚餐谈话》，志摩早就读过，对他的学识与为人甚是敬仰。

1921年11月的一天，也就是将要入学的时候，志摩曾送给狄翁一部家藏的《唐诗别裁集》。扉页上，用毛笔写着："书虽凋蠹，实我家藏，客居无以为赆，奉先生莞尔纳此，荣宠深矣。"还用他那洒脱的字体，写了一首说诗不是诗，说词不是词的东西。体裁不好归类，对狄更生的夸赞，则是出自肺腑，没有半点含糊。且看：

举世扰扰众人醉，
先生独似高山雪；
高山雪，清且洁，
我来西欧熟无睹，
惟见君家心神折。
嗟嗟中华古文明，

时埃垢积光焰绝，
安得热心赤血老复童，
照耀寰宇使君悦。
——西游得识狄更生先生，每自欣慰，草成芜句，聊志鸿泥。
徐志摩十年十一月剑桥

狄更生是忙人，介绍了志摩来国王学院，不可能天天陪着他聊天，或者指导他读书。这样，志摩除了做自己的事之外，要见狄更生，就得自己找上门去。有时去了，狄先生还没有回来，他就在门廊坐着等候。

这里，有个问题需要澄清。就是，志摩在国王学院这一时段的学业，在学位上该如何表述。没有拿到博士学位是肯定的，毕竟是在高于研究生的学院里修业，总不能说是鬼混吧。我注意到，在光华大学的教授名册上，在他的照片下面，有两行字，一行是“美国哥伦比亚大学硕士”，一行是“英国剑桥大学研究院修业”。下面还有英文的标注。这么说来，在剑桥大学国王学院的这一段时间，就是剑桥大学研究院修业了。

毕竟来英国，是为了追随罗素，罗素去了中国，总会回来的。在未见到罗素前，不管是在政治经济学院学习，还是在剑桥国王学院研修，都可以视为在等着罗素回来。虽说这期间做了不少的事，心里想念的，还是要见上心仪已久的罗先生。罗素是1920年10月去的中国，离开中国已是1921年的7月，回到英国，安顿下来，只会更晚。

志摩在剑桥期间，结识了一个好朋友，就是办了邪学会的奥格登（Ogden）。这个名字，有的译作奥格顿，有的译作欧格敦，这本书里，就不做统一了。志摩与此人关系甚洽，定然是将想见罗素的心事，告诉了奥先生。奥的消息，总比志摩灵通些。罗素一回国，刚安顿下来，奥格登立马告诉志摩，志摩立马写了信去：

罗素先生：

欧格敦（Ogden）先生把尊址赐告，但未悉此信能否顺利到达。您到伦敦后要是能惠复一音以便安排一个大家见面的时间，我将感激不尽。自到英国后我就一直渴望找机会见您。我愿在此向您表示我的热忱，并祝蜜月旅行愉快。

徐志摩敬启

一九二一年十月十八日于剑桥王家学院

再者：据欧格敦先生云，尊夫人的大作是送往新共和国杂志社的，但我一直找不到，不知道有没有刊登出来。

收到罗素回信后，立即又去信告知前往拜访的时间：

罗素先生：

敬谢来信。我计划本星期六到伦敦，拟在下午茶过后五时左右到尊寓。欧格敦先生很可能与我同行。您要我传的话已转达给梁令先生了。谨候

俪安

徐志摩敬上

一九二一年十月廿四日于剑桥国王学院

最亲热也最为殷勤的该是，罗素与新婚夫人有了弄璋之喜，志摩张罗着，要给罗素夫妇来个庆贺雅集：

罗素先生：

你的信从剑桥转来，刚收到了。我现在要立刻告诉你，中国同学们盼望十二月十日与贤伉俪见面。我几乎可以肯定，你大概已收到了我们正式的请柬。我也写了一封信给主理这事的朋友，请他多寄一张以防邮误。

为了一个美丽婴儿的来临，让我向尊夫人及你自己致以最热烈的祝贺。你们弄璋的喜讯是鲍惠尔小姐日前在剑桥告诉我的。为这次即将来临的聚会，我们准备了红鸡蛋和寿面，这是中国人在这类场合中的惯例。我们期望尊夫人在十号那天能和你一起赏脸光临。

我五号到伦敦，原意是要听你的演讲，但忽然伤风感冒大作，以致事与愿违。我现在还是睡床，盼一两天内有好转，能够再尝与贤伉俪共聚之乐。此候

近安

徐志摩敬上

一九二一年十二月六日

伦敦韩斯德区爱特莱路一〇五号A

经过这些活动，不光目睹了导师的风采，还不时当面交谈，得到的不光是那套社会政治理念，必然的还会受到罗素人格魅力的陶冶。攻击卑鄙虚伪，提倡世界政府，对资本主义和共产主义同样审视，热爱和平、文明、人类，捍卫思想自由及创作自由，这些观念，志摩全都心悦诚服地接受。而罗素在困境中

的不卑躬屈节，不向外界势力低头的勇毅形象，那种为真理宁愿锒铛入狱也不苟且偷生的大无畏精神，更是深深地感染着这个东方的年轻人。

志摩在美国，就读过罗素的著作，来了英国，又读到许多，他后来思想的发展与提升，毫无疑问，是受到了罗素的影响。

明白了这些，就等于把握住了志摩回国后一段时间里，思想转变的脉络与格局。也就明白，他去了苏俄，何以观察那样的到位，他主持《晨报副刊》后，对胡适的游俄言论，何以那样的鄙薄。

香港学者梁锡华，从写作这个侧面，看出了徐志摩受罗素影响的痕迹：

志摩初期的政论文在行文用字方面是梁启超式的，笔锋带感情而满纸热力活力，真可说是慷慨激昂，淋漓尽致；但自英回国后，文体多了一种幽默讽刺的风味。在这方面罗素及一般英国作家的影响颇为显著。可惜他英年早逝，没有时间能追及罗素著作中所表现的惊人智力，以及文字的明快利落。梁启超的影响在坏的一方面，是使志摩政论文字太多羯鼓铙钹之音。力与声太重时反觉单调无力，是其短处。（梁锡华《徐志摩新传》）

既说到文字风格，不妨顺便说一下徐志摩在文字上的努力。人们总以为像徐志摩这样天分很高的作家，形成某种文字风格，多半是天赋的才华。有这个因素，却不能说没有他们自觉的努力。

在剑桥期间，徐志摩记有《康桥日记》，康桥即剑桥。根据他后来记日记的习惯，不会每天不落地记下去，也不会是愁苦的时候记，多半会在兴致高涨的时候记，或者稍有闲愁，权当解闷时记。

《康桥日记》已随着他的“八宝箱”的消失而永远消失了。感谢胡适为我们留下《康桥日记》中的一页残片。1932年1月23日，凌叔华把志摩存在她那儿的那个小皮箱即“八宝箱”交给胡适后，当晚胡适看了箱中的《康桥日记》，摘下一段记在自己的日记里。是马考莱的一段写作心得，也可说是让志摩憬悟的一段箴言：

大约七十年前，马考莱在他的日记里有这样一段心得：

修辞行文，畅达其意，何其重要，可是这一艺术现在却鲜被研习！一般作家，除我自己之外，对此甚至想也不想。相反，许多作家执笔写作，似乎一意晦涩其文。诚然，在某种意义上讲，他们这样做不无道理，因为多数读者把晦涩认作高深，视明晰为浅陋。可是，放开胆子，想一想公元2850年的情形。那时你的爱默生会被束之高阁吧？然而，希罗多德仍会有读者爱不释手。我们也须尽其所能，使我们的作品流布后世。

有这一段日记，至少说明，重返剑桥的那些日子里，志摩已开始考虑语言风格这一深层面的写作问题了。从后来的业绩看，“修辞行文，畅达其意”，他是做到了的。至于胡适说，在这个问题上他与志摩之间“不常常同意”，那只是走得多远的问题，或许是志摩不同意胡适那样彻底的白话，并有所规劝。

还有一个人，对志摩的影响也不在小。这就是介绍志摩与罗素相见的奥格登先生。

奥氏比志摩小两岁，是剑桥大学的一个著名学者。1912年创办《剑桥杂志》，成为第一次世界大战期间一个有关战争与政治的国际论坛。奥氏又是剑桥一个重要的学术、思想组织的创办人之一，这个组织叫邪学社，成立于1909年。其宗旨是，营造一个能自由讨论宗教问题的空间，推动宗教、哲学和艺术的自由讨论。主要活动方式，是邀请文化、思想、文学界名人举办演讲。奥氏先任学社干事，后长期担任学社主席。他是一个天才的组织者和鼓动者，把学会搞得有声有色，吸引了大量的剑桥学子。从徐志摩1922年1月给罗素的信看，徐在剑桥，虽没有加入邪学社，却能够参加演讲会，可见与奥氏及其他邪学社的成员关系相当密切。

对徐志摩在英国留学期间所受的影响，出版过《徐志摩与剑桥大学》的刘洪涛先生是这样说的：

20世纪一二十年代，是剑桥历史上的黄金时代。以三一学院、国王家学院等学院为代表的剑桥大学，造就了一大批杰出的人文学者。他们中的许多人，属于英国上层知识分子团体布卢姆斯伯里集团的成员，是英国现代主义运动的积极倡导者和推动者。徐志摩与他们中的许多成员都有密切的交往。徐志摩与英国当时汉学界的代表人物卞因、翟理斯、魏雷等人有深厚的友谊，与作家威尔斯交情甚笃，拜访过哈代、曼斯斐尔德。可以毫不夸张地说，徐志摩全方位地介入到了英国当时的思想文化运动中。

我的感觉是，以往谈徐志摩与英国文学的关系时，往往强调浪漫主义对他的影响，因为这样的影响就说他是个浪漫派诗人——反正不是革命诗人，挑个不好不坏的名头给他算了。看了刘先生这段话，我觉得，这种影响当然很重要，但徐志摩在英国亲身经历的这种文化、思想的活动，对他的影响可能更大些。最为明显也最为可贵的是，他把这种人际交往，这种组织方式，带回了中国。在北京办新月社俱乐部，在上海办新月书店，都有邪学社的影子。

可惜的是，国内的研究者看不到这样的承续，也看不到这样做的意义，在现代文化人物的研究上，用得最娴熟的办法，只有两个，一是相面术，一是看出身。徐志摩长了个好模样，招女人喜欢，也喜欢女人，又写诗，当然是个浪漫诗人；留学美英，当然是受外国文学的影响。这不是相面术是什么？

徐志摩的父亲是大资本家，也是大地主。中国的乡镇资本家，没有不是大地主的。有这样的出身，必然有许多封建主义和资本主义的恶劣品质。好的品质是遗传的，坏的品质也是遗传的，于是徐志摩不是花花公子，也是花花公子了，何况他看着还真的就像个花花公子呢。是花花公子了，怎么不是革命的对象呢？于是对他在中国新文化运动中乃至推进中国社会进步的众多作为，就打了很大的折扣。比如早在1929年，他就组织并主持“第一次全国美术展览会”，若是一个革命作家或是进步作家做了这样的事，早就喧腾到天上去了。

最后要说一个平常人疑惑的问题，就是，英国的那所著名的大学，明明叫剑桥大学，前面的河，也就该叫剑河，为什么志摩文章里、诗里，都要说是康桥、康河呢？这个问题，早年间，吴宓先生也注意到了。志摩死后，他在纪念文章《志摩与雪莱》中顺便说：

今按志摩诗集中《康桥再会吧》一诗，是为英国剑桥大学作的。英国的Cambridge，普通译名是剑桥（或圜桥），不是“康桥”。志摩采用此名，一定是因为那时在美国波士顿一带的中国学生们，都把哈佛大学所在地的Cambridge译作康桥，于是沿用到大西洋那一边去。这也是关于志摩的诗的一个小小的考证！

第五章

职　业

1. 松坡图书馆

人得有职业，有了职业，再翻腾，脚下是实的。没职业，翻腾起来，像是在空里。

志摩回国后的第一个职业，是在松坡图书馆，做梁启超的英文秘书。

先说他是怎么回国的。

好些书上，都说是为了追求林徽因，放弃了在英国的学业，回到中国的。

这个说法，太浪漫了，也太可爱了。

只是不可信。

且看两封信。一封是舒新城给梁启超的，一封是梁启超回复蒋百里、张东荪、舒新城的，均载丁文江、赵丰田所编《梁启超年谱长编》。这本书里，所据资料，大都是梁家所存，绝对真实可信。

第一封信，是1921年12月11日，舒新城写给梁启超的，信中说：

在外面考察教育、物色人物，在开学前将一切应办之事概行办妥，先期通告学生……则可以中国公学委城、南陔、东荪办理，君劢则分在南开讲演，公则在南京讲演（最好请百里在东南大学设自由讲座），如此鼎足而三，举足可以左右中国文化，五年后吾党将遍中国，岂再如今日之长此无人也。

梁信没有时间，只会是在接舒信之后，又接到蒋百里、张东荪信，一并作复的。信上说：

志摩大约（公权言）不能速归，博生、为蕃、品今三人不审有能归者否？

知不能速归，可见是通了声气的；不能速归，总是可以归的，到第二年10月不就归来了吗？

从舒新城信上这句话，“举足可以左右中国文化”，可知他们几个商议的是一件大事。

怎么样的大事呢？

听来有些可怕，但在这些国士眼里，却不是不能实现的。

1919年，梁启超曾率蒋百里等数人，赴欧洲做过一次长时间的考察。最大的震撼是，欧洲经文艺复兴运动而振兴起来。回来之后，思之再三，决心要在中国掀起一个文艺复兴运动。陶菊隐的《蒋百里传》里，是这么说的：

梁（启超）初次到欧洲来，就象刘姥姥进大观园，欧洲艺术、文学、哲学、历史、政治、经济、军事无所不好。他虽懂得日文，但也不甚精通，对蟹行文字则完全为门外汉。百里兼擅日德两国文字，英、法文也有一定的基础，梁在译文（日文）上经常要向他请教，因此倚之如左右手。

百里研究学术的精神和接受新事物的热情，恰恰与梁相同。梁对欧洲文艺复兴史深感兴趣，自己出题目请法国名流轮流讲解，一面叫百里记下来。后来就请百里整理这些资料写成《欧洲文艺复兴史》（共学会丛书，商务版），梁自己为之作序。梁写文章有如长江大河，往往奔腾而下不能自制，所写序文比之原著的篇幅更长，梁自看了也不免失笑，因此把序文改成《清代学术概论》一书，另写短序交百里发表。

这里有一个历史的疑窦，未必人人都能解开。就是作为清末保皇党的一员，何以又会成为中国文艺复兴运动的先躯者？

中国历史，有一个奇妙的现象。许多旧文化的殿军，脚尖一点，转过身来，常常又是新文化的肇始者，或是强有力的开拓者。梁氏正是这样一个有雄才大略的人。

过去，梁也曾组党，后来化党为派，组织上不是那么明确了，但是改造中国的雄心，确是更为勃勃。他们的基础组织，是“宪法研究同志会”，别人叫他们“研究系”，不免有鄙视的意味，而他们以此自命，却有着分外的自豪。毕竟确立宪法，推行宪政，是时代的进步，也是当前能挽救中国的唯一途径。

现在，他们要更前进一步，这便是在中国掀起一个伟大的文艺复兴运动。

经张君劢联系，应梁启超之邀，回国从事这一伟大事业，才是徐志摩回国的真正原因。

1922年10月15日（农历八月二十五日），徐志摩回到上海。父亲接上，回硖石住了十几天，又去南京待了十几天，即匆匆北上，去见召他回国的梁启超。

梁启超也是用人心切，见志摩不负所托，虽有耽搁，还是回来了，甚是欢喜，立即委任为松坡图书馆英文秘书，协助他处理有关涉外事项。

志摩到北京，先住在陈博生家，不久便迁居松坡图书馆。松坡是蔡锷的字，蔡锷去世后，梁倡议下，成立了这个机构。先在上海，后迁北京。这个图书馆，乃是梁启超回国后，启动中国文艺复兴运动的首脑机关，雄壮点说，是个统帅部。

在北京，松坡图书馆的馆址有两处。一处在北海公园里的快雪堂，论统属，这儿是首脑，论规模，只能说是分馆。主馆在西单东边的石虎胡同七号，一个王府规模的大院子，现在还在。里面有好些阁馆，志摩住的地方叫好春轩。

梁启超和蒋百里，在快雪堂那边办公。石虎胡同这边，事务部主任蹇念益（号季常）主持。蹇曾任国会议员，是梁的好友，小梁三岁，世人有“梁谋蹇断”之誉。曾受鲁迅夸奖的贵州乡土作家蹇先艾，是他的侄儿。其时在北京上中学，也住在馆里，小孩子，只能住在一个堵了一头的门道里。

志摩有诗赞美他住的庭院，也赞美了好喝酒的蹇先生。诗名《石虎胡同七号》，共四节，前三节说的是院子。且看第一节：

我们的小园庭，有时荡漾着无限温柔；
善笑的藤娘，袒酥怀任团团的柿掌绸缪，
百尺的槐翁，在微风中俯身将棠姑抱搂，
黄狗在篱边，守候睡熟的珀儿，他的小友，
小雀儿新制求婚的艳曲，在媚唱无休——
我们的小园庭，有时荡漾着无限温柔。

仅此几行，亦可见这个院子规模之大，风物之佳。第四节直接赞颂蹇季常先生：

我们的小园庭，有时沉浸在快乐之中；
雨后的黄昏，满院只美荫，清香与凉风，
大量的蹇翁，巨樽在手，蹇足直指天空，
一斤，两斤，杯底喝尽，满怀酒欢，满面酒红，
连珠的笑声中，浮沉着神仙似的酒翁——
我们的小园庭，有时沉浸在快乐之中。

“大量的蹇翁”，是说蹇酒量之大，“蹇足直指天空”，是说蹇夏天躺在竹椅

上的卧姿。

此诗登在1923年8月6日《文学周报》上，后来又收入1925年8月中华书局出版的《志摩的诗》里。

2. 讲 学 社

松坡图书馆是个单位，志摩任职的部门，是讲学社。

给个秘书的头衔，是崇高其名义，安置在讲学社，是确定其职司。

一个图书馆，是做不成什么大事的。为此，在蒋百里的规划下，梁启超作了精心的安排。《蒋百里传》中说：

梁在北京建立了三个推进新文化的机构，一是“读书俱乐部”，后与松坡图书馆合并；二是在北京石达子庙欧美同学会内设立“共学社”，收集政治、经济、军事、文艺多种书稿，交由商务（印书馆）出版丛书；三是与蔡元培、汪大燮三人共同发起“讲学社”，预定每年请一位国际驰名的学者来华举行讲演会，推汪为招待会的主持人。一、二两者，都由百里主持，讲学社也由百里任总干事。所延国际名人有杜威（由北大邀请而由讲学会转请的），胡适之担任翻译；罗素，赵元任担任翻译；泰戈尔，徐志摩担任翻译；杜里舒，张君劢担任翻译。

陶菊隐的记述有误，杜里舒的来华，在泰戈尔之前。

这就明白了，为何召志摩回国，又为何安置在讲学社这个部门。

泰戈尔来华，是1924年4月的事，怎么这么早就召志摩回来呢？

须知，泰戈尔1924年春来华，是一再延宕后的结果。看看讲学社的宗旨，一年请一个名人。再看看杜威、罗素、杜里舒三人是什么时候来华讲演的，杜是1920年，罗是1921年，舒是1922年，就该知道，泰戈尔来华，是作为1923年的项目。这样徐志摩1922年10月回国，1923年元旦前后赶到北京，可说是准时就位，就是要做这个事的。

泰戈尔拖了一年没来，这期间志摩做什么呢？

参与社会上的活动，写作诗文，不用说了，就是在松坡图书馆，在讲学社，也还是有事要做的。

近年来发现的志摩致奥格登的六封信，可以说明，志摩初回国这一时间段，做了些什么。概括说来，有三项：一项是翻译梁启超的《中国政治思想史》，一项是为图书馆购置英文图书，一项是为讲学社联系来中国讲学的外国知名人士。

且一项一项地说。先说翻译梁启超的书。1923年5月10日致奥格登的信中说：

现在我们谈正事。有三件事亟盼答复：第一，关于梁先生论中国思想的书。这完全是我的错。这本书（中文本）不仅已经写就，而且两个月前已经出版。书名没有完全遵照你的建议，而是叫《中国政治思想史》。但这和思想通史大致是一码事。梁先生非常高兴知道你有这样的计划和建议，他想要我把它翻译成英文，我也答应了。但到目前为止，我只翻译了导言。书的篇幅极长，翻译成英文，我想起码有350页。如果我下决心干，估计一夏天可以干出不少活。不管怎样，我个人认为这是东方极有价值的著作，我不会在意花几个月时间翻译它。我给你的铺子寄去一本，你收到后，可以拿给翟理斯或韦利，或给他们俩一人一份，听听他们的意见。请回信告诉我他们怎么说。

太忙了，也是不上心，这个工作后来没有完成。1923年11月15日致奥格登的信上说：

至于梁先生的书，我真是惭愧极了，一方面对不起你，另一方面也对不起梁先生。我不是不愿意承担这一翻译工作，但这意味着要花三个月时间全身心投入，而我挤不出这么多时间。同时，西伯利亚的秩序已经恢复，我现在正计划再一次去欧洲旅行。我不久还会给你写信。

同信中还说，“胡适博士几天内就会来北京。我可以有把握地说，他会很高兴把自己的书在英国出版。我见到他后再写信给你”。胡适的《中国古代哲学简史》，原本就是英文著作，奥格登那边，原本就是要出胡适的作品的，很快就出来了。据刘洪涛《徐志摩与剑桥大学》书中说，梁启超的书后来也出了。

再看第二项。1923年5月10日信中说：

第二，供书问题。以前的读书会已经销声匿迹了，它的全部图书现在成了我借宿的这座图书馆的财产，地址见此信。图书馆的创建是为了纪念中国第三次共和革命中的一个英雄，并以他的名字命名。现在看来似乎前途似锦，如果诸事顺利，每年有大约500镑用来买书。我要去面见梁先生，呈请他再寄一些钱给你，以便你再为我们添购一些图书。同时，你也可以给我们送一些你认为我们需要的书。我尤其期待着读到你关于艺术的新著。

1923年11月15日信上说：

谈正事。第一，四包书（两包给蒋先生，两包给我）收讫。以后请直接寄往石虎胡同7号松坡图书馆，不要再寄蒋先生的老地址，那个地址现在已经不用了。

第二，大约在一个月以前，我从上海给你发了一封电报，要求你用50镑搞定瑞沃斯的书。不是给图书馆。如果这些书还没有邮寄给上海茂名路37号张君劢先生的话，就请改寄到上述地址。你在剑桥见过的那位张先生现在正在上海附近兴建一所学院，他需要政治、社会学和哲学等方面的图书。

第二的意思，想来是他给图书馆买书，顺便也给朋友新办的一个学校买些书。

再看第三项，这是他为讲学社做的工作。1924年春，泰戈来华的事，已经定了。作为讲学社的办事人员，该考虑的是，泰戈尔之后，请谁来华讲学。2月11日致奥格登的信中说：

印度诗人泰戈尔四月要来中国。他短暂的访问期间，我估计陪同他。我需要放弃自己独处的极乐，再一次投身到繁忙的事务中去。我猜泰戈尔在剑桥没有赢得多大的欣赏，但你们不至于太苛刻，叫他骗子或小人或讨厌鬼——这种名号在你们这些知识分子口中非常时髦。他备受中国年轻人的爱戴，简直不可思议，其中的主要原因是，在所有用英语写成的诗歌中，唯有他的诗歌具有他们称为“完美的智慧”的东西。因此，他对中国的访问将证明是激动人心的，他会比以前到中国讲学的人更受欢迎，人们会以更大的热情迎接他。对罗素的回忆尚未远去，杜威的影响极其完美。而杜里舒自己简直就是一匹黑马，尽管他是一个乡下人，有一些文字作品，但是我们也一样十分喜爱他。泰戈尔拒绝拿报酬，我们只是提供旅行的费用。华勒斯和弗赖或明确或含蓄地谢绝了我们的热情邀请，令我们失望。在泰戈尔之后，你觉得英国还有什么人物值得我们邀请到中国来，做一个不超过三个月的短期讲学吗？

有这封信，我们知道，志摩此前，还曾请过英国的华勒斯和弗赖，均未应允。华勒斯是何人，光说一个华勒斯，跟中文里说老张老王一样，不好确定是谁，总该是个英国名家。弗赖，英文名Roger Fry（1866—1934），英国学者。梁锡华的《徐志摩英文书信集》里，译作傅来义。从这封信里，我们知道，泰戈尔来华讲演确定之后，讲学社仍在积极物色下一年度要邀请的来华名人。

3. 北京大学

有一个事实是明确的，就是1925年3月，徐志摩经满洲里，赴欧洲用的护照上，写的是北京大学教授。也就是说，这时他已有了北大教授的身份。

推测其缘由，当是讲学社的事情没了头绪，松坡图书馆也维持不下去了，梁启超去清华大学，担任了国学研究院的导师，他也就只好去了北大。上课没上课，还不好说。因为讲学社，是松坡图书馆和北大合办的，这儿维持不下去了，去北大也顺理成章。

这些只是推测，但有两个事实，可以支撑这个推断。

一是梁实秋有篇文章说，松坡图书馆到了后期，资金缺乏，竟靠了梁启超卖字来维持生计。梁的润笔，以对联论，也就两三元一副。有仆人收钱，将求字者名字写好，夹在纸上。梁只管写，一天可写几十副，兴致好的时候，可达百副。这样的做法，是够豪迈的，但绝非长久之计。

再一件事是，徐志摩在去欧洲时，路费不足，曾找梁启超借钱。1949年上海出版的《名家书简》里，收有梁启超给徐志摩的一封信。徐要借的是讲学社的存款。梁回信说，讲学社除所存公债外，现款一文无存，但他本人拟向兴业银行贷一千元借给志摩，“若决冒险，则兄之一千必践议耳”。有这句话，可知梁启超的钱肯定给了。

要深一层追究的是，徐为什么要向梁借钱，且指明要借讲学社的存款呢？而徐要借，梁就“必践议”呢？

只能说，徐在讲学社是有薪水的，而多时不发，累计是一个不小的数目。徐要出国，手头紧张，自然会想到自己的薪水。梁是师长，不能说讨要，只能说是借。没有人向别人借钱，而指明要借什么钱的。既指明提讲学社的存款，必然与讲学社的事情有关。而此时的讲学社，除了公债，已一文无存，仅此亦可知松坡图书馆以及讲学社，到了什么境地。

大学一般都是过了元宵节开学。1925年的农历乙丑年元宵节，是3月2日。志摩3月10日起程赴欧，没上课的成数居多。

此番赴欧，前后四个多月，7月底才回到北京，一回来就是暑假，也不会上课。9月下旬，又应了陈博生之请，主编《晨报副刊》，10月1日正式出刊。此事料理停当，这才去北大上课。志摩去世后，当年选了英文系课程的许君远，在《怀志摩先生》文中说：

徐先生继柴思义之后担任讲授英文诗歌……十四年十月初旬，他才开始登上北大红楼，那时他已主编《晨报副刊》，声誉日渐高起。但“诗”是讲的不很出色，虽然选课的人也不少。不过他的谈吐很有趣味。说话也没拘束，尤其讲到某文学家的轶事琐闻，特别令人神往。他喜欢雪莱，关于雪莱说的十分详尽。他甚至说到雪莱之作无神论，《小说月报》误作“雅典主义”，“被缺德带冒烟的成仿吾见到了”（他喜欢说北京俏皮话的），于是乎大开笔战。时候是冬天，他穿的是紫羔青绸皮袍，架着浅黄玳瑁边眼镜，因为身材高，他总是喜欢坐着，坐在讲台桌的右面。对于装饰他很讲究，不过对于衣服他并不知道珍惜：鼻涕常常抹在缎鞋上，而粉笔面永是扑满于前襟。这种种很能代表他那浪漫而又清雅的个性，很能表现他那优美可敬爱的灵魂。

1926年10月，志摩婚后，就离开北京回到硖石老家。在这之前，一直上着北大的课。也就是说，这次任北大的教职，差不多整整一年。

还有一个说法，说志摩1924年秋，即任北大教职。也不是没有道理。1924年8月，志摩与张海歆一起去庐山避暑，同时整理泰戈尔来华的讲演稿。回到北京，讲学社一时又无事可做，去北大任教的可能性是很大的。只是这样的说法，没有学生的文章可证，除非在北大档案里有这样的记载。

4. 晨报社

那个年代，做什么就是什么职业，不存在正式不正式。

《晨报》是研究系的报纸，陈博生任编辑处主任，相当于总编辑。陈与志摩，在英国留学时，就是好朋友。博生对志摩的才华很是欣赏赴欧前，博生就有意让志摩来编《晨报副刊》，回来后又说，志摩就答应了。

《晨报副刊》的编辑，原是孙伏园，因为一些人事上的原因，愤而辞职，去了《京报》，编《京报副刊》去了。

徐志摩的名气比孙伏园大，不能光当个编辑，得给个高点儿的名义。9月26日、27日、29日接连三天，副刊上刊出《学艺部启事》及《勉己启事》，宣告了这一人事调整，给志摩的名义是副刊主任。两个启事是这样写的——

学艺部启事：本报副刊，自十月一日起，分为日刊周刊两部。旧有三种旬刊，业经与各关系发起人商定一律停刊，改设《国际》《社会》《家庭》周刊三种。除日刊聘请徐志摩先生选述外，新设三种周刊，由正张各部部长分任撰述，详见正张告白，希读者参阅。

勉己启事：鄙人现因正张事忙，定于本月二十九日解除副刊主任兼职，嗣后对于副刊，专任选述《社会》周刊稿件，关于副刊日刊各种事务，自本月二十九日起，请迳与主任徐志摩先生接洽。再，晨报副刊向取公开研究态度，此次改革，精神不渝，仍盼海内硕学鼎力匡助为幸。

名为副刊主任，实际光管“日刊”，三种周刊均由正张各部主任负责。名正言顺的职务应当是《晨报副刊》这个副刊的主任。尽量减轻志摩的负担，这是陈博生当初的许诺。

要干就得干成个样子。

离出刊只有几天了，志摩立即投入工作。

原先的刊名，是几个楷体毛笔字，太平常。晨报老社长蒲伯英（殿俊）是前清举人、书法家，便请他重新题字。这老先生长于隶书，而隶书中没有这个“刊”字，便取了刊的本意，以“镌”字代之，这样原先的《晨报副刊》就成了《晨报副镌》。平日说起来，还叫“晨报副刊”。

原先的刊头，就是那几个毛笔字，下面是年月日和期数，再下来是目录。大概觉得这样太单调了吧，徐志摩要重新设计刊头。谁来画呢，找了几个人都不行，便去找擅长绘事的凌叔华。在凌家里，叔华搬出厚厚的一本画册，共同查看，结果是选中一张扬手女郎图。时间太紧了，志摩本来是要撕下带走的，叔华舍不得毁了画册，志摩让她马上描下，晚上就交去付印。当晚聚餐，许多人问起这画的来历，叔华如实说了。

版式也变了。原先是八开对折八版竖式，折叠起来正好是一本薄薄的刊物。现改成了四开对折四版，用纸一样，单张的版面大了一倍，像现在普通小报一版那么大却是横式的。每版三栏竖行。这版式确实够新颖的了。

1925年10月1日出刊，果然是一派崭新气象。

编《晨报副刊》，是志摩一生的大事业。作为事业，我们在另外的章节里写，这里就这样了。

第二年10月，婚后南下，这一职业，也是整整一年。

5. 光华大学

婚后南下，回硖石居住，是婚前对父亲的许诺。说到做到，真的带着小曼回到了硖石，住在镇上，父亲为他修建的小洋楼里。初回的这段时光，该称为蜜月。

好景不是不长，而是十分短暂。

北伐军由南往北，快要到了海宁一线。徐申如树大招风，与夫人带着孙儿积锴，前往北京，投奔已然回国，正在北京，离婚后即收为养女的张幼仪。又是和和美美一家人。对于这一举动，世人有多种说法，一种说法是，父亲不光走了，而且断绝了给志摩的经济供应，志摩不得不带着小曼，前往上海，靠教书谋生，最终因坐飞机失事殒命，全怪在其父徐申如头上。

我以为，这是绝大的误解。申如先生对志摩离婚不满，娶小曼不满，但是，这毕竟是他的独子，该尽的责任还是全尽了的。婚前不管谁住，早早就建起了干河街的不小的洋楼。志摩到光华教书不久，就给他买下小汽车，让儿子在十里洋场上风风光光地做人行事。至于出走，实在是不得不然。

想想湖南农民运动起来，处决了的地方乡绅，他能不胆战心惊，能不逃之夭夭？

不是猜测。有事实依据。邵元冲是北伐期间，国民党浙江省党部的负责人，也可说是浙江地区的最高军政长官。在上海人民出版社出版的《邵元冲日记》里，1928年5月1日条下，有这样的记载：

> 抵烟霞洞后……又晤顾任光、徐志摩等，（晚）八时请徐志摩来谈。

志摩为什么要找这样一个人呢？看看此前，即同年4月1日，给在英国的恩厚之的信，不难明白。

信中先说，中国全国正在迅速陷入一个可怕的噩梦中，其中所有的只是理性的死灭和兽性的猖狂。一切明智的力量已遭蹂躏，而且在这个加速崩溃的过程中，余下的一点点也会很快就全然绝迹了。不要把这账都算给俄国人。中国本土肥沃得很，正适合革命来生根发芽；关键就在于此了。接下来说到他个人和他的家庭，在这场灾难中的遭际：

我自己半年来是完全哑口了。我在这里的一间大学教学，赚点钱过日子。我决定不再倚赖家父，因为他日子并不好过。（我家乡镇上的流氓已开始向他找麻烦了；事实上他们已霸占了我们的新房子）我目前的心情是没有办法诉诸笔墨的。

这里所说的新房子，就是他和陆小曼刚刚离开的新楼房。

据此可以说，志摩去杭州找邵元冲，是为他父亲说情，让邵阻止镇上民众对其父的骚扰，并要回他们的新房。

此信已透露了他和小曼离开硖石以后的去向，就是到了上海，去了一所大学教书。前一年在北京，已是北大的教授，此刻要在上海谋个教职，不是难事。去了的这所大学，便是光华大学，仍是教英国文学等课程。

初到上海，先住在朋友家，很快便搬出，入住新建的一个高档小区，福熙路四明村923号，一座三层洋房。

教书的情形，且举一例。

赵家璧在《写给飞去了的志摩》文中，说到志摩乘小轿车来校上课的情形。

1930年吧，天气从严寒脱身到初春，由于几位同学的请求，经过志摩满怀的同意，授课的地方，从局促昏黑的课室里，迁到光华大学的校园去上课。每天早上，他们在校门口候志摩的汽车来，看见志摩从车上下来，挟了一大堆西书行近他们时，他们一伙儿近十个人，慢步地走过了篱笆，爬越了小泥山，在一条溪流里排列着不规则的小石子上，让志摩第一个小心地跨了过去。这里是一个大树林子，顶上有满天的绿叶，小鸟儿啁啾地唱着歌，一排长石凳上，师生近十人，依次坐下。志摩倚在那棵梧树干上，开始念Hudson的Green Mansion和Birds. and Man，念到这儿，展望一回天，像是在心灵里听见了什么从另一世界吹来的声音似的。忽而背着几首诗，忽而又感慨地说：

在这样一个环境里，一边听着远处的鸟声，一边傍着潺潺的溪流，一边又在读着自然崇拜者Hucidson的文章，我又想起，在印度泰戈尔的Santiniketon

School里几天不可磨灭的日子。你们假若一旦到那边去住上一星期，你才第一次感到宇宙万物的可爱，我们要回到自然界去，给Chuckoo讲话，给金丝鸟一块儿跳跃，这世界是太脏了，什么地方都是可丑的。

然而，仍是一个好景不长，到了1931年的春上，一场学潮搅扰了校园的平静。

光华大学本身就是学潮的产物。1925年“五卅”惨案发生后，美国人办的圣约翰大学的学生，进行反帝斗争遭到压制，便由中国人自己集资捐地创办了这所民办大学。这次学潮，据赵家璧说，是因为潘公展之流，蓄意把光华大学纳入国民党的势力范围，指使特务学生杨树春带头闹起来的。校长张寿镛、副校长廖世承主持正义，与临时由教职员组成的七人校务执行委员会把杨树春开除了。志摩为校务执行委员会委员之一。

后来国民党政府出面干预校政，徐志摩激于义愤，年底写信给他的朋友、当时任教育次长的郭有守。信中说：

光华风潮想大致知道。最近又有新发展，已告到大部。我们想从你得知一些消息。市党部于四五日前有正式公文送光华，提出四个条件：（1）恢复闹事被斥党员学生杨树春。（2）辞退廖副校长及教职员会所选出之执行委员七人（内有兄弟）。（3）斥退所谓“共党”学生三人。（4）整理学校。张校长闻已有公文到部请示。公文想可看到，内容不赘。部方已有议过否？此事以党绝对干涉教育，关系甚大。弟等个人饭碗事不成问题。如有内定情形，可否请先漏一二？俾穷教授等，有所遵从。

当局蛮横干涉，形势难以逆转，不得已只好离开光华。原准备去暨南大学，教务长倒是要他，校长却不愿意接纳，勉强去了也无趣。胡适已去了北平，也想让他去，事已至此，只好北上了。

从1927年春天任教，到1930年底事实上已经离开，志摩在光华大学教书，勉强可说三年。在他的职业生涯里，是时间最长的一次。

6. 上海艺术大学

在光华大学教书期间，志摩还曾在一所私立大学教过书，这便是上海艺术大学。

以下资料，全是采自徐志东先生发表在《徐志摩研究》第三辑上的一篇文章，名曰《徐志摩被忽视的一段教学生涯》。此刊为海宁徐志摩研究会所办，这里说的第三辑，系2016年所出。

志东先生的文章，考证甚详，这里只能是撮要展示。

上海艺术大学是一所私立大学，原址位于善钟路（今常熟路）87号。其前身可上溯到1919年秋由丰子恺、吴梦非、刘质平等人创办的上海专科师范学校。志摩到该校任教之前，校长周勤豪因学校亏欠严重，早已逃窜无踪。于是，一些被周勤豪“骗”进大学的学生开始闹事。赶走周勤豪的走卒，推选田汉为新校长。田是该校唯一支持学生斗争的教师。

田汉接手后，力图振兴，大力邀请文艺界的著名人士来学校任教，或参加各种艺术活动，其中被邀请的教学人员中就有徐志摩。其时设有文学、绘画、音乐三科，志摩具体执教哪一科，未得史料定论，但从学术专攻来看，教授文学的可能更大些。

善钟路的房租过于昂贵，加之艺大的其他陈账亦未付清，寒假中，校方又设法在法租界西爱咸斯路（今永嘉路）371号新租了一排新建的5幢二层楼街面房子。在搬离善钟路的老校区前夕，校长田汉还特地组织了一次晚会，以示惜别。陈白尘在《上海艺大的“戏剧系”》一文中说，当时学校因无钱购买点心请客，为此还在请柬上声明，请被邀者自带食品以便相互馈赠。结果，欧阳予倩夫妇带来了蜜橘，高百岁与周信芳带来了蛋糕，徐悲鸿供应葡萄酒，徐志摩与陆小曼则带来了饼干。

上海艺术大学迁居新校区不久，前校长周勤豪串通法国巡捕，指挥走卒，开来汽车，公然将全部校产和学生的卧床蛮横抢走。事后，田汉在空荡荡的新校舍里召开了全体学生大会。会上他报告了校产被抢经过，并宣布即日起辞去上海艺术大学校长职务，另行成立南国艺术学院。

在南国艺术学院筹备期间，徐志摩依然担任着学院的教职，直至1928年春夏之际，方才结束其在南国艺术学院的教学。离职原因大抵是因文学系的学生，在田汉的影响下，纷纷转向“戏剧系”，文学系名存实亡，也就无待下去的必要。全校仅有六十名学生，怕也难以为继。

志摩的任教，前后也就几个月的样子。

1929年7月，田汉领导的南国社由南京回上海公演，徐志摩与《上海画报》的主笔钱芥尘等人联系后，在画报的第492期刊出了南国戏剧特刊。同期上，有志摩专为此事写的《南国的精神》。文中说：

从苦闷中见欢畅，从琐碎见一致，从穷困见精神——南国是健全的；一群面目黧黑衣着不整的朋友，一小方仅能容转侧的舞台，三五人叱嗟立办的独幕剧——南国的独一性是不可错识的；天边的雁叫，海波平处的晚霞，幽谷里一泓清浅灵泉，一个流浪人思慕的歌吟；他手指下震颤着弦索，仙人掌上俄然擎出的奇范——南国的情调是诗的情调，南国的音容是诗的音容。

志东此文说，志摩在这前后，还曾在东吴大学、大夏大学教过书。东吴大学在苏州，教书事，我在《徐志摩传》里，披露过一则史料，是胡适、徐志摩等人应聘东吴大学教授的电讯。大夏大学一事，手头没有过硬资料，且存此一说。

7. 中央大学

志摩在中央大学任教，好多书里都说过。最强有力的证据，是方令孺、方玮德姑侄的文章。方令孺的文章名为《志摩是人人的朋友》，里面写了他们几个人，她、陈梦家、方玮德与志摩的一次聚会。

我想去年在南京看见志摩，是比这时候早三个月的天气吧，记得虽然感到一点秋意，可是在葱茏的梧桐树上才缀上几片黄叶。有一天刚上灯的时候，梦家，玮德，同一个聪明的女孩子，在我家里等着志摩。一会儿他来了，穿一件灰色长袍，那清俊的风致，使我立刻想到李长吉、杜牧之一班古代的诗人。我们登上园后的高台，看河水印着暮云，志摩同我家老仆谈那一道古桥的历史。晚上我们都在橘子色灯光下围坐，志摩斜靠着沙发，在柔和的神态中，讲他在印度时的事。说，晚上睡在床上看野兽在月光下丛林里乱跑，又有獐鹿绕着他卧床行走。那时候我们都忘记了自己——成年人的心——同孩子一样笑乐。门外有一架藤萝，他要走的时候对我说：

"在冬天的夜里，你静静地听这藤萝花子爆裂的声音，会感到一种生命的力。"

此文落款为1931年12月22日，文中说初见志摩是"早三月的天气"，可知志摩在中央大学任教，起自1930年秋季开学。

去南京教书的日子，志摩还曾与方玮德一起去鸡鸣寺游玩。那是一个下午，志摩对玮德说："我该要刻苦下去了！我要预备过四十岁以后的事业。我想上德国去，多读几年书，再像这样下去不成事。我生活上再不转变，再不去沉着，再不去幽郁，再不去刻苦，我始终没有成功。我要将以前的鲜明的忧怨哀乐全放在心底，外面加上极厚极重的滋养料，黑黑的，板板的，结结实实的，再看到六七十岁时我冲出来怎样一棵树怎样一枝花！玮德，你得努力。"

看着台城西边的落日，志摩继续说下去："你不要只想到上午太阳的炫耀，便忘掉黄昏时的晚照。一个生命如同一颗太阳，我们不失望于一个清晨的阴雾，但更可惜于一个夕阳时没有光彩。我们的成功就要看我们晚年时有多少绮丽的云霞。"（方玮德《志摩周年祭》）

就是在中央大学教书期间，受陈梦家等年轻人的鼓动，志摩在《新月》已难掌控之际，决定办一份纯粹的《诗刊》。

不管怎样，在中央大学的教书，只能说是兼职。等到光华大学的教职难以赓续之际，还是决然离开上海，去北京另谋新职去了。

如此说来，在中央大学的教职，只有一个学期。他是1931年2月20日，农历的正月初四，离沪赴京的。

8. 北京大学

1931年2月24日抵京，住胡适家。

还在上海的时候，一决定北上，就给胡适写信说，"我想你家比较宽舒，外加书香得可爱，就给我楼上那一间吧"。

胡适夫妇已将楼上的一间收拾好了。一大间，向阳，后面是胡适长子祖望的房间，再过去是澡室，房间有暖气炉。

胡家在米粮库胡同四号。据稍后几年曾住在二号的谢兴尧说，四号是一所洋楼，门面很朴素，门内一个传达室，进门后是一个长方形的院落，一片松林，不像是故家乔木，似乎是两三年前新栽的，仅一人多高，猛然间感觉有点像乡间的土地庙。进去后是大厅，即洋房的前厅。这是谢兴尧在一篇文章里说的，唯一的失误是那片松林，这里说是两三年前新栽的，那么志摩住在这儿的时候该是没有的。错了，这片树林绝不会是新栽的，因为徐志摩住在这儿的时候，已称此院为百松园了。（谢兴尧《堪隐斋随笔》，辽宁教育出版社1995年出版）

3月2日开始的这个星期正式上课。明确的记载是3月3日（星期二）上午有四节课，七点就动身去学校。

此番来京，不光是北京大学有课时，还在女子大学有课时。具体安排是，北京大学八小时，女子大学八小时。女大的功课，原本是温源宁的，温让给了志摩。八个钟点不算什么，让志摩烦的是，属不同的几种科目，得准备不同的教案。3月4日给小曼的信上说：

地方可是太美了，原来是九王爷府，后来常荫槐买了送给杨宇霆的。王宫大院，真是太好了。每日煤就得烧八十多元。时代真不同了，现在女学生一切都奢侈，打扮真讲究，有几件皮大氅，着实耀眼。

北大月薪三百元，女大二百八十元，共五百八十元。

徐志摩在北大的课程是英国诗歌和翻译。开课前，北大英文系全体同学为他开了欢迎会。志摩颇为感慨地说："我现在又回到北大来了。我在外面漂流了几年，重新的倒在母亲的怀里，觉得无限的沉着与甜蜜。"

同学们请他唱歌助兴，没想到诗人不唱洋歌，却学起杨小楼在《连环套》里演黄天霸，不是唱，是带做派的大段白口：

"此马昼行一千，夜行八百……"

学得惟妙惟肖，当时同学们分析说，这是他对于戏曲中传奇英雄的偏爱，他们的性格或许适合诗人的脾胃。这些学生不知道，志摩像他们这么个年龄上北大预科时，就是个杨小楼迷。（莽莽《徐志摩先生近一年在北大的鳞片》）

住在胡家，胡适夫妇对志摩的关照，可说是无微不至。

回到胡家，主要是准备功课。胡适对他很关照。后来成了历史学家的罗尔纲，其时在胡家当家庭教师并协助胡适工作。志摩刚来，胡就对罗说："徐先生工作忙，我建议他每天下午去北海公园散步休息。你陪他去。"

第二天下午五时，志摩就到罗的房间，约罗出去走走。这儿离北海公园后门不远。此后除非下雨没有一天不去。到公园就是散步，不饮茶，不划船，也不坐那些为游人休息预备的长椅。那时，北平是冷落的故都，公园里游人稀少。两人每天享受公园的幽静，清风吹拂的愉快。

散步时徐志摩很少说话。有一次，游罢出了后门。有个叫花子老妇向他乞讨，他站住详细问她什么地方人，家中有无子女，因何流落到北平来，等等。两人絮絮谈话，恳切有如亲人。随后志摩把袋里的钱都给了老妇人，还沉思迟迟不走，连回家吃晚饭的时间都忘记了。

有一点颇出罗尔纲意外，就是想不到这个蜚声文坛的大诗人平日竟跟书呆子差不了多少。那时傅斯年还不曾和俞大綵结婚，晚上无聊，正好汪原放也在胡适家，几乎每晚都来打麻将，徐志摩从不参加。

罗尔纲看到的是工作的情景，回到胡家或不出去的时间，若不打麻将，只会是这个样子。在北平，上课和备课之外，徐志摩还有另外一种生活，罗尔纲就不知道了，那就是宴饮，看戏，访友。比如3月21日，胡适、徐志摩、郑叔颖三人同去东兴楼吃饭，客人是一位外国朋友，饭后胡、徐、郑三人又去东安饭店的白宫舞场看跳舞。

这是平时，最主要的是事业上的关照。

志摩一到北平，就知道北大有种教授职称，待遇十分优厚。3月4日在给小曼的信上说：

下半年希望能得基金讲座，那就好，教六个钟头，拿四五百元。余下工夫，就很可以写东西，目前怕只给做教匠。

基金讲座，说全了应是基金讲座教授。是在掌握庚款的中华教育文化基金会资助下，北大设置的研究教授职位。一旦被聘为研究教授，不光薪水高出普通教授，且不必担心欠薪。每学年的研究教授，都是暑假期间，由一个顾问委员会评定的。该委员会的全称，叫北大中基会合作研究特款顾问委员会。

1931年8月5日，召开第一次正式会议，聘请汪守兢、曾昭抡、刘树杞、冯祖荀、许骧、丁文江、李四光、刘志敏、赵乃抟、周作人、刘复、陈受颐、徐志摩、汤用彤等十五人为研究教授。志摩的当选有些勉强。这天回来，胡适在日记中记下："志摩之与选，也颇勉强。但平心论之，文学一门中，志摩当然可与此选。"

志摩在上海，也在想着这事。胡适及时告知。志摩在复信中说：

基金讲座的消息转教我发愁。你是最知道我的，我就不是个学者，教书也只能算是玩票，如今要我正式上台我就有些慌。且不说外面的侧目，我确是自视阙然，觉得愧不敢当。我想辞，你以为怎样，老大？讲座的全部名单报上有发表否，文科另有哪几位？

话是这样说的，辞是决不会辞的。一来就盯上了，只会心中窃喜。

可惜他的命太苦，成是成了，高薪只领了两三个月，人就走了。

2月开学来，11月遇难，在北大任教，也就十个月吧。

第六章

社团活动

1. 文学研究会

世间大事，少有一蹴而就者，多是一步一步走过来的。

一提起徐志摩，人们一准会想到是他创建了新月社，又促成了新月派，使之成为中国近现代文学史上，声势浩大、建树显赫的一个文学流派，决不会想到，他最先参加的是文学研究会。

文学研究会这个组织，也是梁启超当年为掀起文艺复兴运动而创建的一个组织。有人会讶异，怎么会呢?

唉，没办法，要纠正一个历史事实，就得摊开了说。

前面说过，梁启超作为当时中国一个重要政治团体“研究系”的领袖，游欧归来之后，已将主要精力放在中国的文化建设上，用他的话说，就是要实现中国的文艺复兴。他的《欧游心影录》，实际上就是一幅中国政治文化的蓝图。

为达此目的，主要从三个方面进行，一是控制学校，培养人才；二是创办报纸，开启民智；三是建立推进新文化的机构，以利实施。

起初最有雄心的是第一项。1921年12月11日，舒新城在给梁启超的信中说：“在外面考察教育、物色人物，在开学前将一切应办之事概行办妥，先期通告学生……则可以中国公学委城、南陔、东荪办理，君劢则分在南开讲演，公则在南京讲演（最好请百里在东南大学设自由讲座），如此鼎足而三，举足可以左右中国文化，五年后吾党将遍中国，岂再如今日之长此无人也。”梁启超在《致百里东荪新城三公书》中说：“志摩大约（公权言）不能速归，博生、为蕃、品今三人不审有能归者否?”（均见丁文江、赵丰田编《梁启超年谱长编》）有这两封信，足见当初在教育上布局之雄伟。

三项中，第一项基本上失败了，一个学校也没有控制在他们手里。就连提出这一建议的舒新城，后来也是以做中华书局编译所主任出名的。

做得最好的是第二项。张东荪在上海主持的《时事新报》，蓝公武在北京主持的《国民公报》，陈博生在北京主持的《晨钟报》，后来改名为《晨报》，都成了卓有影响的报纸。其中《时事新报》的副刊《学灯》、《晨报》的副刊《晨报副刊》，还成了新文学史上最有名的四个副刊中的两个。

起了意想不到的效果的，是第三项。

当时建立的推进新文化的机构有三个，一是读书俱乐部，后与松坡图书馆合并；二是共学社，设在石达子庙欧美同学会内，收集政治、经济、军事、文艺多种书稿，交由商务印书馆出版丛书；三是讲学社，由梁启超、蔡元培、汪大燮三人共同发起，预定每年邀请一位国际驰名的学者来华举行讲演会，汪为招待会的主持人。一、二两个机构均由蒋百里主持，讲学社也由蒋百里任总干事。杜威、罗素、杜里舒、泰戈尔等来华，都是由讲学社出面邀请的。杜威是北大邀请而由讲学社转请。

这就说到文学研究会。

从各种资料看，这个文学团体乃是在梁启超实现中国文艺复兴思想的指导下，蒋百里具体筹划成立的。

1920年10月20日，郑振铎主办的《批评》半月刊创刊，附上海《民国日报》发行。《民国日报》正是研究系的主要报纸。正好这段时间，上海商务印书馆的经理张元济、编辑主任高梦旦先后来到北京，拜访蒋百里，表示希望结识北京新文化运动的风云人物，蒋百里乘便转达了郑振铎等人想办文学杂志的愿望。10月21日，蒋百里介绍郑振铎去找张高二位商议。张高的意见是可以利用和改革旧有的《小说月报》，而不必再办新刊。这样的结果让他们有些失望。此后蒋百里、周作人、郑振铎等人，多次在耿济之家开会，决定先成立文学研究会以图发展。遂于1921年1月4日在中央公园来今雨轩开成立大会，到会者二十一人，公推蒋百里为主席，由郑振铎报告发起经过。（丁文江、赵丰田编《梁启超年谱长编》，上海人民出版社1983年版）

郑振铎报告发起经过是可以理解的，为什么会公推蒋百里做主席呢？论年龄，发起者十二人中，蒋百里三十九岁，朱希祖四十二岁，他不是最大的，可见还是看重了他个人的影响和在筹划中的作用。郑振铎当时只有二十二岁，在北京铁路管理学校上学，即将毕业。再看文学研究会是做什么的。《文学研究会宣言》可以概括为两句话，"结成一个文学中心的团体""造成一个公共的图书馆研究室及出版部，助成个人及国民文学的进步"。成立会上讨论的事项有读书会、基金募集、图书馆、会报、丛书、会址等。3月21日，"假座石达子欧美同学会大堂，开一次临时会"，讨论的问题就更集中了，主要是拟编译的丛书，已与商务印书馆签约，如何具体落实。当时在会者共写出十本以上。（《文学研究会资料汇编》，河南人民出版社1985年版）

这些工作，正是蒋百里主持的共学社的日常工作。而共学社收集的各种书稿，也正是"交由商务印书馆出版丛书"。留心一下，还会发现共学社就设在石达子庙的欧美同学会内，而文学研究会3月21日的临时会，也是假座石达子庙欧美同学会开的。或许是巧合，但也不能排除不是巧合的可能。

细细寻按，可疑之处就更多了。比如文学研究会初成立时的文告，都是最先在研究系的报纸上刊出的。再比如，文学研究会主办的《文学周报》，初名《文学旬刊》，起初是附在《时事新报》上发行的。

就是文学研究会的“研究”二字，怕也是由“研究系”的“研究”二字来的。因为无论如何，文学研究会从创立到后来的发展，都不是个研究会，而是个“作家协会”。

承认文学研究会是在蒋百里的策划下成立，承认文学研究会与梁启超、研究系有关系，一点也不妨碍它在中国新文化运动史上的地位和成就。

文学研究会后来的发展，从组成人员上说，是以求学期间没有出过国的知识分子为主。也有求学期间出过国的，不是去过欧美，而是去过日本。这就限制了它的思想的发展，也就隐伏下它与留学欧美的知识分子的分歧。

志摩回来，名分上是松坡图书馆的英文秘书，实际的职分是在讲学社，在蒋百里手下做事。蒋既是讲学社的总干事，又是文学研究会的发起人，志摩怎么会不参加呢。

河南人民出版社出的《文学研究会资料汇编》上中下三册里，有文学研究会成员名单，徐志摩的名字赫然在列。序号为97号。文学研究会1921年1月成立，他是1922年12月初来到北京的，这个序号可以说明，他是一到北京投入工作，就加入文学研究会了。

研究现代文学史的人，用心稍重一些，就会产生一个疑问。为何文学研究会形同虚设，创造社引领一时风骚，唯有新月社成了阵势，大有作为？我的看法是，多数文学史家们习惯于横向地来看这三个文学团体。以为是时代使然，先后破土而出，鲜少顾及其成员年龄的参差，学问背景的不同。

文学研究会，其成员多是早期的留日学生和未出过国门的本土作家，可以说是《小说月报》的作家群体。创造社成员，多是世纪初出国的留日学生。而新月社的成员，多是1920年前后留学欧美的新派留学生。横向看，是三足鼎立。纵向看，则是时代的浪涛，汹涌澎湃，后浪推着前浪，一浪接一浪赶了过来。年龄的递减，学识的更新，只是其表面现象而已。

2. 新月社

志摩到了北京，一度想跟创造社诸君子联手，做一些文学上的努力。创造社是个封闭的小团体，根本打不进去。碰了钉子之后，才打消了这个念头，决意效仿英国奥格登办“邪学社”的做法，独自创办一个文学社团。或许还会慢慢来，泰戈尔的访华给了个契机，说办就办起来了。

对新月社知之甚详，最清楚其来龙去脉的，是陈源，字百通、号西滢的这位。

在英国，他与志摩常在一起谈天说地，志摩回国不久，他也回来了，一回来就是北京大学英文系的主任。北大和松坡图书馆，都在城内，互相看望，自不待言。

多少人写过回忆新月社的文章，说到名字由来，都不如西滢先生所言，这么具体而微。

1969年，他在法国，人已老迈，有晚辈请他回忆新月社的事，晚辈的父亲显然与他相熟，写了信来催促，这才打起精神，写了一篇《关于“新月社”》。有些事情，记忆不是很清，有些事情，也只有他能记得：

新月社的成立是在Tagore（泰戈尔）访华以后。泰是1924年来中国的。4月到上海，月底到北京，5月底由上海到日本。在北平的时候，在史家胡同租了一栋洋式房子请他住，所以新月社那时还没有成立，要是已成立的话，不会不请他去参加集会的。因为“新月”这名义来自泰戈尔的《新月集》。新月社成立大约在泰戈尔离华不久以后。《志摩全集》的年谱也说新月社在这一年成立，没有月份。我近来记忆不佳，回忆不大清楚，但是约略记得，泰戈尔来华以前，志摩便有成立“新月社”的提议，只是房子一下子找不合适，所以在泰走后，方才成立。

这里说新月社的成立，是在泰戈尔走了之后，是他弄混了，泰氏走后，成立的是新月社俱乐部，是个会所性质的机构，也可说是更早的聚餐会的延续。但是，他说的泰戈尔来华以前，志摩便有成立新月社的提议，则是千真万确的。

同是新月社成员，曾协助志摩办《诗镌》的饶孟侃，多年后在《关于新月社》一文里说，志摩曾在他住处——好春轩的门口，挂过一个小牌子：

徐那时已是个大忙人……他那门前挂着“新月社”牌子的寓所，石虎胡同七号，是因为他曾经在这里招待过《新月集》的作者——印度老诗人泰戈尔。

挂牌子的时间，我的看法，只会在泰戈尔访华之前，是1924年的年初，至迟也是这年的3月。饶孟侃当时在清华上学，与志摩很是相熟，记得挂过牌子，当不会有假。

饶文中有确的地方，也有不确的地方。不确的是，泰戈尔在北京待了好些天，没有来过石虎胡同七号的记载。确的是，志摩那时确实“已是个大忙人”。

文章一篇一篇地写，诗一首一首地发，已经够忙的了，更忙的是，还不时会有“是非”找到头上来。

说起来，不能不怪他自己。

长时期受英国文化的浸润，家境富裕又自视甚高，志摩不光学下了英国绅士的宽容与幽默，也学下了英国绅士的高傲与刻薄。后一点，一旦发作起来，也是很讨人嫌的。一个时期以来，许多人视之为浪荡公子，甚至视之为仇敌，也不能说没有道理。

这是从对手那边说的。从志摩这边，我要说，名人跟战士一样，都是打出来的。没有几场恶仗，谁也不会把那“名”字给你。

且举几例，看看这一场又一场的恶仗，是怎么打起来，又是怎么收场的。

1923年的一天晚上，他和陈西滢一起去新明剧场看《哈姆雷特》，是陈大悲组织的，演哈姆雷特的演员是当时有名的文明戏演员李世悲。对此剧，陈大悲曾道歉说，这是莎士比亚的“四世孙”，莎翁的戏，兰姆写成故事，林琴南又从兰姆翻成古文，郑正秋又从林琴南编成新剧，最末了特烦李世悲先生开演这空前的中国哈姆雷特。然而志摩和西滢看的时候，感觉又自不同：

> 我们不能不乐。同时看客中受感动的自然有，穿天鹅绒衫子的女太太们看到奥菲利亚疯了的时候偷偷揩泪的不少。我们这几个人特别的受用，人家愁时我们乐，人家哭时我们笑，有我们的理由。我们是去过大英国的，莎士比亚是英国人，他写英文的，我们懂英文的，在学堂里研究过他的戏，至少汉姆雷德，在戏台上也看过，许还不止一次。我们当然不仅懂得莎士比亚，并且认识丹麦王子汉姆雷德，我们想像里都有一个他……英国留学生难得高兴时讲他的莎士比亚，多体面多够根儿的事情，你们没到过外国的看不完全原文的当然不配插嘴，你们就配扁着耳朵悉心的听。（徐志摩《汉姆雷德与留学生》）

我们得相信这是实情，至少是那一个瞬间的实情。任谁听了这样的话，看了徐志摩说这话时的神态，都会斥之为轻佻儇薄乃至无耻之尤。是呀，留学生有什么了不起，怎么能这样糟践那些真诚演出的新剧家，那些真诚的被剧情感动了的看戏者！

不仅当时，后世的人也是这么看的。在一本据说也还公允的研究鲁迅的著作中，作者引用了上面一段话之后，接着说："鲁迅是一个实在人，看了这样别扭的文字，不讲想作呕，至少也是皱眉头的。"还引用鲁迅几句愤世嫉俗骂文士们的话，说这里的文士们就是指徐志摩等人。（房向东《鲁迅与他"骂"过的人》）

如果说鲁迅是个实在人，那么揣度鲁迅怎样巧骂徐志摩的恐怕就不能叫实在人。徐的这篇文章的题目叫《汉姆雷德与留学生》，它的主旨是说："一个自命时新甚至激进的人，多的是发见他自己骨子里其实守旧甚至顽固的时候。"开头第一句就是这样说的。怕人误解，末后又把这句话重复了一遍，且加以发挥说："我们如其想望我们的心灵永远能像一张紧张的弦琴挂在松林里跟着风声发出高下疾徐的乐声，我们至少消极方面就得严防势利与自大与虚荣心的侵入。"

也就是说，徐志摩是揭自己的老底儿，是自省，是自责。也是要由这自省和自责说明，保守和狭隘会造成怎样可笑的局面。这正是我们民族至今都缺少的品格。

就算是自责吧，他那种性格——觉得好笑就大笑，觉得错了就认错，也是让人看不惯的，不定什么时候就会惹出事来。

3. 新月社俱乐部

在研究新月社的时候，常会遇上三个名称，一个是聚餐会，一个是新月社，一个是新月社俱乐部。

先得弄清聚餐会是怎么回事。

徐志摩是1922年12月初到的北京，其时他父亲申如先生还在南边。

1923年的春节，即旧历年，志摩是回硖石老家过的。过了年返回，路过上海，才将长诗《康桥再会罢》给了《学灯》的编辑柯一岑先生，随后才有《康桥再会罢》的三次发表（第三次是刊出更正信）。此后一年，是在北京过的，不说了。1924年的春节，仍是在老家过的。志摩极爱他的母亲，过年是必须回去的。人回去了，心里还想着北京的朋友。2月1日有信给胡适。这个2月1日是公历，农历则是癸亥年的腊月二十七，也就是说再有四天就是大年了。这个时候，给胡适写信，最担心的是什么呢？信上说：

听说聚餐会幸亏有你在那里维持，否则早已呜呼哀哉了——毕竟是一根“社会的柱子”！

《胡适的日记》手稿本中1924年1月5日条下有记载：

到聚餐会。是日到会的止有陈通伯、张仲述、陈博生、郁达夫、丁巽甫、林玉堂。但我们谈的很痛快。

1月19日又有记载：

聚餐会在公园举行，我们谈到四点多钟。

可知确实有个聚餐会，胡适确实“在那里维持”。

这个聚餐会是个什么组织，为什么志摩会如此在意呢？

根据各种相关资料分析，可以肯定地说，这是徐申如先生，为了儿子在北京的发展，联络了他银行界的朋友黄子美先生，在北京办的一个联络感情的小团伙。就是约上几个人，每隔十天半个月，在一起吃上一顿。钱嘛，名义上由黄子美出，实际上申如先生才是真正的苦主，只是不便给外人道罢了。

花上钱，请人白吃饭，图了个什么？

图的是儿子事业上的发展，在北京打开场子。

这么聪明优秀的儿子，用得着吗？

须知天下没有不操心的父母。再优秀的儿子，在父亲的眼里，都是不成器的，都要精心呵护才放心。

从胡适两天的日记上，能看得出来，来的都是些什么人，陈通伯、张仲述、陈博生、郁达夫、丁巽甫、林玉堂。

陈通伯、郁达夫不用说了。张仲述，即张彭春，张伯苓的胞弟，留美的博士。丁巽甫，就是丁西林，留英的硕士，清华大学物理系教授，又是剧作家。林玉堂者，林语堂也。都是些响当当的文化名流。头一则日记上说去了聚餐会，后一则日记上说聚餐会在公园举行。可见这个聚餐会，有个老地方（某饭馆），但是不固定，也可以在别的地方举办，比如公园里的餐馆。也就是说，有的是经费，只愁花不出去。

花出去，这个团伙就存在，花不出去，这个团伙就散伙了。显然，志摩回南方的时候，把这个事情，托付给了胡适。胡适也真够操心的。到了时候，就请了人去吃上一顿。志摩知道，朋友中，只有胡大哥有这个人缘，也有这个能耐。

因此上，不管怎么说，我不认为聚餐会，就是新月社的雏形，更不能说是前身。

真正意义上的新月社，不管有没活动，还是好春轩门外挂的那块小小的木牌子。只有由它生发开来，才是后来生龙活虎的新月社。

显然，这种打游击式的聚餐会，不是志摩心中理想的团体。

也不知是他跟父亲说了，还是父亲看出了此中的蹊跷，于是在距石虎胡同不远的松树胡同七号，租下一处院子，布置起来，志摩住在里面，才算是有了固定的活动场所，才算是有了真正的新月社。

且看1925年3月14日，志摩在赴欧洲途中，坐在西伯利亚去莫斯科的火车上，写的《给新月》的长信中，是怎么说的。

组织是有形的，理想是看不见的，新月初起时只是少数人共同的一个想望，那时的新月社也只是个口头的名称，与现在松树胡同七号那个新月社俱乐部可以说并没有怎样密切的血统关系。我们当初想望的是什么呢？当然只是书呆子们的梦想！我们想做戏，我们想集合几个人的力量，自编戏自演，要得的请人来看，要不得的反正自己好玩。说也可惨，去年四月里演的契玦腊要算是我们这一年来唯一的成绩，而且还得多谢泰谷尔老先生的生日逼出来的！去年年底也曾忙了两三个星期，想排演西林先生的几个小戏，也不知怎的始终没有排成。随时产生的主意尽有，想做这样，想做那样，但结果还是一事无成。

由这几句话可知，在好春轩门外挂牌子时，或许没有几个人知道，也就不存在着发起人的问题，而松树胡同七号这个新月社俱乐部，发起的时候，是有发起人的。起初说好要排戏，正好泰戈尔要来，便排了泰戈的英文剧《契玦腊》，泰戈尔走了，还想过要排丁西林的几个小戏，没排成。

关于成立时的情形，上文提到的陈通伯，即陈西滢，晚年在《关于“新月社”》里说过：

参加新月社的有哪些人？我也说不清楚。可以断定，志摩是一个，适之是一个，林长民（宗孟）是一个，丁西林是一个，余上沅也是一个。新月社成立的一天，说话的是林长民，好像是一个政治家发表他的政见。这种演说，以后也不会再有。下一年冬，林已死在郭松龄讨张作霖的战争中。因有这一段史实，我想当时社员中一定有不少政界金融界的人，可是我已经记不得是谁了。

陈先生的记忆是不好了，但感觉还是对的。志摩在《给新月》的最后，说了外界对新月社的非议，就可以知道，陈先生晚年的感觉是多么的准确：

同时神经敏锐的先生们对我们新月社已经发生不少奇妙的揣详。因为我们社友里有在银行里做事的就有人说我们是资本家的机关。因为我们社友里有一两位出名的政客就有人说我们是某党某系的机关。因为我们社友里有不少北大的同事就有人说我们是北大学阀的机关。因为我们社友里有男有女就有人说我们是过激派。

再看下面这一段话，就可以推断出，在前一年里，新月社搞过些什么活动。还可以看出，这个新月社俱乐部里面有什么设施：

在现今的社会里，做事不是平庸便是下流，做人不是懦夫便是乡愿。这露棱角（在有棱角可露的）几乎是我们对人对己两负的一种义务。有一个要得的俱乐部，有舒服的沙发躺，有可口的饭菜吃，有相当的书报看，也就不坏；但这躺沙发决不是我们结社的宗旨，吃好菜也不是我们的目的。不错，我们曾经开过会来，新年有年会，元宵有灯会，还有什么古琴会书画会读书会，但这许多会也只能算是时令的点缀，社友偶尔的兴致，决不是真正新月的清光，决不是我们想像中的棱角。假如我们的设备止是书画琴棋外加茶酒，假如我们举措的目标止是有产有业阶级的先生太太们的娱乐消遣，那我们新月社岂不变了一个古式的新世界或是新式的旧世界了吗？这Petty bourgeois的味儿我第一个就受不了！

陈西滢的回忆，要更具体些：

在我的记忆中，新月社代表徐志摩，也可以说新月社就是徐志摩。新月社是一栋花园平房，有一间大房是可以开会等用（处），一间小饭厅，可以用来请客，可以摆下一个圆桌，有一个大师傅，做的菜很好。有一个听差，招待来客，里面有一间不大不小的房，是志摩睡房及书房，他在此写信，做文章，也会客。

说白了，这就是申如先生，让朋友出面，为志摩在北京设置的一个公馆。

志摩是受过洋派教育的人，又是独身一个，怎么会背负这样的骂名（有个人公馆），于是便将他心中的“新月”，摘了下来，变为松树胡同这样一个也还豪华的“新月社俱乐部”。还是陈先生的说法干脆些，他说：

新月社是志摩的朋友团体。

只有人缘好，家世好，又有远大理想的人，才能做得出这样的事。

4. 快雪同志会

这一节，原本应当做《新月社俱乐部》的延伸部分，即写完《新月社俱乐部》，再多写几笔就过去了。可志摩说，“我们这几个人的快雪同志会”云云，已有社团的雏形，按这本书的体例，作为社团来对待才是。

志摩写有《快雪同志会》一文，对其组建缘起、活动过程，均有生动而详尽的叙述。

其组建是缘于与凌叔华的一件趣事，用志摩的话说，是一点小小的掌故：

我们这几个人的快雪同志会也有一点小小的掌故。约莫一个月前有一次大雪，那天早上我在叔华那里，室内红白梅花香的醉人，窗外霁雪照个铄亮。我就出了一个小主意，要了一只玉盌，摘了几朵半绽的梅萼，同叔华到园里去，选丁香树下最白净的雪满盛了一盌，盖上封好（后）扎起，搁在叔华的书架底下，过了两天打开来看时只剩了小些的梅渍，那冽极的香味就不用提了！我们得意极了，就泡上顶好的日本茶，加上几滴梅渍，阿那味儿！西王母那里的琼浆我想也不过如此！那回有福气尝到的有通伯、歆海、彭春，我想他们一辈子也忘不了那异味。随后叔华就发起这快雪同志会，意思是下次要逢着晴爽的雪天，我们署名的同志就有天大的事情也得丢开了一同出城上西山玩去。我们都赞成；后来又加入了巽甫与小曼。

这是1924年12月下旬的事。

天公时不作美，一个月没有雪，且渐渐转暖，他们几乎绝望了。然而，怪了，1925年1月28日，也即农历的乙丑年正月初六，突然就下了一场大雪。该是夜里就开始下的吧，早上凌叔华打电话给志摩，说是怕他忘了，提醒一下。其实志摩并不曾忘，只是起身迟了些，所以不曾赶早发动。五个人约齐，大家的兴致都很高，整整一天，欣欣然出去，欣欣然回来，且都感叹，再要像这样的赏雪盛会，不知又得等多少时候了。

活动过程，文中说是，先在玉泉山吃饭（该说“打尖”），饭后去香山，到双清山庄小坐，又去“看云起”望雪。原先还打算去登“鬼见愁”高峰，可惜时候晚了，这才折回。没说他们出城的交通工具，我们还不便冒猜，想来该是马车吧。

路上有几件小事，志摩也记下了。

一件是在玉泉山吃饭时，忽见直军25师的兵，一队队地从西边开过来进京去，至少有两千光景；在雪地里看红旗带路的军队，长蛇似的静悄悄地蜒着，先是一种不平常的景致。他们当时就发生了种种的猜想，疑是城里有什么变故。小曼真的吓着了。志摩他们说得太生动了，小曼认了真，怕那群灰魆魆的两脚兽来抢她。

这个25师，该是冯玉祥的部队。前一年10月，冯玉祥从直奉前线回师，发动了有名的北京政变，他是吴佩孚的部下，怕吴的部队打了过来，赶紧调他的仍在后方的直属部队增援北京。

第二件是，凌叔华带去一罐广东“油榨”（花生、芋艿、慈姑、豆板、杏仁，等等），也发生了不少的兴趣，大家尝出了滋味，你抢我夺地不成个体统。

第三件是，到“看云起”时，叔华与小曼闪了不少的跤。再就是，老丁把他整个的脸子埋到雪里去，想印一个面膜，爬起来时那满面斑驳的样儿真可笑；其实他印下的只是他那个高明的鼻子！

到双清山庄时，见到两个熟人的妹子，两个女孩子，一时高兴，便沏了一壶茶水让他们喝。大概这两个女孩子不太漂亮，过后志摩故作心疼地说，可是糟蹋了我们一撮可贵的铁观音，真伤心！想到这里，又说，张歆海记大过一次；他不曾去，为的是舍不得一个“约会”，而这个约会没有办成，志摩说，活该他又碰了一鼻子的灰。

当天回来，志摩便写了这么一篇文章。不知为何，又落在胡适手上，庋藏在胡适旧居的文档里。直到前些年，才被研究者发现。

既将这个快雪同志会，作为新月社俱乐部的附属活动项目，不妨再说一个活动，也还有趣便是这一年的元宵灯会。

胡适写过一篇《新月社灯谜》，给世后留下可靠的记录。《胡适全集》不在手边，只有将我的《徐志摩传》里的有关文字，转引过来：

1925年2月7日，农历正月十五，新月社举办灯会，胡适有灯参加展出。灯上贴有灯谜。大概他的灯谜不怎么好，没有几个人买账，胡先生多少有点气馁，又不甘心，便写了篇《新月社灯谜》在报上刊布。说“这一晚灯会，我的灯可落逊了。我只好写出我做的几个灯谜，给我自己解解嘲”。接下来便是他的几个灯谜，后面注明了谜底——

双燕归来细雨中（字一）两

为人隆准而龙颜，美须髯，左股有七十二黑子。时饮醉卧，武负见其上常有怪（社员姓名一）王徵

惟使君与操耳（今人名一）许世英

乃瞻衡宇，载欣载奔。僮仆欢迎，稚子候门。（古人名一，或今人名一）方回 方还

新月一钓斜，玉手纤纤指。郎心爱妾不？道个真传示。（字一）祭

花解语（对偶格）（汉魏诗一句）对酒当歌

对牛弹琴（对偶格）（京戏名一）鱼藏剑

2月16日的《晨报副刊》上，还登出这次灯会上的一张照片，一女子作曼舞状，说是“新月社灯会中之廖女士”。

我疑心稿子上写的是“赓女士”，这个赓字，用的太少，且难说是个姓，编辑或是手民，径改为“廖女士”。若我的这个推测不错，那么这个作曼舞状的女子，该是其时还是王赓夫人的陆小曼了。

5. 新月书店（“新月派”）

1926年10月3日，徐志摩与陆小曼在北海公园画舫斋，举行了隆重的新式婚礼。

婚后便遵照此前的承诺，带上小曼回到硖石，住进申如先生为他建成的小洋楼里，度他的不一定多么新的蜜月。婚前，他们在北京中街的寓所，已同居多时。

然而，世事太不平静了。住下没过两个月，就传来北伐军即将打来的消息。

于是这对新婚夫妻，便逃难来到上海。此前，他的父母已带着孙子去了北京。

阳历12月到上海，很快就是旧历的新年，腊月三十晚上，在给蒋复璁的信上，说了自己新的一年的打算：

> 我一时决计不北，亦非为星者言，故切弗信张奚若胡说。光华相邀教席已允就，如不欠薪，生活或可敷衍。但急要书：已函菊农会同我兄设法打开书柜，如足下南来最便，即烦相挈，否则须另行想法。

也就是说，他要靠教书来维持生活了。“星者言”，大概有传言说，志摩不去北京，是因为有占卜者说北去于志摩不利。菊农是瞿菊农，离京南下前，《晨报副刊》的事委托给瞿菊农了。

“光华”指光华大学。因为要教书，得用参考书，让蒋协同瞿把他住处的书柜打开，若南下顺便捎来。想来同信还该附一个书单才是。

志摩夫妇来到上海后，先是住旅馆，后来搬到宋春舫家，不久便迁到上海法租界的一处高档住宅区里，具体是上海环龙路（今南昌路）花园别墅11号。

就是在这儿，志摩邀约汇集在上海的朋友，来办个书店。

最先商议的，当然是胡适。

胡适去了英国，又去了美国，4月24日到日本。丁文江来信劝他，国内局势不稳，暂勿回国，他在日本待到5月底才回到上海。出国前是北京大学的教授，北京成了那个样子，也就不回去了。

北边的形势更严峻。1925年初，直奉前线作战的冯玉祥部，倒戈回到北京，逼曹锟下台，逐溥仪出宫，扶段祺瑞上台。1926年的“三一八惨案”，最能说明北京的乱局，很快张作霖带兵入关，北京很快便处于恐怖之中，文化人纷纷南下。

1927年春天，叶公超应暨南大学校长郑洪年之聘，来到上海，任暨大外文系主任兼图书馆馆长。郑洪年是叶公超叔父叶恭绰的好友，这种局势下邀叶公超南来，是很自然的事。暨南大学新迁到上海，提格为国立大学，急需人才，梁实秋、刘英士、丁西林、饶孟侃等人，也先后汇集暨大，一时间暨大成了新月派的大本营。

潘光旦是前一年刚从美国哥伦比亚大学获硕士学位回国，在吴淞国立政治大学当教授。同年冬，闻一多也从北京来到上海，任政治大学教授兼训导长。1927年4月北伐军进入上海后，下令封闭政治大学。闻一多暂住潘光旦家中。饶孟侃这时也来到上海，住在潘光旦家中。

这么多文化人，商量办个书店，还不是一说就成?

龙从云，虎从风，这样一些人啸聚在一起，要是不弄成点事儿，就奇怪了。

相对于这群人中的大多数，志摩来到南边，要算是早的。他的南下，几乎与时局的变化没有什么关系，纯粹是个人或者说是家庭的原因。

在“新月派”人物的啸聚过程中，志摩绝对是个关键人物。

对此人的经历太熟悉了，写到这儿，我的头脑里，由不得就起了一种“瑕想”。请注意，不是“遐想”的那个遐，而是“瑕疵”的那个瑕，即有瑕疵的联想。或许荒谬，却不能说没有一点事实上的依据。

我的“瑕想”是，每当中国社会发生大变革，将要做一番大的事业时，他总是“先期到位”。

跟胡适作个比较吧。

胡是1891年出生，大志摩6岁（按农历说是5岁）。中国的留美潮，是从美国退还部分庚子赔款，招收第一批赴美留学生开始的。宣统元年（1909年）退还，当年就招收了第一批留美学生，胡适考上的是第二批，1910年。留美7年，1917年3月回国，任了北京大学的教授。

徐志摩1897年出生，18岁考上北大预科。按当时的规定，只有本科毕业，才可插入美国大学的二年级。他去了沪江，又去了北洋，仍回到北大，要本科毕业，当在1921年。父子俩一合计，干脆不通过北大，而是说通沪江，以沪江自费生的名义，去了美国，插入克大三年级。

这就等于在留学的时间上，占了先机。这是一次“先期到位”。

再说回国。1922年从英国突然回国，有人说是为追求林徽因才回来的，就算是这样，我仍不认为仅仅是一时的冲动。对志摩来说，是1922年回国，还是再待上几年，是大不一样的。再待上几年回来，就遇上了留美学生回国高潮。1926年，就是梁实秋、闻一多、吴文藻他们回来的那一批。那时候，他回来发表诗歌，怕就不会出现《康桥再会罢》那样的奇葩事件。要想一举成名，就戛戛乎难哉。《围城》里说过一个西洋典故，说是农夫为了让驴子走快些，就在驴子的额头上吊一把草，那驴子以为走快点就可以吃上，便不停步地走下去。要叫我说，林徽因的倩影，对于回国将要有一番作为的徐志摩来说，不过是面前的那一束青草而已。起的作用，不过是让志摩这头驴子走快些，早点回国。

1922年回国，对于即将到来的文化高潮来说，乃是一次“先期到位”。

这次回到南方，对于即将到来的大时势来说，又是一次“先期到位”。

正是这一次又一次的先期到位，成就了志摩辉煌的人生。

办书店，而叫“新月”，一听就是徐志摩的主意。

让人一想，就想起了北京的新月社。

不过，后期参与新月书店事务的人，是不承认自己和新月社有什么关联的。梁实秋在《谈徐志摩》文中说：

民国十六年春，国民革命军北伐，占领南京，当时局势很乱，我和季淑方在新婚，匆匆由南京逃到上海，偕行的是余上沅夫妇。同时北平学界的朋友们因为环境关系纷纷离开故都。上海成为比较最安定的地方，很多人都集中在这地方。“新月书店”便是在这情形下在上海成立的。……上海的新月书店和北平新月社，没有正式关联。

同文中，对新月书店还有更为精辟的说法，也一并引了：

新月书店的成立，当然是志摩奔走最力。邀集股本不过两千元左右，大股一百元，小股五十元（现任台湾银行董事长张滋闿先生是一百元的大股东之一），在环龙路环龙别墅租下了一幢房屋。余上沅夫妇正苦无处居住，便住在楼上，名义是新月书店经理，楼下营业发行。当时主要业务是发行《新月》杂志。参加业务的股东有胡适之先生、志摩、上沅、丁西林、叶公超、潘光旦、刘英士、罗努生、闻一多、饶子离、张禹九和我。胡先生当然是新月的领袖，事实上志摩是新月的灵魂。我们这一群人，并无严密的组织，亦无任何野心，只是一时际会，大家都多少有自由主义的倾向，不期然而然的聚集在一起而已。

梁实秋的这段话，等于提供了一个新月派骨干分子名单，也大致勾勒出一个“新月派”的体系图。胡适是领袖，徐志摩是灵魂，有了领袖才成团体，有了灵魂才会生气勃勃。

回忆难免简略。以上所说，只是大致的情形。实际的操作，比这要复杂得多。

1927年6月21日，上海《时事新报》青光副刊发表《新月书店》一文，首次向外界介绍新月书店。署名小圃，当为编青光副刊的梁实秋所作。全文仅数百字：

胡适之、徐志摩等创办之新月书店，闻已租定法界麦赛尔蒂罗路一五九号为店址，现已付印之新书约十余种，正在整理待印者尚有四十余种之多。店址不广，但布置甚佳，开张之日，传说有略备茶点之意。而此种茶点，又传说有要作为招待来宾之用之意。书店总经理已聘定余上沅先生。余先生者，戏剧专家也，对于人生，有深邃之了解，对于艺术更有精湛之研究，今总理书店，如烹小鲜，措置裕如。闻沪上各界，纷纷要求认股，而定额早已超出数倍，无法应付云。诗人闻一多，亦该店要人。诗人工铁笔，近为该店雕刻图章一枚，古色斑斓，殊为别致。

6月27日和28日，《申报》连续两天刊出《新月书店启事》：

我们许多朋友，有的写了书没有适当的地方印行，有的搁了笔已经好久了。要鼓励出版事业，我们发起组织新月书店，一方面印书，一方面代售。预备出版的书，都经过严格的审查，贩来代售的书，也经过郑重的考虑。如果因此能在教育和文化上有点贡献，那就是我们的荣幸了。

创办人：胡适、徐志摩、宋春舫、徐新六、张歆海、吴德生、张禹九、余上沅同启

新月书店的创办人就这八位。

后世有人，对这几个人作过分析：胡适、宋春舫、徐志摩、余上沅是当时的文化界名人，论人脉资源和文化影响，都不难邀约到书稿；张歆海和吴德生既在多所大学担任教职，同时又是政界名流，亦有相当的社会影响力；张禹九即张嘉铸，乃为掌舵中国银行的张公权之弟；徐新六是当时兴业银行的总经理，资金当然较为容易措手。（袁思远《新月书店史料钩沉》）

我还要提醒一句的是，徐新六也是梁启超去欧洲考察时，选作随员的一人。有了这个人，就跟梁先生那个宏伟而又难以在他手里实现的文艺复兴的计划，有了丝缕的联系。

同年6月27日至7月1日，《申报》接连5天，刊出《新月书店开张启事》：

本店设在上海华龙路法国公园附近麦赛而蒂罗路一五九号，定于七月一号开张。略备茶点，欢迎参观，尚希光临赐教为盼。

麦赛而蒂罗路今名兴安路。

开张的当天，来了一位叫严家迈的先生，细细地参观了楼上楼下。他是看

了启事，不惜车资，从江湾赶来的。到了法租界后几乎迷了路。幸亏遇上善人指点，原来麦赛而蒂罗路就在法国公园的前面，由霞飞路进华龙路，路口头道直街就是。乘电车到吕班路口下车，一拐弯便到。远远望见一块蓝地白字的招牌，上书“新月书店”四字。挂招牌的铁棍上，还有一把涂金的镰刀，大约这就是新月了。

进门之后，便有人上前同他招呼。此人好生面善，原来是新月经理余上沅先生，从前在北京曾听过他一次戏剧讲演，彼此寒暄了几句，便请余先生领他参观。楼下是发行所，书桌边坐着两位职员，一男一女，状极诚恳。朝书桌上偷偷一看，压着的有《浪漫的与古典的》和《翡冷翠的一夜》等正在校对的稿子。书桌后面墙上，挂着一幅江小鹣的油画。对面是书架，上涂黑漆，显出一部部的新书。书架后面，还有朱孝臧写的一面招牌。沿梯上楼，后面有亭子间，布置简单，据说是会计处。

楼上正房是编辑室，挂了几幅名人字画。觉得走累了，在沙发椅上少坐，刚坐下余先生已经将一盘点心，捧到面前了。一阵饼香，惹得他不由得不伸手拿了一块。挨了一会儿，楼上的来宾越来越多，于是鞠躬退出。临行余先生还送他一份开业纪念册。纪念册却非常有趣，封面画着一个女人骑在新月上看书，虽然只是弯弯曲曲的几条曲线，而诗趣横生，听说是诗人闻一多的手笔，那就无怪了。

这位严先生回来后，把经过情形写成《新月书店参观记》，登在第二天的《时事新报》上。这是一篇精心运思的妙文，先说怎么去，就是告诉这个书店在什么地方。光说麦赛而蒂罗路多少号，怕有人找不见，便不厌其烦地说了方位和去的路线，乘电车下的车站。这个严家迈，想来也是梁实秋的化名。世上不会有这么体贴入微的记者。

从这里能看出，徐志摩的诗集《翡冷翠的一夜》，是新月书店第一批出版的书。书店一开张，书稿已在校对了。若论出版的迟早，还要数他的散文集《巴黎的鳞爪》。《翡冷翠的一夜》是9月出版的，《巴黎的鳞爪》是8月出版的。转年1月又出版了《自剖》，也是一本散文集。

6. 平 社

1928年11月，志摩回国后，曾参与胡适创办的平社的活动。可说是志摩在生命最后一个时段，参与过的社团活动。

这次回国后，生活有所变化。

从各种迹象看，就是这次回国后，父亲对他的态度改变了。资金上有大的帮助。毕竟是父子关系，毕竟徐老先生经营的产业中有三分之一是他的，就是分红利也是一大笔。最慷慨的一招，是给志摩买了辆小轿车。这样他就可以坐着轿车去上课，去会朋友了。说不定每月还有固定的补贴。要不他不会在回国不久，就从环龙路的住处搬到福煦路（今延安中路）的四明新村高档住宅去住。

事业上仍不顺利。还在奋斗，却没有多少起色。

回国后不久，就赶上了梁启超患病住院的事，12月间，两次去北京看望恩师。谁也回天无术，到了1929年1月19日，梁启超就去世了。他想在《新月》上开个纪念梁启超专号，也没有弄成。毕竟他不是刊物的主要编辑人了。这时的《新月》是梁实秋一人在办，完全变成了一个时政类的文化刊物。对这种局面，连胡适也没有办法。毕竟梁实秋、潘光旦更年轻些，与过去的新月旧人没有多少情分。话是这样说，并不是说他们之间的感情有了裂痕，只能说志趣不是那么一致，而年轻人又恃才自负吧。

从某种意义上说，又恰是梁实秋办活了《新月》。

从1929年4月第二卷第二期上，名为五人编辑，主事的一看就是梁实秋。第二卷第六七期合刊号起，其他四人退出，由梁一人编辑。梁实秋一接手，便在这期刊物上发表《敬告读者》，公开声明往后要谈政治了："读者诸君大概可以看得出，自从第二卷第二期起新月月刊的面目和从前不同了。我们接连着登了胡适梁实秋罗隆基几位先生的文章，于是许多人都异口同声的说：'新月谈政治了！'不错，我们是谈政治了，我们以后还要继续的谈。现在我们就把我们谈政治的由来及今后谈论的计划略为读者诸君告之……我们都信仰'思想自由'，我们都主张'言论出版自由'，我们都保持'容忍'的态度（除了'不容忍'的态度是我们所不能容忍的以外），我们都喜欢稳健的合乎理性的学说……我们有几个人便觉得忍无可忍，便说出话来了，说出与现在时局有关的话来了。"（韩注：转引自饶孟侃未刊稿《关于新月派》，《新月》影印本上无此文，当是发行时夹的单页。）同期发表胡适的《新文化运动与国民党》，罗隆基的《告压迫言论自由者》，梁实秋的《文学是有阶级性的吗？》《论鲁迅先生的硬译》等文章。内容的倾向性不说了，只说论题的指向性，确实是够明确够尖锐的了。

纵然如此，也不能说梁实秋就怎样的霸道，他们之间的关系还是很好的。

胡适、徐志摩的文章，也经常发表。毕竟梁在胡前面是执弟子礼的，毕竟和徐志摩还是好朋友，毕竟这是一份同人刊物。只能说梁的锐气更足些。

对这种状况，胡适和徐志摩也不能多说什么。他们也是闲不住的人。两人当年都曾办过刊物，胡适办过《努力周报》，徐志摩办过《晨报副刊》，这时便有心思再办个什么刊物。经过一番合计，他们想先组织一个平社，再办一个《平论》。罗隆基、梁实秋、叶公超、张禹九，都表示赞同。

平社、《平论》这名目，极有可能是胡适的主意。此前他办过《努力周报》，后来办过《独立评论》。“平”，在这里有持平之意，也有平和之意。

《胡适的日记》（手稿本）里，有平社活动的记载。摘几条看看，就知道这是个什么样的组织了。

1929年3月25日："《平论》是我们几个朋友想办的一个刊物。去年就想办此报，延搁于今。《平论》的人员是志摩、梁实秋、罗隆基（努生）、叶公超、丁西林。本想叫罗努生做总编辑，前两天他们来逼我任此事。此事大不易，人才太少；我虽做了发刊词，心却不很热。"

1929年3月29日："上星期（23日），志摩、实秋、罗努生、张禹九来劝我担任《平论》周刊的总编辑。我再三推辞，后来只得对他们说，‘我们姑且想像四月一日出第一期，大家都做文章，下星期在禹九家会齐交卷，看看像不像个出报的样子’。前几天，我做了个发刊词。"

在张禹九家会面的情况，胡适的日记中也有记载。大家会齐了，稿子倒也有几篇，分量不是很重。大家的意思还是先办一份报，并且很快出版。事不宜迟，就定在4月10日出第一期。这么匆忙出版合适吗，胡适有点狐疑。志摩见他这么犹犹豫豫的，有点着急，说：

“我们责无旁贷，我们总算有点脑子，肯去想！”

胡适不高兴了，反问道："我们这几个人怕也不见得去替国家大问题想想罢？志摩你一天能有多少工夫想想？"

记了上面的争论，胡适写道："实秋、努生都要教书，有多大工夫想？我自己工夫虽多，怕也没心绪去想政治问题。所以那班党国要人固然没工夫想，我们自己也不见得有想的工夫罢？"

这些日子，胡适确实心绪不佳。3月26日报上刊出上海特别市代表在国民党三中全会上提出的《严厉处置反革命分子案》，这是一个践踏人权的提案，胡适为此向司法院长王亮畴写信驳斥，又要通过国闻社将信发出，被检查机关扣去。值得为这样的政府操心吗？他不是没有疑虑。然而，毕竟是受过西方教育的现代知识分子，他知道，个人的感情是个人的感情，国家的前途是国家的前途，党国的要人们可以不去为党国考虑，中华民国的一个公民却不能不替这个中华民国考虑。纵然心绪不佳，他还是勉力写出了《平论》的发刊词并一次一次地组织朋友们擘划出刊的事。

经过一番筹划，平社算是成立了。定期或不定期地聚会，每次聚会也就是一次聚餐。

1929年4月21日，平社第一次聚会，在胡适家里。到的人有徐志摩、梁实秋、丁西林、叶公超、吴泽霖，连上胡适共是七人。

在台湾远流版的《胡适的日记》（手稿本）里，这一页日记上粘有《平报》的剪贴，《平报》二字系手写体。《平报》上部印的日期是4月18日。据此可知，办刊还是办报，最后定的是办报，这样就不能叫《平论》只能叫《平报》了。

出报纸只是平社的一个事情，还有一个事情是开展各种各样的政治学术讨论。大约每十天聚会（聚餐）一次。

5月11日第四次聚会，是在范园，张禹九家也即张幼仪家，胡适提出的讨论题目是“中国问题”，每人写一篇论文，到会者有徐志摩、胡适、张禹九、潘光旦、吴泽霖、罗隆基。

5月19日仍在范园聚会，听潘光旦宣读关于中国问题的论文。潘光旦是位优生学家，他的论文从种族上论述中国当前存在的问题。潘认为，无论从数量还是质量上看，中国民族根本上有大危险，数量上并不增加，而质量也不如日本，更不如英美。胡适对潘的论文很是欣赏，认为“他的根据很可靠，见解很透辟，条理很清晰。如果平社的论文都能保持这样高的标准，平社的组织可算一大成功了”。

也是这次聚会上，他们订了个《平社中国问题研究日期单》，决定每人根据自己学术的优长，研究中国的一个方面的问题。分配给徐志摩的问题是“从文学上”，宣读论文的时间是6月22日。这次参加的人又多了几个，是唐庆增、徐新六、黄华等。

此后平社的聚会并宣读论文的活动，基本上是按部就班地进行。

5月26日，范园，吴泽霖讲“从社会学上看中国问题”。

6月2日，范园，唐庆增讲“从经济上看中国问题”。

6月16日，地点不详，到的人不多，胡适日记中说：“到的只有实秋、志摩、努生、刘英士几个人，几不成会。任叔永昨天从北京来，我邀他加入。”

此后，胡适与国民党就人权问题展开争辩，也就无暇顾及平社的事了。

总起来看，平社是那个年代，一批有理想有能力的留学欧美的知识分子，在为中华民族的前途作郑重的思考，是在为中国设计一个民主化的进程，也是在为中国设计一个如何富强昌盛的蓝图。

徐志摩是这一计划的推进者与参与者。他们让他“从文学上”考虑，实则他的政治经济学的见识，也足够从别的方面作出自己的判断。

志摩后来没有参加平社的活动，可能与他这一时期的精神状态有关。回国转瞬又是大半年，小曼还是老样子，一点改变的意思都没有。为了维持家庭庞大的开销，除了光华大学的教职，还为中华书局编选文学丛书。1929年下学期又远远地兼了南京中央大学的教职。除了父亲的补贴，月收入在千元以上，仍满足不了小曼的花销，还不时借债度日。

以上是我的《徐志摩传》中，关于平社的叙事。看得出来，材料面很窄，几乎全是从台湾远流版的《胡适的日记》（手稿本）里摘录来的。文中说，1929年4月21日这一页日记上粘有《平报》的剪贴，《平报》二字系手写体。《平报》上部印的日期是4月18日。

现在回想，我当时认为这张《平报》只是个样本，让大家看看，后来并没有出版。这样，其时的平社，仅仅局限在朋友们学术讨论这么个层面上，也就没有深究。

现在看来，我的认识是不足的。在这上头，陈子善先生下了大功夫。

此公 2019年8月出版的《谈徐志摩》（上海书店出版社），收录他二三十年来写的文章，可说是徐志摩研究上的珍品之作。书中《徐志摩与国际笔会中国分会》《徐志摩与平社》《音乐奇会缘：徐志摩、林徽因与克赖斯勒》诸篇，最见挖掘资料的功夫，当得起“爬罗剔抉，刮垢磨光”这样高等级的赞誉。

以下，我将陈书中对平社的叙事摘要撮述，以见平社的完整面目。

陈文中，说1929年3月10日出版的《新月》第2卷第1号上的《编辑后言》，为志摩所写，说他们最初想办的刊物叫《平论》：

为便于发表我们偶尔想说的“平”话，我们几个朋友决定在这月刊外（这是专载长篇创作与论著的）提另出一周刊或旬刊，取名“平论”（由平论社刊行），不久即可与读者们相见。我们希望藉此可以多结识几个同情的读者，藉此我们也希冀惕厉我们几于性成的懒散。

这篇《编辑后言》发表前两天，也即1929年3月8日，志摩在致刘海粟的信中，也说到《平论》：“适之已回，四月起决出《平论》周刊。大家来认真说话。”此后一切进行，都很正常。结果是到了4月，连个影儿也没有。据说仍是志摩写的《编辑后言》里，口气就软了下来：

上期预告的《平论周刊》一时仍不能出版。这消息或许要使少数盼望它的朋友们失望，正如我们自己也感到怅惘。但此后的新月月刊，在平论未出时，想在思想及批评方面多发表一些文字，多少可见我们少数抱残守缺人的见解。我们欢迎讨论的来件（我们本有“我们的朋友”一栏），如果我们能知道在思想的方向上，至少我们并不是完全的孤单，那我们当然是极愿意加紧一步向着争自由与自由的大道上走去。

《平论》夭折了，平社却应运而生。

此后平社多次聚会，渐渐也少了生气。有时到了会期，你不来，他不到，几不成会。1930年首次活动，徐志摩没有到场，陈子善的推测是，很有可能是志摩当时不在上海。然而，一周之后，平社后期的一个重要人物林语堂出场了。2月11日林语堂日记载：

晚适之请平社，讨论民治问题。

这是林语堂日记中首次出现平社，他是应胡适之请，参加平社活动的。第二次出现平社，是在3月1日，且与志摩有关，虽然只是短短的一句话：

平社在志摩家讲伴侣结婚。

此后林的日记，多次记载平社的活动，但无一语涉及志摩。这也不能说志摩没有参加过，只能说不活跃罢了。1930年11月28日，胡适举家迁居北平，不久出任北京大学文学院院长兼国文系主任。随着胡适的离去，平社也随之风流云散。胡适离沪十多天后，志摩有一信致胡适，等于宣告了平社的结束：

适之兄嫂：

你们去了十多天，还不曾通信，一切想都安好。北京对你们的欢迎是可想而知的，上海少了适之，就是少了狠多，平社比方说就不曾开过会……

说句题外话吧。胡适生性绵善，长于谋划，怯于任事，拖泥带水，难见成效。这事若给了志摩，鞶鼓三通，披挂出征，不待日落，擎旗而归。看他后来办《诗刊》，就知道是怎样的利落了。

7. 国际笔会中国分会

这个社团，不能说是志摩发起的，应当说是他花了大力气，才有模有样的。

国际笔会是英国女作家道森·司各特夫人发起的，1921年10月成立于伦敦。1923年春，伦敦总会聘请世界各国20位著名作家为名誉会员，中国只有梁启超一人。

国际笔会给梁寄来的材料，定然是英文，徐志摩就是梁的英文秘书，须得翻译了梁才能看得懂。徐翻了，觉得这是个好事，中国既然有了第一个会员，就可以成立国际笔会的中国分会了，于是便写了那篇《国际著作者协社》，在同年6月10日《晨报副刊·文学旬刊》上发表：

一九二一年十月英国文学家高尔斯华绥（John Galsworthy）等发起了一个国际著作者协社（International Writers' Club）简名是P. E. N. Club，目的是在于联合各国的著作家，发展相互的同情。总机关在伦敦，就叫做伦敦本部，此外各国都会，只要有会员一人以上就可以组织支部，到现在为止，伦敦外已有八处支部，著作家游历时，各部应相互招待，敦睦友谊。各支部得自由制治，不受本部支配，但为一部部员，同时即取得各部的部员资格。照伦敦本部的办法，每月有会餐一次，此外还有计画，不久实行。会长就是高尔斯华绥君，他这次来信请梁任公先生做伦敦部的名誉会员，并且请他去参与五月一日的会餐（五万里路的请客！）。

这未始不是东西文化实际携手的一个好消息。东方人加入的只有两位，一是印度的泰谷尔，其他即是梁任公（到现在为止，还没有日本人）。

我想北京也有组织支部的必要，泰谷尔快来了，威尔士也快来了，将来西伯利亚一通路，西欧的著作家，一定会得源源而来，这里如其有一相当的组织，专司介绍与招待的责任，岂非实际上很有利便。文学家最不愿亲近的是势利机关，政治外交的官员，他们就爱私人的交谊，与不事铺张却真有同情的接待。而且此后我们的著作家去欧美游历的一定也有，有了这样一个机关，我们便可与各国大都会的文艺界直接有呼应，岂非是创举？

这几乎就是全文，接下来介绍了20个发起人的名字，完了。想来也是从伦敦寄来的材料上抄下来的。

此文，可视为在中国建立国际笔会分会的最初动议。真的要实施，在七年之后了。

陈子善《徐志摩与国际笔会中国分会》文中说，目前所知徐志摩文字中再次提及这个设想，是1930年5月9日，志摩致郭有守信中的一段话：

小郭：你不要生气，《缘起》我还是写了。我现在适之先生处，我们商量决定星一中午在跑马厅华安八楼请客，主人还是那晚签名的十人（加入程沧波）。请的客不多，也只有十人左右，是请他们来加入做发起人的，因为那晚的名单是不够代表各方面的。你想必同意。《缘起》等等，到那天吃饭时再谈，事情反正是成了的，不必再着急了。

小郭，郭有守，徐志摩留英时结识的朋友，时任国民政府教育次长。

有胡适参与，此事必成。当然，各方面应酬，办细办好，就是志摩的事了。

信中说的《缘起》一文，全名为《笔会缘起》。

三天之后的5月12日，中国笔会的发起人会，在上海举行，次日《申报》以《笔会发起人会》为题，作了正式报道。

这是发起人会，还不能说是中国笔会的正式成立会。1930年11月16日，中国笔会终于在上海宣告成立。11月19日，上海《时事新报》以《笔会之成立》为题做了详细报道。11月30日《申报图画周刊》第29期，刊出了笔会成立会上的照片。子善先生看过照片，说会议主席端坐会桌中央，其右侧第二、三人分别为徐志摩和邵洵美。

陈文还说，笔会成立后第二次聚会，志摩约了郁达夫和茅盾参加，都答应了，结果是全都借故推托，没有去。到了第二年春天，在给达夫的信中，还说“笔会再三相请，未蒙枉驾”。

这，只能怨志摩太糊涂，中国左翼作家联盟成立在前，他俩都是在组织的人了，不会随便纡尊屈贵的。

第七章

书刊编辑

1.《晨报副刊》

游欧归来，志摩感到环境轻松不少。经过胡适等朋友的周旋，小曼那边，父母同意了这桩婚事。王赓毕竟受过西方教育，也想开了，同意离婚，只是交代志摩："我们大家是知识分子，我纵和小曼离了婚，内心并没有什么成见；可是你此后对她务必始终如一，如果你三心二意，给我知道，我定以激烈手段相对的。"

原以为会酿出天大的乱子，没想到就这样和风细雨地过去了，结局还这样圆满。

游欧前，志摩就是北大的教授，秋季开学，又回北大教书。

1925年，大约9月中旬，晨报总编辑陈博生来找他，要他接编《晨报副刊》且10月1日就要出刊。早先《晨报副刊》的编辑是孙伏园，去冬为编务上的事，跟学艺部主任刘勉己闹翻，去了《京报》，另创办了《京报副刊》。这边明显落了后，不图振作，面子上先过不去。很长时间了，一直是刘勉己代编，终非长久之计。

陈博生和志摩是好朋友，留英时就认识，他知道志摩的本事。

对志摩来说，这是很有诱惑的。初回国，想办《理想》月刊，有了新月社，也想办个刊物。现在一个现成的报纸放在这儿让你办，不用考虑资金，不用考虑发行，何乐而不为呢？

办！

他同意了。但是有个条件，那就是，得由他全权来办，你陈博生不能指手画脚。陈博生自然满口应允。给志摩的话是："你来办就是了。"怕陈日后反悔，接编后的第一期上，志摩写了《我为什么来办我想怎么办》一文，既是"发刊辞"，也是跟社方的"协议书"：

我说我办就办，办法可得完全由我，我爱登什么就登什么，万一将来犯了什么忌讳出了乱子累及晨报本身的话，只要我自以为有交代，他可不能怨我；还有一层，在他虽则看起我，以为我办不至于怎样的不堪，但我自问不是一个会投机的主笔，迎合群众心理，我是不来的，谀附言论界的权威者我是不来的，取媚社会的愚暗与褊狭我是不来的；我来只认识我自己，只知对我自己负责任，我不愿意说的话你逼我求我我都不说，我要说的话你逼我求我我都不能不说：我来就是个全权的记者。

还有这样一句话，“我自己是不免开口，并且恐怕常常要开口，不比先前的副刊主任们来得知趣解事”。当时人们看了或许不在意，后来才知道，志摩不是说着玩的，是真这么做的。这也成了志摩办《晨报副刊》的一大特色。

徐志摩的名气比孙伏园大，不能光当个编辑，得给个更高点儿的名义。从后来报上发布的启事看，他的名头是副刊主任。

10月1日如期出刊，果然是一派崭新气象。除了徐志摩的《我为什么来办我想怎么办》之外，另有凌叔华的一篇小说，梁启超的三首词。刊头画是个扬手女郎。

志摩在凌叔华的小说《中秋晚》后面，附了几句跋语，其中一句是：“还有副刊篇首广告的图案，也都是凌女士的，一并致谢。”

就是这句话，让凌叔华蒙受了不白之冤，被人攻击为“剽窃”。

出刊的当天晚上，有一个聚会，谈起新出的副刊，徐祖正和邓以蛰说，这幅画是琵亚词侣（又译毕亚兹莱）的，责怪志摩为何没有说明。凌叔华更是着急，说又该人家骂了。志摩说，不忙，他正想做一篇长文说明他为什么选用那个姿态，正在找一本卡图勒斯的集子，他记得琵氏的画是图解卡图勒斯的一节诗的，那诗的内容他不知道，所以得看了书再写。问过几个朋友，都说没有这本书。

此后几天忙着编稿，就耽搁下来。直到10月8日早上，还在被窝里睡觉，一个朋友打电话来，说《京报副刊》上有人骂了。找来一看，《京报副刊》上的文章叫《似曾相识的〈晨报副刊〉篇首图案》，重余（陈学昭）写的。先说偌大的一个北京城，学者专家随处皆是，真所谓要一百只焦黄狗不易得，艺术家文学家碰脚走的！这些艺术家与文学家既然是“超狗者”的了，终于没有一点声息，而使我等得不耐烦了。他们对于窃贼是不愿发觉吗？为些什么呢？末尾点明这幅画是剽窃琵亚词侣的：万一有彼邦的人士生着如我的性格一样者，一入目对于这个“似曾相识”起了追究，若竟作大问题似的思索起来，岂不？？？我觉得难受！

不妙！是自己连累了凌叔华，志摩当天便写信给《京报副刊》编辑孙伏园，说明事情的经过，全是自己的疏忽，有人骂是该的，“幸亏我不是存心做贼，一点也不虚心，赶快来声明吧”。

徐志摩并不把这当回事。在他看来，“琵亚词侣的黑白素绘图案，就比如我们何子贞张廉卿的字，是最不可错误的作品，稍微知道西欧画事的谁不认识谁不爱他？”

他要孙伏园将此信刊出，为凌叔华辩诬。

伏园照办，10月9日刊出。

事情并没有完。第二年年初“闲话事件”起来时，鲁迅在《不是信》中还提起此事，说陈西滢以为是他揭发了凌叔华剽窃琵亚词侣的画，才说他的《中国小说史略》整节的抄袭了日本学者的书。凌叔华也不甘休，直到1926年的5月，在给徐志摩的信中，还气咻咻地说：“哼，哪晓得因此却惹动了好几位大文豪小文人，顺笔附笔的写上凌□□女士抄袭比亚斯侣大家，种种笑话，说我个人事小，占去有用的刊物篇幅事大呀！因此我总觉得那是憾事，后来就请副刊撤去这画。”

出了这个纰漏，再用下去他们看着都不舒服了，到10月17日出第九期时，便换上闻一多画的刊头。画面上，一个瘦骨嶙峋的男子裸着身子，站在山岩上绝望地呐喊。

接办前或许有些忸怩，一旦接手，徐志摩就我行我素，不管不顾地干了起来。“我来就是个全权的记者”，他是这样说的，也是这样做的。

徐志摩绝不是一个纯粹的诗人。有艺术的天分，毕竟是学政治经济的，对当时的中国社会问题，多有自己独立的思考，也就常有发表的欲望。这样一来，手里有份报纸或刊物对他来说，就成了一种企求与必须。一旦拥有，就会肆无忌惮地实施。他对陈博生说的那些话，听起来像是玩笑，实际上他就是那样想的，就要那样做。对诗歌、戏剧的提倡，不过是在文艺事业上的拓展，对中国社会说话，对现行的中国政治说话，拨乱反正，激浊扬清，才是他要做的大事业。

最能看出徐志摩办刊风格和办刊宗旨的，是几次著名的论战。

开展“苏俄仇友”大讨论，是接手办刊不过七八天的事儿。

先是1925年10月6日，北大经济学教授陈启修，在刘勉己主持的《社会周刊》第一期上刊出一文，名为《帝国主义有白色与赤色之别吗？》，对当时中国知识界有人说苏联同样是帝国主义这一论点，提出质疑。文中说，我们既知道苏联资本非常缺乏，是要待外国资本输入，苏联工业比起西欧还很幼稚，只能输出原料，决无力量用资本或商品侵略他国的可能，那么指赤色的苏联为赤色的帝国主义，简直可以说牛头不对马嘴了。最要紧的，是这样几句话：

苏联用尽他的力量，到世界上各国去宣传共产主义，到各被压迫民族中去宣传反帝国主义，这是事实。这种事实是根据他们的信仰和他们无产阶级专政国家自己利害而来的，是他们的自卫手段，是他们的生存策略。我们假如信仰不同，利害迥异，那末我们尽可反对他，称他为赤色革命主义或赤色共产主义，但是绝不能称为赤色帝国主义。何以呢？因为帝国主义是我们的敌人，我们即或不认苏联为友，也不应该因为不认其为友而失掉了我们真正的敌人。

陈启修是去过苏联的，时间在1923年秋冬，他走后，他每周两课时的统计学课，是郁达夫代教的。

此论一出，顿时惹恼了北京文化界。第一个起来反驳的是清华政治学教授张奚若，当即写了《苏俄究竟是不是我们的朋友》，送给志摩，志摩一看，二话不说，马上安排发表。10月8日就登出来了。

针对陈启修文章里的立论，张奚若反驳说，陈先生虽然勉强地容许我们不认苏联为友，但同时也不许我们认苏联为敌人。他的意思是，我们的敌人只有一个，就是帝国主义，一个人或一个国家若不是帝国主义者，他便不是我们的敌人，他竟许是我们的朋友。这个意思无论在逻辑上还是事实上都不能认为正确。因为一个人或是一个国家，敌人绝对不止一个。

张奚若在他的文章中还说，人家已经打到我们的营盘里了，必须认真对待，《社会周刊》要讨论，副刊也要就此问题展开讨论。

张奚若的文章10月8日刊出，9日早上刘勉己就拿着一篇自己的文章来找志摩，说立即在副刊登出，还要求登在与张奚若文章同一位置。志摩照办，10月10日刊出，名叫《应怎样对苏俄？——答陈启修张奚若两先生》。

刘勉己是《社会周刊》的主任，先说了他为什么刊登陈启修的这篇文章。他说，他游过欧洲，个人信念上不赞成共产主义，尤其反对赤色的共产主义。但是《社会周刊》，不同于报纸正张的社论，应当允许人们对各种各样的社会问题发表自己的看法。陈先生的文章，虽说他觉得有可以议论的地方，整体看来，还是较为理想的副刊文章。这并不等于他赞同陈先生的看法，而是觉得，现在到了应当讨论这个问题的时候了。这种讨论，应当是学理化的。政治的战略，应当用到报纸的正张上去，学术副刊的门墙是不应打进去的，更不应迎接进去的。至于怎样对付苏俄，发稿时间到了，顾不上说了，只好就此搁笔。——或许是实情，也不妨看作一个关子，他的话已经说完了。

发表时此文后面附有一篇文章，是徐志摩写的，叫《又从苏俄回讲到副刊》。办“晨副”期间，志摩常用“附言”这种形式发表看法，有时写的长了，就作为单篇文章放在前面发表。

他的观点是很激烈的，且用平和的语言说一下。他说，在他看来，中国对苏俄的问题，各地显著与隐伏着的乱象已经不容我们须臾的忽视。假如在这时候，少数有独立见解的人再不用理智这把快刀，直剖这些急近问题的中心，只怕多吃一碗饭多抽一支烟的耽误就可以使我们追悔都来不及。理智是一把解决纠纷的快刀。少数有思想力的人，有胆量认清眼前事实的人，要从头想一个透彻。只有忠实的思想才可以给我们机会，到我们自己的心灵底里去发现单纯的理想与信心；就只单纯的理想与信心，可以给我们灵感，救度我们到自身伟大的事业。糊涂的头脑，是偾事的专家；锐利的理智，是破除妖法的神剑。现在要知道的是中国人究竟有多少脑筋，有多少真的思想力；有力的思想，不是挑小差错说俏皮话或是“打偷来拳头”那一套可笑的猴子戏。没有灵魂的下文是不能进天国，那倒是省却不少麻烦；但是欠缺头脑或是完全没有头脑那可不是玩儿，结果我们勉强在地面上过活的机会都会叫旁人抢了去的。目前的政府仿佛是很奋发有为，多的是这样那样的“整理会”。现在需要的是一个更根本的“思想整理会”，来清理清理我们的头脑才是道理哪！

在刘勉己看来，副刊是完全学术性的，因此政治战略的口号不应该侵入它的门墙，志摩说他是赞成的，但这句话的含义却并不是，可以容忍巧妙的宣传文字大踏步跨入我们严密的学术性的门墙，就只为它来的时候穿上了一件科学、哲学，或是旁的什么学的外衣。这话并不是影射陈启修那篇论文，只是泛论。反对某种事情，固然往往是政治的或是什么战略作用，但同时忠实的思想，在接触现世界事物时，也可以引导我们，有时甚至逼迫我们，得到一个坚决的行为上的结论，赞成或是反对。

同时他也再一次表明自己办《晨报副刊》的宗旨。他要保持的，第一是思想的尊严与它的独立性，这是不能让步的。这句话，别看说出口容易，实则包含着极大的危险与责任。当初所以不敢冒昧地接手副刊，说小一点，是副刊有时不免受报馆主张大纲的影响。后来陈博生允许给他全权他才来的。这次刘勉己再次声明副刊的独立性，当主任的可以绝对不受牵制地发表他的思想，登载他的稿件，这是令人高兴的。晨报正张的宗旨他不与闻，至于他办副刊期内所认定的一个标准，只是思想的忠实，此外都无关紧要。危险嘛，他是不怕的。

10月15日，徐志摩正式在《晨报副刊》上开展“关于苏俄仇友问题的讨论”，他写了《前言》，发表了陈均和陈翔两篇来稿。虽则是政治话题，他那支笔娓娓道之，听来又亲切又明白：

陈均先生有一段话我觉得很痛切，就是中国人只学会了“全是你不好害得我……”一句对人的话，却从不反省他自己的病源，我们现在应该学第二句话了，这是对于自己说的：“全是你自个儿不争气看今天多倒霉！”“物必自腐而后虫生之”这话虽则不科学，到底还是一句名言，我们正应该在这上面揣摩，且慢说谁来欺负我，呜呜！谁又来欺负我，呜呜！呸，这懦怯的呻吟声我们听厌了……这一潭水混浊到凝成固体的状态了；我们的工作是到这溷浊的底里去挑开原来清澈的泉眼，让它一汩一汩的再从地心里溢出地面。你等着看，要不了多少时候，完全的混浊可以戏法似的变成澈底的澄清，那时候你漱口也成，濯缨也好，反正死的活了过来，正经的事业才有上场的日子！

10月22日，在“仇友赤白的仇友赤白”的总题下，发表四篇文章，一篇是志摩的前言《记者的声明》，一篇是奚若的《联俄与反对共产》，一篇是江绍原的《来信》，一篇是抱朴的《苏俄不是帝国主义吗》。

徐志摩的态度非常明确，想通过讨论而让更多的人能够明辨是非，他也一点不隐讳自己的看法，在《记者的声明》中说：

我不但不是笼统反对联俄的人，在理论上和对于人类的同情上，我竟许是个赞成共产主义的人；不过这是指理论上的共产主义和俄国试行共产主义而言；要把共产主义生吞活剥的拿到今日的中国社会上去实行，那便是无条件的反对。

10月31日《晨报副刊》上有赵奉生的《驳陈黄生之谬论并告爱国青年》。

11月以后《晨报副刊》的文章还有张奚若的《一篇不应该做的文章》（2日），张慰慈译的《论苏俄》（3日、14日、19日），刘侃元的《中国的建国策与对苏俄》（3日、7日、9日、12日），抱朴的《赤俄与反帝国主义》，张慰慈的《我也谈谈苏俄》（12日），张奚若的《共产主义与中国》（16日），陈筠的《联俄与排俄平议》（23日、25日、26日、28日）。

并非全是清一色的反苏文章，也登些不同的意见。11月3日起连载的刘侃元《中国的建国策与对苏俄》主张中国学习苏俄，主张应由政府宣言一切财产收归国有，实行苏联式的共产主义，作者自己甚至说他的这篇文章“干脆是一篇共产主义的讴歌文”。此文甚长，考虑它在来稿中有代表性，志摩还是刊载了，同时写了《刘侃元先生来件前言》。

刘侃元文中说，只要中央政府宣言一切财产收归国有，中国就赶上了、学成了苏俄，从此就天下太平了。零星来稿很多，至少刘先生这篇的看法是连贯的，见解不同的人可以得到一个相与讨论的凭借。至于有人说副刊的篇幅不该让一个问题独占，志摩希望他和至少部分的读者不曾把这个问题过分地看重。

参与讨论的，大都是当时中国的一流学者，不管他们的观点如何，都可说是从国家民族的前途出发，各持己见，畅所欲言。

与此同时，《社会周刊》也两次组织“对俄问题讨论号”，发表过梁启超的《复勉己书论对俄问题》，陈翰笙的《联苏联的理由》，陈启修的《中国对苏联政策应当如何？》，陶孟和的《对于苏俄的疑问》，丁文江的《论对俄问题》等。

到了11月底，这场讨论就结束了。

至此可以说，这场讨论虽不是徐志摩发起的，却是在他的组织下扩大开来并深入下去的。

在对苏俄的认识上，胡适与徐志摩有歧争。

1926年7月17日，胡适离开北京，取道莫斯科赴英国参加中英庚款咨询委员会的会议。途中曾给张慰慈三封信，第二封信谈了他在莫斯科得到的印象，与前一年春天徐志摩得到的印象大为不同，他认为苏联共产党人是有理想和理想主义的政治家。他们的理想也许有我们爱自由的人不能完全赞同的，但他们意志的专笃却是我们不能不十分顶礼佩服的。他们正在这里做一个空前伟大的政治新试验，他们有理想、有计划、有绝对的信心，只此三项就足使我们愧死。张慰慈认为胡适是个不肯轻易发表意见的人，既然这样看，必有他的道理。于是写了一个不长的按语，把这三封信交给志摩发表。

对胡适这三封信的处理，志摩非常慎重，且有个认识的过程。

可以说，张慰慈初拿来那阵儿，也还激动了一阵子，过后就发觉不是那么回事了。这可不是揣测，是有事实做依据的。胡适经西伯利亚赴欧，启程在6月，估算一下，路过莫斯科，当在7月，张慰慈收到这三封信，当在8月初。1926年8月9日，《晨报副刊》登出一篇文章，名为《南行杂记・一、丑西湖》。8月23日刊出第二篇，名为《南行杂记・二、劳资问题》。前一篇落款为8月7日，当是刊出的前两天写的。后一篇是旧稿，是两年前参观父亲的丝厂后写下没用，又在前面加了长长的一篇，定了个题目，叫《劳资问题》。其中有一段，说到他的一个朋友，新近到了苏俄，且发生了极纯挚的反省，一看就是在说胡适，说他刚看到胡适三封信的感受：

又一个朋友新近到了苏俄也发生了极纯挚的反省：他在那边不发见什么恐怖与危机，他发见的是一团伟大勇猛的精神在那里伟大的勇猛的为全社会做事；他发见的是不容否认的理想主义与各项在实施中的理想；他发见的是一个有生命有力量的民族，他们所试验的事业即使不免有可议的地方，也决不是完全在醉生梦死中的中国人有丝毫的权利来批评的。听着：决不是完全在醉生梦死中的中国人有丝毫的权利来批评的！

9月11日，胡适的信和张慰慈的按语同时刊出。徐志摩在胡适的信后，又加了自己的按语，志摩指出，胡适所以出现这样的判断，一是他过分注重实干精神，而不分是什么样的实干，再就是他这几年没有出过国，“自从留学归来已做了将近十年的中国人”。

同时他还分析了胡适近十年来的思想轨迹，“他的思想史是有趣味的”。《新青年》是他第一个时期，这狂飙期的结束点是他的“好人政府”主义，好比黄梅时节的天气，晴雨不得分明，太倾向妥协社会的一派，大部分青年对他是失望的。这次走出了国门，分明是走进了思想的新生机。过去这位实验主义先生，是轻易不谈理想的，有时简直鄙薄理想主义，这回出国不满一个月，他就重复地郑重地叮嘱我们谈政治不可无理想，不可无理想主义。这在他个人是个新现象。

知道胡适对苏俄的态度，必将在国内引起各方面的注意，徐志摩决定索性在《晨报副刊》上开展一次讨论，将去年那场“仇友赤白”的讨论进一步深入下去。他把这个意思写信告诉了在国外的胡适，说“你讨论俄国的几封信，一定有很多批评，我陆续给你，你有信请亦陆续寄我代发表”。

此后《晨报副刊》发表过瞿菊农的《注适之先生的“态度”》，张象鼎（张友渔）和徐志摩关于“党化教育”的讨论，夏文运的《读〈一个态度与案语〉》等文章。这时已是9月下旬了，志摩忙于10月初的婚礼，无心做事，这场讨论也就没有继续下去。

志摩编《晨报副刊》，有个特点，就是有什么事了，该说的，在“报屁股”上，写上几个字印出来就办了。想来这种办法，是在英国学下的。当年我编《徐志摩全集》时，对这些文字的处置很是费了一番心思。长点的，作为单篇文章处理，没说的。问题是那些短的，曾模仿志摩写文章的办法，归拢成一堆，起了个名字叫《编〈晨副〉的零碎》；志摩曾写过一文，叫《零碎》（载1925年10月24日《晨报副刊》），说的是他近来“积了不少零碎的事件”，一并处理了。

后来又觉得，这些文字虽然短，可说是极短，有的只是一句话，但是他们有题目，有作者，还有落款时间，应当作为文章处置。又拆开，作为一篇一篇的文章，排在全集里。这也是我编的那套《徐志摩全集》的一个小小的特色。

2.《诗镌》

最初陈博生让徐志摩办《晨报副刊》时，志摩心存犹豫，他看中一个可以代替他的人，不是别人，正是刚回国不久的闻一多。

1925年8月9日，闻一多参加了新月社的一次茶话会，算是正式加入了新月社。第二天，新月社又有一个聚会，徐志摩和闻一多都来了。

“谋到饭碗否？”志摩问一多。

“没有。可否替我想想法子？”

于是志摩便谈起《晨报副刊》的事，现由刘勉己兼任，正拟另觅合适人选专管此事，已与他接洽多次，他已应允担任北大功课，朋友们都不愿意他再承办《晨报副刊》。他有意向报社推荐一多，薪水总在二三百之间，至少也在百元以上。最后说：

“一多，你来办吧！”

以上情节，见湖北人民版《闻一多全集》第12卷第227～228页。

看来是报社方面不同意，此事没有办成。后来徐志摩推荐闻一多担任了新成立的艺术专门学校的教务长。再后来，在陈博生的一再恳请下，志摩自己就任了《晨报》的副刊主任。

闻一多是1925年6月1日回国的，在家乡小住一段时间，不久便来到北京谋职，在西单二龙坑梯子胡同一号院租屋住下。

当年在清华时，他就是清华文学社的领袖人物，留美归来，身价更高。正好梯子胡同一号院里还有两间闲屋，先是朱湘和饶孟侃租了一间，不久杨世恩和孙大雨租下另一间。这四个人，后来在新诗写作上各有成就，正好他们都是清华出来的，又正好他们的表字上都有一个“子”字，朱湘子沅，孟侃子离，世恩子惠，大雨子潜，后来人们便称他们为“清华四子”。

这四子也都是自视甚高的青年才俊。北京还有一些爱好新诗的青年，如刘梦苇、蹇先艾、朱大楠等人，也是梯子胡同一号的常客。

担任艺专教务长后，接来家眷，闻一多搬到西京畿道三十四号住家。三间宽敞的北房，布置得极富艺术气氛，很快这儿便成了大家聚会的地方。另一个聚会之处，是刘梦苇在东河沿震东公寓的住所。平日闲谈中，都痛感没有自己的阵地是多么不方便。

1926年春天的一个晚上，蹇先艾去看望刘梦苇，闻一多、朱湘、饶孟侃等人也在座，正在翻阅梦苇手抄的他近两年的作品《孤鸿集》。还有两位新客人——于赓虞和朱大楠。梦苇虽然有病，谈诗的情绪仍然很高，他用沙哑的声音对朋友们说：

"1922年，朱自清、刘延陵、叶绍钧几位办过一个《诗刊》，可惜第二年就夭折了！真可惜。我们这几个朋友凑拢来办一个《诗刊》好不好？"

大家不约而同地点头赞成。只是有两个问题难以解决：一个是印刷费无着；一个是北洋军阀段祺瑞当权，办刊物要呈报备案。段祺瑞一向视新文学运动如洪水猛兽，报上去肯定会石沉大海。大家又皱起眉头来，不知谁说了一句：

"我看，不如借哪家报纸副刊的篇幅先出一个周刊，这个比较简单，只要副刊的编辑同意就行了。"

大家又分析，徐志摩和孙伏园分别主编《晨报》和《京报》的副刊，但是《京报》出的副刊相当多，看来是插不进去了。还是找徐志摩较为妥当。徐是诗人，周刊就由他来编，大家供给稿件。当场公推闻一多、蹇先艾去和徐志摩联系。（蹇先艾《〈晨报副刊〉始终》）

徐志摩没有犹豫，很爽快地答应了。

1926年4月1日，"诗刊"正式出版，一星期一期，实际就是占用《晨报副刊》一期的版面。副刊形制，并不是一张报，而是一个册子，相当于一本薄薄的杂志，随报附送。一期通常是4个版面。刊头二字，仍用蒲伯英老先生的字。老先生的脾气仍是个不改，仍认为隶书里无刊字，仍跟写《晨报副刊》时一样，假借了镌字。这样《诗刊》也写成了《诗镌》。这一假借，倒使《诗镌》在众多的诗刊中得到一个别致的名字。至少在我们的书里，跟1930年在上海办的《诗刊》，区别开来。

第一期上，有志摩写的《诗刊弁言》，算是敲了开场锣鼓。

4月1日要见报，文章写于"三月三十日夜深时"，第二天排版，一早就要发稿，可说是赶出来的。

这种文章，最见志摩行文的敏捷，也最见志摩文章的风采。本来这样的文章，三两句话，意思就说清了。可毕竟是文章，怎么也不能三两句话便打发了。这就看做文章的功夫了。好多人的做法，先是立论，也叫起题，下面再承，再转，再合，不失为一篇四平八稳的文章。志摩的文章，从不走这个路子，太累人，太虚伪。他总是直来直去，纵不合章法，读来却是痛快淋漓：

我们几个朋友想借副刊的地位，每星期发行一次诗刊，专载创作的新诗与关于诗或诗学的批评及研究文章。本来这一句话就够说明我们出诗刊的意思；但本期有的是篇幅，当编辑的得想法补满它；容我先说这诗刊的起因，再说我个人对于新诗的意见。

因为是初创，稿件还不齐，“本期有的是篇幅”，这话之直率，谁看了都会吃惊。既然是为了充实篇幅，那就让他“信马由缰”地写下去吧：

我在早三两天前才知道闻一多的家是一群新诗人的乐窝，他们常常会面，彼此互相批评作品，讨论学理。上星期六我也去了。一多那三间画室，布置的意味先就怪。他把墙壁涂成一体墨黑，狭狭的给镶上金边，像一个裸体的非洲女子手臂上脚踝上套着细金圈似的情调。有一间屋子朝外壁上挖出一个方形的神龛，供着的，不消说，当然是米鲁薇纳丝一类的雕像。他的那个也够尺外高，石色黄澄澄的像蒸熟的糯米，衬着一体黑的背景，别饶一种澹远的梦趣，看了叫人想起一片倦阳中的荒芜的草原，有几条牛尾几个羊头在草丛中掉动。这是他的客室。那边一间是他做工的屋子，基角上支着画架，壁上挂着几幅油色不曾干的画。屋子极小，但你在屋里觉不出你的身子大；带金圈上的黑公主有些杀伐气，但她不至于吓瘪你的灵性；裸体的女神（她屈着一支腿挽着往下沈的亵衣），免不了几分引诱性，但她决不容许你逾分的妄想。白天有太阳进来，黑壁上也沾着光；晚上黑影进来，屋子里仿佛有梅斐士滔佛利士的踪迹；夜间黑影与灯光交斗，幻出种种不成形的怪象。

这是一多手造的阿房，确是一个别有气象的所在，不比我们单知道买花洋纸糊墙，买花席子铺地，买洋式木器填屋子的乡蠢。有意识的安排，不论是一间屋，一身衣服，一瓶花，就有一种激发想像的暗示，就有一种特具的引力。难怪一多家里见天有那些诗人去团聚——我羡慕他！

这种文字，任谁看了，都知道是闲笔，还有点跑了题。可是我要说，你上当了。志摩的笔头，如同他的脚尖，踮起一个旋，身子一扭，脸面又朝了过来：

我写那几间屋子因为它们不仅是一多自己习艺的背景，它们也就是我们这诗刊的背景。这搭题居然被我做上了；我期望我们将来不至辜负这制背景人的匠心，不辜负那发糯米光的爱神，不辜负那戴金圈的黑姑娘，不辜负那梅斐士滔佛利士出没的空气！

这些自然是比喻，堪称作诗的“兴”，有了这个兴，下面的大话就好说了，至少说起来就顺溜了：

我们的大话是：要把创格的新诗当一件认真事情做。这话转到了我个人对于新诗的浅见。我第一得声明我决没有厚颜，自诩有什么诗才。新近我见一则短文上写：“没有人会以为徐志摩是一个诗人……”对极，至少我自己决不敢这样想，因为诗人总得有天才，天才的担负是一种压得死人的担负，我想着就害怕，我那敢？实际上我写成了诗式的东西借机会发表，完全是又一件事，这决不证明我是诗人，要不然诗人真的可以充汗牛之栋了！一个时代见不着一个真诗人，是常例；有一两个露面已够例外；再盼望多简直是疯想。

知道与之打交道的，一个比一个牛，哪个不是自命不凡？这是实话，但也不能这样实说，要补上这个窟窿，只有把自己填了进去：

像我个人，归根说，能认识几个字，能懂得多少物理人情，做一个平常人还怕不够格，何况更高的？我又何尝懂得诗，兴致来时随笔写下的就能算诗吗，怕没有这样容易！我性灵里即使有些微创作的光亮，那光亮也就微细得可怜，像板缝里逸出的一线豆油灯光。痛苦就在这里；这一丝Will-o’-the-Wisp，若隐若现的晃着，我料定是我终身不得（性灵的）安宁的原因。我如其胆敢尝试过文艺的作品，也无非是在黑弄里弄班斧，始终是其妙莫名，完全没有理智的批准，没有可以自信的目标。你们单看我第一部集子的杂乱，荒伧，就可以知道我这里的供状决不是矫情。我这生转上文学的路径是极兀突的一件事；我的出发是单独的，我的旅程是寂寞的，我的前途是蒙昧的。

虽是单独的出发，虽是寂寞的旅程，虽是蒙昧的前途，然而，现在不一样了。为什么呢，因为直到最近他才发现在这道上摸索的，不止他一个；旅伴实际上尽有，只是彼此不曾有机会携手。这发现在他来说，是一种不可言喻的快乐，欣慰。管得这道终究是通是绝，单这在患难中找得同情，已够酬劳这颠沛的辛苦。管得前途有否天晓，单这在黑暗中叫应，彼此诉说曾经的折磨，已够暂时忘却肢体的疲倦。

是的，我们相识了，我们结成战阵了，我们要去努力前行了，前面将有一个伟大美丽的将来。

临了，客气的话，还是要说的，该叮嘱的事，还是要叮嘱的：

上面写的似乎太近宣言式的铺张，那并不是上等的口味，但我这杆野马性的笔是没法驾驭的；我的期望是至少在我们几个人中间，我的话可以取得相当的认可。同时我也感觉一种戒惧。我第一不敢担保这诗刊有多久的生命；第二不敢担保这诗刊的内容可以满足读者们最低限度的笃责。这当然全在我们自己；这年头多的是虎头蛇尾的现象，且看我们这群人终究能避免这时髦否？

此后诗刊准每星期四印出，我们欢迎外来的投稿。

这第一期是三月十八血案的专号，参看闻一多的下文。

“参看闻一多的下文”，意思是说第一期，是闻一多编的。

任谁也得说，这是一篇至情至理、毫无缺憾的好文章，好发刊词。

年轻人在一起，又都自视甚高，好上没几天，一有不合，便会翻了脸。跟志摩还没有什么，毕竟是借了人家的地盘，自家弟兄就不一样了。

闻一多在西单二龙坑梯子胡同一号住的时候，朱湘和饶孟侃就住在同院另一屋里。闻一多搬到西京畿道三十四号住家，布置他那充满艺术气氛的书斋与客厅时，朱湘就在跟前，“至于绘制图案，我当场看见的，他提起笔来便成功了”。（《朱湘散文集》第361～362页）

《诗镌》一出刊就声响不凡。不料三期出过，四期尚未出版的间隙，朱湘就和闻一多闹翻了。4月22日出刊的第四期上登出《朱湘启事》：

我的新诗集《草莽》已经付印了，内有一篇几百行的长诗《王娇》，两篇各长百行的叙事诗《月游》《还乡》，与《猫诰》的二稿。以及许多没有发表过的诗和发表过的诗之二稿。我的《新诗评》决定和《新诗选》合出一册。这本《新诗评》分上下两编。上编是分评，除去已经发表过的几篇以外，还有《闻君一多所做诗的攻错》（先登《小说月报》）《湖畔社》《刘君梦苇的诗》等几篇。下编是总评《新诗的途径》。书出来的时候，会在《小说月报》和本京的各报纸杂志上面通知的。

冲突的原因，“据说是《诗镌》第三号将朱湘最为得意的《采莲曲》排在第三篇，位于饶孟侃之后，引起朱湘不满”。（《闻一多年谱长编》第323页）

这就小看朱湘了。不会这么简单，也不会这么琐碎。这一期里，徐志摩的

《西伯利亚》排在第七上，谁也不该再生什么邪念。第四版几乎整版都是朱湘的《新诗评》，他怎好意思再在排名上争究？

原因只能从他的启事中找。说他的新诗集已经付印了，这是因为1925年1月他已出版过诗集《夏天》。此前1923年9月闻一多出过《红烛》，此后1925年8月徐志摩出了《志摩的诗》。也就是说，在这上头，他就是要骄人也没什么可骄的。说他要出诗集、诗评集，不过是说他多么能行，不把徐志摩和闻一多放在眼里罢了。

事实上，最初倡议办《诗镌》时，朱湘就对徐志摩有很深的成见。在《刘梦苇与新诗形式运动》中，他说："《诗刊》之起是有一天我到梦苇那里去，他说他发起办一个诗的刊物，已经向《晨报副刊》交涉好了。他约我帮忙，我当时已经看透了那副刊的主笔徐志摩是一个假诗人，不过凭借学阀的积势以及读众的浅陋在那里招摇。但是我看了梦苇的面子，答应了。由他动议在闻一多家中开成立会。会中多数通过《诗刊》的稿件由到场各人轮流担任主编，发行方面由徐志摩担任与晨报馆交涉"。

若徐志摩不是个诗人，这么说是对的，若徐志摩不是《晨报副刊》的主编，这么说也是对的，可惜这两样都是，就不能说朱湘不是意气用事了。

人对人的厌恶有时是莫名其妙的，在这上头不必苛责我们的诗人。但是做起事来，就得看谁有理谁没理，谁是对谁是错了。

闻一多、饶孟侃等人，很珍惜这个机会，与徐志摩诚心地合作。这就引起朱湘极大的不满。冲突发生在三期出刊之后。4月15日这天还没事，三期出刊了，闻一多写给远在美国的梁实秋和熊佛西的信中说："《诗镌》重要分子当数朱、饶、杨、刘（梦苇）。四子中三人属清华，亦又一怪事也。"（《闻一多全集》第12卷第233页）

可见这时还没事，四期刊出《朱湘启事》，说明冲突已发生了。四期是22日出版的，五天后，闻一多再给梁实秋写信，口气就变了：

> 朱湘目下和我们大翻脸，说瞧徐志摩那张尖嘴，就不像是做诗的人，说闻一多妒嫉他，作了七千言的大文章痛击我，声言要打倒饶杨等人的上帝。这位先生的确有神经病，我们都视他同疯狗一般……这个人只有猖狂的兽性，没有热烈的感情。至于他的为人，一言难尽！（同上，第235页）

这里说徐志摩那张尖嘴就不像是作诗的人，和前面提到说徐志摩是一个假诗人，没有多少分量上的差别。

朱湘对徐志摩的不满，早就有了，但还能维持，证据是合作开始后，他还写了文章评《志摩的诗》，说“徐君的第一本诗集已经这样的不凡，以后的更是可想而知，我们等着，心中充满了一腔希望的等候着”。于此可知，他是和闻一多起了冲突。

这里闻说朱“作了七千言的大文章痛击我”，朱《启事》中说他的《新诗评》中还有《闻君一多所做诗的攻错》，且特别注明先登《小说月报》，也都吻合。

徐霞村晚年回忆说，《诗镌》刚出几期，朱湘便退出编委，告诉我他已经写了一封信给徐志摩，声明自己与《诗镌》脱离关系。我一问缘由，才知道是因为朱湘不满于徐志摩的不严肃的编辑态度，不容忍于徐志摩利用编选权力，搞文人间的互相吹捧的油滑的市侩作风。（徐霞村《我所认为的朱湘》）

这不过是几十年之后的诠释，难免受定评的左右，说不满意徐志摩，总要比不满意闻一多好听些。

徐志摩是个平和的人，他会把朱闻之间的冲突看作年轻诗人之间的摩擦，多半不会想到自己有什么不对。朱湘的话他听到了，肯定会不高兴，但不会有其他什么表示。除作诗是可比的之外，其他方面不可比的东西毕竟太多了。

4月24日《晨报副刊》又登出朱湘的《我的读诗会》。以情理论，肯定是朱湘送来徐志摩才登的，不会是徐志摩从朱湘那儿取来的。

这篇文章先说读诗会这种欣赏诗的形式，在外国是有的，中国的外国人也曾做过。中国还没有这样的会，是件极可惋惜的事情。如今在新诗上努力的人，注意到音节的不少，怎样才能知道某种音节上的努力是成功了，应当进行，某种音节上的努力是失败了，应当停止，只有读诗会。为此他要举办个人的读诗会。末后并标明读诗会的时间和地点：5月1日下午三时半，东四牌楼五显庙适存中学，不收费。对朱湘的作为，徐志摩是赏识的，在文后加上附识：

朱湘先生是最不苟且最用心深刻的一位新起作者，他这初次读诗会应分是新文学界的一个愉快！注意新诗的人们不可错过这机会。志摩附识。

朱湘太任性了，到时候却没有开。声明推迟的纸条，5月1日下午才寄到志摩手中。这样言而无信，于报纸声誉是有妨碍的。徐志摩无奈，及时写了道歉的文字，2日不出刊，3日才刊出：

有一件该得道歉的事。早几天朱湘先生借本刊公布他的“个人读诗会”，定在五月一日。谁知朱先生临时“回”了，他寄来的第二个字纸声明读诗会暂缓举行的，到今天下午（五月一日）才到我的手里！我很怕有人一定白跑了；如其有，我十分觉得抱歉，因为不能及早把“回”条贴出。还有朱先生来条上说他要等他的诗集于印出后再来“公开念”，一并代为声明。记者。五月一日。

这是徐志摩。闻一多可就不客气了，在5月27日的《诗镌》上刊出一篇杂文《诗人的蛮横》，一看就是攻击朱湘的。其中说，有的诗人写了诗，要是编辑、手民或读者，不管哪一方面对他大意了一点，他便又要大发雷霆，骂这世界盲目、冷酷、残忍、蹂躏天才，这种行为不是蛮横是什么？再比如你好心好意对他这作品下一点批评，说他好，那固然算你没有瞎眼睛，你要是敢说他半个坏字，那你可触动了太岁，他能咒到你全家都死尽了。你说这不是蛮横是什么？

谁平和，谁激烈，在这上头看得清清楚楚。这也可以反证朱湘跟谁的仇恨更大些。对徐志摩的看法前后是一致的，对闻一多则前恭后倨，总是有个什么东西促成了这种变化。总不好说闻一多全是为徐志摩打抱不平吧。

对徐志摩，朱湘仍不时给以攻击性批评。1927年9月徐志摩的第二个诗集《翡冷翠的一夜》出版，朱湘撰文批评，开头两段是这样的：

翻开徐君志摩的第二个诗汇，第一首便是与书名相同的《翡冷翠的一夜》。看完这首诗倒觉得满意。我心里想，要是这本书篇篇都是这样，那就也算得现今国内诗坛上一本水平线上的作品了。

那知道看下去，一首疲弱过一首，直到压轴一首《罪与罚》，我看了简直要呕出。（《朱湘散文》上集第201页，中国广播电视出版社）

开头就说了这样的话，后面还会有什么样的话，也就不必猜测了。

前不久，安徽师范大学的刘萍教授，通过微信问我，朱湘那么骂徐志摩，志摩可有回应？因为她写了一篇关于朱湘的文章，她的导师说，若有志摩的回应，这文章就充实了。她知道我对志摩史事也还熟悉，便来问我。我当时的回答是，这样的事，志摩一般是不会回应的。

我也学学徐志摩。不是像志摩写《诗刊弁言》那样，稿子不凑手，有的是篇幅，可以信马由缰，我是想到了眼下的中国诗歌，前面又说了许多朱湘的不是，这里要为此人说几句公道话。我不会扯得太远，只想转述朱湘对新诗的看法，以期引起眼下的诗人们的注意。

还得说我的一个功德。编《徐志摩全集》时，因为志摩的许多文章，都是有针对具体人、具体事写的，怕后世的读者不明所以，凡与名人有关的小文章（太短，难明底里），都尽量附上相关文字。志摩的这篇《〈我的读诗会〉附识》后面，附了朱湘的《我的读诗会》一文，这样，不用翻找，就看得到朱先生的这篇阐述他新诗观点的文章了。

还要强调一下，他是主张新诗要有音节的，要能读得出调子，朗朗上口的。全文仅三段且看第二段：

我国还不曾举行过这种的会。这是一件极可惋惜的事情，因为这种诵读会是能对于新文学，尤其是诗的音节的形成上有很大的帮助的，诗这件东西，说来，是应当内容、外形、音节三样并重的。我国的新诗，它如今正在胚胎的时期中。“工欲善其事，必先利其器”，所以现在的新诗应当特别用力在音节与外形两者之上，庶几可以造成一种完善的工具；完善的工具造成之后，新诗的兴盛才有希望。如今在新诗上努力的人，注意到音节的也不少。但是这些致力于音节的人怎样才能知道他们的某种音节上的试验是成功了，可以继续努力，某种音节上的努力是失败了，应当停止进行呢？读诗会！读诗会便是解决这个问题的方法。

坚持新诗必须有韵，可说是《诗镌》诸人的共同观念。我的《晨报副刊》全套影印本不在手边，不能多事征引，手边有我写的一本《悲情徐志摩》（同心出版社，2005年版），配有多幅插图。写《晨报副刊》一章里，插图为《诗镌》第7期的首页。目录看不清，头条文章便是闻一多的《诗的格律》。

到6月10日出到11期，因为几位同人放假离开北京，难以为继，便停了。徐志摩写的终刊词就叫《诗刊放假》。

《诗镌》停办之前，余上沅、张嘉铸等人就想办《剧刊》，《诗镌》一停，机会来了。志摩同样支持。办法照旧，一星期一期，6月17日创刊，到9月23日出到第15期时，志摩要结婚顾不过来，便匆匆停止。创刊时，志摩写了《剧刊始业》，终刊号上自然也该写个什么，要写一篇《剧刊终期》，只写了一半，后一半还是余上沅续完的。婚后南下，从此就离开了《晨报副刊》。

3.《新月》月刊

该着《新月》月刊了，且撂远了说。

我的爱买书，当年不觉得怎么样，后来写起《徐志摩传》，编起《徐志摩年谱》，才发现我的爱买书，路子真够野的。按说，研究开徐志摩，再买《新月》的影印合订本也不迟，而我呢，对徐志摩还没有一点研究的兴趣的时候，上海书店出版的全套《新月》影印本合订本，居然已买了下来。

提这个，不是自我标榜，是要说我对这套影印合订本的看法。

起初看法还挺好的，只是觉得怪怪的。怎么印得那样紧密，有些字句，要死死地扯开两边的书页，才能看到。这版式也太不讲究了。

后来搞开徐志摩的研究，就在太原，在省作家协会的宿舍，偶尔也会去京沪查查材料，甚至还会通过《藏书报》的信息栏，买些徐志摩的旧版书。一天，我们单位的一位老学者，也是我的同乡董大中先生，路上遇见我，说他去过太原南宫的旧书市场，有个摊子上卖老版的《新月》。太原南宫的旧书市场，一星期只有六、日两天开放，他告诉我的时候，是星期日的下午，他从南宫回来的路上。我记住了，下个星期的星期六，早早去了，果然在进入市场的路边，有个书摊上，摆着六本旧版的《新月》。尽量沉住气，问了价钱，一本30元，也没还价，就全买了。

不必说回来对照查看了，在摊子跟前，我就知道，影印合订本的编者，做了怎样的手脚。

影印合订本，所以内文那样挤，不是人家原本就那么个样，是编者将原本宽宽大大的四方形的开本，印成了普通32开的本子，不挤才怪哩。

不管怎么说，我是有了几本《新月》的原刊本。

看到原本，感觉上亲切了许多。

书店毕竟是个书店，虽有文化建设的意义，毕竟不能及时地刊载作品，显示他们的文学才华，发表他们对时局的看法。到了1928年元旦，几个人商议之后，决定办一个刊物，刊名叫《新月》，一看就是徐志摩的主意。当天志摩在他的日记里记下这样一句话："新月决定办。"可以想见，这天他们有个聚会，谈笑间敲定了这件事。

创刊号出来，已是3月间的事了。有了自己的刊物，如虎添翼，新月派的声势更大了。创刊号上，打头的一篇是徐志摩写的发刊词《新月的态度》，看看这篇文章，就知道这一伙人，有多大的气派、多高的心志了。

几个人商议时，并没有人提议，让志摩写这样一篇"发刊词"。

是志摩回去后，自个激情难捺，一鼓作气，写了出来。

拿给大家看了，没有不说好的。

一上来，先是两句英文，算是题记吧。

一句是《旧约·创世记》上的："And God said, Let there be light, and there was light." 一句是雪莱《西风颂》中的句子："If winter comes, can Spring be far behind?" 译成中文，前一句是：要有光，就有了光。后一句是：如果冬天来了，春天还会远吗?

办了新月书店，又要办《新月》月刊，这不正是志摩早在美国就萌生想法，在英国结识了奥格登之后，越发想要付诸实践的人生理想吗?

啊，马上就要全盘实现。这激动，岂是语言所能表述的!

然而，他也清醒地意识到，这个时候，最不应流露的，恰是自己的理想要实现的喜悦。不看梁实秋、潘光旦那些人，哪个是认同他的"新月社"的？是的，要撇清，撇得清清的，惟其如此，才能合作下去，完成心中的理想，实现人生的抱负。因此上，一下笔便是：

我们这月刊题名《新月》，不是因为曾经有过什么"新月社"，那早已散消，也不是因为有"新月书店"，那是单独一种营业，它和本刊的关系只是担任印刷与发行。《新月》月刊是独立的。

我们舍不得新月这名字，因为它虽则不是一个怎样强有力的象征，但它那纤弱的一弯分明暗示著，怀抱著未来的圆满。

我们这几个朋友，没有什么组织除了这月刊本身，没有什么结合除了在文艺和学术上的努力，没有什么一致除了几个共同的理想。

凭这点集合的力量，我们希望为这时代的思想增加一些体魄，为这时代的生命添厚一些光辉。

从这几句话，就可以看出，他对这个刊物的重视，超过了同样名字的书店。接着说了他们这伙人对这个世界的认识，和认识后所持的态度：

不幸我们正逢著一个荒歉的年头，收成的希望是枉然的。这又是个混乱的年头，一切价值的标准，是颠倒了的。

要寻出荒歉的原因并且给它一个适当的补救，要收拾一个曾经大恐慌蹂躏过的市场，再进一步要扫除一切恶魔的势力，为要重见天日的清明，要浚治活力的来源，为要解放不可制止的创造的活动——这项巨大的事业当然不是少数人，尤其不是我们这少数人所敢妄想完全担当的。

但我们自分还是有我们可做的一部分的事。连著别的事情我们想贡献一个谦卑的态度。这态度，就正面说，有它特别侧重的地方，就反面说，也有它郑重矜持的地方。

接下来，说了他们的态度不容忍的。不妨把思想（广义的，现代刊物的内容的一个简称）比作一个市场，且来看看这市场上看得见的是些什么？如同在别的市场上，这思想的市场上也是摆满了摊子，开满了店铺，挂满了招牌，扯满了旗号，贴满了广告，这一眼看去辨认得清的至少有十来种行业，各有各的色彩，各有各的引诱，我们把它们列举起来看看。不能容忍的文艺现象，共十三种。分别是：感伤派、颓废派、唯美派、功利派、训世派、攻击派、偏激派、纤巧派、淫秽派、热狂派、稗贩派、标语派、主义派。

又说，商业上有自由，不错。思想上言论上更应得有充分的自由，不错。但得在相当的条件下。最主要的两个条件是：（一）不妨害健康的原则；（二）不折辱尊严的原则。最后向世人宣告：

要从恶浊的底里解放圣洁的泉源，要从时代的破烂里规复人生的尊严——这是我们的志愿。成见不是我们的，我们先不问风是在哪一个方面吹。功利不是我们的，我们不计较稻穗的饱满是在哪一天。无常是造物的喜怒，茫昧是生活的前途，临到"闭幕"的那俄顷，更不分凡夫与英雄，痴愚与圣贤，谁都得撒手，谁都得走；但在那最后的黑暗还不曾覆盖一切以前，我们还不一样的得认真来扮演我们的名分？……我们不能不醒起，不能不奋争，尤其在人生的尊严与健康横受凌辱与侵袭的时日！来吧，那天边白隐隐的一线，还不是这时代的"创造的理想主义"的高潮的前驱！来吧，我们想像中曙光似的闪动，还不是生命的又一个阳光充满的清朝的预告？

徐志摩曾给梁实秋说过，尊严与健康那篇宣言，不但纠正时尚，也纠正了他自己。

以上可说是办刊的宗旨，再来看看这本刊物的样式。

版型是正方的，灰蓝色封面，上部居中贴一黄色的刊名纸签，签上横书古宋体"新月"二字。下部浮贴一白纸条，上面印着要目。据梁实秋《忆新月》文中说，这种正方的版型，大概是袭取英国的19世纪末的著名文艺杂志Yellow Book的形式。这所谓的《黄皮书》是一种季刊，创刊于1894年，终刊于1897年，登载诗歌、小说、散文，作者皆当时英国文坛的精英人士。最引人注意的是每期都有多幅的Aubrey—Beardsley的画，古怪夸张而又极富颓废的意味，徐志摩、闻一多都很喜欢它。《新月》模仿了《黄皮书》的形式，却很少人注意到，因为国内很少人看到过这《黄皮书》。假使左派仁兄们也知道有所谓《黄皮书》者，恐怕他们绝不会放过这一个可以大肆抨击的题目。这样的版型，从外貌上看就很特别，给人清新典雅的感觉。

新月这些人，几乎清一色的留学欧美出身，崇尚的是自由主义和个人主义，用梁实秋的话说，"各有各的思想路数，各有各的研究范围，各有各的生活方式，各有各的职业技能，彼此不需标榜，更没有依赖"，起纠纷，闹矛盾，该是他们的当行本色。

事实也确实如此。办新月书店是大家出钱，聘请会办的人办，都还相安无事。转过年要办《新月》了，可就热闹了。书店可说都不会办，刊物可说没有不会办的。几乎可以说，从一开始就有冲突与纠葛，好在各自都有足够的豁达与忍让，在冲突中明确彼此的意见，在纠葛中协调彼此的关系。

据饶孟侃《关于新月派》（未刊手稿）中说，创刊号是徐志摩一手编定的，他早已写成了一篇《新月的态度》这样的文章，但满纸全是空谈资产阶级的"健康"与"尊严"，当时他和闻一多看了都不同意，但又无他法可想。不便反对，只好提出以后要多登创作，少发议论，决不浪费笔墨来写这样的文章。这一期还刊出了梁实秋的一篇《文学的纪律》，只觉得立论过偏，可能要引起不必要的争论（后来果然遭到了创造社的反对）。饶先生的话不可全信，因为这篇文章写于20世纪60年代，其时国内的政治气候是什么，都是知道的。要写，也只能这样写。实际上，新月一伙人中，他和徐志摩的关系是很好的。最初的几期，说是徐志摩在编，实际上做具体事儿的是他。但也不是全不可信。他和闻一多对徐志摩有意见，当也是实情，只是没到那么明显的程度罢了。事后的追述，难免添加了政治的歧见。

也还是饶孟侃说的，他和闻一多都没有料到的是，"刊物一露头，便风靡一时，它的销路很快就赶上了《东方杂志》的销路"。

顺便说一下刊物后来的人事变动。徐志摩、闻一多、饶孟侃，最初的这三个编辑人，说好是轮流坐庄的，徐编第一期，饶编第二期，第三期轮到闻一多了，恰好闻去了南京教书，便委托饶来编，虽事先有安排，等于是饶多编了一期。闻离开上海后，三人轮流就成了空话，实际的情形是饶协助徐来编。1928年6月初，徐去美国后，就是饶一人来编了。徐回来后，忙于他事，无暇顾及刊物。饶的资望无法和徐相比，有徐坐镇，别人无话可说，全交给饶，大伙就不同意了。这样到了1929年初，编二卷二期时，就作了改组，编辑人增加到五位，依次是：梁实秋、潘光旦、饶孟侃、叶公超、徐志摩。初期留下的两个编辑人，排在后面的位置。可说是放在不重要的位置上，也可说是梁实秋主持刊物了。五个人挂名，只是一个过渡，更大的可能是五个人负责，等于是谁也不负责，拖延了刊物的出版，到了1929年夏秋间，编六七期合刊号时，就改为由梁实秋一人负责。这样六七期合刊号后面署的编辑人，就只有梁一人了。仍是编辑，实则是名副其实的主编。

虽有这么多的变故，大家仍是齐心合力，要把《新月》办好。较之书店，刊物少了些商业气息，多了些朋友的情分。很快，《新月》也如同先前的《晨报副刊》，成了这批欧美留学归来的知识精英们的主要阵地。他们在这里集结起来，按照自己的路数，施展自己的才华，抒发性灵，指斥腐恶，既显现各自人格的光辉，也显现各自批判社会的勇气。这许多的不同，又汇为一种批判社会、改造社会的巨大的力量。

有一点，后人或许会奇怪的是，负着这么高尚的使命，做着这么了得的事情，他们的生活却是那样的轻松，惬意，真可说是其乐融融。要约稿了，一个饭局；要定稿了，再一个饭局。临时召集嫌不方便，后来干脆让它成为规矩。叶公超在《新月拾旧》一文中说：

"新月"每星期几乎都有次饭局，每次两桌，有胡适之、徐志摩、余上沅、丁西林、潘光旦、刘英士、罗努生、闻一多、梁实秋、饶子离、张滋闿、张禹九和我。每次志摩一到，就弄得大家欢喜不置，他从不谈文学，谈的都是吃、穿、头发、玩……我曾经与鲁迅见过一次面，吃了一次饭，鲁迅就骂徐志摩是"流氓"不谈文学。后来我和郭沫若见面，提到鲁迅骂志摩的事，郭沫若说："当然，鲁迅除了自己什么人都骂。"其实志摩的生活是浪漫而不颓废，在几年之内他发表了许多的著作，有诗、有散文、有小说、有戏剧、有翻译，在语言文字上更独树风格，是一般人难望其项背的。

凡是有人的地方，就有矛盾，一位伟人这么说过。性情不合，见解不同，思想各异，都会产生摩擦也就有了矛盾。矛盾必定导致对抗和杀戮，还是也会成为相互了解的契机？这位伟人没有说，我们只能大而化之地说，两种情况都有吧，得看在一起的是些什么样的人。

倡议者是徐志摩，最初邀集了梁实秋、潘光旦、闻一多、饶孟侃、刘英士。杂志还没有名字，奔走最热心的是徐志摩和余上沅，一个负责编辑，一个负责经理。梁实秋他们常在潘光旦家聚会，上沅传出了消息，说杂志定名为《新月》，一听就是徐志摩的主意，这还没有什么，新月这两个字，原本就分外的可爱。上沅又传出消息，说刊物决定胡适任社长，志摩任编辑，大家一听不高兴了。大家的事情，怎么老是由一两个人独断专行，应该更民主化，由大家商定才是。梁实秋等人把这个意见告诉余上沅，余上沅又说给徐志摩，志摩是何等明达的人，立刻接受了大家的意见。时间一长，大家都知道志摩是怎样的一个人了，其实他是毫无城府的，只是有时热情得过了头，难免一厢情愿自作主张罢了。

或许就是这些小兄弟们的这次反叛，让胡适写了那封要辞职、要撤股、要抽走书稿的信。这是胡适一生中最丢份的一次。这件事，和上面那件事时间上是衔接的。元月1日决定办《新月》，有了刊物才会有社长的设置。传出去才会有梁实秋等人的不满，有了梁实秋等人的不满，才会有1月28日胡适写的这封信。架不住志摩几句好话相劝，很快又收回成命。或许经志摩一说，此信就没有传出去，要不也就不会作为信稿留在胡适大陆的旧宅中。不管怎么说，到了3月10日，《新月》创刊号顺顺当当出版了。

这一时期新月内部的纠纷及胡适的感慨，在《胡适的日记》中也留下了记载。4月4日胡适携子与高梦旦、沈昆三两人，赴九江上庐山游玩，同日的日记中写道：

梦旦说他今天脱离商务印书馆了，辞职书是今天送上去的，商务近年内部的意见甚深，菊生先生首先脱离，梦旦先生忍耐至今，也竟脱离了。他说："我们只配摆小摊头，不配开大公司。"此语真说尽中国一切大组织的历史。我们这个民族是个纯粹个人主义的民族，只能人自为战，人自为谋，而不能组织大规模的事业。考试是人自为战的制度，故行之千余年而不废；政党是大规模的组织，需要服从与纪律，故旧式的政党（如复社）与新式的政党（如国民党）都不能维持下去。岂但不能组织大公司，简直不能组织小团体。前几天汪孟邹来谈亚东的事，便是一例。新月书店与霓裳公司便是二例。这样的小团体已不能团结，何况偌大的商务印书馆。

文中所说的霓裳公司，是志摩前妻张幼仪办的一个服装公司，看来也出过类似新月书店的人事纠纷。

话是这么说，在新月这个团体中，胡适还是很能忍让的。说他是新月的领袖，一点也不假。

在这班人中，志摩的作用是不能低估的。梁实秋说他是新月派的灵魂，当然是比喻，但他给新月派带来生气，带来和气，则是敢肯定的。陈西滢曾说：

尤其朋友里缺不了他。他是我们的连索，他是粘着性的，发酵性的，在这七八年中，国内文艺界里起了不少的风波，吵了不少的架，许多很熟的朋友往往弄得不能见面。但我没有听见有人怨过志摩，谁也不能抵抗志摩的同情心，谁也不能避开他的粘着性。他才是和事的无穷的同情，他是朋友中的连索。他从没疑心，他从不会妒忌。他使这些多疑善妒的人们十分惭愧，又十分羡慕。(《关于“新月社”》)

徐志摩在“新月派”中的作用，他活着的时候或许看不出来，他死后可就显出来了。叶公超《新月拾旧》中的这几句话，应当深长思之：

志摩与人认识十分钟就像二十年老友，从跑堂、司机、理发师……什么人都是朋友，看起来他好像是从来没有受过什么挫折和痛苦的人，永远充溢着蓬勃的生气和不败的兴致。因此，没有了他，“新月”也就失去了灵魂，“新月”原本固定每次两桌的饭局，在他死后也就没有了。

不是没了钱，也不是大家都没了兴致，而是少了这么一个可爱的人，少了一个须臾离不开的灵魂。

4.《诗刊》

1926年随《晨报副刊》办的《诗刊》，刊头的刊字写成了镌字，本书中就叫成了《诗镌》，这样就与1931年在上海办起的《诗刊》有了名字上的区分，《诗刊》《诗刊》地说着，也就不会有所顾忌。

上海《诗刊》的创办，陈梦家在《纪念志摩》里说了个明白：

十九年秋天，我带了令孺九姑，和玮德的愿望到上海告诉他，我们再想办一个《诗刊》。他乐极了，马上发信四处收稿，他自己在沪宁路的颠簸中，也写成了一首长叙事诗——《爱的灵感》——他对年轻人的激励，使大家永不忘记。

十九年者，公元1930年也。

带的是愿望，去了是沟通，若论出主意，怕还是有“九姑”之称的方令孺。

方氏，安徽桐城人。1896年生。清初桐城派古文领袖之一的方苞是她的祖上。排行为九，晚辈和同辈朋友，都称之为九姑，早年曾留学美国。以农历的生年论，该与志摩是同岁。

据梁实秋说，方令孺早岁聘于江宁陈氏，育一女。陈为世家子，风流倜傥，服务于金融界，饶有资财。令孺对于中外文学艺术最为倾心，而对于世俗的生活与家庭的琐碎殊不措意，二人因志趣不合，终于仳离。这件事给她打击很大。（梁实秋《方令孺其人》，中国广播电视出版社《梁实秋怀人丛录》）

江宁者，南京也。这么说来，方氏的家就在南京了。

1930年徐志摩兼任南京中央大学英文系教授，每星期都要去南京上课。他班上有个学生方玮德，是九姑的侄儿，两人或许因此结识。课后免不了去九姑家坐坐。志摩去世的当月，九姑有文章记叙他们的一次聚会。

是9月天气吧，虽有一点秋意，葱茏的梧桐树上也才缀上几片黄叶。有一天刚上灯的时候，梦家、玮德同一个聪明的女孩子，在方令孺家里等着志摩到来。一会儿志摩来了，穿一件灰色长袍，那清俊的风致使方令孺立刻想到李长吉、杜牧之一班古代的诗人。他们登上园后的高台，看河水印着暮云，志摩同方家老仆谈那一道古桥的历史。晚上他们围坐在橘黄色的灯光下，志摩斜靠着沙发，在柔和的神态中，讲他在印度时的事：晚上睡在床上看野兽在月光下丛林里乱跑，又有獐鹿绕着他的卧床行走。此刻他们都忘记了自己——成年人的心——同孩子一样笑乐。要走了，方令孺送志摩出来，门外有一架藤萝，志摩说："在冬天的夜里，你静静地听这藤萝花子爆裂的声音，会感到一种生命的力。"（方令孺《志摩是人人的朋友》）

梦家来了一说，志摩当会忆起在方家的情景，一听就满口答应了。

说干就干。他先写了《序言》。后来叫成《诗刊序言》，还说得过去。再后来，将"诗刊"二字加了书名号，成了《〈诗刊〉序言》，看上去，要多别扭有多别扭。

志摩的长处，是惯于敲开场锣鼓，这次敲得更是漂亮。

先说了此《诗刊》与五年前北京《晨报副镌》上一共11期《诗镌》有着怎样的关系。文中说前五载，是考虑到刊物要过了年才能出版。实际他写的时候，是1929年12月28日，说是前四载才对。

我们在《新月》月刊的预告中曾经提到前五载在北京《晨报副镌》上的十一期诗刊。那刊物，我们得认是现在这份的前身。在那时候也不知那来的一阵风忽然吹旺了少数朋友研求诗艺的热，虽则为时也不过三两个月，但那一点子精神，真而纯粹，实在而不浮夸，是值得纪念的。现在我们这少数朋友，隔了这五六年，重复感到“以诗会友”的兴趣，想再来一次集合的研求。因为我们有共同的信点。

说过今天的志向，又说了他们现今的力量，也与往昔有所不同。

我们欣幸我们五年前的旧侣，重复在此聚首，除了远在北地未及加入的几个；我们更欣幸的是我们又多了新来的伙伴，他们的英爽的朝气给了我们不少的鼓舞。但我们同时不能不怅触的记起在这几年内我们已经折损了两个最有光彩的诗友，那就是湖南刘梦苇与浙江杨子惠；我们共同祷祝他们诗魂的永安。本期稿件的征集是梦家、洵美、志摩的力量居多；编选是大雨、洵美、志摩负责的；封面图案与大体设计是要感谢张光宇、振宇昆仲与洵美；校对梦家与萧克木君。我们尤其得致谢不少投稿的朋友，希望他们以后给我们更多的帮助。割爱是不可避免的事实，我们敬求雅意的恕谅。

刊物的编辑，主要是孙大雨负责。更多的时候，还是要听从志摩意见。需注意的是，这个发刊词的落款，志摩用了“僭拟”二字。

不知是真的疲累了，还是真的换了一副胸襟，这可不像志摩的风格。这场即将掀起的新诗的高潮，他是众望所归的舵手，他不写，谁敢写，如何能说是“僭拟”？

话是这样说，当然我们知道，在志摩看来，这是年轻人的事，他不过是牵个头，敲敲边鼓。原本应当由年轻人写的，他写了，只能说是一种“僭越”。僭越而拟，质言之，便是僭拟了。

刊物的目录，不必说了。且看第二期，1931年4月刊出，志摩又写了刊首语，名为《诗刊前言》，仍要注意，当年只叫《前言》，“诗刊”二字是后人加上去的。这一段文字，重要的是，当年已提出新诗如何与传统诗词衔接的问题。人们无不担忧，而志摩的回答是，还不到那个时候，现在的问题是，我们如何往前探索，把新诗的事做好。也即是，说这个话，还为时过早。

到了要出第3期的时候，已是1931年八九月天气了，志摩写的刊首语为《诗刊叙言》。他们遇上的一个问题是，前两期的页码都太多，第2期的尤其多，印刷厂的老板不干了，说刊物是不错，只是这样做下去，他们要赔钱的。

怎么办呢，志摩只好拿起算盘，细细地计算行数。怎么算的，不必计较了，等这期刊物出来，我们的诗人，已殒身于济南南郊的北大山了。

该注意的是，此文中志摩提出的几个该讨论问题。此期原准备上几篇论文的，太挤了，放不上去。于是志摩许诺，下一期一定要腾出篇幅，多登几篇关于诗歌的论文。

看看志摩拟的这些论题，给我们的感觉，是不是就是这些年，好些诗歌社团开研讨会时，多少人想提出而没有提出的议题?

下一期我们想让出一半或更多的地位来给关于诗艺的论文；已约定的有孙大雨胡适之闻一多梁实秋梁宗岱徐志摩等，同时我们更希望有外来的教益。如果有相当的质量，我们也许提另出一本论诗的专号，虽则我们暂时不敢说定，得到临时看情形再说。关于论文的题材，我们姑就方便想到的提出几点——

（一）作者各人写诗的经验

（二）诗的格律与体裁的研究

（三）诗的题材的研究

（四）“新”诗与“旧”诗，词，曲的关系的研究

（五）诗与散文

（六）怎样研究西洋诗

（七）新诗词藻的研究

（八）诗的节奏与散文的节奏

志摩去世后,《诗刊》收摊，陈梦家编了《新月诗选》，算是一个光荣的收束。只是志摩提出的这八个问题，再未见整体的答复。

《新月诗选》前面，有陈梦家写的一篇不能叫短的序。

这篇文章里，后世看来，最大的贡献在于，提出了新诗在格律上的要求。是以闻一多、饶孟侃两人的诗为例说的：

影响于近时新诗形式的，当推闻一多和饶孟侃他们的贡献最多。中国文字是单音组成单字，但单字的音调可以别为平仄（或抑扬），所以字句的长度和排列常常是一首诗的节奏的基础。主张以字音节的谐和，句的均整，和节的匀称为诗的节奏所必须注意而与内容同样不容轻忽的，使听觉与视觉全能感应艺术的美（音乐的美，绘画的美，建筑的美），使意义音节（Rhythm）、色调（Tone）成为完美的谐和的表现，而对于建设新诗格律（Form）唯一的贡献，是他们最不容抹杀的努力。

可惜前辈的这些努力，在时代鼎革之后，除了个别信奉者，新起的诗家，

还有自称为诗人的诗人们，全都抛到了三江以外。

这句“全都抛到了三江以外”，是我近来听周信芳大师的京剧《扫松下书》学下的，原词是“抛至在那三江以外”。

诗的特质，只有两点，一是有节奏，一是有韵脚。合在一起，是讲究韵律。

当今报刊上，那种分行的东西，一无节奏，二无韵脚，韵律全无，怎么能叫诗呢？

我甚至想到，过去就诗的发展说的一句话，“汉赋唐诗宋词元曲”，后面跟着的，应当是“明清戏剧”，再下来才是“新诗”，而这样的带了“新诗”的发展史，还应当截止在一个明确的时段，再再宽泛，也不应当包括“现在而今眼目下”。

5.“新文艺丛书”与“新文学丛书”

该说为中华书局编书这件事了。

后来知道，同时还为大东书局编书，为简略计，还叫这个名字吧。

我的《徐志摩传》里，没写这档子事。

是我不知道，没有注意到吗？

不是。这就要说到我的买书了。

约当20世纪90年代初，在太原，一次逛解放路的古籍书店的时候，见有一册《中华书局收藏现代名人书信手迹》，是该社成立80周年（1992年）的纪念品，印制精美典雅，开本舒展大方，金黄略略发暗的封面，正中是启功先生一行启体行书字书名。全是当年的名流们给中华书局的信函。拿在手上，不忍丢开。看定价46元，怯了，放了回去。又去了一次，还是没买。过了两天再去，带足了钱，毫不犹豫买下。回来翻看，真是喜欢。那时，我还没有一点要写《徐志摩传》的意思，但是看见上面有几封志摩给其时中华书局编辑所主任舒新城的信，字迹很漂亮。那几年，我爱写小文章，到处投稿。看了这本书，写了两篇文章，一篇叫《舒新城的气派》，说是有次蔡元培给舒推荐了一部诗稿，舒一看，在上面批了几个字：“不是诗，不是文，只是一串一串的字。”再一篇叫《信笺上的风雅》，举了几个例子，说过去文人，信笺上的讲究，是现在的人无法理解的。比如叶绍钧（圣陶）曾自印信笺，人们多说是叶老自爱，不沾公家的便宜，而不知这是一种旧时的风雅。

这本书，在我写《徐志摩传》时没有用上，在写《徐志摩图传》时用上了，选了志摩给万维超的一信。我选此信，并非知道此人为谁，而是看在此信墨迹浓重、笔致漂亮的分上。待到写《徐志摩传》写到徐志摩死后，有人给万维超说，徐志摩为书局编书，还欠书局一大笔钱，该找他父亲要回来。万先生听了，一笑了之。此时我才知道，这个万先生，乃中华书局的老板。且看这封信是怎么写的：

迥儒先生：奉示暨书两册收荷。丛书征来及送来稿件颇多，但检阅实少有惬意者，又因前付稿诸多未印，故而稽延，非溺职也。今先交去曾虚白先生所译的名著一册。全稿有十八万字，译者索五元一千字。乞与鸿公一商，作一价目收买。摩第三部诗集在荟集中，日内可以交去。余稿俟陆续付奉。此念大安。新城先生均候。志摩　三月八日

迥儒为万维超的字。

从信中能看出，志摩编印丛书，起初是直接对万维超先生负责的。由此可以推测，聘志摩编丛书，当是万先生决断的，而推荐之人，则极有可能是胡适之。

后来看书多了，知道志摩为中华书局编丛书一事，还是该写一笔的，又苦于没有机会。现在机会有了，然而我于此事，搁置多年，如今赁居京师，资料全不在手边。没办法，只好求人，求的是武汉大学教授陈建军先生，我的要求很简单，要他再找两三篇相关文章发来，方便我据以完成这一节文字。

建军先生不愧是史料专家，隔天便照相发来两篇，一篇是张泽贤先生《民国版本收藏断想及其他》书中《徐志摩编的文学丛书》一文。一篇是倪墨炎《现代文坛随拾》中《徐志摩编“新文艺丛书”》一文。前者系上海远东出版社2016年版，后者系上海书店出版社2013年版。

以下文字，均据此两书撮录而来，勿谓言之不预也。

徐志摩英年早逝，留存的著作并不多，可说皆为精品，但在他生前主编过两套文学丛书一事，也许知者甚少。这两套丛书中，第一种是中华书局1930年1月至1940年12月出版的“新文艺丛书”；第二种是，大东书局1930年12月至1934年4月出版的“新文学丛书”。

两套丛书，名字只差一个字，情形也略有不同。

先说给大东书局编的这一套。共20种，其中翻译6种。

“新文学丛书”中沈从文占有三种，且有不少版本的初版时间已是“1932

年”之后，此时徐已飞机失事遇难。从道理上讲已不可能由徐主编，但也不能否认这些版本早先已经徐编定。这种说法已成新文学版本研究的一个共识。我认同这观点，但仍存“疑惑”：是否可能由其他人编定，仍归入徐主编的范围之内，谁能说清楚？在“新文学丛书”部分版本的广告词中标有“徐志摩主编”，而在丛书的版权页上却不见“主编”两字。是漏印，还是出于某种考虑，无法解读。

徐志摩如何与大东书局的当家人沈骏声搭上关系的，张泽贤先生说，他亦不知，只是知道，沈骏声曾在《大东书局十五周年纪念册》中写过一篇《出版界应有的努力》，从中可见他是位有抱负的出版家。大东书局的十五周年，当在1930至1931年，此时段正是徐参与主编“新文学丛书”时期，是否可推断，出版由名家主编的文学丛书，正是大东“此后发展，或易为力”的一种举措？

张先生文后，附有志摩为大东编的书的书目。对这套书的品质，倪墨炎另有说辞。

志摩为中华书局主编的“新文艺丛书”，如今知道的版本，有31种，另有三四种吃不准。在《少女书简》中有一份“新文艺丛书”书目30种，应该说这是比较完备的书目。所见版本大多初版本，也有不少再版三版，无法弄清某种版本曾出过多少版次及出版时间。这些缺漏，都是研究者无法弥补的遗憾。

此丛书不少版本都出版于1934年12月，此时徐已遇难，研究者大都认定这是生前已编定的存稿，与“新文学丛书”一样，虽无佐证，也只好无奈承认。在这些版本中有一种保罗梵乐希著、梁宗岱译的《山辞》是线装本，扉页印“新文艺丛书”。至于为何以线装形式出版，实在不解，总感到不和谐，属“另类”。

张泽贤先生依据材料推测，早年梁在法国，与徐在巴黎绿森堡公园旁边，一碰头便不住口啰唆了三天三夜。“新文艺丛书”特意为他出了本线装《水仙辞》，那是“给足面子的”。

关于这套丛书的编辑，徐志摩与时任中华书局编辑所长的舒新城通信颇多，几乎每通书信都谈到图书的版本。如“《死的胜利》让契及内容单填好奉上，陈楚淮剧稿，俟得本人回信再报”。“拙作小说集《轮盘》已愈年余，尚未杀青，乞为一催。”等等，不一而足。可见志摩即便自己在困顿中，也为“新文艺丛书”尽了一番心血。

张文附有书目，较为简略，倪墨炎文中，也有“新文艺丛书”的书目，较为全面，有书名，有出版时间。所列创作书目录下：

胡也频的日记体长篇小说《一幕悲剧的写实》，1930年1月出版；

郭子雄的散文集《口供》，1930年4月出版；

丁玲的短篇小说集《一个女人》，1930年4月出版；

王实味的书信体中篇小说《休息》，1930年4月出版；

徐志摩的短篇小说集《轮盘》，书前有沈从文的序，1930年4月出版；

沈从文的短篇小说集《旅店及其他》，1930年4月出版；

夏忠道的书信体中篇小说《少女书简》，1930年4月出版；

谢冰季（冰心弟弟）的短篇小说集《幻醉及其他》，书前有冰心的序，1930年10月出版；

陈楚淮的剧本集《金丝笼》，1930年12月出版；

沈从文的短篇小说集《石子船》，1931年1月出版；

茅以思的短篇小说集《春之罪》，1931年1月出版；

孙孟涛的短篇小说集《爱神的玩偶》，1931年2月出版；

冷西的短篇小说集《阿凤》，1931年8月出版；

胡山源的短篇小说集《红》，1931年8月出版；

蹇先艾的短篇小说、散文集《还乡集》，1934年12月出版。

倪文说，徐志摩于1931年11月飞机失事遇难，这套丛书也就到此为止。最后一种估计是主编生前的积稿，书上仍印着“徐志摩主编”字样。张文则说，此后还见过多种书上，有“徐志摩主编”字样，不赘。倪文中还说：

徐志摩从1930年起，还为上海大东书局主编《新文学丛书》，也是创作翻译兼收。创作部分计有：陈白尘《风雨之夜》、曹雪松《心的惨泣》、沈从文《一个女剧员的生活》、彭家煌《平淡的事》、陈明中《秦淮河畔》、王餃我《桃色三三曲》、陈学昭《败絮集》、彭家煌《出路》、钱公侠《丝绵被头》、白序之《老处女》、汪蔚云《泡沫集》、左干臣《第四者》、沈从文《游目集》。作者的知名度和作品的分量，都不及《新文艺丛书》。

6. 为《醒世姻缘》写序

这本书初起意时，我给自己定了个框框，除了不写风流事之外，还不做作品的分析。前面引诗，也只引了几首，评说也都不多，即因此。为什么到了这儿，再专门说说志摩写的这篇文章呢?

我认为我并没有违背了我的初衷。

一来这虽是文章，但牵涉到的是个事儿。符合我们以事为主的设计。再就是，在前面某个地方，我说“非才子的徐志摩”，就是要写他求学与做事的一生，说白了，就是练本事、显本事。而写此文，恰是志摩的“显本事”的一个重要环节，怎能不单列一节来写写?

先说事儿。文中说了：

去年夏天我在病中问适之先生借小说看，他给了我一部木板（版）的《醒世姻缘》，两大函，二十大本。我打开看时，纸是黄得发焦，字印得不清亮，线装都已断线，每叶上又全有蠹鱼的痕迹，脆薄得像竹衣，一沾手就破裂。我躺在床上略略一翻动，心就着慌，因为纸片竟像是蝴蝶粉翅似的有挂宕的，有翕张的，有飞扬的，我想糟，木板书原来是备供不备看的，这二十大本如何完篇得了——结果看不到半本就放下了。隔一天适之来看我，问醒世姻缘看得如何。我皱着眉说那部书实在不容易伺候，手拿着本子一条心直怕它变蝴蝶，故事再好也看不进去。适之大笑说这也难怪你，但书是真不坏，即不为消遣病钟点你也得看，现在这样罢，亚东正在翻印这部书，有一份校样在我那里，那是洋纸印铅字，外加标点，醒目得多，我送那一部给你看罢。

这说的是在上海的事，其时还没有北上，还没有应了北京大学之聘，就近住在米粮库4号胡适家里。住在上海，才会他看了，小曼也抢着要看：

果然是醒目得多！这来我一看入港，连病也忘了，天热也忘了，终日看，通宵看，眼酸也不管，还不得打连珠的哈哈。太太看我这疯样，先是劝，再来是骂，最后简直过来抢书。有什么好看，她骂说，这大热天挨在床上逼着火，你命要不要，你再不放手我点火把它烧了，看你看得成！我正看了书里的怒容，又看到太太的怒容，乐得更凶了。我乐她更恼。天幸太太是认字的，并且也是个小说迷，我就央说太太，我们讲理好不好，我翻好一两节给你看，如果你看不出妙处，如果你看了不打哈，那我认输，听凭你拿走或是撕或是烧！她还来不及回话，我随手翻了一回给她看——也许是徽州人汪为露那一回，也许是智姐急智那一回，也许是狄希陈坐“监”那一回，也许相子廷教表兄降内那一回，也许是白姑子赶贼请先生那一回，我记不得了，反正那一回都成。我一壁念，她先撅着口，还有气，再念下去她眼也跟着字句上下看，再念她口也开了，哈哈也来了……忽然她又收住了笑（我一跳），伸手说拿第一本给我！一连几天我们眼看肿，肚子笑痛。书是真好，我们看完后同意说，只是有地方写书人未免损德过大些，世上悍妇尽有，但那有像素姐那样女人，懦夫也尽有，但那有像狄希陈那样男子。书是真妙，我们逢人便夸，有时大清早或半夜里想起书里的妙文都掌不住大笑。

写文章时，人已到北京，说是带多少课，实际上平日还是很悠闲的。要写文章了，再看这本小说，又自是不同。胡适告诉他，本书的作者，署名西周生，实则就是蒲松龄，更让他增添了探究一番的兴致。

关于蒲留仙作《醒世姻缘》的掌故，胡适另有长篇考据，志摩现在要做的，是写一篇序，将来上海亚东书局出书时，放在前面。这样，他着重要写的，是自己看了这本书的感受，用这个方式吸引读者的注意，有助于该书的销售。总的感觉，这是一个“怕老婆”的生活故事。除了开头的引子稍长之外，全书没有一回不生动，没有一笔落“乏”，是一轴大气磅礴的长江万里图，如何不令人在欣赏中拜倒。

故事情节就不复述了，要说的是他看了此书后，对当时的中国文学起的感触。说白了，就是对比了《醒世姻缘》，对中国当代文学下的解救之药。

一是长篇太短了，不像个长篇小说：

你要看《醒世姻缘》因为它是（据我看）我们五名内的一部大小说。有人也许要把它放得更上前，有人也许嫌放得太高，那是各人的看法。“大”是并指质和量的。这是一部近一百万言整一百回的大书，够你过瘾的。当代的新小说越来越缩小，小得都不像个书样了；且不说芝麻绿豆大的短篇，就是号称长篇的也是寒伧得可怜！要不了顿饭的辰光书已露了底；是谁说的刻薄话，“现在的文人，如同现代的丈夫一样，都是还不曾开头已经完了的”！

二是文学性太差，缺乏一种高妙的冷隽、一种轻灵的幽默。文中的他老先生指蒲松龄：

最可钦佩的是他老先生自家的态度，永远是一种高妙的冷隽，任凭笔下写的如何活跃，如何热闹，他自己永远保持一个客观的距离，仿佛在微笑的说说“这算是人，这算是人生”！书里不少写猥亵的地方，比如写程大姐写汪为露那几段，但在他的笔下，猥亵也是似乎得到了超度。用一句现成话，他永远是“俗不伤雅”。他只是不放松的刻画人性；在艺术上不知忌惮，至少在作者，是完全可以理解的。他写的十分里有九分九是人类的丑态，他从不是为猥亵而猥亵；他的是一幅画里的必要的工细。但他的行文太妙了，一种轻灵的幽默渗透在他的字句间，使读者绝不能发生厌恶的感觉。他是一个趣剧的天才。他使你笑得打滚，笑得出眼泪，他还是不管，摇着一枝笔又去点染他的另一个峰峦了。他的画幅几乎和人生这面目有同等的宽广。

这些，不也恰如当今我们的许多小说家，整天做着，却没有意识到的绝症吗？

对这篇文章，我不想多说什么了。这一节要完了，这一章也要完了，我想说说一个更为重要的问题，就是对徐志摩的评价。2019年1月5日，我在首都图书馆有个讲座。讲之前，就写了稿子，过后作了充实，发表在《山西文学》上，又收入我的那本名为《学人素颜录》的集子里，商务印书馆2019年11月出版。

我的演讲文章的题名叫《拿希望劈成小柴生火——在首都图书馆的演讲》。谈到对徐志摩的评价，是由一则逸事开始的。1930年春天，还在上海，志摩曾张罗着成立国际笔会中国分会，想拉几个左翼作家进来，邀请了郁达夫和茅盾，二人不领情，怎么请也不去。有一次，说要来，还是没来。我在文章里说，这要怨志摩的糊涂，左翼作家联盟已经成立，他俩都是盟里的骨干，怎么会违背组织原则，来参加胡适领衔的这么个国际笔会呢。

话是那样说，实际上我还有好些话，没有在那儿说。我要说的是，志摩请，必有他请的道理，他怎么不请田汉、夏衍那几个人呢？达夫，不用说了，当年杭州府中学堂的同学，这些年私下里一直相处甚好，同学兼朋友，来了畅叙友谊，说不定还会饮酒作乐，依情依理，还不是一说就来的事。

为什么要请茅盾呢？

看看茅盾的经历，就不难明白，他俩也有前后同学之谊。《茅盾年谱》上说，“1913年，考入北京大学预科第一类”。老北大预科分两类，第一类和第二类，第一类对应的是文法科，第二类对应的是理医科。茅盾1896年出生，以农历计，跟志摩是同年等岁，都属猴。也就是说，1915年志摩入学之际，是知道刚刚离开的那一级里，有一个离他家不远的学生，叫沈雁冰的。这是其一。再就是，最近我看过海宁蒋连根先生写的一篇文章，说他采访金庸时，金庸说他小时候，曾随父亲去过乌镇茅盾的家，见过茅盾，两家是表亲。而金庸的查家，与志摩的徐家，有亲戚关系，是都知晓的。这样说来，志摩家与茅盾家，也该有着一种拐了弯的表亲关系。看地图，硖石和乌镇，相距也实在不远。左翼作家联盟和胡适一派“起兵交仗”之后，茅盾写了《徐志摩论》，对志摩的文品有个定性，别人看着，也许是杀气腾腾，不讲情面，在我看来，则是一种温柔的护佑。为了避免我是“现做现卖”，兹征引我在首图讲演中的一段话。

讲演中我的话，也是扯开了说的，跟志摩的“跑野马”差不了多少：

人老了，没事的时候，会回忆年轻时候的事。我这人，出身不好，大概人品也不怎么样，从上大学开始，只要有个运动，都会被敲打敲打，“学习班”就住过三次。每次都是大会小会批评批判，踉踉跄跄、跌跌撞撞过了关。在这个过程中，对人的面目就看得多些，也看得透些。过去对批评过我的人，是一概的反感，觉得都是些心地歹毒的家伙。现在不这么一概而论了。我发觉，当年那些批评我的人也是分三六九等的。批评我骄傲自满的人，多半是想保护我。说我有剥削阶级思想，不过是送个反面的“顺水人情”，并无多大仇恨。只有那些说我思想反动，将污水往我身上泼的人，才是真正要置我于死地。从这点切身体会出发，我觉得，中华人民共和国成立前以及此后相当长一个时期，说徐志摩堕落的人，极有可能是袒护他的。比如茅盾先生，20世纪30年代初，写过一篇《徐志摩论》，说徐是“一步一步走入怀疑颓唐”的“末代诗人”。

茅盾的《徐志摩论》是1932年12月写的，距徐志摩罹难不过一年多一点的时间。文章除了说徐是“末代诗人”外，还说徐是“中国布尔乔亚开山”。这一评价，几乎成了以后评价徐志摩的定谳。过去我总认为，茅盾是革命批评家，眼光又准又狠。现在我不这么看了，觉得茅盾这么说极有可能是对徐志摩的一种保护，不是明里保护，是暗里的保护。为什么这么说呢？茅盾一直是革命队伍里的人，很早就是共产党员，1930年春天成立的左翼作家联盟要做什么事，他心里一清二楚。说白了，就是要跟胡适、徐志摩这一班人对着干。左联的首领是鲁迅，鲁迅跟徐志摩有过节，他是知道的。干胡适，他不能说什么；干徐志摩，还是有点不忍心，至少不愿意下狠手。可能有人对徐的定性毒了些，他便写了这么篇文章，说徐不过是中国布尔乔亚的开山祖师，顶多算个末代诗人，算不得反动分子，也就算不得革命的对象。说白了就是，革命还有大事，且放了这个颓废文人。

首图的讲演中，有一节名《徐志摩与新文化运动》，说了我个人对徐志摩在新文化运动中的作用的看法，抄录如下，算是这一章的结束：

过去说起徐志摩，不管他做过什么，印象中只是个新文化运动的参与者，不会往高里抬。我觉得，该抬的时候还是要抬的。事实上，他是新文化运动的一个明确的倡导者，也是一个强有力的组织者。

在倡导与践行上，徐志摩一直就是自觉的，不是跟上谁才走上这条路的。从某种意义上说，徐志摩乃新文化运动的一个标志性人物。

历史总是将那些既有倡导之功，又有践行之绩的人物，镌刻在史册上。我甚至在想，过上一两百年，当一切都沉寂下来，暗淡下来，新文化运动的天空熠熠闪光的，怕只有徐志摩这一颗星星了。

第八章

重要事件（上）

1. 为蔡元培呐喊

1923年这一年里，好志摩，三拳两脚，就把自己打造成一个轰动一时的诗人，一个激进敢言的斗士。

先说怎么成为斗士的。

志摩一到北京，就和胡适走到一起。早在欧洲时，曾与胡适通过信，更早一些，亦可推测。1917年秋到1918年夏在北大期间，该是见过这位新教授的。不必说怎样的源远流长了，仅以两人都曾就学哥伦比亚大学这一层关系，也该是一见如故，何况还有志趣的相近，性情的相悦呢。

声援蔡元培辞职一事上，两人可说是一唱一和。

1923年1月，北大校长蔡元培向北洋政府提出辞职。起因是，北洋政府对财政总长罗文干一再迫害。先是借口罗在签订奥国借款展期一事上手续不完备，以受贿罪将之羁押，一月后因证据不足而释放。不久接受教育总长彭允彝的提议又再行羁押。罗文干同时是北京大学法预科的讲师，蔡元培对他的为人很是了解，知道罗文干是冤枉的。为了抗议政府的暴虐，蔡元培发布了义正词严的《蔡元培宣言》。其中说：

罗案初起，我深恶吴景濂张伯烈的险恶，因为他们为倒阁起见，尽可用质问弹劾的手续，何以定要用不法行为，对于未曾证明有罪的人，剥夺他的自由……现在法庭果然依法办理，宣告不起诉的理由了，而国务员匆匆的提出再议的请求，又立刻再剥夺未曾证明有罪的人的自由，重行逮捕。而提出者又非司法当局，而为我的职务上天天有关系的教育当局，我不管他们打官话打得多么圆滑，我总觉得提出者的人格，是我不能再与为伍的，我所以不能再忍而告退了。

说白了就是，你们的人格太成问题，我不能与你们在一起共事，故而辞职。

此事在全国引起巨大反响。胡适当时正办着《努力周报》，一直关注罗案的发展。待到蔡元培的宣言一出，立即组织文章予以声援。1月28日的《努力周报》（也是《读书杂志》第六期），实际上成了“援蔡专号”。在“这一周”

栏目里，胡适写了《蔡元培的不合作主义》等文章；徐志摩写了《就使打破了头，也还要保持我灵魂的自由》；高一涵写了《国民应该真情制裁这制造革命的国会》。同期还发表了徐志摩的两首诗，《希望的埋葬》和《北方的冬天是冬天》。

徐志摩在他的文章，先说蔡元培是一个南边人说的“憨大”，愚不可及的一个书呆子，卑污苟且社会里的一个最不合时宜的理想者。所以他的话是没有人能懂的；他的行为是极少数人——如真有——敢表同情的；他的主张，他的理想，尤其是一盆飞旺的炭火，大家怕炙手，如何敢去抓呢？最后说：

有知识有胆量能感觉的男女同志，应该认明此番风潮是个道德问题；随便彭允彝京津各报如何淆惑，如何谣传，如何去牵涉政党，总不能掩没这风潮里一点子理想的火星。要促使这点子火星不灭，是我们的责任，是我们良心上的负担，我们应该积极同情这番拿人格头颅去撞开地狱门的精神！

在全国的声援下，罗文干还是无罪释放了。不久之后，蔡元培又回到北大当校长。

请注意，志摩此前有一篇《罗素与中国——读罗素〈中国问题〉》，文中有这样的话：“我们千万不要拿造成文化的事业，托付在有善意而无理想的先生们的手里！”这篇《就使打破了头，也还要保持我灵魂的自由》中，有这样一句话：“总不能掩没这风潮里一点子理想的火星。”

从后来三四年里，徐志摩写的文章与诗歌，和做的事（比如办新月社），可以看出，他改造中国社会的宗旨，就是“理想主义”，做有理想的人，行有理想的事。

这年冬天，张君劢跟徐志摩商议，要办个刊物，不知是谁起的名字，这个刊物就叫《理想》。以情理揣度，该是徐志摩的提议。对此事，徐志摩很是热心，过旧历年回到硖石，躲在东山上的三贤祠里，接连写了两三篇文章交了稿，其中一篇叫《政治生活与王家三阿嫂》。然而，这个《理想》最终还是没有出版。徐志摩很是伤心，甚至有些气愤。一年后在《晨报副刊》上发表《政治生活与王家三阿嫂》时，在小序里说了自己的感触：

这篇《政治生活与王家三阿嫂》，是去年冬天在硖石东山脚下独居时写的。那时张君劢他们要办一个月刊，问我要稿子，我就把这篇与另外两篇给了他。那是我的老实。那月刊定名叫《理想》。理想就活该永远出不了版，我看他们成立会的会员名字至少有四五十个。那是“理想”会员！但是一天一天又一天，理想总是出不了娘胎，我疑心老实交过稿子去的就只我。后来我看情形不很像样，所谓理想会员都像是放平在炉火前地毯上打呼的猫——我独自站在屋檐上竖起一根小尾巴生气也犯不着。理想没了；竟许本来就没有来。伤心！

虽是气愤话、伤心话，从字里行间可以感受到，他心心思思总也忘不了的，恰是这“理想”二字。

或许就是这次“理想”的破灭，让徐志摩起了要办个“社”的想法，这就是1924年3月办起的新月社。当然还得加上泰戈尔访华这个契机。

2.《康桥再会罢》刊登事件

再说怎么三拳两脚，把自己打造成个轰动一时的诗人。

文学写作这个事，跟“打家劫舍”有点相似，若只是小偷小摸，终难成大器，得干上一票大的，才能轰动一时，名满天下。

志摩干的这一票大的，就是《康桥再会罢》长诗的发表。不是一次发表，也不是两次发表，而是三次，不长的时间，几乎是连着。也不是他想干大就干大了的，是时势所迫，不得不然。

1923年过春节，他回了硖石，过完年北返，路过上海，编《时事新报》副刊的柯一岑先生，问可有诗作给他们发表。他那时随身带着一个皮包，里面有过去写的诗稿，用他的话说，都是些“烂笔头”，便取出在国外写的一篇给了。

是一首长诗，112行，柯先生不嫌长，只有喜欢。

几个月前，志摩从国外回来，去北京，乘的是火车，与瞿菊农同行。两人一路上相处甚欢，“志摩朗读《康桥再会吧》”，即为其中之一项。可见他确实是带着一个皮包，里面有这么一首长诗。

附带说一句，这首诗的题目，通常叫《康桥再会罢》，在《时事新报》上发表时，确实叫《康桥再会吧》。前人的文章，不便擅改，但在本书中，还是一致为好。在陆小曼和赵家璧合编的《志摩全集》里，末字用的是罢，那就还是统一为罢字。

这样的诗名，当是离开剑桥大学前后所写。全诗分三节，头一节最短，第三节最长，且选第二节前面的十几行，看看是一首怎样的诗：

康桥，再会罢！
你我相知虽迟，然这一年中
我心灵革命的怒潮，尽冲泻
在你妩媚河身的两岸，此后
清风明月夜，当照见我情热
狂溢的旧痕，尚留草底桥边，
明年燕子归来，当记我幽叹
音节，歌吟声息，缦烂的云纹
霞彩，应反映我的思想情感，
此日撒向天空的恋意诗心，
赞颂穆静腾辉的晚景，清晨
富丽的温柔；听！那和缓的钟声
解释了新秋凉绪，旅人别意，
我精魂腾耀，满想化入音波，
震天彻地，弥盖我爱的康桥，
如慈母之于睡儿，缓抱软吻；
康桥！汝永为我精神依恋之乡！

这年春节是2月16日，过完年回北京，怎么也在十五之后，那就是3月初了。《时事新报》的副刊叫《学灯》，3月12日登出来了。可以说，他前脚走，后脚就见了报，不能说不快。

但是，接到报纸，却让他哭笑不得，还没有半点脾气。

他写的明明是一首诗，编辑不知新诗的模样，按散文的格式给排了。

武汉大学的陈建军是研究徐志摩的专家，且最喜挖掘材料，他像是见过发表出来的散文体的《康桥再会罢》，专就此事写过一篇考证文章，名曰《徐志摩关于〈康桥再会罢〉的更正函》。以下，图个省事，也是尊重陈先生，且照搬他的原文吧。

1923年3月12日，《时事新报·学灯》第5卷第3册第9号上，刊出的《康桥再会罢》，把一首三节112行的长诗排成了一篇仅有三个自然段的散文。为此，徐志摩给《学灯》编者写了一封信。

3月25日，《学灯》第5卷第3册第12号上，按诗的排列又刊载了一次。在《康桥再会罢》前，有一段“记者按”：

我们对于惠稿诸君，常常觉得有一件很抱歉的事；就是我们的排印虽尽了许多心力力图改善，但是还一样发生许多错误。我们今天尤觉对《康桥再会罢》（曾登本月十二日本刊）的作者徐志摩先生抱歉！《康桥再会罢》原是一首诗，却被排成为连贯的散文，有人说，这正像一幅团皱了的墨迹未干的画，真是比得很恰切。原来徐先生作这首诗的本意，是在创造新的体裁，以十一字作一行（亦有例外），意在仿英文的Blank Verse不用韵而一贯的音节与多少一致的尺度，以在中国的诗国中创出一种新的体裁。不意被我们的疏忽把他的特点掩掉了。这是不特我们应对徐先生抱歉，而且要向一般读者抱歉的。所以我们今天只好拿这首诗照着诗的排列重登一过。

揣度文意，其中“作这首诗的本意，是在创造新的体裁，以十一字作一行（亦有例外），意在仿英文的Blank Verse不用韵而一贯的音节与多少一致的尺度，以在中国的诗国中创出一种新的体裁”云云，大概是徐志摩信中所言。

徐志摩仿效西洋的无韵诗（Blank Verse），在形式的建构方面（如音节、字数、跨行等）进行探索，力图在中国诗坛创造一种新型的现代诗体。把《康桥再会罢》排成连贯的散文，可谓没有理解徐志摩的一番苦心或“本意”。

新的“不幸”，接踵而至。

重登的《康桥再会罢》虽然恢复了诗的形式，但是错排、讹字、漏字现象仍十分严重。因此，徐志摩又于3月28日专门给《学灯》主编柯一岑写了一封更正函。柯先生是年纪大了，但也算是个聪明人，怕再出什么差错，干脆一字不动，在4月5日《学灯》第5卷第4册第5号“通讯”栏里，将这封更正函全文照发：

一岑兄：

顷读二十五日《学灯》，承将《康桥再会罢》重行排印并志歉语，至感至感。但不幸此次又见大错，有令不得不专函更正者。

上次用散体排诗虽失本旨尚可读，此次则第二节与第三节错置至九行之多，直令读者索解无从矣。此外讹字亦夥。今指正：

（一）第二节第十四行“我精魂腾跃，满想化入音波”下应接——第三节第九行“震天彻地，弥盖我爱的康桥……”至第三节第十七行“腊梅前，再细辨此日相与况味；”共九行。

（二）第三节中抽出此第九至第十七九行后，则第八行——“灵苗随春草怒生，沐日同光辉”接第十八行即“听自然音乐，哺啜古今不朽……”。

（三）正讹

第一节第二行“心须”应作“心头”

第十一行“牠弱手”应作“她弱手”

第二节第十一行“赞烦”应作“赞颂”

第十六行（二十五）（原排）“花香时简”应作“时节”

第二十行“憎媚”应作“增媚”

第二十二行“昨宵”下无“,”

第三节第八行“日月光辉”上落一“沐”字

第十四行“行道西回”应作“纡道”

第二十七行“星磷”下无“,”

第三十一行至三十四行括弧可去，三十四行应撤去。

第四十行“橘缘”应作“橘绿”

第四十三行“发玫瑰”应作“教玫瑰”

第四十四行“星境舞”应作“环舞”

第四十九行无“一”字

志摩三月二十八日

按：原刊第二行“承将”后有“,”，“志歉语”后无标点；第五行“亦夥”后无标点；第二十一行“西回（迴）”误作“西迴”；第二十二行“星磷（燐）”误作“星憐”；末尾所署写作时间误作“三月三十八日”。

“按”后所言，仍是信中语。

对“这种不幸的事”，志摩一直耿耿于怀，在不同场合，多次提起过。

1923年7月18日，徐志摩给孙伏园（伏庐）写了《一封公开信》，发表在同年7月22日《晨报副镌》第188号。信的开头，徐志摩就说：“我年初路过上海时，柯一岑君问我要稿子，我说新作没有，在国外时的烂笔头倒不少，我就打开一包稿子，请他选择……后来他还是一起拿了去，陆续在《学灯》上发表。除了《康桥再会罢》那首长诗，颠前倒后的错得实在太凶，曾经有信去更正过……”

1926年1月2日，“不幸的事”再次发生在徐志摩身上。同日，《现代评论》

第3卷第56期发表徐志摩的《翡冷翠的一夜》，其中多有排印颠倒、讹字、漏字、错标点等问题，有失原作的真意。1月6日，徐志摩把这首诗复登在他所主编的《晨报副刊》第1419号上，同时发表了一篇《〈现代评论〉与校对》（1月4日作）。文章起首，即提到《学灯》刊发其《康桥再会罢》一事：

前年《时事新报》的《学灯》替我印过一首长诗《康桥再会罢》。新体诗第一个记认是分行写。所以我那一首也是分行写。但不知怎的第一次印出时新诗的记认给取销了；变成了不分行的不整不散的一种东西。我写了信去。《学灯》主任先生客气得很，不但立即声明道歉，并且又把它复印了一遍。这回是分行的了。可是又错了。原稿的篇幅全给倒乱了；尾巴甩上了脖子，鼻子长到下巴底下去了！直到第三次才勉强给声明清楚了。

1月9日，《现代评论》“记者”在第3卷第57期，也发表了一则关于《翡冷翠的一夜》的《更正》。

徐志摩致柯一岑关于《康桥再会罢》的更正函，未收入商务印书馆2019年10月版《徐志摩全集》。这里将志摩更正函全文刊出，也算是对《徐志摩全集》的一个补遗吧。

过去都说是登了三次，可说是，也可说不是，第三次是更正信，略等于再登一次。

报纸副刊编辑，竟然不知道新诗是要分行，现在的人可以这样指责，可是你要知道，那是1923年的春天，一个熟读唐诗宋词的老先生，怎么能想到，诗会是一句一句连韵脚也没有的句子呢。

说面说过，文学写作也像打家劫舍一样，要干就得干一票大的，才能满天下都知晓。《康桥再会罢》这一票，虽说诗人本身是生了些气，但是从干一票大的这个意义上说，真是太漂亮了。放到现在，再好的“策划师”，也想不下这么个好点子；就是想下了，也不会有一家报纸这么给面子。

真是太漂亮了，漂亮到不用看全诗，光这么个“掌故”，你就可能想象一下，这个徐志摩多么牛气。此事很快传开，京沪文化人里，没有人不知道，英国剑桥回来了个诗人，姓徐，名叫志摩。当然，还得加上叫徐志摩，要是叫个“王老五”，也不会有这个效果。

这可不是百年后的找补，无缘由的夸张，当时的文化界就有这个看法。志摩去世后，赵景深写了一篇纪念文章，名为《志摩师哀辞》，一起首说的就是这个事：

当时人们写惯了无韵诗和小诗，徐师忽然以西洋体诗在《时事新报》的《学灯》栏内刊出，使人耳目为之一新，记得这首诗的题目是《康桥再会吧》，每行字数相等，标点或句读常在每行之间，不一定是在每行之末。也许徐师的纸幅过短，或是他的字迹太大以致每行恰恰可以达到纸的末端罢，于是排字的人把这首诗按标点或句读分行了。这样既无音节，又参差不齐，不能一样长短，便变得与无韵诗无别，徐师特意去信更正，重排了一次，因此引起了我的注意。从此我于胡适、康白情、俞平伯、汪静之等名字之外，又记住了一个徐志摩。

3. 克莱斯勒小提琴独奏会

先得说一下，这一节的文字，基本上是照搬陈子善的《音乐会奇缘：徐志摩、林徽因与克莱斯勒》一文。

陈文先在某刊发表，收入陈建军、徐志东合编的《远山：徐志摩佚作集》一书，再收入他的《谈徐志摩》一书。前书系商务印书馆2018年出版，后书系上海书店出版社2019年出版。我手边有前者的电子文本，引述甚是方便。有言在先，幸勿谓之剽窃也。

徐志摩是懂音乐的，更让人敬佩的是，他那份想让国人欣赏高雅音乐的热心，直到了杜鹃泣血的地步。

1923年5月间，在北京真光剧场，奥地利著名小提琴家F.克莱斯勒（1875—1962）为中国听众的一场演出，就是他促成的。出面协助的，有其时尚未出国的林徽因，还有梁启超、林长民诸位时贤。

1923年5月3日至7日，北京《晨报副刊》连载徐志摩的长文《得林克华德的〈林肯〉》，顺便预告了这场即将到来的演出：

乘便我可以报告不久有大手琴家克拉士勒Kreisler来京，他是近代有数的音乐大天才，爱真音乐的人，千万不可错过这最最难得的好机会。就是你们耗费了半月的薪水去听他一度的弦琴，结果还是你便宜的。

一位中国青年诗人与一位外国小提琴大师的奇特因缘，就此开始。

克莱斯勒此次中国之行，先到上海，再到天津，最后一站是北京。

据陈子善《音乐会奇缘》文中介绍，在上海的演出，堪称盛况。北京《晨报》曾接连报道。5月18日《晨报》发表《世界的大音乐家喀拉司拉——中国人领略真正音乐之机会》，还突出了喀氏一战期间"四周间之战壕生活"，和与美国人哈里埃德在战火中的可贵爱情。紧接着这篇报道，又有一篇徐志摩写的《为什么不？》，为即将到来的喀氏的演出张目。不是诱导，简直就是斥责，这样的演出不去看，还像话吗！连带的，也是广告，地点，票价，全说了。且看对喀氏的推崇：

你们听了大"胡琴"家这个名词，若然联想到王玉峰的三弦，或是刘宝全的大鼓，那你们的资格就够得上当现在的中华民国国会议员，因为前天我们有福气听到一位罗汉先生的妙语，他说莎士比亚"算什么会事，他无非是戏馆里的一个案目，他的戏还不如我们林步青的滩潢（簧）哪?"艺术的目的决不是娱乐，真音乐更不是娱乐；真音乐是人类理想思想和情绪最高粹的外现，神灵的戟刺，灵魂的补剂。喀拉司拉是一个真大艺术家，他在欧美每次演艺，没有不满座的。他到东方来，真是太难得的机会，独一的机会。他琴弦上颤动出来的妙音，全世界再没有第二人能奏演的；我们能听他一次，真不知是多大的幸福哪！

此后未见《晨报》的后续报道。直到10天之后，《晨报》第6版又在显著位置刊出报道《今日之喀拉士拉提琴演奏会——中国人听真正音乐之唯一机会》。文中详细披露了徐志摩等人，为争取克氏在北京为中国听众演出所做的种种努力：

某君得此消息，立刻走商真光，幸真光主人慨然允诺，谓喀氏既有此盛意，则彼亦愿提供场所，不收费用。两方面既已说妥，此事自可成功。唯其中又生一困难问题，即喀氏之酬金是，喀氏在日本每次出演得酬金三千五百元日金，此次在京津两次，则为三千元华币。嗣经某君与司脱克磋商结果，喀氏愿减价至二千五百圆，为华人特演一次。而真光座位尽量不过六百人，每位平均以二元计，得价仅一千二百元，所差尚巨。（而酬金以外之各种费用，亦非五六百元不可。）当由某君及某某两女士竭昨日一日之力，向各方面劝募结果，始能勉强凑成此数，而兹事总算成功。吾人今日得晤此钧天之音，不能不感谢此几位奔走之人也。

据陈子善说，文中的"某君"当是志摩自称。有趣的是，这篇报道还特别提醒观众“听时千万静肃，演毕始可鼓掌”，大概也是首次对中国听众普及聆赏古典音乐会的常识。

在徐志摩等人的不懈努力下，克莱斯勒小提琴独奏会终于于1923年5月28日下午在北京真光剧场举行，并取得圆满成功。

5月29日《晨报》第6版又以《满场心醉喀拉士拉之妙技　听众如潮全场无立锥余地》为题做了详细报道。时任中华民国总统黎元洪夫妇出席了演奏会。在包厢就座的“概系送赠此次捐款援助之人，如冯耿光，王家襄，王敬芳，林长民，曾牖，卓定谋，梁启超，张嘉璈，章士钊，谈荔孖，邓君翔，钱永铭，张嘉森等”文化界和商界著名人士。特别应该提到的是演出之前的开幕式：

> 五时十分喀拉士拉及其夫人莅临，……当由梁启超林长民徐志摩林徽音女士等导其入台后休息室。少顷林徽音女士复导其登台，全场鼓掌雷动，良久始止。由林女士报告聘请喀氏演奏之旨趣，及说明音乐与文化之关系。介绍毕，喀氏复向听众道谢由德人某翻译。五时二十分开演，琴声一响，万籁俱寂。

演出结束后，京剧艺术家“梅兰芳及该会发起人等，特赠送喀氏三个大花篮，喀氏极为满足”。报道的结尾意味深长，作者认为克氏演奏会获得如此成功，“亦足见近来中国人已一扫其数千年来崇拜官僚军阀之心理，而渐知尊重艺术家矣”。这段话与徐志摩《为什么不？》所提出的观点，正相呼应。

赠送花篮的“梅兰芳及该会发起人等”，应包括徐志摩。

4. 与新剧家的论争

1923年4月末的一天，徐志摩在写一篇文章，就在露天，在石虎胡同七号的院子里。暮春时节，满院是温暖的阳光，总务部主任蹇季常先生，看他写得热了，吩咐仆役打水浇花，随着水龙头的喷洒，院里升腾起沁人心脾的清凉。

写的是一篇剧评文章，评的是霍路会剧团演出的话剧《林肯》。他满肚子的气，要在笔下发泄。中国新剧界人士太不像话了，尤其是那些自命新潮的大学生，平日说对新剧事业怎样怎样，如今外国的名剧团来演了，竟绝少有人来看。连梅兰芳这样的旧戏子都来了，却不见他们的踪影。一面宣称怎样热爱新剧，一面对真正的新剧艺术漠不关心，这种艺术上的麻木不狠狠抨击怎么能行。

《林肯》是4月24日晚演出的，徐志摩去看了。让他不能理解的是，北京的大学生来看戏的竟出奇得少。除了女子高等师范学校有两位学生在场外，北大、高师、美专、剧专诸大学的学生，连单个的代表都没有。后来跟陈西滢谈了，陈说怕是学生嫌票价太贵。在志摩看来，真是不可思议：

不错，表面看来戏价似乎贵些。但凭着良心讲，这样远道而来的剧团演这样认真的戏，要你们三两块钱的戏价，只要演的过得去，你能说太贵吗？梅兰芳卖一圆二毛，外加看座茶钱小账，最无聊的坤角也要卖到八毛一块钱，贾波林的滑稽电影也要卖到一块多——谁都不怨价贵，每演总是满座而且各大学的学生都是最忠诚的主顾。偏是真艺术戏剧的《林肯》，便值不得两块钱，你们就嫌贵，我真懂不得这是什么打算！

就是这几句，惹恼了北京新剧界的人士。此剧的编者为得林克华德，文章就叫作《得林克华德的〈林肯〉》，月底写完，5月上旬分四天在《晨报副刊》上连载。

中国的新文化运动，与其说是由文学起步，莫若说是由戏剧发轫。五四运动前后，真正热闹的，不是文学创作，而是新剧运动，即由“文明戏”向真正意义上的话剧的过渡。参与人员之多，演出水准之高，都是此后很长一个时期难以比并的。年轻的新派人物，少有不参与戏剧活动的。好些大学教授、大学生，都对演剧着了迷上了瘾。各类戏剧组织，如清华戏剧社、北京剧艺社等，纷纷破土而出。尤其是1922年底，蒲伯英、陈大悲等人发起成立了人艺戏剧专门学校，对北京的新剧活动更是一个极大的促进。刊物不用说了，就连报纸副刊，也都竞相刊载创作剧本和翻译剧本。

在这样的情势下，新剧界人士如何能容忍得了这样苛刻的批评。平心而论，徐志摩的话也不无偏颇。比如他说“学校里教莎士比亚的教师也不少，但与其你去问他莎士比亚的好处在哪里，恐怕十个里有九个瞪着眼说不出来，或是拿几句不着边际的话来搪塞”，就不全是实情。其时中国，并非没有莎士比亚专家，至少清华学校的王文显教授，就是一个很懂得莎士比亚的人，他在外国戏剧方面的造诣也绝非徐氏可比。

种下了友善，不一定会收获友善，种下了仇恨，只会收获更大的仇恨。徐志摩万万没有想到，他这些自以为诚挚的批评捅了马蜂窝，招来的是丑诋与攻讦。

正好这个时候，徐志摩、陈西滢的一个行为被新剧家们抓住了。5月6日晚，北京女子高等师范学校学生在新明剧场演出易卜生的《娜拉》，徐和陈都去看了，看到半截儿，忍受不了剧场的嘈杂和混乱提前退场。同时退场的，不在少数。对这种现象，《晨报副刊》上接连发表几篇剧评文章，在分析演出得失的同时，都做了痛心疾首的抨击。

仁佗在《看了女高师两天演剧以后的杂谈》一文末尾，气愤地说：

足见他们实在不配看这种有价值的戏。他决不懂得《娜拉》是解决女子人格问题的名剧（他们脑子里本来就没有“人格”两个字，尤其没有“女子人格”四个字）。他们从来就不知道戏剧与人生的关系（他们脑子里本来就没有“人生”两个字）。他们从来不会用严肃的态度看戏的。他们只配去捧什么“郎”，什么“娘”，可怜可怜！

另有芳信一篇长文，对中途退场的人，简直是破口大骂了：

当第二幕中途时，为什么拿帽子的，戴着帽子走了？带围巾的披着围巾走了？到了娜拉和郝尔茂对话时，剩下的观众只寥寥无几！是演出的失败，还是观众不配看这个戏呢？……哈哈！到这时候，你们这些戴帽子走的先生们，披围巾跟着的太太小姐们都不知哪里去了！留着这一点难得的福让我们独享！你们真好慷慨吓！

呸！你们还是跟杨梅结毒去逐臭去罢！

上面两文中，仁佗说，他们只配去捧什么“郎”，什么“娘”，芳信又说，“还是跟杨梅结毒去逐臭去罢”，都是针对徐志摩的，——徐在《得林克华德的〈林肯〉》文中有“楼下有梅姚和他们的侍从”之语。梅姚指梅兰芳和姚玉芙。

攻击的文章接二连三，不胜枚举。徐志摩坐不住了。这一时期，常和徐志摩一起看戏的陈西滢也坐不住了。那些“拿帽子的，戴着帽子走了，带围巾的披着围巾走了”的，其中肯定有陈西滢，说不定还有他们共同的朋友林徽因小姐。

留美的硕士（徐），留英的博士（陈），岂能受这么几个毛头小伙子的羞辱。他们自己也很年轻（徐二十六岁，陈二十七岁，农历纪年则是同岁），年轻跟年轻可不一样，一个是新派诗人，一个是大学教授。反击是凌厉的。

陈西滢的文章名为《看新戏与学时髦》，徐志摩的文章名为《我们看戏看的是什么？》，均载5月24日《晨报副刊》。

并非同时写出。陈文先写出来，写的时候义愤填膺，及至写出，气也就消了大半。犯得着跟几个新剧家生这么大的气吗？他有些犹豫，徐志摩看了，觉得“除了答辩而外，本身也很有趣味”，力主发表。徐志摩没有看到仁佗和芳信的文章，也就不会生那么大的气，“但我的友人却看到了文字，也动了一点小气，也曾愤愤的对我说要我也出来插几句嘴”。既然西滢已写了文章，他又力主发表，也就“觉得有不得不附几句话在后面的责任”。两篇文章，都是他拿到晨报社发表的。

陈文甚长，五千多字，十六小节。徐文短得多，仅千余字。

他们都看了女高师演的《娜拉》，都中途退场，都供认不讳。但他们的本意不是这样的。陈说：“我听说女高师的学生鼓起十二分的勇气来扮演《娜拉》，喜欢得了不得。这里有了最好的材料，我们只要等着看艺术家的手段。”徐甚至说：“我那晚去看《娜拉》，老实说也很有盼望，和西滢一样的心理。并且事先就存心做一篇评衡文字，绝对不曾预料到后来实际上必不得已不等戏完动身就走的‘悲剧’。”若料到是这样的结果，他们，还有他们的友人就不会去看了。

陈西滢的文章说，剧场里的秩序确实太差。左边的看客们高兴地评头品足，台上的两个女孩子，哪一个长得好；右边的看客们高声地谈天，说他们昨晚输了几块钱，赢了几块钱；后面的看客们，摇手嘘气，招呼他们方进门的朋友。四面八方全是笑声、喘声、谈话声、怒骂声。

满院的种种混杂的声音，几乎都听见了，只是台上的声音，一个字也听不到。

再就是新明大戏院的构造不合乎声学原理，毛病很特别，台上的声浪分散了，台下四面八方的声浪却保住了。为了验证这一点，过了两天，他特意到新明去听旧戏，戏台上的声音确实没有别个戏院的清楚，没有别个戏院的洪亮。所有这些分析，都是为了说明他们所以提早退场的必然，也是为了证明对手丑诋的无理与无聊。

徐志摩的态度要平静些，真是个会做文章的人。先说：“有时候菩萨也会生气的，不要说肉体的人。西滢是个不容易生气的人，但他在这篇文章里分明是生气了。他的生气是有出息的，要不然我们哪里看得到这篇锋利诙谐的文章？”这口气不像在为朋友帮腔，倒像是在推荐一篇好文章。

也不是没有原则。他的看法是，戏的最先最后的条件是戏，一种特殊是艺式，不是东牛西马不相干的东西；我们批评戏最先最后的标准也只是当作戏，不是当作什么宣传主义的机关。这等于在说，对手们所丑诋的什么“人格”“人生”，全是瞎胡扯。

毕竟没生那么大的气，他又是个生性随和的人，或许是估计到此文发表后会招来的怨毒，末了，还做了一番善意的劝解，这也是他在生活中最乐于扮演的角色：

我最后一句话是要预先劝被西滢批评着的诸君，不要闹意气，彼此都是同志，共同维持艺术的尊严与正谊，是我们唯一的责任，此外什么事我们都不妨相让的。

5. 南开暑期学校讲课

1923年暑假，志摩有好多天是在天津度过的。

大约半个月，是应梁启超之邀，去天津南开暑期学校讲课两星期，讲题为《近代英文文学》。

两星期之内讲了10小时，此外还公开讲过一次《未来派的诗》，合起来共是11讲。

现在看来，志摩的这次讲课，其内容真称得上是博大而浅显，有系统也有重点，最重要的是，不是授之以鱼，而是授之以渔。来听讲的，大都对文学创作或文学研究有兴趣，可以说，都是想学文学的。第5讲中说：

研究文学最好从传记入手，可以神交古人。华德屋斯说："爱他的作品，就爱他的为人。"我们常有崇拜英雄的心，拿他来当作我［们］理想中的人格。因为他的生命和知识的问题，和我们一样，也就是我们要解决的问题，不过他是经过了的，所以要效法他。哥德伟大的人格，从他的《浮士德》中可以看出，是他心灵的象征，亦即是他人格的表现。他的传记有G. H. Lewes作的一本，收入"人民丛书"中。

文中的哥德，现译作歌德。他这里介绍的这本歌德的传记，八九年后，在光华中学教书时，也介绍给他的学生赵家璧。

莎士比亚、歌德、哈代、康德拉、麦考莱、罗曼·罗兰、王尔德、萧伯纳、威尔斯，十几天中，讲过的英国及欧洲的文学名家，不下二十位，有的一带而过，有的说说作品，有的则作重点介绍。比如对王尔德，第8讲里，是这样说的：

我今天要讲王尔德Oscar Wilde。

我可以说他是一个殉道者。他愤世嫉俗，乱为而死。我们对于任一个作家，应该用批评的眼光去看，不应该一味盲目的去崇拜。哥德说他一生最怕人家崇拜他一件东西，而这件东西是他所没有的。我想就是王尔德——或竟可说一切作家——也有这样的心理罢。阑珊和Frank Harris 对于这个作家都有适当的评论。他一身有两个关键，一个是他父亲把他送到牛津大学，一个是社会把他送进监狱。他受白特尔的影响比罗希金多。但白特尔的生活和王尔德却恰恰相反。前者过的是学者的生活，无妻，只有一个小猫做他的伴侣。而后者却是花花公子，无所不为。王尔德自己也说："我是要在生命中实现诗的。"所以他的生活便是一部诗集，异常的浪漫。法国苟特Gautier爱服装，他也是一样。每每穿着怪服，拿着孔雀翎，招摇过市。他极会说话，一说起来满座春风，没有不愉快的。

他思想的最大的刺激便是入狱这一件事。以一个素来豪放奢侈惯了的少年，一旦铁锁啷𠱞，两者情形相比，使他感到极大的痛苦。他说他这一入狱，便有了更深一层的觉悟。他的《狱中记》文极流畅，全书差不多是抒情诗的，一个个的字都有雕刻的意味。

对《世界史纲》的作者威尔斯的介绍，最是详尽，也最是风趣，这是缘于他在英国时，与威尔斯有过交往。且不说对威氏的介绍，只看他与威氏的交往：

有一天清晨，我正坐在窗口写字，打开窗子，放阳光尽量的进来。那时我还没有盥洗呢！忽然看见门外停了一辆汽车，我知道是来找我的，忙出门去看，看见陈通伯和章行严两位先生走下车来，我立即向前招呼，他们和我握手。我看见汽车上有一个司机人对着我笑，弄得我莫名其妙。

陈君说话很急，拉着我的臂说："这就是……"说了好久说出："这就是威尔斯！"我听说忙将他接下来，同入室内谈话。他说他很爱吃中国饭。谈了许久方才辞去。

威尔斯住在索司地顿地方，他约我到他那里去玩。那时我正在伦敦，我便去了。到了车站，有他的两个小孩子接我。我便跟着他们走。那地方一带尽是树林，没有别的居民，可以算是威尔斯家的所有了。那里有一个华维克花园。我们走，走，走，后来看见一所房子，我知道是快到了。那时我看见威尔斯正背着手，低着头在那里走来走去。两个孩子笑着指着向我说："你看这位老哲学家又在那里不知想什么了呢！"

他家门口有一株银柏。我进去和他谈了一会，他的声音很尖，但不是音乐的。人称他是“极精的说谎者”。他只要看见一个人的屋子，说连鼠洞都记得，完全是一种科学的观察。

我在他家吃午饭。他后来领我看他的房子，有棕色的房子，也有黄色的。他家人口很少。他的妻也是一个小说家。除去他们老两口子和他们的两个孩子，此外只有几个女仆，一个园丁。他住在伦敦，这乡村是他的别墅。他现年五十多岁，精神仍极好。我去时他正在同时著三本书，一本是小说《似神的人》，另外还有一本关于历史的，一本关于教育的。他著作没有一定的时候，半夜想到好意思，衣服也不穿，便立刻爬起来，拧燃电灯，将那感想写下。他常在夜间写，到第二天早上，他的妻拍拍拍拍用打字机打了出来，便送到书局去印去了。

萧伯纳虽是攻击旧道德，而他自己却好似一个清教徒，循规蹈矩。连英伦海峡都没有迈出一步。威尔斯却是吃烟喝酒，斗牌打球，无一不来。

饭后我们同到华维克花园散步。我们谈到近代小说，他要我把中国近代的作品译出来出小说集，他要办一个书局，将来可以由他出版。我们谈得非常高兴。正走的时候，忽然有一个篱笆拦住。他说：“我们跳过去罢！”我说：“好！”我倒跳过去了，但他却跌了一跤，弄得他衣服都撕破了。

后来我们又打球。晚饭后又喝威士忌酒，谈到十一点方才就寝。

《未来派的诗》这个讲题，不包括在10次讲课之内，当是专门给爱好诗歌的学员讲的。讲课的内容最宝贵的是，谈了他在美国打工的情况：

前几年我在美洲乔治湖畔的一个人家做苦工。我的职务是打杂，每天要推饭车，在厨房和饭厅之间来来往往的走。饭车上装着一二百碗碟刀叉之类，都是我所要洗刷的。我每次推着小车在轨道上走，口里唱着歌儿，迎着习习的和风，感到一种异样的兴趣；不过这也仅是在疲极的时候所略得的休息罢了。实在说来，我在那里是极苦的。有一天不知怎样，车翻了，碗碟刀叉都跌了下来，打得歪斜粉碎。我那时非常惶恐，后来幸亏一个西班牙人——我的助手——帮着我把碎屑弄到阴沟里去，可怜我那时弄得两手都是鲜血，被碎屑刺破。

我想，他的这次打工，绝不是因为生计所迫，而是要体验一下美国下层的社会生活。

其时天津有个小小的文学团体，叫绿波社。1922年刚刚成立，主要成员有赵景深、焦菊隐、于赓虞等。得知徐志摩来南开暑期学校讲课，且谈的是外国文学，当即做出决议，凡绿波社社员都报名入学听讲。

赵景深的身份更特殊些，在天津棉业专科学校上学，尚未毕业，已是天津《新民意报》副刊的编辑。《新民意报》也是研究系的报纸，这个活动即使不是该报办的，也与该报有关，赵景深受命做笔录正在情理之中。6月间《新民意报》的《朝霞》副刊，刚刚登了志摩的《诗人与诗》。说不定赵景深编的这个文学副刊就叫《朝霞》。

赵景深将记录稿整理成文，收入他的《近代文学谈丛》，1925年新文化书社出版。文后有跋语：

我也是听讲员的一个，《未来派的诗》一篇曾经志摩师校阅，《近代英文文学》志摩师不曾看过，其中误记的地方想是不少，我对他甚是抱歉；倘此书有再版的机会，而志摩师也有暇，当请他校改一遍，重与诸君相见。再者，《近代英文文学》中第九讲是焦菊隐兄记的，应在此声明一句。

讲课期间，或许是为了提高学员的兴趣吧，徐志摩曾拿一首英译的歌德的诗，要全班听讲的学生译，赵景深得了第一。奖品是一张人幅的歌德的照片。课余，赵景深常和几位朋友去志摩宿舍拜访，在绿荫之下，蒙着太阳的光照，听他讲谈文学。

志摩曾问赵景深看没看过莎士比亚，说不曾看过，只看过兰姆的《莎氏乐府本事》，志摩劝他最好看一看原书。绿波社天津总社社员曾于讲课结束后，请志摩茶叙，借为话别，并合影留念。席间志摩问赵景深将来的志愿：

“你是否以文学为业呢？”

“我是这样想的。”

志摩摇了摇头说：“大难，大难！文学是只好作为副业的。”

就像是要验证志摩的话似的，志摩刚刚离开天津，或许是因为文学副刊不受读者欢迎，或许是因为报纸经费不足要节省开支，《新民意报》便将赵景深辞退了。他写信给志摩，想以译稿为生。志摩介绍他替《晨报副刊》译小说，9月6日复信说：

我十一离京去北戴河，不久即为祖母病危亟亟的南回。老人的病竟不起，她生前爱我最深，而弥留前竟不能通一言为诀，甚令悲怆！关于译小说，盼即与博生通信（附信介绍）。能试译哈代，最合我意，吉百龄亦可尝试，我大约月底方能到沪，泰氏如来，则十月初偕同北上，尔时当可会面。

博生即陈博生，《晨报》编辑处主任，有志摩的介绍信，陈博生肯定给面子的。

梁启超在北戴河有海滨别墅，大概是为了酬劳志摩讲课的辛苦吧，讲完课，就邀志摩去别墅避暑游玩。

正在海边尽兴之际，忽然接到硖石家中电报，说是祖母病危，要他赶快回家。从上面引述的给赵景深的信中所说，志摩是1923年8月11日离京去的北戴河，不久即为祖母病危亟亟地南回。

后面我们会说到，他祖母死后的10月15日，是他回国的纪念日，也是他祖母“回神”的祭奠之日。这个“回神”，是硖石当地的一个风俗，定在老人去世七七四十九天上。则祖母之死，当在8月27日。在天津讲课两星期是14天。就算提前上一天，路上两天，到家也在8月25日或26日。可说是及时地赶了回来。

6. 海宁观潮

8月下旬回到硖石，要等到祖母“回神”之后，才能离开。

闲居无事，1923年9月间，志摩曾邀约一批朋友赴海宁观潮。这次活动显示了志摩的组织才干和人格魅力，也可说是创建新月社的一次演练，或新月社挂牌后的一次活动。因无法确定，挂牌是在此前此后。

任何一件事的成功，都是许多偶然因素促成的，此事也不例外。比如说胡适要养病哪里不好去，他偏偏来到他表妹曹佩声上学的杭州。陈衡哲不是个爱热闹的人，偏偏她留美时的史学教授Ellery（艾洛莉）小姐来到中国，她和丈夫任鸿隽（叔永）也愿意有个游览来招待远客。汪精卫是政界的大忙人，偏偏那些日子，政界上的事不顺心，想找个地方散散心，有朋友邀约，一说就准，来了。

观潮只是由头，朋友们在一起聚会玩乐，才是真正的目的。

时值中秋，正是观潮的大好时机，上海到海宁有直达的看潮专车，上海一班朋友要来，很是方便。这里说的海宁，乃海边的盐官镇，旧海宁县城所在地。

9月25日是中秋节，徐志摩与堂弟徐绎莪（永和）同游西湖，原拟去烟霞洞访胡适共同赏月，时间晚了未去。

第二天又与绎莪同去烟霞洞，大概是中午到的吧，胡适和高梦旦一早去游花坞还没回来。喝了一碗茶，捡了几张大红的树叶，疑是香樟，就急急地下山了。

这是《西湖记》上的话，接连两天去都没见上，肯定还去了第三次，那就是27日了。这次肯定见上了。约好第二天某个时分，胡适和陶行知二人，还有这些天一直陪着胡适的曹佩声，在硖石附近的斜桥下车即可。

从地图上看，斜桥在杭州到海宁之间，在铁路线上。也就是说，胡适他们可坐火车到斜桥，与志摩的朋友们会合。

当天，志摩又赶到上海，邀了朱经农、任叔永、陈衡哲，陈还带了她的一位美国老师。

9月28日即农历八月十八，观潮的正日子。徐志摩与马君武、汪精卫、朱经农、任叔永夫妇等人，乘看潮专车往海宁进发。

汪精卫是任叔永介绍来的，马君武是临时加入的。这样就不难明白，志摩去上海邀请了哪几位。

到斜桥时，胡适、陶行知、曹佩声已在船上等着。两下里会合，共是十个人，分乘两船向盐官镇进发。

途中合在一只船里吃饭，十个人聚在小舱里，满满的，臂膀都掉不过来。饭菜是大白肉、粉皮包头鱼、豆腐小白菜、芋艿，吃得很快活。

他们讲了一路的诗，汪精卫是作旧诗的，却不偏执，说他很知道新诗的好处，但自己因为不曾感悟到新诗的新音节，所以不曾尝试。志摩和胡适约好，替陆志苇的《渡河》做一篇书评。

志摩替曹佩声蒸了个大芋头，大家都笑了。

汪精卫闻了黄米香，乐极了。他的酒量极好，一个人喝了大半瓶的白玫瑰。

汪精卫是名人，他的到来，立即引起众人注意。志摩与汪，早在1918年去美国，在南京轮上见过面。也只是见过一面而已，难说是什么熟人。一个是赴美的学生，一个是早已名满天下的政界人物。汪在轮船上，只是接见了学生的代表，志摩是自费生，未必有此荣宠。同在一艘船上，见过面，甚至交谈，都会有的。没什么交情，也是真的。因此上，此番见了，其讶异不下于胡适：

前天乘看潮专车到斜桥，同行者有叔永、莎菲、经农，莎菲的先生Ellery，叔永介绍了汪精卫。一九一八年在南京船里曾经见过他一面，他真是个美男子，可爱！适之说他若是女人一定死心塌地的爱他，他是男子……他也爱他！

精卫的眼睛，圆活而有异光，仿佛有些青色，灵敏而有侠气。

北京十卷本的《徐志摩全集》上，前面的几个人物，都有注释，但是不知为何，这个Ellery，下面的注释竟是：“艾勒里，即胡也频。”我看了，莫名其妙，再看天津八卷本的《徐志摩全集》，原来在这儿已是这个样子。在我的《徐志摩传》里，这个人物的解释是：“还有陈的老师——美国蓄农大学史学教授Miss Ellery（艾洛莉）。”早年出版的《志摩日记》上，有这些人在船上的合影，这位Ellery先生，分明是一女士。事到今日，没说的，全是我的责任。

到了盐官，步行上岸，在镇海塔下观潮。

潮水来去的情形，据胡适日记所载，是这样的：

潮到时已近一点半钟。潮初来时，但见海外水平线上微涌起一片白光，旋即退下去了。后来有几处白点同时涌上，时没时现，如是者几分钟。突然间几处白光连成一线了。但来势仍很弱而缓，似乎很吃力的。大家的眼光全注在尖山一带，看潮很吃力地冲上来。忽然东边潮水大涌上来了，忽然南边也涌上来了。潮头每个皆北高而斜向南，远望去很像无数铁舰首尾衔接着，一齐横冲上来，一忽儿潮声震耳，如千军万马奔腾之声，不到几秒钟，已涌到塘前，转瞬间已过了我们的面前，汹涌西去了。（台湾版《胡适的日记》手稿本）

本来志摩要请朋友们看夜潮，看过再开船回硖石，一早吃锦霞馆的羊肉面，再到俞桥看枫叶，然后乘早车各自回去。后来叔永夫妇执意要回去，结果一半往北，一半往南，连志摩这位主人，也被往南的拉到杭州去了。

此番南行，志摩写有《西湖记》。9月7日记起，10月28日停笔。末后附有11月9日一篇，仅一行字，很隐晦，难以索解，应当算作《西湖记》之外的记事。这么长时间，却不是每天都有记，常是多日不记，有时又接连几天，天天有记。满共万余字，是志摩日记里的名篇。

以下，依据《西湖记》所载，酌参他书，叙述观潮后各人的行踪。

去杭州的五人是胡适、曹佩声、徐志摩、马君武和汪精卫。落在日记上的记事，很是简略：

过临平与曹女士看暝色里的山形，黑鳞云里隐现的初星，西天边火饰似的红霞。

楼外楼吃蟹，精卫大外行！

湖心亭畔荡舟看月。

三潭印月闻桂花香。

临平是杭州郊外的一个镇子。

据《胡适的日记》载，当晚五人在西湖上荡舟看月，夜深始睡。第二天一早汪精卫就走了，八点三刻徐志摩也走了，马君武到十点半才起，又约胡适和曹佩声去游李庄。

志摩离开杭州之后，10月3日应张君劢、瞿菊农之邀，去了菊农的老家常州，趁便游了天宁寺。志摩后来有诗作《常州天宁寺闻礼忏声》，写的就是此行的感受。

离开常州时，天幕正徐徐落下，西天的景色让志摩甚是动情，过后在日记里说：

前天在常州车站上渡桥时，西天正染着我最爱的嫩青与嫩黄的和色，一颗铄亮的初星从一块云斑里爬了出来，我失声大叫好景。菊农说："寡人有疾，寡人好色！"好色是真的。最初还带几分勉强，现在看的更锐敏，欣赏也更自然了。今夜我为眼怕光，拿一张红油光纸来把电灯包了，光线恬静得多。在这微红的灯光里，烟卷烧着的一头，吸时的闪光，发出一痕极艳的青光，像磷。

我们平常形容个什么，多是受了什么圣人的指点，说是要用最简单的词语，最准确地说出事物的特色，多余的全都剔去。而在这里，说到傍晚西边天上的颜色，志摩却说是嫩青与嫩黄两种颜色的"和色"。至于是调和在一起的颜色，还是应和着的两种颜色，你就细细品去吧。

10月5日，随张君劢到了上海，在张家吃了螃蟹。又与徐新六（振飞），在一枝香菜馆用餐。一起谈法国文学颇畅，由不得感叹，振飞真是个"风雅的生意人"。

大约10月10日，至迟不会过11日下午，胡适也来到上海。这天晚上，任叔永夫妇在美丽川菜馆请客。客人计有胡适、朱经农、唐擘黄、王云五、高梦旦、马君武、徐新六。志摩日记上还有这样两句话，百年之后，亦堪回味：

精卫不曾来，君劢闯席。君劢初见莎菲，大倾倒，顷与散步时热忱犹溢，尊为有"内心生活"者，适之不禁狂笑。君武大怪精卫从政，忧其必毁。

在上海，志摩与胡适还去民厚里，看望了郭沫若、成仿吾等创造社的朋友。

看望是10月11日，第二天即10月12日，郭沫若领了大儿子来旅馆回拜志摩，并约定14日晚在美丽川请客。《西湖记》里，对来访一事记之甚详：

方才沫若领了他的大儿子来看我，今天谈得自然的多了。他说要写信给西滢，为他评茵梦湖的事。怪极了，他说有人疑心西滢就是徐志摩，说笔调像极了。这倒真有趣，难道我们英国留学生的腔调的确有与人各别的地方，否则何以有许多人把我们俩混作一个？他开年要到四川赤十字医院去，他也厌恶上海。他送了我一册《卷耳集》，是他《诗经》的新译；意思是狠好，他序里有自负的话："……不怕就是孔子复生，他定也要说出'启予者沫若也'的一句话。"我还只翻看了几首。

沫若入室时，我正在想做诗，他去后方续成。用诗的最后的语句作题——"灰色的人生"，问樵倒读了好几篇，似乎狠有兴会似的。

14日沫若请客的事，当天无记，隔一日，志摩与适之，回请沫若诸人。16日条下，对请客与回请均有记：

前日沫若请在美丽川，楼石庵适自南京来，故亦列席。饮者皆醉，适之说诚恳话，沫若遽抱而吻之——卒飞拳投詈而散——骂美丽川也。

今晚与适之回请，有田汉夫妇与叔永夫妇，及振飞。大谈神话。出门时见腴庐——振飞言其姊妹为"上海社会之花"。

若不是有这样真实的记载，我们绝不会想到，在宴会上，多喝了两杯酒，郭沫若竟会冲上来，抱住胡适而亲吻一下。

说到这里，由不得生出感慨。

我得承认，在我的《徐志摩传》里，说到志摩和胡适，去民厚里看望创造社诸人时，是存有偏见的。为了说这两伙人留学背景上的不同，教养上的差异，最终导致成立了不同的文学团体，走上了不同的文化道路，过分强调了沫若他们生活上的艰窘。再就是，为了说明他们性格上的狷介，又过分强调了创造社诸人在批评上的偏激。

事实上不全是这样。志摩与胡适去民厚里看望沫若他们，沫若他们是心怀感激的，而且是合乎礼数，且竭尽全力招待的。先是去旅馆回拜，又在美丽川菜馆设宴招待。对一伙穷文人来说，真也勉为其难了。

这就要说到中国的批评文化。

近世以来，中国的批评文化（也可叫论辩文化），有个奇怪的变异。二三十年代，文人之间讲究“笔墨官司笔墨打”，少有伤及情感的。即便是不相熟的人，不见面，打笔仗，见了面一笑了之，该咋就咋，甚至分外亲热。就像此番，志摩和胡适到了上海见了沫若。

后世则不然，批评文章成了表态的工具相互伤害的利器。于是人们的理解，也就颠了过来，你批评我，就是要伤害我，至少也是要划清界限。笔墨打的，不再是“笔墨官司”，抹红涂绿，一副怪相。

沫若与志摩他们，先打官司，再如此交往，看了真让人有隔世之感。

这天晚上散席之后，志摩与胡适又去亚东书局小坐。在这里，竟遇见了陈独秀：

昨夜散席后，又与适之去亚东书局，小坐，有人上楼，穿腊黄西服，条子绒线背心，行路甚捷，帽檐下卷——颇似捕房“三等侦探”，适之起立为介绍，则仲甫也。彼坐我对面，我谛视其貌，发甚高，几在顶中，前额似斜坡，尤异者则其鼻梁之峻直，岐如眉脊，线画分明，若近代表现派仿非洲艺术所雕铜像，异相也。(《西湖记》10月16日)

仲甫者，陈独秀也。

陈独秀后来成了伟人，当年怕也确实是这样一副模样。

这些日子，最见志摩与胡适交情的，是10月11日午后的一件事：

午后为适之拉去沧洲别墅闲谈，看他的《烟霞杂诗》，问尚有匿而不宣者否，适之赧然曰有，然未敢宣，以有所顾忌。《努力》已决停版，拟改组，大体略似规复《新青年》，因仲甫又复拉拢，老同志散而复聚亦佳。适之问我“冒险”事，云得自可恃来源，大约梦也。

从这些话语看，两人都谈到了自己的“私情”，实际上是“奸情”。胡适问志摩“冒险”事，说得自可恃来源，志摩揣度，“大约梦也”。这里的梦，是个人名，指张慰慈的夫人梦绿。千万别把他们当成什么伟人，一个32岁，一个27岁，正是“英姿勃发”的年纪。

前面说了14日事，接下来往后说。

10月15日这天，实在是个诡异的日子。是他祖母“回神”的祭奠（去世七七四十九天），也是他回国一周年的纪念。最最重要的，该是这天收到一个女子的来信。且看接到信之后，志摩情感的波动。先说，“今天是我回国的周年纪念。恰好冠来了信，一封六页的长信，多么难得的，可珍的纪念啊”！说了这天的好些事之后，又说：

我最敬爱的友人呀，我只能独自地思索，独自地相像，独自地抚摩时间遗下的印痕，独自地感觉内心的隐痛，独自地呼嗟，独自地流泪……方才我读了你的来信，江潮般的感触，横塞了我的胸口，我竟忍不住啜泣了。

这个来信的人，文中说是叫“冠”，无疑是个隐语。

我猜度，这个人就是陆小曼。小曼名眉，眉在头上，冠者，首也，眉也。

（可骇怪的是，北京商务十卷本《徐志摩全集》的“友人”之下，竟加了个注：“指林徽因。”天津人民版的八卷本上，没有这个注。想来是编辑依据别的版本添加的。我不能多说什么，挂的是我的名字，我只能说是我自己失于检点。）

17日，还有在上海活动的记载。18、19、20三日无记。到了21日，有记，开头便是：

昨天下午自硖到此，与适之、经农同寓新新。

此语简略，揣测文意，当是与胡适、朱经农一起从硖石来到杭州，住在西湖边的新新旅馆。

胡适去硖石做什么去了，我的看法，只能是为志摩与小曼的事，当说客劝说申如先生去了。

在硖石的行事，《西湖记》里未有记载。志摩去世后，蒋复璁在《徐志摩先生轶事》里带了几笔：

胡适之先生为了志摩的婚事，也曾到过硖石向徐老先生进言，住了两天。申如七叔也带胡先生到宜园去吃过茶。他送了一副对子，写的是“一间东倒西歪屋，几个南腔北调人”。据说是汪容甫题赠家乡一茶馆，胡先生用来送宜园，这副对子的下落，我就不知道了。

蒋先生其时并不在镇上，是回来听人说的。胡适没有独自去过硖石，要去，只能是这次，从上海回杭州，路过硖石，顺便停了两天做这个好事。事情没有什么进展，记之无趣，故而《西湖记》里无一字记载。

这次来到杭州，志摩与胡适的情谊大大地进展了一步。

日记中最美的一笔，该是与胡适、曹佩声一起，在西湖游玩，看晚霞，看月色的情景：

我们第一天游湖，逛了湖心亭——湖心亭看晚霞看湖光是湖上少人注意的一个精品——看初华的芦荻，楼外楼吃蟹，曹女士贪看柳梢头的月，我们把桌子移到窗口，这才是持螯看月了：夕阳里的湖心亭，妙；月光下的湖心亭，更妙。晚霞里的芦雪是银色；月下的芦雪是银色。莫泊桑有一段故事，叫做In the Moonlight，白天适之翻给我看，描写月光激动人的柔情的魔力，那个可怜牧师，永远想不通这个矛盾："既然上帝造黑夜来让我们安眠，这样绝美的月色，比白天更美得多，又是什么命意呢？"便是最严肃的，最古板的宝贝，只要他不曾死透僵透，恐怕也禁不起"秋月的银指尖儿，浪漫地搔爬"！曹女士唱了一个"秋香"歌，婉曼得狠。

三潭印月——我不爱什么九曲，也不爱什么三树，我爱在月光下看雷峰静极了的影子——我见了那个，便不要性命。

阮公墩也是个精品，夏秋间竟是个深透了的绿洲，晚上雾霭苍茫里，背后的群山，只剩了轮廓，它与湖心亭一对乳头形的浓青——墨青，远望去也分不清是高树与低枝，也分不清是榆荫是柳荫，只是两团媚极了的青屿——谁说这上面不是神仙之居？

文中In the Moonlight，系指莫泊桑的《在月光下》一书。

志摩描摹景物的本领，一则是对色彩独到的感受，且能清晰地表述出来，再则是，总能在色彩之上，再涂抹一层感情的色调，让这一景物，成为他笔下独到的观察。

这一节要完了，且让我宕开一笔，说说志摩与胡适，究竟是怎样的一种关系。

依我的阅读经验，可以这么说，起初是敬仰，这敬仰，更多的是一种羡慕。这个人怎么会有这么好的福气？在国内，连个正经大学都没上，第二届庚款留美考试，竟然考上走了。还没有回国，在《新青年》上发表了两篇文章，就暴得大名。回国之后，连个过渡也没有，就是北京大学哲学系的教授。本事嘛，也就那么一回事。有一事可以证。

在英国时，结识了奥格登先生，奥先生的"国际文库"，打算出一本中国学者的哲学史著作，经罗素推荐，看中的是胡适，其时志摩已经回国。他没有约胡适，而是着力向奥先生推荐他的老师梁启超。

但是，经过这次前后一个多月的交往，两人成了气味相投的好朋友。也正是这种深度的相知，让两人成了中国新文化运动史上最佳的一对搭档。我的《徐志摩传》里，是这样说的：

这次出游，奠定了徐志摩与胡适情感的基础，在此后的岁月里，徐志摩对胡适从来是心悦诚服，胡适对徐志摩也从来是尽力提携。中国新文化运动的倡导者和它的力行者，结成了坚实的同盟。

7. 泰戈尔访华

1924年4月中旬到同年6月初，泰戈尔率学者、画家多人访华，其私人秘书恩厚之随行。中国这边，徐志摩任翻译，也是首席陪同人员，一直随侍左右。

12日清晨，在上海汇山码头接上，下船即去沧洲旅馆休息。下午5时，徐志摩陪泰戈尔一行去游览龙华古寺。印象不太好，一是桃花已衰败，二是寺里驻扎着军队。

13日下午4时，在慕尔鸣路三十七号张君劢的宅邸，举办欢迎茶话会。到者百余人，多坐在草地上，或坐在草地的椅上，泰戈尔则坐在大家当中。背后排列了许多高大的盆花，像一座围屏似的。张君劢致欢迎词后，泰戈尔站起来讲话。这是他在中国的第一次公开的谈话。神态恳切，语调沉着而有诗意，大家听了都很感动。不用说，是志摩翻译。

14日清晨，徐志摩和瞿菊农陪泰氏一行赴杭州，游西湖。第二天在灵隐寺讲演，讲题为《飞来峰》。

16日中午回到上海。休息两天，18日上午，在商务印书馆图书馆大厅，上海二十多家团体举行盛大的欢迎会。晚七时在功德林举行宴会。

当晚离沪，沿津浦路北上，途经南京、济南两地，均有讲演，在南京由徐志摩任翻译，在济南由王统照任翻译。23日抵北京。抵京的景况，《申报》有报道：

印度诗哲泰戈尔已于昨日（二十三）下午七时抵京矣，泰氏一行于昨日上午由济南乘坐专车北行，下午三时余车抵天津，梁启超曾赴车站欢迎，泰氏下车稍憩。适京奉快车已抵津站，泰氏随同英人恩厚之、美女士葛玲、印度学者诺格、鲍斯、沈谟汉（均泰氏高足弟子）及徐志摩等，改乘京奉车来京，王统照则因照料行李未同行也。下午七时十五分车到东站，赴站欢迎者有蒋百里、林长民、陈源、林玉堂、张逢春等，尚有北大、师大各校多数教授学生，各团体代表及英美日本各界人士，共计约有四五百人。泰氏乘坐最末辆头等车，到时欢迎者群聚车旁，鼓掌欢呼，泰氏则举手为礼，下车后欢迎者群拥而行。途为之塞。泰氏穿青色长袍，戴绛色冠，苍髯满颊，令人望之肃然起敬。王赓率警前导，引出站门，泰氏即同随行者乘坐汽车，向东长安街而去。昨晚下榻于北京饭店。

文中率警前导的王赓，此时还是陆小曼的丈夫。

26日，梁启超、蒋百里、熊希龄、汪大燮、范源濂等在北海静心斋设宴欢迎泰戈尔一行，胡适、陈普贤、秦墨哂等四十余人作陪。第二天北京文学界公宴泰戈尔一行。

28日，泰戈尔在先农坛与北京学生见面并讲演，徐志摩翻译。这次讲演原先定在天坛里面的圜丘。办事人考虑天坛门票太贵，恐怕学生作难，临时改在先农坛里的雩坛。当日《晨报》刊有改变讲演地点的启事。这次讲演，泰戈尔不知何故迟到了半个小时。“午后一二时，即有无数男女学生驱车或步行入坛，络绎不绝，沿途非常拥挤。讲坛设在雩坛内之东坛（即一品茶点社社址），坛之四围布满听众，即有二三千之多……至三时零五分太氏始到，乘坐汽车至雩坛门前下车，林长民为导，同来者为其秘书恩厚之，葛玲女士及林徽因、王孟瑜两女士并梁思成等。”

王孟瑜是林徽因的表姐，亦貌美有才，时人称之为“姐妹之花”。

在先农坛讲演后，泰戈尔一行移住东单史家胡同克利饭店。

29日下午，溥仪的英文教师庄士敦，在油漆作（地名）私宅，以茶会的方式招待泰氏，邀请京中知识界多人作陪。

考虑到连日活动，太累了，第二天移住清华学校。

一个星期后，又回到城里。因为5月8日，是泰戈尔的六十四岁生日，北京学界要为他开祝寿会。

地点在北京协和医学校礼堂，胡适任主席。寿礼是十九张名画和一件名瓷。胡适说，友人们决定为诗人献赠一个中国名字。接下来由梁启超主持赠名典礼。

梁启超说，泰氏的名字是拉宾德拉（Rabindranath），意思是“太阳”与“雷”，如日之异，如雷之震，所以中译当为“震旦”。而“震旦”是古代印度称呼中国的名字。Cheenr Sthane重译中文为“震旦”（意译当为“秦土”），泰氏华名为“震旦”，也就是表征中印文化悠久结合的意思。再照我国往昔译称外国人名之例，加上印度的国名——天竺，诗人的中国名字，以国为氏，当为竺震旦。

泰戈尔当场获得一颗“竺震旦”的大印章。

或许是受这次赠名的启发，随后泰戈尔赠给徐志摩一个印度名字，叫Soosima（素思玛）。

祝寿会的次一个节目，是由梵文学者读了一首梵文诗，印度历史教授读了泰戈尔的一首《新年》诗。

最后一项余兴，是用英语演出泰戈尔的戏剧《齐德拉》（*Chitra*）。剧情是这样的：

齐德拉是一个公主，是国王的独生女儿，生来不美，因从小受到王子的训练成为一个平定盗贼的女杰。邻国有个王子叫阿俊那（Arjuna），发愿苦行十二年。一天他在山林中坐禅之后睡着了，正巧齐德拉和她的侍从进山行猎，看见这个独卧山中的少年就叫醒了他。发现他是一位王子的时候，齐德拉生平第一次感到自己的缺憾是没有女性美。于是叫侍从给她百般打扮，再来到静坐的王子跟前，希望能博取他的欢心，不料竟遭到王子的责骂。失望之余，齐德拉只好祈祷爱神，能赐予她青春的美貌，纵然只有一天之暂也好。爱神居然应许她，而且给她一年的美丽。公主一变为如花似玉的美人，掠取了修行的王子而结为夫妻。可是这位公主不甘假冒佳人，恰好王子表示羡慕邻国的一位英雄公主，而不知道他的妻子就是这位公主。齐德拉只好再求爱神收回她的美貌，向她的夫君显露了她女杰的真面目。

参加演出的人员及所扮演的人物，历来说法不一。梅绍武在一篇文章中，提供了一份演员表，是印度国际大学1925年出版的《泰戈尔访问中国》中记载的，当是很可靠的了。兹抄录如下：张彭春导演，梁思成绘景，林徽因饰公主齐德拉，张歆海饰王子阿俊那，徐志摩饰爱神，林长民饰四季之神阳春，丁西林、蒋方震等饰村民，王孟瑜、袁昌英饰村女。（梅绍武《我的父亲梅兰芳》）

5月12日，泰戈尔在真光剧院讲演后，再也没有讲演。尚未讲的一两场也取消了。

老诗人受了气，心里不愉快。

在先农坛讲演时，迟到了半小时，北京一家报纸就攻击他，说他是过时人物，只该与古人对酒当歌才是。在另一次讲演中，泰戈尔回答说，他不难解释他的一次迟到，可是他不能对“过时”的批评无动于衷。事实上他从小被他国家的人指责，说他过于近代化，忽略了往昔的教训，而现在他到中国来，却被视为太陈旧，他也不知道哪一方面是对的。

这些日子，对泰戈尔的攻击越来越凶。一部分是文化界人士，主要是青年学生。他们认为泰氏所代表的印度宗教文化，是落后的、不科学的。最让他们反感的是，泰戈尔这个英国殖民地来的老头儿，竟那么热情地赞扬中国传统文化，而这正是他们近年来竭力反对并要消灭的。

针对泰戈尔提倡东方固有文化的观点，陈独秀发表文章说：“泰戈尔所要提倡复活的东方特有之文化，倘只是抽象的空论，而不能在此外具体的指出几样确为现社会进步所需要，请不必多放莠言乱我思想界！太戈尔！谢谢你罢，中国老少人妖已经多的不得了啊！”

陈文名为《太戈尔与东方文化》，署名实庵，载1924年4月《中国青年》。

瞿秋白和沈泽民等共产党人也写了文章，痛斥泰戈尔。

这也难怪。正当五四运动后不久，中国的青年学生，在德先生与赛先生的旗帜下，心高气盛，傲视万物，恨不得今天就彻底扫除封建专制，明天就创建一个民主自由的新中国，哪里容得一个英国殖民地来的老头儿布道呢。

就在真光剧院这场讲演开讲之前，徐志摩专门做了解释，让大家理解这位老人。说他这么大年纪，身体又不好，自登岸后，旅行的劳顿不必说，单就公开的演讲以及较小集会时的谈话，至少也有三四十次。一个星期内他就要离开了，这一去不会再来的了。这些日子他也感觉心境不舒畅，我们做主人的只有深深的负歉。接下来说道：

他这次来华，不为游历，不为政治，更不为私人的利益，他熬着高年，冒着病体，抛弃自身的事业，备尝行旅的辛苦，他究竟为的是什么？他为的只是一点看不见的情感，说远一点，他的使命是在修补中国与印度两民族间中断千余年的桥梁。说近一点，他只想感召我们青年真挚的同情。因为他是信仰生命的，他是尊崇青年的，他是歌颂青春与清晨的，他永远指点着前途的光明。悲悯是当初释迦牟尼证果的动机。悲悯也是泰戈尔先生不辞艰苦的动机……只要我们的良心不曾受恶毒的烟煤熏黑，或是被恶浊的偏见污抹，谁不曾感觉他至诚的力量，魔术似的，为我们生命的前途开辟了一个神奇的境界，燃点了理想的光明？

为了让老人散散心，此后几天，志摩陪泰戈尔游览了北京的法源寺。

法源寺是北京名刹之一，以丁香负盛名。清代许多著名诗人、学者，如黄仲则、何绍基等，都喜欢住在这里，名人诗集中屡见在此寺中的唱酬之作。

正当初夏时节，徐志摩陪泰戈尔来法源寺，也是想让老诗人欣赏丁香盛开的景色。志摩曾在树下作诗一夜。此一雅事，触动了梁启超的灵感，到了秋天，集宋词以八尺宣写了一副大楹联，赠给志摩以纪念此事。书作北魏体，朱丝划格，谨严古朴，在梁书中堪称上品。陆小曼去世前，将此联赠陈从周，陈转送浙江省博物馆保存。联语是这样的：

临流可奈清癯，第四桥边，呼棹过环碧；
此意平生飞动，海棠影下，吹笛到天明。

泰戈尔从清华回来，还住在史家胡同的克利饭店。凌叔华的家在与史家胡同相连的干面胡同，在凌家举办的一次茶会上，徐志摩、陈西滢认识了还是燕京大学学生的凌叔华。

燕京大学鲍贵思教授是一个诗人，也是一个很想提携后进的热心人。一次宴会上，她介绍凌叔华等两三个女学生认识了泰戈尔。

正当初夏时节，陈师曾、齐白石等组织的北京画会正式成立，找不到地点开会，陈师曾提议到凌叔华家的大书房开会。陪同泰戈尔来华的南达拉·波斯，是印度画家且是艺专校长，上次宴会上，泰戈尔极力把他介绍给中国画家，凌叔华也请了波斯。徐志摩、陈西滢得到消息，跟泰戈尔一起来了。好在那天的招待会，凌叔华听从了母亲的建议，只是吃茶，不吃饭。前一天就定下百枚新鲜玫瑰花饼和百枚新鲜藤萝花饼，另外用家中小磨磨出的杏仁茶，这应节的茶点很投合诗人画家的趣味。

这次北京画家集会之后，陈西滢、徐志摩、丁西林等常来凌家。正是这样的交往，促成了陈西滢与凌叔华的恋情，后来便结为伉俪。

5月20日这天，泰戈尔一行离开北京去太原，徐志摩陪同前往。

在太原，泰戈尔向阎锡山建议，推广他在印度搞的农村建设计划。阎锡山当即表示赞同，并许诺晋祠一带的土地给泰戈尔、徐志摩做试验基地，让山西教育厅厅长冯司直具体承办。此事过后没有下文，只是这么说说罢了。

5月23日离开太原，返回石家庄，南下汉口，乘江轮直达上海。5月30日到上海，6月初，徐志摩和张歆海送泰戈尔一行去日本，又陪泰氏到香港，这才依依不舍地分手回国，两人又一起赴庐山避暑。志摩还要做的事，是整理泰氏在华的讲演稿。

对这次访华，泰戈尔或许会留下不愉快的印象，但对徐志摩，他的印象却是好极了。1925年2月，泰氏在加尔各答出版了《在华谈话录》。书的扉页上，印着这样几行字，译成汉语是：

感谢我友
徐志摩的介绍，

得与伟大的中国人民相见，谨以此书为献。

在日本期间，志摩写下他脍炙人口的小诗《沙扬娜拉》。

也是日本期间，志摩留下了他此生唯一的一段电影资料。

1924年6月12日，日本企业家涩泽荣一，在他的飞鸟山别墅招待泰戈尔一行。当时涩泽的企业，已有电影机，工作人员拍摄了来到别墅的情形，留存的胶片只有短短的几分钟。多少年来，一直保存在日本的涩泽荣一纪念馆。2017年4月15日，杭州的徐志摩纪念馆举办学术活动，纪念徐志摩120周年诞辰，有人通过关系，借来了这个纪录短片放映。

陈子善在其《新发现的徐志摩影像所想起的》文中，对这个电影资料有文字描述：

一辆类似老爷车的汽车缓缓驶进一座别墅，车停，第一个跨出车门的人风流倜傥，竟然是徐志摩！他身着深色马褂，白色长袍，脱去帽子，神采飞扬。第三个下车的是高大的泰戈尔，徐志摩优雅地伸手搀扶。接着，他走在泰戈尔的左侧，与三十多位迎候人员在别墅园内信步而行，不久便与其中貌似泰戈尔秘书、英人恩厚之并肩，边走边谈边抽烟。徐志摩左手持烟，不时轻轻用手指掸走烟灰，右手自然地背在身后。

第九章

重要事件（下）

1. 参观丝厂

前一章七节，这一章九节，既然都是“重要事件”，为什么不可以匀开，一章都是八节呢？

不是没有这样想过，想过了，还是觉得这样安排好些。没有别的原因，是因为我们这本书，有梳理志摩思想变化的意思。参观丝厂，和由此阐发出来的思想脉络，在志摩的思想认识上有标志性的意义，放在“重要事件”的“下”里，看得更为分明。

下面的故事，是根据志摩的一篇文章写的。

我们先说事，再说文章。

1924年6月中旬，志摩回到硖石。以时间推勘，当是送了泰戈尔去日本，又陪着去了香港分手，返回来，要和张歆海一起庐山避暑之前，回老家待了几天。

回来的头一天，父亲特意安排儿子，参观了他新近开办的缫丝厂。

这个时间，跟《浙江通志》上所载，徐申如的小传中的叙事，是吻合的。《浙江通志》中有言：“1924年与李伯禄合资兴建硖石双山丝厂（今中丝三厂）。”

志摩在国外，工厂倒是去过，看的是建筑与机器等类的设备，往往因为领导人讲解得太详尽了，结果什么也没有听到，没有看到。再就是，从不曾进车间里，看过工人们做工的情形。

这次却不同，是在他的本乡；不但是本乡，而且是他父亲一手经营起来，亲自领他参观的。

这个丝厂，今年夏间才办成。屋子什么全是新的。工人有一百多，全是工头从绍兴“包雇”来的女人，有好多是带了孩子来的。“包雇”，当是其时一种雇工的方式。

机器间，先后去了三回，都是工作时间。

房子造得极宽敞，空气尽够流通的，约略一百多架“丝车”分成两行，相对地排着，女工们坐在丝车与热汤盆的中间，在机轧声中几百双手不住地抽着汤盆里泡着的丝茧。在每个汤盆的跟前站着一个自八九岁到十二三岁的女孩子，拿着勺子向沸水里捞出已经抽尽丝的茧壳。就女工们的姿态及手技看，她们都是熟练的老手，神情也都闲暇自若。父亲领着他走过的时候，有很多女孩子，抬起头面带笑容地看着他们，这可见她们在工作时并不感受过分的难堪。

那天是6月中旬，天气已经节节高向上加热，大约在阴凉处已够华氏90度光景。他们初进机器间，两旁通风，并不觉热，走近中段就不同了。转身的时候，他浑身都汗湿透了，说不定温度有多高，但因为外来的太阳光（第一次去看芦帘不曾做得，随后就有了）与丝车的沸汤的夹攻，中间呆坐着做工人的滋味，可以揣想。工人们汗流浃背的固然多，但坦然的也尽有。

父亲说，这工作她们外府人是一半身体坚实一半做惯了吃得起苦，要是本地人去，半天都办不了的。这话，志摩相信。他自谅，他要是坐下去的话怕不消三四个钟头竟会昏了去的。那些捞茧的女孩子们，十个里有九个是头面上长有热疮热疖的，这就可见一斑。

这班工人，前面说过，是工头包雇来的，厂里有宿舍给她们住，饭食也是厂里包的，除了放假日外，女工们是一律不准出门的。夏天是五点半放头螺，六点上工，十二时停工，半小时吃饭，十二时半再开工，到下午六时放工，共计做十一时有半的工。放假是一个月两天，初一与月半。工资是按钟点算的，仿佛每天可得四角五或是四角八大洋的工资，每月刨去饭资每人可得净工资十元光景，厂里替她们办储蓄，有利息，这一层待遇情形据说比较而言并不坏，一个女工到外府来做工每年年底可以捧一百多现洋钱回家，确是很可自傲的了。

这是他第一次看工人做工，心里觉着一种难受。那么大热的天，在那么热的屋子里，连着做将近十二小时的工！

外面的账房，计算给他们听，从买进生茧到卖出熟丝的层层周折，刨去开销，每包丝可以赚多少钱。

听到这儿，志摩心头顿生感慨，啊，马克思的剩余价值论！这不是剥削工人们的劳力？平日，是听惯了八小时工作、八小时睡眠、八小时自由论的，这十一二小时的工作如何听得顺耳？

“那末这大热天何妨让工人们少做一点时间呢？”他代工人们求恳似的问。

“工人们哪里肯？她们只要多做，不要少做；多做多赚钱，少做少赚钱。”

账房先生说，他听了，没得话说了。又问：

“那末为什么不按星期放工呢？”

“她们连那两天都不愿意闲空哪！”

他又没得话说了。心里直感慨，一群猪羊似的工人们关在牢狱似的厂房里拼了血汗替自己家里赚小钱，替出资本办厂的财主们赚大钱。这情形其实有点看不顺眼——难受。

"这大热天工人们不发病吗?"他又替她们担忧似的问。

"她们才叫牢靠哪，狠少病的；厂里也备了各种痧药，以后还请镇上一个西医每天来一个半钟头：厂里也够卫生的。"

"那末有这么许多孩子，何妨附近设一个学校，让她们有空认几个字也好不是?"

"这——我们不赞成；工人们识了字有了知识，就会什么罢工造反，那有什么好处!"

他又没得话说了，真不知道怎样想才是。在一边看，这种工作情形实在是太不人道，太近剥削；但换一边看，这么多的工人，原来也许在乡间挨饿的，这样一来有了生计，多少可以赚一点钱回去养家，又不能完全说是没有好处；并且厂内另有选茧一类轻易的工作，的确也替本乡无业的妇女们开一条糊口过活的路。你要是去问工人们自己满意不满意，我敢说她们是不会（因为知识不到）出怨言的。那你这是白着急?

是不好说什么，可是他总觉得心上难受，异常的难受，仿佛自身做了什么亏心事似的。

过了多少日子，自从看了厂以后，他仍难以忘记那机器间的情形，尤其在南方天气最热的那几天，到哪儿都惦着那一群每天得做十一二小时工作的可怜的生灵们!

也曾自省，也许是自己的感情作用；在国外时也何尝不曾剧烈地同情劳工，但从不曾经验过这样深刻的感念。

两年后，志摩在一篇文章里，说到此事。

文章名叫《南行杂记》，是志摩编《晨报副刊》时自己发表的。

说是一篇，实为一组，两篇，且不是同日刊出的。1926年8月9日刊出第一篇，名为《一、丑西湖》，另有总题《南行杂记》。8月23日刊出第二篇，总题之下，名为《二、劳资问题》。前一篇落款为8月7日，当是刊出的前两天写的。《晨报副刊》一周四期，按正常刊出规则，下一期就该刊出第二篇，实际情况是，中间隔了十几天。再就是，第二篇若是接连写出来的，纵然迟了些日子，也该标明时间，而又没有。

这就不能不让人顿生疑窦，这篇《劳资问题》，是什么时候写下的?

我的推测，这篇文章的主体，只会是1924年送了泰戈尔之后，上庐山之前回到硖石，参观了他家的丝厂之后，在老家就写了出来。

志摩的写作，有趁热打铁、即兴作文的习惯。常是写下了，放起来，什么时候要用了，翻出来发了就是。过去多是给办刊的朋友，自己办起刊后，那就是自己给自己“凑个急”。

发出来的文章，前面还有一大截话。

他本来是想写上几笔，就转到正题上，写他参观丝厂的感受。一搭笔就刹不住，唰唰唰，不歇气就是一千多字，他说是“笔头又掉远了”，也就是他常说的，又跑了野马。

我们看了，只能说是感触甚深，情难自已。由此，让我们窥见了他回国后思想的转变，或者说是思想升华的轨迹。这一转变，关系着志摩此后为人行事的准则。因此上，在这里，不避烦冗，予以剖析。

文章一开头，说他当年对高矗的烟囱，有着怎样的感觉：

我不曾出国的时候只听人说振兴实业是救国的唯一路子，振兴实业的意思是多开工厂；开工厂一来可以解决贫民生计问题，二来可以塞住“漏卮”。那时我见着高矗的烟囱，心里就发生油然的敬意，如同翻开一本善书似的。罗斯金与马克思最初修正我对于烟囱的见解（那时已在美国），等到我离开纽约那一年我看了自由神的雕像都感着厌恶，因为它使我联想起烟囱。我不喜欢烟囱另有一个理由。我那历史教师讲英国十九世纪初年的工业状况，以及工厂待遇工人的黑暗情形，内中有一条是叫年轻的小孩子钻进烟囱里去清理龌龊，不时有被薰焦了的。我不能不恨烟囱了。

接下来说了当年，他在国外，是怎样起了认同社会主义的情感：

我同情社会主义的起点是看了一部小说，内中讲芝加哥一个制肉糜厂，用极小的孩子看着机器的工作的；有一个小孩不小心把自己的小手臂也叫碾了进去，和着猪肉一起做了肉糜。那一厂的出货是行销东方各大城的，所以那一星期至少有几万人分尝到了那小孩的臂膀。肉厂是资本家开的，因此我不能不恨资本家。我最初看到的社会主义是马克思前期的，劳勃脱欧温一派，人道主义，慈善主义，以及乌托邦主义混成一起的。正合我的脾胃。我最容易感情冲动，这题目够我的发泄了：我立定主意研究社会主义。

又说，在纽约那一年，甚至有人叫他“鲍尔雪微克”。到了英国，他对劳工的同情益发分明了。在报纸上看到劳工就好比是看《三国志》看到诸葛亮、赵云，《水浒》看到李逵、鲁智深，总是“帮”的。那时有机会接近的也是工党一边的人物。贵族、资本家，这类字样一提着就够挖苦！劳工，多响亮，多神圣的名词！直到他回国，自问是个激烈派，一个社会主义者，即使不是个鲍尔雪微克。萧伯纳的话牢牢地记着：一个在三十岁以下的人看了现代社会的状况而不是个革命家，他不是个痴子，定是个傻瓜。他年纪轻轻，不愿意痴，也不愿意傻，所以当然是个革命家。

末后，才说了他回国后，中国的国情怎样引起了他的思考：

到了中国以后，也不知怎的，原来热烈的态度忽然变了温和；原来一任感情的浮动。现在似乎要暂时遏住了感情。让脑筋凉够了仔细的想一想。但不幸这部分工夫始终不曾有机会做，虽则我知道我对这问题迟早得踌躇出一个究竟来：不经心的偶然的掼打不易把米粒从糠皮中分出。人是无远虑的多。我们在国外时劳资斗争是一个见天感受得到的实在：一个内阁的成功与失败全看它对失业问题有否相当的办法，罢工的危险性可以使你的房东太太整天在发愁与赌咒中过日子。

最为关注的，还是劳资问题，而恰是这上头的实际情形，引起了他思想上的震撼：

这就不容你不取定一个态度，袒护资本还是同情劳工？中国究竟还差得远：资本和劳工同样说不到大规模的组织，日常生活与所谓近代工业主义间看不出什么迫切的关系，同时疯癫性的内战完全占住了我们的注意，因此虽则近来罢工一类的事实常有得听见，这劳资问题的实在在一般人的心目中总还是远着一步的。尤其是在北京一类地方，除了洋车夫与粪夫，见不到什么劳工社会，资本更说不上，所以尽凭“打倒资本主义”一类的呼声怎样激昂，我们的血温还是不曾增高的。就我自己说，这三四年来简直因为常住北京的缘故，我竟于几乎完全忘却了这原来极想用力研究的问题，这北京生活是该咒诅的：它在无形中散布一种惰性的迷醉剂，使你早晚得受传染；使你不自觉的退入了“反革命”的死胡同里去。

接着说了一件小事，说新近有一个朋友来京，他一边羡慕我们的闲暇，一边却十分惊讶他几个旧友的改变：从青年改成暮年，从思想的勇猛改成生活的萎靡——他发现了一群已成和将成的“阉子”！这所谓“知识阶级”的确有觉悟的必要。他们离国民的生活太远了，离社会问题的真实太远了，离激荡思想的势力太远了。本来单凭书本子的学问已够不完全，何况现在的知识阶级连翻书本子的工夫都捐给了太太小孩子们的起居痛痒！

这样的说辞，是暗示他思想上的一个明确的变化。那就是，重新认识中国社会，重新调整自己的思想方法。

而所以能有这样大的转变，不用说，就是回到老家，切切实实参观了他父亲办的丝厂，知道了在中国，工人究竟是怎样的一个情形。

正是这个转变，让他放弃了社会主义的理论与信念，认识到，此后的努力，应当是改造社会，开启民智，建设一个健康文明的中国。

由一个“鲍尔雪微克”，扭身成为一个诚挚的爱国主义者，终其一生，再也没有动摇。

这一节长了些，太重要了，长些无妨。

2. 撤稿事件

1924年10月下旬的一天，位于宣武门大街的晨报馆里，孙伏园编起第二天的《晨报副刊》便走了。

这时是下午两点多。

他平日的工作习惯是，每天上午九点到下午两点编稿，两点多发完稿就离开报馆，到八点再回报馆看大样。这天到了这个时间，他回到报馆，发现大样上没有特别改动的地方，只少了一首鲁迅的诗《我的失恋》，多了一篇别的什么人的评论。少登一篇稿子本来是常事，遇到稿子过多时，校对者可以撤下一两篇而不必事先跟他打招呼。但是今天这件事却不同以往，校对者告诉他，这篇诗稿是被代理总编辑刘勉己先生抽下去的。

“抽去！”这是何等重大的事，他心里登时冒起一股火来。毕竟不是年轻人了，听完话只好按捺住心里的火气，伏在案头看大样，想看看补进去的是篇什么东西。恰在此时，刘勉己来了，慌慌张张的，一进门就连声说鲁迅的那首诗实在要不得，所以由他代为抽去了。

孙伏园问为什么，刘勉己吞吞吐吐的，说不出何以“要不得”的缘由。孙的火气实在按捺不住了，一举手就要打刘的嘴巴，幸亏刘及时闪开，抽身便走，孙在后面紧追着，一直追到编辑部（刘的办公处），别的同事硬把他拦住无法再动手。孙气愤难平，只有大骂一顿了事。同事把他拉出编辑部，直送到他的住室。思来想去，一不做二不休，干脆辞职了事。当天已晚，第二天便向报馆正式提出辞职。

10月31日的《晨报副刊》刊出《孙伏园启事》，说他已辞去晨报编辑职务，此后稿件请直寄晨报编辑部，他个人信件请寄南半截胡同绍兴会馆。同时刊出的还有《本报启事》，说本报副刊向由编辑处学艺部办理，嗣后所有信件请仍寄学艺部为荷。

现在我们看看，孙伏园执意要登载，而刘勉己连声说“要不得”的这首诗，是怎样的一首诗。诗名《我的失恋》，全诗共三节：

我的所爱在山腰；
想去寻她山太高，
低头无法泪沾袍。
爱人赠我百蝶巾，
回她什么：猫头鹰。
从此翻脸不理我，
不知何故兮使我心惊。

我的所爱在闹市；
想去寻她人拥挤，
仰头无法泪沾耳。
爱人赠我双燕图，
回她什么：冰糖葫芦。
从此翻脸不理我，
不知何故兮使我胡涂。

我的所爱在河滨；
想去寻她河水深，
歪头无法泪沾襟。
爱人赠我金表索，
回她什么：发汗药。
从此翻脸不理我，
不知何故兮使我神经衰弱。

这三节是当时写的，后来鲁迅又补写了一节，在《语丝》上刊出。就当时来说，这是全的，就这么三节，就这么一首诗。对这首诗的用意，《鲁迅全集》中引用鲁迅自己的话作了注释：

鲁迅自己在《野草》英译本的序中说："为讽刺当时盛行的失恋诗，作《我的失恋》。"在收入《三闲集》的《我和〈语丝〉的始终》一文中说："不过是三段打油诗，题作《我的失恋》，是看见当时'阿呀阿唷，我要死了'之类的失恋诗盛行，愿意做一首由他去吧收场的东西，开开玩笑的。这诗后来又添了一段登在《语丝》上。"

这里鲁迅的叙述有误。他说先作的三段，就是"由他去吧"收场的，实际上，他补的那一段，最后一句才是"不知何故兮——由他去吧"。

在《语丝》刊出的四节全诗，题名下有副题《拟古的打油诗》，《全集》的注释是：

拟古，就是模拟东汉文学家、天文学家张衡的《四愁诗》的格式。《四愁诗》共四首，每首都以"我所思兮在××"开始，而以"何为怀忧心××"作结，故称"四愁"。最早见于南朝梁昭明太子萧统所编的《文选》第二十九卷。打油诗，传说唐代人张打油所作的诗常用俚语，且故作诙谐，有时暗含嘲讽，被称为打油诗。

现在我们弄不清的是，鲁迅最初送给孙伏园的三节的《我的失恋》，题下是否注明"拟古的打油诗"。至少有未注的可能。既说"拟古"，且指明是拟张衡的《四愁诗》，张诗是四节，而鲁诗是三节，后一节是两个月之后，要在《语丝》上刊用时才补上的，就有理由怀疑这个"拟古的打油诗"，也是后来凑成四节时才补上的。若当时题下就有这几个字，刘勉己再颟顸，也断不至于就说"要不得"，不跟孙伏园商议而抽下鲁迅的稿子。

这样我们就知道，刘勉己当初看到的《我的失恋》是什么样子了。

明眼人一看，就知道这是讽刺徐志摩的。

徐志摩1922年10月回国，12月初到北京，此后两年间，一直在北京，北京文化圈子里，都知道他追求林徽因不得而失恋的事。徐1923年秋季开学后，就在北大英文系任教，同在北大上课的鲁迅不会不知道。此前徐写的失恋诗中，确也有鲁迅所讽刺的意象。比如这一年6月17日登在《晨报副刊》上的《去罢》一诗，就有这样的句子："去罢，人间，去罢！我独立在高山的峰上。”

如果说这三节还不太明显的话，孙伏园辞职，另办起《语丝》之后，鲁迅就无所顾忌了，在补写的第四节中，所嘲讽的对象就挑明了。且看这第四节是怎样写的：

> 我的所爱在豪家；
> 想去寻她兮没有汽车，
> 摇头无法泪如麻。
> 爱人赠我玫瑰花；
> 回她什么：赤练蛇。
> 从此翻脸不理我，
> 不知何故兮——由她去罢。

当时在北京城里，有汽车的人家是不多的，林徽因已和梁启超的儿子梁思成定亲了，梁家就有小汽车。

那么这样一首诗，又关着刘勉己什么事了？

这就要说到刘与徐的关系。1922年12月初，徐志摩初到北京，先住在瞿菊农家里，瞿家不大，居住不方便，几天后便搬到陈博生家里去住。陈博生便是《晨报》的总编辑，撤稿事件发生时，陈博生不在北京，刘勉己的代理总编辑，就是代理他的。再就是，《晨报》是研究系的报纸，梁启超是研究系的首领，徐志摩是梁启超的大弟子。这样一个关系，这样一个背景，刘勉己怎能容许在《晨报副刊》上登载公然嘲讽徐志摩的诗作呢？

这也就是刘勉己连声说“要不得”，又不能明言的原委了。

孙伏园是鲁迅的学生，鲁迅的稿子，是不能不登的，受此耻辱，要辞职也在情理之中。正如他自己一年后在《京副一周年》中所说：“这是我平生未有的耻辱，如果还有一点人气，对于这样的耻辱当然非昭雪不可。”

谁又能想到，就是这么一个小小的撤稿事件，接下来会有一个又一个的连锁反应：先是《语丝》的创办，接着有《京报副刊》的创办；胡适、徐志摩、陈西滢那边，立即作出反应，创办了《现代评论》，到1925年9月，徐志摩接手《晨报副刊》。

这样一来，以胡适、徐志摩为首的英美派，和以鲁迅、周作人为首的法日派，就摆开了阵势，各自都有了一报一刊，明争暗斗，对垒作战，就成了势不可免的事情。

3.“耳朵”问题

前一节末尾，提到了英美派、法日派这样两个词语，要解释一下。

社会的进步，一如江水的流动，海水的汹涌，全要借助波浪的推搡。而波浪的前行，再是风平浪静，也是一耸一耸往前涌动。前浪引导着后浪，后浪推动着前浪，最后应了那句俗话，从来后浪推前浪，前浪死在沙滩上。

自庚子事变之后，中国社会的发展进入快车道。起推动作用的，是一波接一波的留学高潮。最早是清政府公派的留日学生。民元之后，是李石曾、吴稚辉等人组织的留法学生运动。自从美国退还部分庚款，开办清华学校之后，留学英美成了大势。留日学生与留法学生，去得早，回来得早，很快就占据了国内文化教育各个领域，尤其是著名的学府，形成了法日派。留学英美的，去得迟，回来得迟，但是强势介入，对法日派造成巨大的威逼，这样一来，两派的抗衡也就在所难免。最明显的例子是，胡适进入北大，绍兴籍留日出身的文科教授们，就很是不舒服。

这样的抗衡，从某种意义上说，都是一个浪，都是在推动着中国社会的进步。

这一节要谈的“耳朵”问题，就是法日派对英美派的一次凶猛反击。参战的，恰是法日派的两员大将，一个可说是冠军，一个可说是殿军。

孙伏园这个人，品质是不错的。这或许因为他是北大的学生，办《晨报副刊》时，刚毕业不久，因此对北大的教授，都非常客气。对周家兄弟好，对徐志摩、胡适也很好。鲁迅是他在杭州上学时的老师，自然会更好。

办起《语丝》，在周家兄弟心里，或许是要办成一个同人刊物的，孙伏园是办过大刊的，一定不会喜欢这种小家子气的做法，想来创刊之初，就向徐志摩约了稿的。

这样第三期上，就有了徐志摩的一首诗，还带着一个不算短的序或说明。诗是法国诗人波特莱尔的《死尸》，序或说明可就是徐志摩自己写的了。为了叙述得方便，我们还是叫它序吧。就是这个序，引出了一档子事儿。

且看序中这一段话：

所以诗的真妙处不在他的字义里，却在他的不可捉摸的音节里。他刺戟着也不是你的皮肤，（那本来就太粗太厚！）却是你自己一样不可捉摸的魂灵——像恋爱似的，两对唇皮的接触只是一个象征；真相接触的，真相结合的，是你们的魂灵。我虽则是乡下人，我可爱音乐，“真”的音乐，意思是除外救世军的那面怕人的大鼓与你们夫人的“披霞娜”，区区的猖狂还不止此哪。我不仅会听有音的乐，我也听听无音的乐（其实也有音就是你听不见）。我直认我是一个干脆的Mystic，为什么不？你深信宇宙的底质，人生的底质，一切有形的事物与无形的思想的底质——只是音乐，绝妙的音乐，天上的星，水里泅的乳白鸭，树林里冒的烟，朋友的信，战场上的炮，坟堆里的鬼磷，巷口那只石狮子，我昨夜的梦……无一不是音乐做成的，无一不是音乐，你就把我送进疯人院去，我还是咬定牙龈认账的。是的，都是音乐——庄周说的天籁地籁人籁；全是的。你听不着就该怨你自己的耳轮太笨，或是皮粗，别怨我。你能数一二三四能雇洋车能做白话新诗或是能整理国故的那一点子机灵真是细小有限的可怜哪——生命大着，天地大着，你的灵性大着。

太玄了，却不能说没有一点道理。这是我们几十年后的感觉。而在鲁迅当年看来，却是没有一点道理，简直是在胡扯。

有一天晚上，反正是睡不着觉，他先生便坐了起来，点着灯看新出的《语丝》，看了上面徐志摩的文章，就更睡不着了。不一定是当晚，但也不会是多少天之后，总之是很快便写了一篇文章，名为《“音乐”？》。对徐志摩不过是由中国的“天籁”生发出的这个简单道理，大张挞伐。

且看这样的一段：

危险，我又疑心我发热了，发昏了，立刻自省，即知道又不然。这不过是一面想吃辣子鸡，一面自己胡说八道；如果是发热发昏而听到的音乐，一定还要神妙些。并且其实连电影广告的军乐也没有听到，倘说是幻觉，大概也不过自欺之谈，还要给粗皮来粉饰的妄想。我不幸终于难免成为一个苦韧的非Mystic了，怨谁呢。只能恭颂志摩先生的福气大，能听到这许多“绝妙的音乐”而已。但倘有不知道自怨自艾的人，想将这位先生“送进疯人院”去，我可要拼命反对，尽力呼冤的，——虽然将音乐送进音乐里去，从甘脆的Mystic看来，并不算什么一回事。

末尾一句最为狠毒：

只要一叫而人们大抵震悚的怪鸱的真的恶声在哪里！？

《语丝》本来是为了给孙伏园找个事才办起来的，办起不久，孙伏园去办《京报副刊》去了，编务便落在了周作人身上。1924年12月29日出到第7期，周作人将这7期刊物，一并寄给远在法国读博士的刘半农。

说鲁迅是法日派的冠军，好理解，再辉煌些也无可非议。为什么要说刘半农是殿军呢？

简单说一下他的经历。

江苏江阴人，1891年出生，与胡适同岁。早年在上海写作，有鸳鸯蝴蝶派之嫌。1917年蔡元培聘为北京大学法科预科教授。（注意，徐志摩此时在法本科学习。）1919年参与《新青年》杂志的编辑工作，写出《答王敬轩书》，可谓五四运动的一员骁将。然而，早年的鸳鸯蝴蝶派经历，自卑不自卑不好说，没有留学经历，学生先就看不起。于是1921年，以实足30岁的高龄，入法国巴黎大学攻读语音学，1925年获得法国国家文学博士学位，所著《汉语字声实验录》，荣获法国康士坦丁·伏尔内语言学专奖。同年秋回国，任北大国文系教授。

接着说徐志摩的文章。

刘半农在国内的时候，就受过胡适这一派英美留学生的嘲讽，本应视作一种激励才是，他却将这看作人生的耻辱。接到这7期刊物，那么多好文章他全不在意，一眼就看中了鲁迅挖苦徐志摩的那篇，遂写了一篇《徐志摩先生的耳朵》，寄回国内。周作人看到这样的文章，该是何等的欣喜，很快便安排在第17期上刊出了。

一起首先说，写此文章之人，真该“送进疯人院去”。此人一定不能“数一二三四”，他不知道徐先生与乡下看鬼婆婆之间有多大的区别。这是第一个问题。接下来一个一个的问题，全是辛辣刻毒的嘲讽。后面还有许多刻薄话，就不必引用了。最下流的，该是这样几句：

最难的是徐先生的耳朵，不能割下观察与试验。但我总想尽我能力，打破难关。万一竟是无法，我要与徐先生情商，定一个极辽远的预约：

到徐先生同太谷尔一样高名高寿之后，万万一一旦不讳，而彼时我刘复幸而尚在，我要请他预先在遗嘱上附添一笔，将两耳送给我解剖研究，至少也须是两个耳轮，能连同他的细皮，自然更好。

我研究完了，决不将他弄到荒野中去喂鸟（因为这不是一件鸟事），一定像德国人处置康德的头颅一样，将他金镶银嵌起来，供在博物院里。

刘半农写这样的文章，只能说是出了一口恶气。论讽刺的狠毒，是无法跟鲁迅相比的。若细细按之，还是留有一点情面的。情势的关碍，有些还没有说透。10年后，鲁迅的地位不同了，敢放开胆子说真话了，那意味，又自不同。在《集外集》序里，他老先生说：

我其实是不喜欢做新诗的——但也不喜欢做古诗——只是因为那时诗坛寂寞，所以打打边鼓，凑些热闹，待到称为诗人的一出现，就洗手不作了。我更不喜欢徐志摩那样的诗，而他偏爱到各处投稿，《语丝》一出版，他也就来了，有人赞成他，登了出来，我就做了一篇杂感，和他开一通玩笑，使他不能来，他也果然不来了。这是我和后来的“新月派”结仇的第一步；语丝社同人中有几位也因此很不高兴我。

这就明白了，鲁迅写文章，不是驳难，而是为了“使他不能来”。

再就是，鲁迅自己也说了，这是他和“新月派”，也就是和新文化运动的几个关键人物结仇的第一步。

4.“青年必读书”中的暗斗

这题名，是借用我的《少不读鲁迅，老不读胡适》第五章的章名。内容删去许多，只留下与徐志摩相关的文字。因为，鲁迅在“青年必读书”征答中有句话，可以看出，他的那些话，主要是针对胡适、梁启超的。胡与梁，在征答中，都开列的是中国的线装书，鲁迅才说了那句名言：“我以为要少——或者竟不——看中国书，多看外国书。”

毕竟是徐志摩参与了的，也得算作他的一个事件。

孙伏园不愧是个办报的高手。在晨报社办《晨报副刊》时，把这份报纸副刊办得生龙活虎。到了京报社，等于是投奔了敌对阵营，更要尽心竭力，要不京报老板会认为他身在曹营心在汉，挣京报的薪水不给京报办事。这是从消极的方面说。

从积极的方面说，离开晨报是出于无奈，也可说是一种屈辱，京报老板邵飘萍收留了他，等于是给了他一份荣耀。你晨报不用我吗，别的报纸还请我来呢。既然来了，就要露一手。作为一个办报的老手，虽说年龄还不大，经验还是足够的。他知道，要办好《京报副刊》，必须一炮打响，而要一炮打响，就必须一创刊就引起轰动，至少也要一下子就引起人们的关注。

这样一来，最重要的是争取读者。当年的读者，全是读书人，读书人聚集的地方，当然是学校了。学校里有教师，也有学生。学生的人数肯定比教师多，那就得在学生身上打主意了。

学生最关心的是读书。

也不能忘了那些教授，还有社会其他界别的学者。

于是1924年12月4日出版的《京报副刊》上，便有了这样的广告：

一九二五年新年
本刊之二大征求
△青年爱读书十部
△青年必读书十部

下面还有详细的说明，同时刊出他与汪震先生的信，意在说明此番征稿的意义，这里就省略了。

1923年的春天，胡适和梁启超，都曾开出一个长长的书目。胡适的最是齐全，分为“工具之部”“思想史之部”“文学史之部”，每部都有数十种之多。三部共是185种。梁先生的，少也少不了多少。两人还为此起了争辩。孙伏园的这次征稿，说不定就是受此启发而来的。

按事前的广告，从1925年2月10日起，《京报副刊》就开始刊布答案了。

实际2月11日刊出。第一篇是胡适的，特意标明“以收到先后为序”。2月12日，是梁启超的；13日是周作人的；14日是李小峰的。

16日是徐志摩的。平日就爱玩个新花样，这次也更是新奇，不是简单填了设计好的票，而是写了一篇长信给孙伏园，刊出时标题为《再来跑一趟野马》。文末才说了他提供的书单。

下来该着鲁迅了。

不是说徐志摩完了就挨着鲁迅。孙伏园不会这么安排的。是说，徐志摩的登了，后面的应答者之中，有一个是鲁迅。

无论是作为学生，还是作为一个好编辑，孙伏园都会请鲁迅来参与其事的。看《鲁迅日记》，这些日子孙伏园常来鲁宅，来了当然有别的事，说完别的事不会不说到他正在办着的这档子事。

2月21日，鲁迅的征答刊出。

鲁迅是填了表的，起始一栏该填书目的，落笔便是气冲冲的一句：

从来没有留心过，
所以现在说不出。

附注栏里，说了他对读书的态度，也算是正文吧：

但是我要趁此机会，略说自己的经验，以供若干读者参考——

看中国书时，总觉得就沉静下去，与实人生离开，读外国书——但除了印度——时，往往就与人生接触，想做点事。

中国书虽有劝人入世的话，也我是僵尸的乐观；外国书即使是颓唐和厌世的，但却是活人的颓唐和厌世。

我以为要少——或者竟不——看中国书，多看外国书。

少看中国书，其结果不过不能作文而已。但现在的青年最要紧的是“行”，不是“言”。只要是活人，不能作文算是什么大不了的事。

应当说，有这几句话，算是对得起孙伏园这个学生了。

这个答复的落款，是括号括起的“二月十日”。

我对这个日子，起了疑心。

查《鲁迅日记》，果然2月10日，也就是开始登载征答的这天，鲁迅“夜作文一篇并写讫”。编者注曰“即《青年必读书》”。

在《少不读鲁迅，老不读胡适》书中，我对这个日期有明确的剖析，且请教了鲁迅研究专家王世家先生。可以肯定地说，这个日期是后来出书时“填”的。也就是说，不是当初就有的。这样就有可能是不真实的。为什么要做这样的手脚呢，只能说是要避开人们对他的指责，说他的答复是意气用事，是故意跟胡适之、梁启超、徐志摩们闹别扭。

鲁迅的这一答复，其针对性，包括徐志摩，毕竟不是专门针对徐志摩的，说到此就罢了。

腾出篇幅，我们来说说徐志摩的这篇《再来跑一趟野马》。在志摩的文章里，这是一篇名文。

在志摩看来，读书最好的办法，是做探险家，不要向导。打个比方，就是学牧童哥放牛的办法，让牛在青草地里，自由自在地走，愿到哪儿，就去哪儿，相信牛总会吃上自己喜欢吃的草。

道理嘛，很简单，就是各人有各人爱好，读书也要随了各自的爱好才行。这话是对孙伏园说的，要他在征稿中，留意这个，别把年轻人引偏了：

其实伏园，你这次征求的意思当作探问各家书呆子读书的口味倒是很有趣的，至于于青年人实际的念书我怕这忙帮不了多少；为的是各家的口味一定不同，宁波人喜欢打翻酱缸不怕口蒿，贵州人是很少知道盐味的，苏州人爱吃醋，杭州人爱吃臭，湖南人吃生辣椒，山东人咬大蒜，这一来你看多难，叫一大群张着大口想尝异味的青年朋友跟谁去“试他一试”去？话又得说回来，肯看书终究是应得奖励的。就说口味吧！你跟湖南人学会吃辣椒，跟山东人学会吃大蒜，都没有什么，只要你吞得下，消得了；真不合式时你一口吐了去漱漱口也就完事不是？就是一句话得记在心里：舌头是你自己的，肚子也是你自己的，点菜有时不妨让人，尝味辨味是不能替代的；你的口味还得你自己去发现（比如胡先生说《九命奇冤》是一部名著你就跟着说《九命奇冤》是一部名著，其实你自己并不曾看出他名在那里，那我就得怪你），不要借人家的口味来充你自己的口味，自骗自决不是一条通道。我不是个书虫；我也不十分信得过我自己的口味；竟许我并不曾发现我自己真的口味；但我却自喜我从来不曾上过先生的当，我宁可在黑弄里仰着头瞎摸，不肯拿鼻孔去凑人家的铁钩。

你们有看得起我愿意学我的，学这一点就够了。

最后才把他平生受益的书，开了十部。

我所以推崇这篇文章，是想让朋友们关注一下志摩散文的这种独特的风格，就是怎样的“跑野马”，这种跑法又是多么的好。不必我来絮叨了，还是听听名家的品评吧。

当年好多朋友，都认为志摩的散文，在他的诗之上。更有人，特别喜欢他那种“跑野马”式的文章。杨振声在《与志摩最后的一别》里，说他老早就认为志摩那种“跑野马”的散文比他的诗还好：

那用字，有多生动活泼！那颜色，真是“浓得化不开”！那联想的富丽，那生趣的充溢！尤其是他那态度与口吻，够多轻清，多顽皮，多伶俐！而那气力也真足，文章里永远看不出懈怠，老那样像夏云的层涌，春泉的潺湲！他的文章的确有他独到的风格，在散文里不能不让他占一席地。比之于诗，正因为散文没有形式的追求与束缚，所以更容易表现他不羁的天才吧？

叶公超在《志摩的风趣》里也说：

我总觉得志摩的散文是在他诗之上，他自己却不以为然，他曾说过他的散文多半是草率之作，远不如在诗上所费的功夫。

不记得林语堂有专文谈过徐志摩。1928年志摩赴美的前一日，给他写过一个条幅，写的是白居易的《新丰折臂翁》。1936年林先生装裱后，特加跋语云：

志摩，情才，亦一奇才也。以诗著，更以散文著。吾于白话诗念不下去，独于志摩诗念得下去。其散文尤奇，运句措词，得力于传奇，而参以西洋语句，了无痕迹。

5. 欧洲之行

1925年3月，徐志摩有欧洲之行。

好多书上，都说是因为志摩与小曼的恋情，动静太大，惹恼了王赓，怕出什么意外，遂决定去外面躲一躲。正好泰戈尔来信，说将去欧洲，希望能与志摩在欧洲相见。志摩便借了这个由头，去了欧洲。

但是，从近年发掘出的材料看，志摩的欧洲之行，或许有避避风头的意思，但绝不是仓促间定下的。刘洪涛新发现的徐志摩致奥格登的6封信中，第5封信上，有这样两句话：

至于梁先生的书，我真是惭愧极了，一方面对不起你，另一方面也对不起梁先生。我不是不愿意承担这一翻译工作，但这意味着要花三个月时间全身心投入，而我挤不出这么多时间。同时，西伯利亚的秩序已经恢复，我现在正计划再一次去欧洲旅行。

时间是，1923年11月15日。

这是给奥格登解释，梁启超的书，他原说要翻译，怕做不成了。因为当下抽不出三个月的时间，西伯利亚秩序恢复，铁路开通，他现在正计划再一次去欧洲旅行。

有这封信，就可以知道，志摩早在1923年就有去欧洲一行的打算，只能说，与小曼恋情的暴露，泰老先生的相邀，正好促成了此事。至于想去欧洲的原因，我的揣想，还是从新发现的给奥格登的信上引起的。新的材料，总能启人新的遐想。写于1924年2月11日的第6封信上，有这样的话：

印度诗人泰戈尔四月要来中国，……泰氏拒绝拿报酬，我们只提供旅行的费用。华勒斯和费赖或明确或含蓄地谢绝了我们热情的邀请，令我们很是失望。泰戈尔之后，你觉得在英国还有什么人物值得我们邀请到中国来，做一个不超过三个月的短期讲学吗？

这只是推测，既然早在1923年11月，就有这个念头，1924年2月又有了请讲学人的这个差事，到1925年3月终于成行，也就不会是仓促间定下的事。

不管怎么说，此刻他是起程了，坐在西伯利亚去莫斯科的火车上了。

因为是无奈之中的选择，他把这次欧游叫作“自愿的充军”。确也有心思，要考察一下苏俄社会，这“充军”也就有了另外的意味。

他是个天性爱游玩的人，附带的任务却是要写文章寄回国内发表。好在他有社会学、经济学的训练，写这类社会考察文章，不是什么难事。正是这几重的要求，让他对苏俄的社会实情，做了一番认真的观察与思考。

他不是个懒人，也说不上多么勤快。在从满洲里到意大利的十几天里，除了中途曾给新月社的朋友们写过一封信外，并没有写一篇通讯稿子。在欧洲待了一个多月，也没写。一路上认真地观察过了，也记了些粗略的笔记，他要细细地思考。他知道朋友要看的是什么。

直到在翡冷翠住下，两个月之后，才开始整理他沿途记下的笔记，一篇一篇写他的《欧游漫录》。看这名字，他是要写在欧洲游历的全记录，实际上所写的是在苏联境内十几天的见闻与思考。

西伯利亚的景色，笔下几句话就带过了。他要写的是苏俄社会的实在情形。十月革命过去才七八年，国内太需要了解一个真正的苏联。

从赤塔到莫斯科的国际列车上，一个餐车乘务员给他留下了深刻的印象。这是一个苏联人，也可说是一个苏联社会的缩影。

志摩称他为康姆拉特（同志），很年轻，但是却严厉之极。不很讲究礼节，每回来招呼吃饭，就像是上官发布命令，斜瞟着一只眼，动着一个不耐烦的指头，舌尖上滚动着几个铁质的字音，砰的关上你的房门又到隔壁发布命令去了。在餐桌上的样子更是凶狠。每回来伺候你的神情，简直要让你发抖，好像他不是来伺候你而是来试验你的胆量，想来胆子小的客人见他真会吓哭的。他手里的杯盘刀叉就像是半空里下的冰雪，一片片直削到你的面前，叫你如何能不心寒。也不知怎的有那么大的气，绷紧着一张脸始终不曾见露过些微的笑容。他的脸上笼罩着西伯利亚一冬的严霜，轻易如何消得。他那肃杀的气概不仅是为威吓外来的过客，对他的同僚也没有更温和的嘴脸。顶叫人不舒服的是，他的嘴边总是紧紧地咬着一支半焦的俄国纸烟，端菜时也在那里，说话时也在那里，仿佛他一腔的愤慨只有紧咬着牙关方可勉强地憋着。

志摩给他起了个外号叫“餐车里的拿破伦”。同车的一位意大利朋友夸志摩这个外号太恰当了。

入境愈深，当地人民的苦况益发地明显。在赤塔车站，衣衫褴褛的小孩子，从三四岁到五六岁，在站上向客人讨钱，那讨法一点也不客气，似乎他们的手伸了出来决不肯空了回去。不但在月台上，连车站上的饭馆里都有许多成年的男女，靠住他们吃饭处的木栏，斜着呆顿的不移动的目光，看着你冒着热气的汤盘或是肘子里的长条面包。他们的样子并不恶，也不凶，可是晦涩而阴沉，看着他们的面貌，你不由得不疑问这里人民不知道什么叫自然的喜悦的笑容。

在另一个车站，停了一个多小时。客人们全下车散步，他也下去了。天早已黑了，站内的光亮只是几只贴壁的油灯。他们本想出站，却经过一条夹道走进了普通候车室。在昏暗的灯光下辨认出一屋子黑黢黢的人群，那景象真让他再也忘不了。尤其是那气味！悲悯心禁止他做尽情的描写，但他相信，但丁假如到此地来过，写他的《神曲》时，对地狱的景象一定会另添一番色彩！

对莫斯科的描述，从容而又冷峻。看了天，看了地，看了街上的铺子——

再来看街上的人。先看他们的衣着，再看他们的面目。这里衣着的文化，自从贵族匿迹，波淇洼（Bourgeois）销声以后，当然是“荡尽”的了；男子的身上差不多不易见一件白色的衬衫，不必说鲜艳的领结（不带领结的多），衣服要寻一身勉强整洁的就少；我碰着一位大学教授，他的衬衣大概就是他的寝衣，他的外套，像是一个癞毛黑狗皮统，大概就是他的被窝，头发是一团茅草再也看不出曾经爬梳过的痕迹，满面满腮的须毛也当然自由的滋长，我们不期望他有安全剃刀；并且这位先生决不是名流派的例外，我猜想现在在莫斯科会得到的“琴笃儿们”多少也就只这样的体面；你要知道了他们起居生活的情形就不会觉得诧异。

徐志摩没有忘了他的特长，就是对莫斯科街上女人的观察。他说，街上的娘儿们分两种，一种是好百姓家的太太小姐，她们穿得大都很勉强，丝袜不消说是看不见的。还有一种是共产党的女同志，她们不同的地方除了神态举止与普通女人不同之外，最为显眼的是她们头上的红头巾或是红帽子，那红帽子不是巴黎的时式而是纯苏俄式的，在雪泥斑驳的街道上倒也不失为一点欢喜的亮色。

什么都是相对的，志摩不由得想起当年在欧洲的时候，他和现在晨报社的总编辑陈博生，从英国到法国的佛兰德富的那天，正是星期日，一路上不论男女都是衣服铺裁缝店里模特的样子，经此一比，他和陈博生这风尘满身的旅客真像是外国的叫花子。这回在莫斯科，他又觉得窘，不是因为穿得太坏，却是为穿得太阔气。

徐志摩的装束也真够阔气的，头戴水獭皮大帽子，身穿海龙领的皮大氅。当然他也知道他那海龙领是仿制品，可外人看不出来。

由此，徐志摩不禁生出一种感叹：什么思想都可以颠倒，什么束缚都可摆脱，什么衣服都可以反穿……将来我们这两脚行动厌倦了时，竟不妨翻个新花样，叫两只手帮着来走，谁要再站起来就是笑话，那多好玩！

在莫斯科的街市上，他还发现一个稀奇的现象。那就是，常有青年男子抱着吃奶的小孩在街上走，这是在西欧很少看到的。这也是苏维埃以来的情形。苏联的法律规定一个人不得多占一间以上的屋子。听差、老妈子、下女、奶妈，不消说是没有的了。因此年轻的夫妇，或是一起同居的男女，对于生育就得格外的谨慎。万一不小心下了种的时候，在小孩能进幼儿园以前这小宝贝的负担当然完全在父母的身上。

不全是在大街上的观察，志摩还做了些实地的调查。在大使馆朋友的引领下，去一位大学教授家里访问。敲门进去的时候，这位教授躺在类似“行军床”上看书或是编讲义，见有客人连忙跳了起来。穿着一件毛绒衫，肘子胸部都快烂了，满头的乱发，一脸斑驳的胡髭。整个房间像一条丝瓜，长方的。家具有一只小木桌，一张椅子，墙壁上几个挂衣的钩子。他自己的床是顶着窗的，斜对面另一张床，是他哥哥或是弟弟的。墙壁上挂着些东方的地图，一联倒挂的五言小条幅（他到过中国知道中文）。桌上散乱地摆着几本书、纸片、棋盘、笔墨等等，墙角有一只酒精炉，在那里出气，大约是他的饭菜。有一只还不知两只椅子，但你在屋子里转身想不碰东西不撞人已经是不易了。

离开北京之前，曾和陈西滢、郁达夫一起在新月社谈到托尔斯泰被起诉，其著作被禁毁的事，这事儿志摩一直记在心里，路上就想好了，到了莫斯科一定要打听清楚。所以，一到莫斯科见了大使馆的朋友就提出了这个要求。恰好使馆里一位屠太太认识托尔斯泰的大小姐，便领着他去了。

托尔斯泰的大小姐居然住着两间屋子，外间大些，是她教学生临画的，里间大约是她自己的屋子。她不但有书有画，还有一只顶有趣的小狗，一只可爱的小猫。屠太太告诉志摩，托尔斯泰的大小姐究竟是受优待的，因为她现在还管着托尔斯泰的纪念馆。

这位大小姐有六十岁，很和气，英国话、德国话都说得好。一看她的面相与颧骨，志摩就想到了书画上见过的托尔斯泰的模样。

谈话间，志摩问起那个新闻，她似乎不愿意直接回答，只说现在书铺子里他父亲的书差不多买不着了，不但托尔斯泰，就是屠格涅夫、陀思妥耶夫斯基等一班作者的书都快灭迹了。志摩问她，现在莫斯科还有什么重要的文学家，她说全跑了，剩下的全是不相干的。又问这几年他们一定尝够了苦难的生活，她含着眼泪说可不是，接着就讲她们姊妹在革命时期过的日子，天天与饿死鬼做近邻，不知有多少时候晚上没有灯火点。但是她说，倒是在最窘的时候，她们的心地最是平安，离着死太近了也就不怕，往往黑夜里在屋内或在门外围坐着，轮流念书唱歌，有时和着一起唱，唱起了劲，什么苦恼都忘了。

志摩问她现在的情形怎样，她说现在好了，你看我不是还有两间屋子，这许多学画的学生，饿死总不至于，除非那恐怖的日子再回来，那是不能想的了。还说，她下星期要去法国，那边请她去讲演，她感谢政府已经给她出境的护照，那是很不易得到的。又讲起她父亲到了晚年，老夫妻怎样地吵闹，她那时年轻也不懂得，后来托尔斯泰单身跑了出去，死在外面，他的床还在另一处纪念馆里陈列着，到死不见家人的面！

到了意大利看报，听说陀思妥耶夫斯基的女儿快饿死了，现在德国或是波兰，有人替她在报上告急；这样看来，托尔斯泰家的姑娘们，运气还算是好的了。

在莫斯科，志摩还特意去看了一场戏剧。在一个犹太剧场，观众大多是犹太人，也大多是共产党员，是包了场的。他的朋友说了好话才加了椅子让他看的。一边看戏，一边留意剧场里的人。有两件事，给他印象很深。一件是，这些人身上异味不像在西伯利亚遇到的人那样浓，那样呛，主味还是人气。第二件是他注意到了他们的服装。平常洗了手吃饭，换好衣服看戏，是不论东西的通例。在英国，工人们上戏院也得换上一个领结，肩膀上去些灰迹，今晚可不同了，康姆赖特们打破习俗的精神是可佩服的。因为不但一件整齐的褂子不容易看见，简直连一个像样的领结都难得看见，疑心他们晚上就那样子溜进被窝里去，早上也就那样子钻出被窝来；大半是戴着便帽或黑呢帽，——歪戴的多。再看脱了帽的那几位，一定疑问莫斯科的铺子是不卖梳子的了，剃头匠有没有也是问题。女同志们当然一致的名士派头，解放到这样程度才真有意思，但她们头上的红头巾终究是一点喜色。

《欧游漫录》共十三篇，最后一篇叫《血》，也叫《谒列宁墓的回想》。写完参观列宁墓的感受之后，他忍不住想对国内激进的青年朋友说几句话：

> 我决不怪你们信服共产主义，我相信只有骨里有髓、管里有血的人才肯牺牲一切，为一主义做事；只要十个青年里七个或是六个都像你们，我们民族的前途不致这样的黑暗。但同时我要对你们说一句话，你们不要生气：你们口里说的话大部分是借来的，你们不一定明白，你们说话背后，真正的意思是什么，还有，照你们的理想，我们应得准备的代价，你们也不一定计算过或是认清楚；血海的滋味，换一句话说，我们终久还不曾大规模的尝过。叫政府逮捕下狱，或是与巡警对打折了半只臂膀，那固然是英雄气概的一斑，但更痛快更响亮的事业多着……比如说到了那一天有人拿一把火种一把快刀交在你的手里，叫你到你自己的村庄、你的家族里去见房子放火，见人动刀——你干不干？说话不可怕一点，假如有那一天你想看某作者的书，算是托尔斯泰的，可是有人告诉你不但他的书再也买不到，你有了书也是再也不能看的——你的反感怎样？我们在中国别的事情不说，比较的个人自由我看来是比别国强的多，有时简直太自由了，我们随便骂人，随便谣言，随便说谎，也没人干涉，除了我们自己的良心，那也是不很肯管闲事的。假如这部分自由有一天叫无形的国家权威取缔到零度以下，你的感想又怎样？你当然打算想做那时代表国家权威的人，但万一轮不到你又怎样？

怕年轻人误解，他又叮嘱：我不是主张国家主义的人，但讲到革命，便不得不讲国家主义。为什么自己革命自己做不了军师，还得运外国主意来筹划流血？那也是一种可耻的堕落。

这十几篇游记或者说考察报告，都是在意大利的翡冷翠写的。他在那儿等泰戈尔的到来，实际上泰来过之后又走了，说是过些日子还要来。他想，既然来了，就再等吧。到了7月间，泰戈尔还没有要来的消息，正好陆小曼来信，说她家里同意了他们的婚事，急不可待地，他又经波兰到莫斯科，再从西伯利亚大铁路回到了北京。

到北京已是1925年7月底了。

这次赴欧漫游，对他后来在中国社会改革中的态度是至关重要的。尤其是在苏俄的经历，有和没有是不一样的。

6.“闲话”事件

1926年春天发生在北京文坛上的“闲话”事件，鲁迅并不是主力。主力是他的弟弟周作人。其时兄弟已经失和，但在对付英美派上仍是同心协力。

再大的事件，也多是从小事上引起的。这次事件也不例外。闲话事件是由陈西滢在《现代评论》上发表的一篇《闲话》引起的。

陈是《现代评论》的编辑。从创刊起（1925年12月），就在刊物上写一种随笔类的文章，很随意，当下有什么话题就说什么，没有当下的话题，就谈点往事，掺杂点朋友间的交往什么的。有时一篇之中分成三两段，一段谈一个话题。

最初还是有篇名的，比如创刊号上的就叫《“非列士第恩”》。“闲话”这个总括性的题名，也不是他先叫的。是张奚若先叫的。1925年4月18日出版的第1卷第19期上，首次出现《闲话》的篇名，署名奚若，就是张奚若。张接连写了三期，到第22期，同是《闲话》，署名就成了西滢了。从此以后，这个总括性的题名，就成了一个栏目，由陈西滢独自写了下去。每期也不再起什么题名，就直筒筒地叫《闲话》。

写了半年，越写越油了，过去还多谈时政，大概接受了鲁迅攻击的教训，尽量避开时政，写些较为轻松的东西，谈谈艺术啦、人性啦什么的。

该出事的时候，还是要出事的，怎么避都避不开。

1926年1月9日出版的《现代评论》第57期上，有篇《闲话》，是谈法国文学家法朗士的，后来出版《西滢闲话》时改叫《法朗士先生的真相》。这是一篇专谈法朗士逸事的文章，写得很滋润，也很风趣。比如谈法朗士的文字风格和他是怎样修改文章的：

法朗士的散文像水晶似的透明，像荷叶上露珠的皎洁，是近代公认为一时无两的。他的功夫可大了。李封（Buffon）的名言“天才是无限的耐心”，法郎士虽然对白郎教授谈话的时候竭力的否认，他自己的作品就是极好的证据。他同李崔生说他同雷南Ranan一样，每篇文得改六七遍，才像他自己的作品。他说：“想像力我是没有的，耐心我可不是没有的。”“我很少得到灵感的助力。我的笔没有抒情的力量。它不会跳，只会慢慢的沿着道儿走。我也从不会感到过工作的沉醉。我写东西是很困难的。”他写了一些东西便付印，付印后得校对五六道，先修改它的字句，再去掉一切多余的字句，然后他用剪子把所有的句子都剪破了，再好像玩着练耐心的玩意儿似的，把一句句的句子来配对，配好了又折散，又找另外的匹配，单一节文章他就造起了三十遍。末了他喊道：“胜利了！收尾的句子现在变了开头的了。”

这样的话，自然引不起什么争论，别人一评论就出事了。

评论的是徐志摩，写了篇《“闲话”引出来的闲话》，1月13日在自己编的《晨报副刊》上，登了出来。

事关重大，这篇文章得细细分析。一起首先说：

西滢在《现代评论》第五十七期的“闲话”里写了一篇可羡慕的妩媚的文章。上帝保佑他以后只说闲话，不再管闲事！这回他写法郎士：一篇写照的文章。一个人容易把自己太看重了。西滢是个例子；他妄想在不经心的闲话里主持事理的公道、人情的准则。他想用讥讽的冰盾刺灭时代的狂热。那是不可能的。他那武器的分量太小，火热的力理太大。那还不是危险，就他自己说，单这白费劲。危险是在他自己，看来是一堆冰盾，在不知不觉间，也会叫火焰给灼热了。最近他讨论时事的冰块已经关不住它那内蕴或外染的热气——至少我有这样感觉。冰水化成了沸液，可不是玩，我暗暗的着急。

咂摸一下，应当说，“他妄想在不经心的闲话里主持事理的公道”这样的话，是讽刺鲁迅的。还有一段，也大可考究。是这样的：

西滢的法郎士实在讲得不坏。你看完了他的文章，就比是吃了一个檀香橄榄，口里清齐齐甜迷迷的尝不尽的余甘。法郎士文章的妩媚就在此。卡莱尔一类文章所以不耐咬嚼，正为它们的味道刚是反面，上口是浓烈的，却没有回味，或者，如其有，是油膏的，腻烦的，像是多吃了肥肉。西滢分明是私淑法郎士的，也不止写文章一件事——除了他对女性的态度，那是太忠贞了，几乎叫你联想到中世纪修道院里穿长袍喂鸽子的法兰西派的“兄弟”们。法郎士的批评，我猜想，至少是不长进！

这一段的问题出在什么地方，后面再说。

徐志摩的文章是13日刊出的，想来周作人当天或第二天就看到了。据《周作人日记》载，这几天他有点儿发热，17日“上午不睡写小文”。这篇小文便是后来刊出的《闲话的闲话之闲话》。写好后便寄给徐志摩，附信说让他看看，“要登也可以”。这口气，就有点不同寻常。

18日这天，徐志摩出城到清华去了，晚上回来正愁下一期的稿子，见了周作人寄来的文章，“好不叫我开心：别说这是骂别人的，就是直接痛快骂我自己的，我也舍不得放它回去，也许更舍不得了”。于是当晚便将稿子编起。

当时他已意识到自己的文章惹下了祸，只是没有意识到这个祸有多大，有点掉以轻心，顺手写了篇《再添几句闲话的闲话乘便妄想解围》，与周作人的文章，在1月20日的《晨报副刊》上一起登出。

且不说周作人的文章，先说徐志摩的文章。

徐在文章中，首先承认了自己的孟浪。

他检讨自己那篇《“闲话”引出来的闲话》中的过失。外国作家中，他也很喜欢法郎士，前一年12月，他写过一篇《法郎士的牙慧》，载12月30日《晨报副刊》。说是去年，不过是十几天以前的事。他说，那天晚上，为下一期刊物凑稿子时，本想再拾一点法郎士的牙慧的，碰巧前一天晚上，临睡时看了西滢那篇谈法郎士的《闲话》，实在佩服他写得干净，灵巧，也不知怎的念头一转弯，涂成了一篇“西滢颂”。当晚发了稿就睡，心里也没什么“低哆”。第二天起来才想起，昨晚写的文章中，至少有一句话是不妥当的。

哪一句呢，就是“唯一的动机是怜悯”这句。他觉得，拿这句话给法郎士，不免遭到“此话怎讲”的责问，若说西滢，那简直有些挖苦了。再下一天，北大同事江绍原，也挑他这个毛病，说那实在是骈体文的流毒，你仔细看看全句就知道。

现在我们来看看，江绍原指出的，是个怎样的毛病。

徐文中这句话是：“他还是他的冷静，搅不混的清澈，推不动的稳固，他唯一的标准是理性，唯一的动机是怜悯。”这里，实则关系到中国文人写文章的一个内在规律。汉语写作，要想文辞优美，句子舒畅，一个不二法门便是对仗，词的对仗，句子的对仗。句子的对仗，就是骈体。像徐文中的这句话，就有两个对仗的句子。一个是“搅不混的清澈，推不动的稳固”，一个是“唯一的标准是理性，唯一的动机是怜悯”。会写文章的人，都免不了有这个毛病。不是毛病，而是深谙汉语句子的规律。对仗本身没错，只看你对得好与不好。深谙汉语这个规律的人，有时也就免不了凑句子，这就是以辞害意了。应当说，徐志摩这两个对仗句子，都还是不错的。前一个尤其好。后一个，就是徐志摩自己说的，有点勉强。不是说句子不好，句子是好的，只是他觉得，这样的话用在法郎士身上不那么恰当，用在陈西滢身上就更不恰当了。可惜他第二天起来，只是那样想了想，若要改还是来得及的。到再一天江绍原提出来时，已不可更改了，刊物已印出来了。

再就是，他的文章中说陈西滢对女性的忠贞，并无别的什么深意，“我也只想起他平时我眼见（他）与女性周旋的神情，压根儿也没想起女师大一类的关系”。

这是徐志摩的自责。应当相信，还是真诚的。他承认自己对西滢的评价有不妥之处，但不明白周作人为何会生这么大的气。

现在再来看看，陈西滢的这篇文章，还有徐志摩对陈西滢的评价，怎就一下子引起了周作人的反感。

周的文章，起因于徐志摩对陈西滢的夸奖，却无意跟徐志摩纠缠，仅只说：“徐志摩先生是超然派的人物，是专门学文学的，自然很可靠了，我们理当洗耳恭听，好知道那闲话的真价值。”几句话带过，便气势汹汹地扑向陈西滢：

现在中国男子最缺乏的实在是那种中古式的对于女性的忠贞……忠贞于一个人的男子自然也有，然而对于女性我恐怕大都是一种犬儒的态度罢，结果是笔头口头糟蹋了天下的女性，而自己的爱妻或情人其实也就糟蹋在里头。我知道北京有两位新文化新文学的名人名教授，因为愤女师大前途之棘，先章士钊后杨荫榆而扬言于众曰：“现在的女学生都可以叫局。”这两位名人是谁，这里也不必说，反正是学者绅士罢了。其实这种人也还多，并不止这两位，我虽不是绅士，却也觉得多讲他们龌龊的言行也有污纸笔，不想说出来了。总之，许多所谓绅士压根儿就没有一点人气，还亏他们怡然自居于正人之列。容我讲句粗野的话，即便这些东西是我的娘舅，我也不说他是一个人。像陈先生那样真是忠贞于女性的人，不知道对于这些东西将取什么态度：讥讽呢，容忍呢？哈，哈，哈……

大体说来，周作人是个温和的人，平日为文，雍容有度，偶尔来点小幽默，也很少伤及对方的情面。像这样火气冲天、尖刻狠毒的文字，在周氏的文集中，可说是仅有的一篇。“现在的女学生都可以叫局”，等于说现在的女学生都是娼妓，暗示陈西滢说过这样的话。身为大学教授，说这样的话还叫人吗！

是什么使周作人这样老羞成怒呢？对世事的愤慨么？几个月前北洋政府教

育当局迫害学生，他也没发这么大的火。是忌恨这班留学西洋的同行么？以他在文坛的地位，以彼此的年龄（他41岁，陈30岁），似乎也犯不着。再就是，他和陈西滢两人，虽在女师大学潮中处于对立的地位，并没有到直接冲突的份上。此前相处，也一直不错，互有借重，也还融洽。如此怒目相向，重拳出击，从人之常情上说，就有些乖张了。不管陈说没说过这样的话，周在这里说出来，都让人有卑劣乃至下流的感觉。

话又说回来，既然这样说了，总有他非说不可的道理。

会不会是别的什么东西，触到了周作人的痛处？

陈西滢的文章专谈法郎士，没有说别的，那就得在徐志摩的文章里找了。果然有，且看这几句：

好容易他有了觉悟，他也不来多管闲事了。这，我们得记下：也是“国民革命”成绩的一斑。“阿哥”，他的妹妹一天对他求告，“你不要再做文章得罪人家了，好不好？回头人家来烧我们的家，怎么好？”“你趁早把你自己的东西”，闲话先生回答说，“点清了开一个单子给我，省得出了事情以后你倒来问我阿哥报虚账！”

这段话，好多人看了不会明白，以为不过是为了将文章做足，涉笔成趣，加以渲染，才来了这么两句嗲声嗲气的话。

不是这么回事。这些话都是确有所指的，极有可能确有其事。一是，去年的女师大学潮中，真的发生过学生焚烧章士钊公馆，并使图书受到损失的事。这样，“回头人家来烧我们的家”就不能当作是玩笑话了。二是，这些日子，陈西滢的身边，确有这么一位阿妹，这便是燕京大学英文系学生，正与北大英文系主任陈西滢热恋着的凌叔华。徐和两人都是好朋友。凌和陈说这样的话，陈会告诉徐，或许就是当着徐的面说的。热恋中的情人，阿哥阿妹的叫叫，不是什么稀罕事。

症结就在这里，也只能在这里。

事件正在进行中，该说话的人反而不便说什么，只能一任事件发展下去。

陈西滢也不会想到事情出在徐志摩的这段话上，只当是周作人对他有多大成见似的，便写信给周作人，要个说法。信是1月20日写的，就是周作人文章登出的当天：

岂明先生：先生今天在晨副骂我的文章里，又说起“北京有两位新文化新文学的名人名教授，扬言于众曰，现在的女学生都可以叫局。”这话先生说了不止一次了，何以好像每次都在骂我的文章里，而且语气里很带些阴险的暗示。因此，我虽然配不上称新文化新文学的名人名教授，也未免要同其余的读者一样，有些疑心先生骂的有我在里面，虽然我又拿不着把柄。先生们的文章里常有“放冷箭”，“卑劣”一类的口头禅，大约在这种地方总可以应用了吧？先生兄弟两位捏造的事实，传布的“流言”，本来已经说不胜说，多一个少一个也不打紧。可是一个被骂的人总情愿知道人家骂他的是什么。所以，如果先生还有半分人气，请先生清清楚楚回我两句话：（1）我是不是在先生所说的两位人里面？（2）如果有我在内，我在什么地方，对谁扬言了来？陈源，一月二十日。

周作人是个很自负的人，此时认为自己胜券在握，丢人败兴的只会是陈西滢这个黄口小儿。第二天就写了回信：

通伯先生：来示敬悉，承问两项，奉答如左。

（一）先生在不在那两位名人里边，只请先生自省一下，记得说过那句话没有，就自然知道。这第一项我答得如此含胡，因为（二）那句话我是间接听来的，如要发表说话人的名字，必须要得那位中间见证的允许。所以请再等我两三天，俟问过那位之后，再当明白奉答。至于捏造先生的事实，则吾岂敢。一月二十一日，周作人。

意思是只要一问清了，就有你的好看。

当天或是第二天，他便跟中间见证的那个人见了面，订正一番。传话的人叫张凤举，也是北大的教授。要么是张凤举说的情况不是那么回事，比如这话不是陈所说，而是陈转述之类，要么是张凤举和陈西滢的关系也不错，不愿做这种证人，反正是周作人觉得自己是孟浪了些。22日又给陈西滢写了一信：

通伯先生：前日所说声言女学生可以叫局的两个人，现经查考，并无先生在内，特此奉复。一月二十二日，周作人。

大概意识到，这样的回答，陈绝不会善罢甘休，不如预作逃遁之路，便将此事写了篇小文章，叫《陈源先生的来信》，送他们的同人刊物《语丝》发表。2月1日刊出。

先说，前些天见《晨报副刊》上徐志摩先生的一篇《“闲话”引出来的闲话》，夸奖陈源先生的态度神似法郎士，我不免有点怀疑，觉得不很像，便另写了一篇《闲话的闲话之闲话》。因为牵涉着徐先生，所以在发表之前先寄给一看，却被徐“绑住”，在《晨报副刊》上登出来了。这倒也没有什么要紧，他反正是预备发表的。到了第二天便接到陈源先生的一封信，接下来引了陈信的全文。然后又说，他当初听人家传说过叫局的话，都是绅士与学者，现经陈先生来查问，他便再去调查，得到的结果是这样的：

一个A君，我们间接从B君听来的，但B君现在往欧洲去了，无从再去问他。一个X君，C君听D君转述他的话，但可惜X君的真姓名C君说已经记不起了。A君与陈源先生是别一个人，X君的姓名虽然忘记，惟据C君说也不是陈先生。所以我就于二十二日写一封信给陈先生，告诉他在所说的两个人里面查得并没有他。至于他别的话我觉得无反唇相稽之必要。

这真是小孩子玩的把戏了，又有点像早些年追查反动言论，一说就是在火车上或厕所里听到的。

陈西滢很快查明这话是张凤举传给周作人的，或者干脆就是他想起了那天说这话时，在场的只有张凤举跟周作人要好，肯定是他传过去的。不管怎样，现在留下的文字是，在接到周作人信的同一天，陈西滢给张凤举写了封信。

先说了周作人屡次骂他说过那句话，今天来了封信，虽说不是指我，但那口气分明还是指我，且无任何道歉的表示。不过是不愿连累见证人罢了。他想起来了，女学生可以叫局这句话，他是听过的，不光听过，还听过两次。一次A君说时，只有他一个人在场，现在不用提他。再一次是B君说的，在西山卧佛寺，在场的有先生和丁西林，还有我。这样要是周作人先生没有捏造，那么他所指的想来是这一次了，既是这样，张先生你当然是所说的见证人了。

张凤举接到信之后，知道事情闹大了，他跟这两个人的关系都不错，谁也不愿得罪，只好马上过陈西滢这边一趟，推心置腹地跟陈谈了一通。回信，还是要写的，不写陈西滢这边不会答应。没办法，只好硬着头皮回一封短信：

我们昨天的谈话我已告诉周岂明先生了。你要我回你一封信。想来想去，我别无他话可说，要说的全对你说了。不过我要向你道歉，因为这次事完全是我误传的结果，与别人绝不相干。你的原信送还，请检收。张凤举，二六，一，二五。

现在轮到陈西滢反击了。他将自己给张凤举的信，和张凤举的回信，一并差人送给周作人。并且说，昨天张凤举来的时候，带来了你给他的第二封信，说你起先相信这话是我陈西滢说的，现在知道自己错了。张凤举也不承认他说过有什么人扬言于众，或是什么人说“女学生都可以叫局”，我当时就要写信给你，张凤举劝我等两天，他愿意把这意思转达给你，我也答应了，现在他的回信既然没有提起先生的答复，想来他是失败了。所以我不得不写这封信，再对先生进一忠告。主要有这么几句：

先生因为不高兴我，就相信而且就竭力的传布无论什么人毁谤我的话，甚而至于人家并没有说我，先生却因为自己要那样想，便以为人家说的是我——这不过是代先生曲为宽恕的话——就据为事实骂起人来，那是不是“传布流言”？

明明并没有什么人扬言于众曰“现在的女学生都可以叫局”而先生因为要故入人罪，硬说有人“扬言于众”，而且“扬言”的是“女学生都可以叫局”，那是不是“捏造事实”？先生这一次的“放冷箭”“传布流言”和“捏造事实”的“结果是笔头口头糟塌了天下的女性，而自己的爱妻或情人其实也就糟塌在里头”，诚如先生所说。可惜“糟塌了天下的女性”者，正是先生自己，而且只有先生一个人。

先生自己又说过，这样糟塌女性的人“压根儿就没有”一点人气……即使这些东西是先生“的娘舅”先生“也不认他是一个人”。现在既然证明了“糟塌了天下的女性”的正是先生自己，先生应当很郑重的向“天下的女性”谢罪，就不说向被诬蔑的人道歉。要不然，先生真不愧为“娘舅”的“外甥”了。

陈西滢不依不饶，周作人岂能轻易认错。看这阵势，刀光剑影，你来我往，官司还要打下去的。

然而，转折出现了。

在周作人与陈西滢唇枪舌剑地论争着的时候，有一个端庄俏丽女子正默默地注视着事态的发展，她知道这一切都是为了什么，可对谁都说不出口。她祈祷这一切快快过去。同时也知道，真要到了必须的时分，该她出马的时候她必须出马。

这就是前面提到的凌叔华小姐。

此事为什么会与凌叔华这个小女子有关?

她跟陈西滢谈恋爱，又与你周作人有什么相干?

这，外人就不知道了。

凌叔华当时已是一个小有名气的小说家了。但这名气的最初的获得，却是得益于周作人的提携。她的最早的两篇小说，是周作人介绍给孙伏园，在《晨报副刊》上发表的。

凌叔华在燕京大学上学期间，跟周作人来往很密切。周作人是北京大学的教授，同时在燕京大学兼课。凌叔华在燕大先上的是动物学系，后来爱上文学，要转到外文系，转系要加一门副修的外语。凌叔华少年时在日本待过，有一定基础，想以日语作为副修的外语。当年燕大尚无日文科，凌叔华求周作人辅导，周作人非常痛快地答应了。周作人素来是很小气的，但对这位女弟子一点也不小气，辅导期间赠她三四尺高的日文书。这恩情，周作人不会忘记，凌叔华也不应当忘记。

至于凌叔华后来跟陈西滢相恋，相恋后跟周作人没什么来往，周作人是能够理解的。毕竟陈西滢是北大英文系的主任，留英归来的博士，又是风华正茂的年纪，而他，只能算个老留日学生，且已四十出头年纪。不来往可以，若是恶语相向那就不行了。

1925年11月，女师大学潮中，学生曾冲进章士钊的公馆，烧毁了部分书籍。女师大学潮，出面支持的教师虽说不少，影响最大的还要数周家兄弟。当年外界就有流言，说章士钊免了鲁迅的职，周家兄弟遂唆使学生烧毁了章士钊的公馆。

“你不要再做文章得罪人家了，好不好？回头人家来烧我们的家，怎么好？”若凌叔华真说了这样的话，等于是在讥刺周作人（虽说是无意的），等于是在自己情人面前挖苦过去的老师。

这是背叛师门，这是恩将仇报，这是无耻之尤！

真要这样，也就难怪周作人要老羞成怒，要写文章予以还击了。

这还击的力度是很大的，也是十分恶毒的。等于是明告凌叔华，你挖苦我吗，那就看看你的情人是个什么东西！他说“现在的女学生都可以叫局”，他不知叫过多少次局了，玩弄过多少女学生了，你不过是个刚走出校门的女学生，怎么会和这样的伪君子、这样的衣冠禽兽，混到一起呢？

1月30日，陈西滢将有关此事的12封信，通过徐志摩，在《晨报副刊》全部刊出。名为《闲话的闲话之闲话引出的几封信》徐志摩写了《关于下面一束通信告读者们》。

1月31日，周作人又一连致徐志摩两信，继续实施他的色厉内荏的反击计划。周作人可以暗中向张凤举承认错误，但绝不会公开向陈西滢之流说一句软话。这是他的尊严，也是他的性命。一个老留日学生，怎能败于一个新来的英国留学生的手下呢？这不是他一个人的事，这是一代人的风流。

这是上午的事。

虽没有可靠的文字记载，我们可以想象，一直在陈西滢身边，与徐志摩来往也很频繁的凌叔华，一定在关注着事件的发展。这些信息，随时可以知道。

她不会不知道周作人的这股子气，是冲着谁来的。

未必不想插手，只是苦于没有机会。

正好这时发生了一种传闻，是关于凌与陈的婚约问题的。有人在文章中约略提及。既然已牵涉到自己，凌叔华就可以说话了，便给周作人去信请求，不要把她拉在里面。说的是一件具体的事，也可以说是为的整个事件。事情根子在自己身上，只有自己出面认错，才能平息这位心胸狭窄的业师的怒火。

下午凌叔华的信到了。《周作人日记》载："下午品青、小峰来，五时玄同来，十一时去。得凌女士函。"

事情马上就起了变化。周作人不反击了。当即给徐志摩去了本日的第三封信。想来这些信，都是派仆人送过去的。不然不会一日之间三发其信。徐志摩在回信中说：

对不起，今天忙了一整天，直到此刻接到你第三函才有功夫答复……关于这场笔战的事情，我今天与平伯、绍原、今甫诸君谈了，我们都认为有从此息争的必要。拟由两面的朋友出来劝和，过去的当是过去的，从此大家合力来对付我们的真正的敌人，省得闹这无谓的口舌，倒叫俗人笑话。我已经十三分的懊怅。前晚不该付印那一大束通信，但如今我非常的欣喜，因为老兄竟能持此温和的态度……你那个《订正》我以为也没必要了。现在就问你的意见，如其可以不发表，我就替你扯了如何？

徐志摩还是太不更世事，周作人的信岂是可以随便扯了的？明明一连去了两信，其中一信还是《订正》（也许是信中夹有《订正》一文），怎么突然又去信讲和呢。此中情由，徐志摩是绝不会清楚的，只有周作人和凌叔华两人知晓。

周作人回了凌叔华的信没有？

回了。《周作人日记》："二月一日，上午寄凌女士函。"

信上怎样说的？

直到晚年（1963年），周作人才在《几封信的回忆》一文中说了信的内容：

我只好复信说，我写文章一向很注意，决不涉及这些，但是别人的文章我就不好负责，因为我不是全权编辑，许多《语丝》同人的文字我是不便加以增减的。

一场恶战，就这样烟消云散了。

7. 仗义执言为任公

任公者，梁启超也。

为何事仗义执言？

为梁先生之病也。

梁先生也会得病？

不说真见过的人了，就我们看梁先生的照片，不高的个头，跟半截塔似的身材。前额光亮，似塔之金顶，什么时候都油亮油亮。别的不说了，将陪嫁侍女立为偏室，男孩子，女孩子，一个接一个地生，该是多好的体质。还有一样绝的。平日不是写文章，就是打麻将，别人打麻将会误了写文章，任公呢，可以一边打麻将，一边口授文章。这又是多高的智商，多大的兴致！

然而，就是这样一个生龙活虎的人，还真的是病了。当时叫漏血，实则就是我们现在说的尿血。住进协和医院，医生说是肾上的毛病，割上一个肾就好了，肾是割了，血还在尿，后来又说是毛病出在牙上，拔了一颗又一颗，还是不见好，最后等于活活将老人家治成了一个废人，过了两三年就死去了。

志摩的仗义执言，发生在1926年春天，他正办《晨报副刊》的时候，梁先生的腰子（肾）叫割了，谁都知道是割错了，而又不好说什么的时候。

梁先生刚入院，割了腰子，后果还不是那么显著的时候，北京城里，发生了学生游行示威受到军警镇压的事件，志摩曾去医院看望，是看望病情，顺便也就镇压学生事件作了采访。这是社会新闻，不便在《晨报副刊》登载，便发在了《晨报》的正版上，名为《梁先生病院谈话记》。登载的时间是1926年3月31日。文章中引用梁先生的话说：

“我是本月十六日受手术的，这割症不算危险，但也不算轻，割口至八寸之宽，麻醉至四日之久，直到十九日的下午才渐渐苏醒过来。谁想到空前的大惨案就在我这麻醉期内发作？那天我神志还在半迷糊状态，隐约听着院中人说起这大血案的惨象。实际上我间壁的屋子里，就躺着一个半死的青年，胸膈间中着子弹，到如今还没法起出！你可以想像我那时在昏瞀中听那极不可思议的惨闻时，我真觉得痛心极了，感想也是十分的复杂，人又在病床上困着，满心的愤慨无从发泄，今天既然讲起这件事，你不妨记下来些去发表，虽则不免拉杂，也就算是我私人的一点意思。”

一直关心梁先生病情，且不时给以忠告的，是梁先生的堂弟梁仲策先生。到了4月中旬，看见梁先生割了右肾之后，尿血不能止，又要拔牙，又要挨饿（一种疗法），身体也一天不如一天，终于忍不住，写了篇《病院笔记》，给了志摩，5月29日在《晨报副刊》登载。

梁文较长，主要说了三个内容。一个是这个右肾，极有可能是割错了。一个是梁先生起初不把他的病当回事，到了夫人因癌症去世，一下子又急不可耐，心慌意乱。再一个是，医院原本安排一个美国医生做手术，梁先生为着中国人的体面，主张让回国不久的一位医学博士来做。

且看怎么个割错了。文中的刘瑞恒是主刀医生，力舒东也是一名医生，当时在场。另有一美国名医，此番成了刘瑞恒的助手：

今日为四月十二日，任兄出协和，在院凡三十五日，彼之病至此遂告一结束，余得而论次之矣。平心而论，余实不能认为协和医生之成功，只能谓之为束手。质而言之，即世界之医学，仍甚幼稚而已。科学万能，或为千百年后之事实，但必不在现代耳。剖治之当日，力舒东谓余曰：下午五时许，当可将割出之腰肾查得其病源矣。五时半，余在协和见刘瑞恒，询以此事，彼云该更历两日，后数日余再问之，答亦如前。此后余亦不复问，盖问之及，彼亦何尝不可用自己之理想造一方案以相告，所望宿病既除，从此健康耳。即不然，则已覆之甑，顾亦何益。后再历十余日，余见该院医生之举动诡异，于心窃有所疑，乃覆追求其故，始知割后二十余日，尿中依然带血也。剖治时余未参观，但据力舒东之言，则当腰肾割出时，环视诸人皆愕然。力与刘作一谐语曰：“非把他人之肾错割乎？”刘曰：“分明从右胁剖开，取出者当然是右肾；焉得有错。”乃相视而笑。力又云，作副手之美国大夫，亦发一简单之语曰：“吾生平所未之见也。”以此证之，则取出之肾：颜色与形状，一如常人，绝无怪异可知。

再看梁先生疑心癌症后的惊慌失措：

至于任兄之性情，亦复不可思议。得病已经年，家人劝彼就医，答曰“费事”，劝彼就瓶而溺，俾得交医生检查，答曰“费事”，如是不下数十次。迨未入协和之前一日，彼由清华来，余见其颜色有异，议论反常。后乃知其忽自疑为癌Cancer，盖前年嫂氏之丧，乃膺此疾，故成惊弓之鸟，无端而自疑曰癌也癌也。余与彼为兄弟数十年，从未闻其作一颓唐语，今乃大异。因即促之入院再受检查，以安其心。日前在德医院，余之所以不愿其再查者，因见克礼似无甚把握，又见受蒙药时太辛苦耳。今彼之神经，若是其过敏，吾恐所受之刺激，必较甚于蒙药，乃毅然促其入协和。计彼得病以至于今，初则极端的不措意，一措意又复极端，此彼之所以为彼也。

既惊慌，又进了协和这样的好医院，恰好美国名医还在，过两个月就返国，那就该让这位美国名医主刀，而梁先生又一怪癖发作，遂酿成事故矣。

至于那位刘瑞恒博士如何地自负，又如何地狂傲，这里就不说了。据后来揭出的真相，是护士在梁先生肚皮上，画需要割去的肾的位置时，画错了方向。这位刘博士，出了这个事故后，很快就离开协和，去南京政府部门任职去了。

梁仲策的文章，对梁先生的病情与医治经过的叙述，毫无疑问是真实的，但是，毕竟是个文化人，而请刘瑞恒主刀，又是梁先生自己提出的，即文中说的，“计划之所以越俎而动者，乃徇任兄之请”，这话的意思是，院方本已定下美国名医主刀，梁先生自己提议让刘博士主刀。如此一来，就不能过分责怪刘医生了，因而在文章中，还说了刘博士几句好话。当然，好话中也不无怨怼之意：

至于刘瑞恒，以手术论，不能不谓为高明。割后绝不发热，且平复速而完好，虽则病人身体之强健，医生认为有异于常人，然亦□工也。但余颇嫌其年尚轻而任事未久，似觉炉火未纯。任兄之病必非癌，虽自非医生，亦可以想像而得。若癌已蔓延至于压逼肾肌而使之出血，更历一年，而犹不感受痛苦，天下岂有此等便宜事。后以此问诸医学者，亦皆谓然。且谓若为癌也，四个月即感苦痛，压迫内脏之后，不两月间当死。此等道理，刘瑞恒岂能不知。迨检查后，谓病在右肾，越一日，余问刘曰：“必非癌乎？”盖病人所最不放心者以此，家族亦因之而不放心，理之常也。而刘答曰：“不一定不是癌。”余又问将以何法治之？答曰：“全部割去。”医生而故作惊人语，似不应该，且未经剖视，即照片上亦未觉其变形，岂能遽断为必须全部割去？不太莽耶？

志摩一看，胸中怒火，腾地升起。他认为，这不独是对梁先生不负责任，而是协和医院，长久就有不把中国人当回事的陋习。在梁先生医治而出了这么大差错这件事上，不管梁先生有怎样的不妥，协和医院都要负主要的责任。于是便写了一篇《我们病了怎么办？》的长文，作为当天《晨报副刊》的主打文章，而将梁仲策的《病院笔记》放在下面，作为附录。

先借用陈西滢的话，说了理想的医生该是怎样的，作为引子：

"在理想的社会中，我想，"西滢在闲话里说，"医生的进款应当与人们的康健做正比例。他们应当像保险公司一样，保证他们的顾客的健全，一有了病就应当罚金或赔偿的。"在撒牟勃德腊（Samuel Butler）的乌托邦里，生病只当作犯罪看待，疗治的场所是监狱，不是医院，那是留着伺候犯罪人的。真的为什么人们要生病，自己不受用，旁人也麻烦？我有时看了不知病痛的猫狗们的快乐自在，便不禁回想到我们这造孽的文明的人类。且不说那尾巴不曾蜕化的远祖，就说湘西的苗子，太平洋群岛上的保立尼新人之类，他们所知道所受用的健康与安逸，已不是我们所谓文明人所能梦想。咳，堕落的人们，病痛变了你们的本分，至于健康，那是例外的例外了！

说到协和医院的毛病，世人大都不回避。比如在对待外国人和中国人上，有明显的"种族界限"。当年大概还不习惯用"种族歧视"这样的词语，而说"种族界限"：

种族界限这是说看病先看你脸皮是白是黄；凡是外国人，说句公平话，他们所得的待遇就应有尽有，一点也不含糊，但要是不幸你是黄脸的，那就得趁大夫们的高兴了，他们爱怎么样理你就怎么样理你。据说院内雇用的中国人，上自助手下至打扫的，都在说这话——中外国病人的分别大着哪！原来是，这是有根据的，诺狄克民优胜的谬见一天不打破，我们就得一天忍受这类不平等的待遇。外国医院设在中国的，第一个目的当然是伺候外国人，轮得着你们，已算是好了，谁叫你们自不争气，有病人自己不会医！

接下来，又依次说了势利分别、科学精神（拿病人当试验品或当标本看）、大意疏忽等三种陋习，且举了最近一个医疗事故：

最近一个农业大学学生的死据报载是（一）原因于不及时医治，（二）原因于手术时不慎致病菌入血。这类的情形我们如何能不抗议？

这才笔锋一转，直斥梁启超误治事件上，协和的一错再错，直到无法挽回：

如梁任公先生这次的白丢腰子，几乎是太笑话了。梁先生受手术之前，见着他的知道，精神够多健旺，面色够多光彩。协和最能干的大夫替他下了不容疑义的诊断，说割了一个腰子病就去根。腰子割了病没有割。那么病原在牙；再割牙，从一根割起割到七根，病还是没有割。那么病在胃吧；饿瘪了试试——人瘪了，病还是没有瘪，那究竟为什么出血呢？最后的答话其实是太妙了，说是无原因的出血：Essential Hematuria。所以闹了半天的发见是既不是肾脏肿疡（Kidney Tumour）又不是齿牙一类的作祟：原因是无原因的！我们是完全外行，怎懂得这其中的玄妙，内行错了也只许内行批评，那轮着外行多嘴！但这是协和的责任心，这是他们的见解，他们的本领手段！

后面附着梁仲策先生的笔记，关于这次医治的始末，尤其是当事人的态度，记述甚详，不少耐人寻味的地方，你们自己看去，我不来多加案语。但一点是分明的，协和当事人免不了诊断疏忽的责备。我们并不完全因为梁先生是梁先生所以特别提出讨论，但这次因为是梁先生在协和已经是特别卖力气，结果尚不免几乎出大乱子，我们对于协和的信仰，至少我个人的，多少不免有修正的必要了。“尽信医则不如无医”，诚哉是言也！但我们却不愿一班人因此而发生出轨的感想：就是对医学乃至科学本身怀疑，那是错了，当事人也许有时没交代，但近代医学是有交代的，我们决不能混为一谈。并且外行终究是外行，难说梁先生这次的经过，在当事人自有一种折服人的说法，我们也不得而知。但假如有理可说的话，我们为协和计，为替梁先生割腰子的大夫计，为社会上一般人对协和乃至西医的态度计，正巧梁先生的医案已经几于尽人皆知，我们即不敢要求，也想望协和当事人能给我们一个相当的解说。让我们外行借此长长见识也是好的！

要不然我们此后岂不个个人都得踌躇着：

我们病了怎么办？

末后，还要说一下梁启超对这误治事件的看法。真的成了这个样子，他老人家反倒没有什么怨恨的话，表现出一种豁达的态度。同年6月2日，《晨报副刊》刊出梁启超的文章《我的病与协和医院》。说了他自己病情的经历，也说了他担心是癌症之后的“惊心动魂”，医生的尽心竭力，且说他的身体，已有所好转，末后说：

协和这回对于我的病，实在狠用心。各位医生经过多次讨论，异常郑重。住院期间，对于我十二分恳切。我真是出于至诚的感谢他们。协和组织完善，研究精神及方法，都是最进步的，他对于我们中国医学的前途，负有极大的责任和希望。我住院一个多月，令我十分感动，我希望我们言论界对于协和常取奖进的态度，不可取摧残的态度。科学呢，本来是无涯涘的。牛顿临死的时候说："他所得的智识，不过像小孩子在海边拾几个蚌壳一般。海上的'宗庙之美，百宫之富'，还没有看到万分之一。"这话真是对。但是我们不能因为现代人科学智识还幼稚，便根本怀疑到科学这样东西。即如我这点小小的病，虽然诊查的结果，不如医生所预期，也许不过偶然例外。至于诊病应该用这种严密的检查，不能像中国旧医那些"阴阳五行"的瞎猜，这是毫无比较的余地的。我盼望社会上，别要借我这回病为口实，生出一种反动的怪论，为中国医学前途进步之障碍。——这是我发表这篇短文章的微意。

在发表这篇文章时，志摩加了一段《附记》。文中说：

梁先生这篇自述，我们敢说，一定可以消解一部分人这次对协和医院，乃至对西医本体，可能的误会；但同时我们还是诚恳的盼望本京有身分的几个医院，不仅协和，都能自此益发加勉，因为他们无私的责任心永远是病人们的恩典。我这里同时收到协大李振翩先生的来件，大意与《现代评论》第七十六期《闲话》里陈志潜君的见解相类，恕不并载。

体格健壮的梁任公，最后还是死在了这次的误治上。两年后，志摩欧游归来，听说梁先生病危，急忙赶到北京去看望，只能在门缝里看了一眼。

过了几天，梁先生就去世了。年仅57岁。

8. 第四次欧美之行

在《他的做派》一节里，我本来还想说说志摩的一个小特点，就是梁实秋在《谈徐志摩》文中说的，志摩有个特点，就是好动，闲不住。好动的人，都爱跑，不定什么时候，就会遇上尴尬事。本来已经写下了，又觉得那一节引述过多，就删了。现在写到这儿，想起了，还是引了吧：

志摩好动，他闲不得。有一天已夜晚十一时许，他乘兴来看我，只见门外的百叶长窗虚掩着，灯光自隙间外露，他想吓我一跳，突然把门拉开，大叫一声，拔腿便跑，据他说原来是他看到了有两个不相识的年轻人（一男一女）从一只单人沙发上受惊跃起。这时候我早已在楼上睡了。受惊的是楼下的一对，但是更受惊的该是志摩自己。他心头突突，信步走到我家附近的另一位单身朋友家，他从后门闪入，迳自登楼，一看室里黑黝黝，心想这家伙睡了，来吓他一下，顺手把门框上的电灯开关一拧，不觉又失声大叫，原来床上不是一个人在睡，这一惊非同小可，踉跄下楼，一口气跑回家，乖乖地自己去睡了。这件事他从未对外声张，只是事后悄悄地告诉了我，他说："以后我再也不敢黑夜闯进人家去了。"

这里说的好动，在国内，只是闲不住，爱串门子，爱游山玩水。要是扩大一下呢，扩大到国外，那就是爱满世界地跑，尤其是爱到欧美这些地方。

1929年1月16日出版的《国立清华大学校刊》上，曾刊出《徐志摩漫谈》一文，是个演讲，一开始就说，"我这第四次作欧美游"。不用细捋，上一年他确曾去过欧美，只是过去，我们不知道这应当算作第几次，现在知道了，他说的，这是他第四次的欧美之行。

这个第四，是怎么算出来的呢？

注意，他说的是欧美游，也就是，一次出去，不光去了欧，还去了美，或者是不光去了美，还去了欧。

且往前推。

1925年赴欧，并未去美。

1922年，在英国与幼仪闹翻了，去了欧，没有去美。

1920年，拿下哥伦比亚大学的硕士学位后，由美来欧，算什么呢，若算作"欧美游"，那么1918年的来美，就不作数了。来美与去欧，只能当作一次欧美游。

我的看法，他说的"欧美游"，只是个含混的说法，去了美，也就带上了欧，去了欧，也就带上了美。这样算下来，第四次是1928年的先赴美再赴欧。第三次是1925年的光赴欧，未赴美。第二次是1920年由美赴英，直到1922年回国。第一次则是1918年赴美留学，在美国待了两年。

这些行程弄清了，且来说这第四次的欧美之行。

先得说一下这次出国的原因。再爱跑的人，跑下这么远，总是有缘由的。且看一首诗，他写的：

阴沉，黑暗，毒蛇似的蜿蜒，
生活逼成了一条甬道，
一度陷入，你只可向前，
手扪索着冷壁的粘潮。

在妖魔的脏腑内挣扎，
头顶不见一线的天光。
这魂魄，在恐怖的压迫下，
除了消灭更有什么愿望？

此诗题为《生活》，1928年5月29日写，载1929年5月10日出版的《新月》月刊第2卷第3号。

据最早看过此诗的梁实秋说，这首诗是纪实的，志摩临死前几年的生活确是濒临腐烂的边缘，不是一个敏感的诗人所能忍受的，所以他毅然决然地离开上海到北平。就是说，这首诗是整个后几年的写照，那么开始显现出来，又在哪一年呢，只会是写诗的这一年，即1928年。

几乎一切的灾难，全是由小曼引起的，最招人非议的是，一个洋派学生，大学教授，竟粉墨登场，演戏去了。再加上小曼的生活奢侈无度，再多的钱也是个不够花。对这件事，当时的人，后世更多，差不多都是指责小曼的。我不这么看，我觉得，小曼的母亲说的一句话，才是实情，她老人家（当时也就50岁）对人说过："志摩害了小曼，小曼也害了志摩，两人是互为因果的。"这个当母亲的，见识还是高些。此话最是有道理。在此不必细论。我要加上一句的是，小曼这样的女人，就是要人养着的，只能说志摩养不起了，不能说小曼不值得养。好了，我们这本书，说好是不谈风流韵事的。这里谈一下，也只是为了说明志摩当时困窘的处境，为下一步的叙事张目。

总之是，到了1928年6月中旬，不说散心了，仅仅是生活上的困顿，也要找个解救之道。

一想便想到如今成了富家娇婿的恩厚之，就是跟随泰戈尔访华，充当秘书角色的那个英国青年。

现在的恩厚之，可不是当年那个快乐的单身汉了。访华结束不久，便回到英国，跟美国富孀史特里夫人结婚。婚后夫妇二人按泰戈尔的理想，在英国南部温德郡的托特尼斯购置田地，推进泰戈尔的农村建设计划。这几年，志摩和他一直保持着联系。就在1926年冬天，东南时局正乱的时候，恩厚之还帮助过志摩一次。

好了，这就明白了，志摩这次出游，就是想去英国，找找恩厚之，看能不能再将推进“中国乡村建设计划”的事情做下去，得到一笔资金，先解决眼下的燃眉之急。

一个人出去未免太孤单，正好王文伯（征）要去美国，便结伴同行。两人说好，先去美国，再去英国。

6月初，胡适在上海，借蒋百里家请客，为徐志摩与王文伯饯行，席后志摩随胡适到胡家谈至后半夜始别。当天的日记中，胡适记下了他们谈话的主要内容:“志摩殊可怜，我很赞成他这回与文伯去外国，吸点新空气，得点新材料，也许换个新方向。”

6月15日，徐志摩和王文伯起程赴美，坐的是一艘加拿大轮船，名曰皇后号。第一站是日本。

18日下午船到神户，当晚志摩有电报给陈西滢、凌叔华夫妇，说要过东京一晤。去年夏天，西滢夫妇来日本度假，此时正住在东京。接到电报，夫妇两人都很兴奋，盼着第二天的会晤。19日早上一睁开眼，凌叔华说梦见志摩来了，陈西滢说他也梦见来了呢。说着两人就去接早车，心里以为或者要等一整天，谁知一到车站，志摩便在迎面而来的车厢里探出头招手了。多年后凌叔华谈起此事，以为像是带着某种神秘性或者说是巧得不可信。

6月末抵美，在西雅图上岸过海关时，有中国领事馆的朋友来接，所带行李平安通过，这一点让志摩很是庆幸。此番出国，他带了许多古董和玉器，还有古字画，有的是翁端午给的，有的是他父亲给的，拟在美国出售，万一没收了就血本无归。这样做，不完全是补充路费的不足，更多的是，发一笔财回国后以补家用。

7月4日去纽约，路过芝加哥，曾去找当地的自然历史博物院，看能不能将所带的玉器售出。当天是美国国庆纪念日，馆里的玉器专家不在，没有谈成。在纽约，待了一个月光景。

8月4日，志摩与文伯乘高贵号轮船离美赴英。11日抵达伦敦后，先与恩厚之约好去温德郡达廷顿庄园的日子。不是马上就能去，便利用这段时间，拜访了留英时的老师傅来义，也曾去剑桥大学国王学院旧地重游。剑河岸边摆动的柳丝，河底软泥上浮动的水草，让他有种遥想当年的激动，又有种青春难再的惆怅。六年前离开此处，曾写下《康桥再会罢》，发誓“来春时节，当复西航”，其时对人生的设想，何其壮丽辉煌。如今，六年之后，人是来了，剑河依旧，人却不是原先那个充满青春理想的人了。再也不会有当年的好时光，再也不会实现当年的好梦想了。看得再仔细，也只能是无奈地走开。

数日后，志摩来到达廷顿，恩厚之和多乐芙夫妇引领这位老朋友，参观他们的庄园。这个庄园，完全是按照泰戈尔的乡村建设计划的理念设计的，也是照这一理念经营的。志摩看了，大为感动，称赞达廷顿庄园为“我所见过的通往人间乐园的最快的途径”，表示回国后，也要效仿恩厚之的做法，在中国实施这一乡村建设计划。恩厚之很是赞赏，让志摩先造个需用资金的计划，他会全力资助。

离开英国，在欧洲游历时，志摩便写信给这位有钱的朋友，告知要启动这一计划需要多少资金。先说他回国后，第一件要做的事，是找张彭春、瞿世英、金岳霖等人，在上海成立一个小组，到浙江及江苏的内地进行研究，了解情况，根据需要，做出实施这一计划的方案。接下来便说他已预算出第一步所需，及他个人由印度回国的旅费，开列如下：

孟买到加尔各答旅费	10镑
加尔各答到上海（可能经缅甸）	60镑
天津上海来往旅费：	
张彭春	30镑
瞿世英	30镑
金岳霖	30镑
L. Y. Chen，Y. Chang等人	30镑
小组旅行二至四周旅费	100镑
什费	10镑
	共300镑

从这封信上，可以看出志摩的轻率、应付。开列的这几个人，只能说是为了增加预算的费用，至于这几个人有没有兴趣，能不能参加他的这一计划，恐怕他也没有把握。也可以看出他当时手头的拮据，连从印度回国的旅费也没有了。人穷了真是可怕。写信的这一刻，徐志摩坠入他一生的道德低谷。没有了潇洒，没有了诚朴，有的只是友情遮掩下的贪鄙与榨取。

恩厚之很快给了这笔钱。不光这次给了，后来还往上海汇过200英镑。

志摩做了这些计划中的事没有？

可以肯定地说，没有。

跟朋友，比如张彭春和瞿世英，谈是谈过的，但他们各忙各的事，根本就没有时间投身其事。后来给恩厚之的信上，说他“到江苏和浙江跑过了，已定意选择后者”，怕也是一句空话。他把这一切都归于中国的环境，根本无法进行这一纯正的事业。

1929年6月泰戈尔路过上海一事，曾给恩厚之去信详加介绍。从泰戈尔口中得知，恩厚之夫妇又喜得贵子，曾寄去一些小玩具表示祝贺。直至去世，两年多的时间，再没有给恩厚之去过信。对此，恩厚之甚为奇怪。

据三十年后曾去过达廷顿庄园，见过恩厚之的梁锡华揣测：这是因为徐志摩收取了恩厚之数百英镑的这笔数目相当大的乡村建设开办费后，可能根本没有做过什么事，心怀内疚，再没有颜面和勇气，给一位慷慨无私的朋友写信了。

离开达廷顿庄园回到伦敦后，志摩曾拜访过哲学家罗素，游欧洲时，曾与狄更生在马赛会面。

9月20日，志摩与王文伯相随，在马赛上船前往印度。

船行十余日，于10月上旬抵达孟买，一上岸，便赶往加尔各答去见泰戈尔。见了这个中国弟子，老诗人非常高兴。在印度期间，还参观了当年恩厚之在印度办的一个乡村建设的典型——苏鲁。

可能带的那些古董和玉器，在美国没有卖掉，除了在英国送给朋友的之外，还有一大批，1924年曾随泰戈尔访华的美术家南达，出面为他办了一个小型的展览。10月10日这天，是中国的国庆节，按农历，恰巧又是孔子的诞辰，也是志摩与小曼结婚两周年纪念日，除了朋友们的祝贺外，泰戈尔特意安排志摩为国际大学的师生讲演，专谈孔子。志摩在印度还要待一段时间，王文伯只好先期回国。

在印度，志摩还去了泰戈尔创办的大学，在一个树林里，学生们上课，就在树荫下散乱地坐着。

徐志摩在印度，总共待了三个星期，大约10月底才起程回国。轮船行进在太平洋上，面对晴朗的蓝天，起伏的波浪，想来诗人的心情，会像蓝天一样清澈，波涛一样起伏。

出国已四个多月了，八年后重游哥大，六年后重游剑桥，见到罗素、傅来义、狄更生等师长，又一次唤起了当年留学时的勃勃朝气。更为难得的是，总算实践多年前的诺言，前往印度，在老诗人有生之年得以相见。他一直把与泰氏的交往，视作自己精神的皈依，人格的升华。再就是，为乡村建设计划的进行，恩厚之付与了一大笔款项，也让正为生计忧愁的诗人，心里多少有些欣慰。

然而，一想到很快就要回到上海，面对的又是烟榻横陈的太太，声色犬马的庸常生活，心里不能不涌起一种苦涩的感觉。从赴美留学到此时，正好是十年。十年前的青春少年，志向何其远大，如今却是一个挣扎在生活的泥淖里的失败者，境况何其凄凉。离中国越近，这种感觉越是强烈。

11月6日，船行在中国海上，徐志摩写下了他的《再别康桥》。

全诗七节，每节四行，共28句。

按我的本意，是要将全诗抄在这里的，一想，书名为《非才子的徐志摩》，写诗是逞才使性，还是不抄为好，但对此诗的看法，却不能不说。

在拙著《徐志摩传》里，是这样说的：

这是徐志摩最有名的一首诗。好多人都说这是一首优美的抒情诗，不能说不对，对的是字面，却不是它的内涵。是一个小小的动人场景，也是一幅大大的精神投影。一行行都是和谐的字词，一句句又都是人生的喟叹。整首诗，可说是诗人几年来感情煎熬的结晶，因了心性的旷达，作了一次纵情的放歌。读此诗而读不出其中的忧伤与苦涩，只能说对诗人和他的这首名作还是不太理解。夕阳的余晖里，诗人作别的不是西天的云彩，乃是他一生的豪情与梦想。剑河的柔波里流淌的，不光是河水，也有诗人辛酸的清泪。不知诗人此番出游的心境，仅知此诗的优美，可以谅解。知道诗人此番出游的悲苦，读此诗而不鼻酸欲泪者，不能算是真爱徐志摩其人，不管你是白发老翁还是翩翩少年。

20年过去了，我对志摩诗的认识，还是有点长进的。即如这首诗，西山的云，悠悠的，一丝儿一丝儿；河里的草，青青的，还在不住地游动着。作为诗句，多么直白，多么现成，给了谁，见了都会来上这么一句。可是，有谁能把这样的句子，一句一句说个不停，凑成一首完美得不能再完美的诗篇？那么浅显，又那么有意境，甚至有想念？满世界，也只有一个徐志摩。

9. 第一次全国美术展览会

写下这个题目，不由得想起当年在北京图书馆（现在叫国家图书馆）查资料的情形。是1996年吧，接下北京十月文艺出版社写《徐志摩传》这个差事，手头资料有限，花钱买，也只能买市面上有的，再颟顸的人，也知道此时只能是求助于大图书馆了。写《李健吾传》时，我曾去过上海徐家汇的藏书楼，知道那儿民国时期的图书收藏甚富，总是远了些，想想，还是来北京。

徐志摩属现代名人，此类港台图书，有专室收藏，要去这个室查资料，须得单位介绍信。我来时没料到这一手，临时慌忙，无人可求，只好给单位离此地不远的昆仑出版社的美女编辑卢琳小姐打个电话试试。半个小时后，出了馆门迎候，只见一身军便服的卢小姐，快步疾行，已过了马路。昆仑出版社，是解放军文艺出版社的副牌社，编辑乃文职军人，上班要着军便服也。

在港台室查资料，真让我开了眼界。徐志摩的资料，香港一家什么书社，竟出版了七巨册之多，且全是原版影印。

《美展》会刊多期，记得也是在这儿见到的。尤其没有想到的是，美展汇刊的题名，竟是徐志摩的墨字手迹。凡是有用的，全都复印下来，后来写书，《徐志摩图传》采用甚多。我疑心后来多种书上的这幅字，全是从我的那本书上来的。

好了，野马就跑到这儿，赶紧一声“吁”，喝了回来。

欧游归来，转眼已是1929年的春天。

这个春天，志摩最高兴的一件事，便是又见到泰老翁。

1929年3月19日，泰氏去日本、加拿大讲学前，途经上海，小有勾留。《胡适的日记》同日记载：

> 早八点，印度诗人泰戈尔到上海，志摩夫妇同我去接他。

事先，志摩夫妇为泰戈尔布置了一个印度风格的房间，不料老诗人并不喜欢，却要住他们的卧室，只好让给老诗人住了。

停留期间，泰戈尔在他们的纪念册上留下两幅字画。一幅是老诗人的自画像。用毛笔画的，近看像是一位老人的大半个身子，远看又像一座小山。又用秀丽的钢笔字，在右上角写了一首富有哲理的英文小诗，意译是：小山盼望变成一只小鸟，摆脱它那沉默的负担。还有一幅是诗，用孟加拉文写的，译成中文是这样的：

> 路上耽搁樱花谢了
> 好景白白过去了
> 但你不要感到不快
> （樱花）在这里出现

泰戈尔走后，志摩立即投入“全国美展”的筹备中。

他是这个美展的常务委员之一，也是美展的实际负责人。

1928年在欧洲旅行期间，志摩曾有购买名家油画的记录，不得由就想，他此番外出，是不是就受相关部门嘱托，负有收集（购买）外国名家油画的任务？

须知此时国民政府的教育次长，乃是他早年在英国留学时的好朋友张道藩。办全国美展，开展美术教育，正是张道藩分内的事。叫谁管，给多少钱，不过是一句话的事。不说了，只是揣测，没有见过相关的文字材料。

1929年4月10日，第一次全国美术展览会在上海新普育堂举行，系国民政府教育部举办。

徐志摩、徐悲鸿、王一亭、林风眠、刘海粟等7人，被推为总务会常务委员。徐悲鸿以不在沪任职，活动不便，委托朱应鹏代理。徐志摩为首席，说是主任委员亦无妨。

展览期间，办有《美展》三日刊，编辑四人，徐为首，实际上的主编。

开展首日，即4月10日出版《美展》第1期上，登载了志摩撰写的《美展弁言》：

第一次的全国美术展览会，在不止一宗的困难情形下，竟能安然的正式开幕，不能不说是一件可喜的事。公开展览美术作品在国内是到近年才时行，此次美展的性质与规模更是前此所未有的。不仅书画，雕刻建筑以及工艺美术都有，不仅本国美术家，侨民中的美术家也一例出品；不仅当代美术，古代的以及国外的作品也一并陈列以供参考；所以在规模方面是创举。就性质说，此次美展是由教育部主办，这是政府提倡美术初次正式的表示。在历史上宋朝有过极裔皇的画院，前清乾隆时代也算是一叶馥郁的艺术史；但在原先美术是君王乃至达官贵人们独占的欣赏，在一般民众什么梁待诏李龙眠等等大名只比是海上仙山一流飘渺的风闻，怎么也瞻仰不到的。就到现在除了在北京有个故宫博物馆及三殿（那也难得开放）给民众一个开眼的机会以外，在别的地方那看得到什么有价值的美术，少数收藏家的大门不是用铁铸就有武装的印度人看着，除了少数有钱有势的或是洋人外谁想看得着？如其美术的成绩是一个民族最可自傲的一分（份）家当，如其艺术是使生活发生意义与趣味这些都是有心人们该得留意到的问题。创作是不容勉强的：这就一般说往往是与民族的精力成正比。欧洲从中世纪黑暗时期转入近代光明时期经过一个伟大的精神的革命，它的最大的成功是一个美丽的新生命的诞生。革命是精力的解放，生命的力量充实到不可制止时自然迸制成创造的鲜葩。我们留心看着吧，从一时代的文艺创作得来的消息是不能错误的。

原文是古文模式排列，不分段，只有句读。

美展盛况空前，志摩兴致也很高，4月13日出版的《美展》第3期上，又写了一篇文章，名为《想像的舆论》。这篇文章，值得一看。这是志摩的好笔头，好兴致。借了各种人的议论，来介绍美展的各种画作，同时纠正人们认识上的偏差，意在引导人们，要对中国的美术多些高远的期望。

“这次的美术展览会倒是不错。你去过没有？是够你一半天消遣的。画是真不少，洋画古画，什么都有。参考品部的古代书画有极贵的，单这一部的保险听说就是一百万哪！楼上看了画，楼下还有戏看。名角、票友、小班，全有。看乏了可以到美展西菜社去点饥。地方可是真不小，东西也是真不少，亏他们布置的，我跑得腿也酸头也昏了，那一边留着等下回再看吧。”这是把此次美展看作一种热闹，和国货展览会同性质的一类看客，向别人报告新闻的话。“这两三千幅画里面，”一个爱说俏皮话表示他见解别致的人也许说，“在这无穷的画里面，我只看到半张是要得的。果然他们能让我割买的话，我是他们的主顾。而且还得我自己动手割！”我们再想像一个书画专家停步在一幅古画跟前低声对他的同伴说：“这不是前年到过我的手里的那张吗？单看款项就不对。可笑，假古董竟来活充特别参考品！果然这都可以陈列的话，我们家楼梯下那大柜子全够得上出品了！”“话说得轻一点。”他的同伴说。一个有批评能力的来客也许要说到那门较好那门较乏的话。我们可以想像说：“新派的东西，不论是诗是画，我们终究看不惯。画精赤的人体已是够受的，何况还有种种叫人看不得的姿态？太富于革命精神了，我是敬谢不敏。”说到国画，他也许说：“到底还是几个老辈，下笔就不同！苍老究竟是苍老，老牌子，就是郑太夷游戏间涂一棵松树，也看出不同的笔力，有意味！还有曾农髯的山水你看了没有？再说画佛像谁比得上一亭先生的？新起的也未始没有有些意味的，但是也不知怎么的，你看了总觉得他们自己也没有把握。专事临摹固然讨厌，这胡来也总不见妥当。你看看楼上的古画去。古人的气息确是不同，大幅有大幅的精神，小幅有小幅的趣味，饶你看不厌。这一比就显出现代的寒俭。我看不革命固然不了，革了命也还是不了，我觉得悲观。”他的一个更开通的朋友就安慰他说：“你话是不错，但就此悲观我以为也不对，并且也不必。凡事一经过大变动，往往陷入一种昏迷的状态，你得容许他一个相当时期等他苏醒过来，然后看他有否一种新气象，新来的精力的表现。说我们这时代是革命的或革命性的当然是没有错，但如果我们以此就认为这时代已经完成一个或是几个阶段，因而期望甚而责成它在艺术里应有某程度的反映，那我们这前提先就不对，结论当然是误。严格的说，我们的生活的革命化（或现代化）的程度还是极浅，种种类似革命的势力，虽则已然激起不少外表的波动，还不说到是已经影响到生命的根柢去解放它潜在的力量。或是换一边说，我们民族内心里要求适应时代的一点热（一点革命精神），还不曾完全突破层层因习的外壳，去和外来的在活动中的势力相团合，只有在这个条件下革命才有完成的希望。还早着哪，朋友！一个火山在它的大迸裂以前，在它喷吐纯粹的光芒烛照到天外的火焰以前，它先得决破多层的地壳，先得抛掷出多量的磊块与泥砂。我们不可因为现在单看见土而忘了蕴藏在底里随后就来的万丈的光焰。”

有趣！注意一下，“苍老究竟是苍老，老牌子，就是郑太夷游戏间涂一棵松树，也看出不同的笔力，有意味！还有曾农髯的山水你看了没有？再说画佛像谁比得上一亭先生的？”这句话里，郑太夷、曾农髯、一亭先生，不用查了，三个都是当时著名的老画师，其作品也都参了展的。是对这三人的赞美，这里说了，也是对这三人作品的介绍。可是你注意了没有，常务委员7人中，就有王一亭先生。志摩这么说，也算是给足了王老先生面子。会办事，就在这些小地方上的不吝啬。

4月10日开展，9日有个预展，几个常务委员都来了，徐悲鸿也来了。这次展览会上，为了让中国画家和观众了解世界美术界的新趋势，除了中国画家的作品外，展出了许多外国现代派画家的作品，比如塞尚（Cezanne）、马奈（Manet）、马蒂斯（Matisse）等，都有画作展出，且占了相当大的比例。对这种做法，徐悲鸿很是不满，甚至到了气愤的程度。回到住处，写了篇文章，名为《惑》，并附一信，着人送来。

彼徐的文章，一篇一篇全都引了，为公平计，此徐的文章和信，也应全文引了。文中说：

中国有破天荒之全国美术展览会，可云喜事，值得称贺。而最可称贺者，乃在无腮惹纳（Cézanne），马梯是（Matisse），薄奈尔（Bonnard）等无耻之作（除参考品中有一二外）。

美术之所以能安慰吾人者，乃在其自身之健全。故需一智之艺（Artsavant）。若必醉心Archaisme（简陋之原人学术），亦只可就其质而撷取其包含之善材，供吾作原料。终不当头脑简单，而返乎原始时代之生（中国之不善学北碑者亦生此病）。

法国派之大，乃在其容纳一切。如吾人虽有耳目之聪明，同时身体上亦藏有粪汁之污垢。如普吕动（Prud' hon）之高妙，安葛尔（Ingres）之华贵，特拉克罗利（Delacroix）之壮丽，毕于维史（Puvis deChavanne）之伟大。薄奈（Bounat）爱耐（Henner）之坚卓敏锐，干连（Carrière）之飘渺虚无，达仰（Dognan-Bouveret）白司姜勒班习（Bastien Lepage）用爱倍尔（Hebert）之精微幽深，谷洛（Corot）之逸韵，倍难尔（Bernard）之浑博，薄特理（Baudry）之清雅，吕特（Rude）之强，骆荡（Rodin）之雄，干尔波（Carpeau）之能，米莱（Millet）之苍莽沉寂，穆耐（Monet）之奇变瑰丽，又沉着茂密如孤而倍（Courbet），诙诡滑稽如陀绵（Daumier），挥洒自如如穆落（Morot），便捷轻利如特茄史（Degas），神秘如穆罗（Moreau），博精动物如排理（Barye），虽以马耐（Manet）之庸，勒怒幻（Rénoir）之俗，腮惹纳（Cézanne）之浮，马梯是（Matisse）之劣，纵悉反对方向所有之恶性，而藉卖画商人之操纵宣传，亦能震撼一时，昭昭在人耳目。欧洲自大战以来，心理变易，美术之尊严蔽蚀，俗尚竞趋时髦。幸大奇之保存，得见昔人至德。降及今日，生存竞争益烈，无暇治及高深，是乃变象，并非进程（非谓遂无进步，顾绝非彼辈）。若吾东人尤而效之，则恰同西人欲传播中国学术于欧土，而所捆载尽系张博士竞生之书，五帝三王之史，虚无而刺探綦详黄慧如事迹，以掩饰浑体糊涂，不可笑耶。

新派中自有巨人。如毕于维史（Puvis de Chavanne）、骆荡（Rodin）、干连（Currière）、穆耐（Monet）及尚在之倍难尔（Bernard）。又如新派之马尔当（Martin）及安茫象（Ama Jean）、西蒙（Simon）、勃郎雪（Berenche）亦卓绝有独造。顾最脍炙人口之美术家，多带几分商业性质。奈黄面人受Durand Ruel（大画商）一类人愚弄，以市面上无德之Menzel、Leibl，比之St. bats、Lys，西班牙之Lorolla，瑞典之Forn，意大利之Boldini、Tito，Satoris、英之Sargent，美国籍Brougwyn，匈加利之Munkatzy（皆革新不可一世之大家）之作，其名于是杳焉无闻。若吾国革命政府启其天纵之谋，伟大之计，高瞻远瞩，竟抽烟赌杂税一千万元，成立一大规模之美术馆。而收罗三五千元一幅之腮惹纳马梯是之画十大间（彼等之画一小时可作两幅），民脂民膏计，未见得就好过买来路货之吗啡海绿茵。在我徐悲鸿个人，却将披发入山，不愿再见此类卑鄙昏聩黑暗堕落也。

吾滋愿吾敬爱之中国艺人，凭吾国天赋造物之繁，有徐熙黄筌易元吉钱舜举等大师，并与吾人以新生命工力湛深遗世独立之任伯年。不愿再见毫无真气无愿力一种Art Convention之四王充塞，及外行而主画坛之吴昌老。式微式微，衰落已极。愿吾国艺术趋向光明正大之途，以绍吾先人非功利（此为吾中国美术之特点，美术共同条件固在非功利，但在他国恒有求福邀功之迹，不若中国人写花鸟作山水惟抒情寄美感）之伟迹，而使一切卖买商人无所施其狡狯也（此亦过虑，但势所必然）。

文中的外国画家的名字，还有专业名词，就不必翻译了。

文中，徐悲鸿大骂塞尚、马奈、马蒂斯的画作，是“无耻的”“商业的”，是“乡下人的茅厕”，说国家拿钱去欧洲收购这些人的作品，“未见得就好过买来路货之吗啡海绿茵”，若是这样，“在我徐悲鸿个人，却将披发入山，不愿再见此类卑鄙昏聩黑暗堕落也”。要学画，还是要学习中国画的传统技法。也不能说全是骂，仍有真诚的感情在里面。最后一句，最为沉痛：愿吾国艺术趋向光明正大之途，他国恒有求福邀功之迹，不若中国人写花鸟作山水惟抒情寄美感之伟迹。总之是，别再做这样的蠢事，给外国不良商人施其狡狯的机会。

附信不长，全文为：

志摩兄：承再三眷念，感激万分。顾百花开放，难以同时。比来意兴都尽，其不参与盛会，并无恶意，足下之明，当察及也。昨归作文一篇，谨呈教，采登与否，原所弗计；但苟登去，须校对精确，毋白字连篇，拜祷。此颂日祉。悲鸿启

此次布置妥当，殊见匠心，甚佩诸公贤劳。出品亦多佳作，剑父诸幅能置中间（即过几幅），亦尊重名家之意，尊意如何？

当时的中国文化界，徐悲鸿也是个大人物。

悲鸿，原名寿康。江苏宜兴人，1895年生。1917年赴日本研究西画，未几回国。1918年赴欧洲学画，师从法国画家达仰，专习素描兼及油画。1927年回国，转年任中央大学艺术系教授，同时担任上海南国艺术学院绘画系主任。1929年任北平艺术学院院长，同年秋辞职重回中大。

这样的一个人物，这样的看法，不可不重视。不知志摩看了是亢奋，还是气愤，当晚便写了回应的文章，落款是“四月九日写天亮”。题名《我也“惑”——与徐悲鸿先生书》，载1929年4月22日、25日上海《美展》第5期、第6期。

全文七千字。太长，不全文引了，抄几段痛快的话语。开头先引了两句英文：

The opinions that are held with passion are always these for which no good ground exists ; indeed the passion is the measure of the holder's lack of rational conviction

—From Bertrand Russel's "Skeptical Essays."

引自罗素的《怀疑论散文》，译出来意思是："那些被狂热地持有的见解，对我们来说总有很好的理由；实际上，持论者的狂热，便是衡量他缺乏理性的信念的尺度。"

这句话，正是志摩批评悲鸿的基调。

人家是文，但附了信，为表示尊重，志摩的文，用的是信的形式。先尊一声悲鸿兄，接下来是：

你是一个——现世上不多见的——热情的古道人。就你不轻阿附，不论在人事上或在绘事上的气节与风格言，你不是一个今人。在你的言行的背后，你坚强的抱守着你独有的美与德的准绳——这，不论如何，在现代是值得赞美的。批评或评衡的唯一的涵义是标准。论人事人们心目中有是与非，直与枉，乃至善与恶的分别的观念。艺术是独立的；如果关于艺术的批评可以容纳一个道德性的观念，那就只许有——我想你一定可以同意——一个真与伪的辨认。没有一个作伪的人，或是一个侥幸的投机的人，不论他手段如何巧妙，可以希冀在文艺史上占有永久的地位。他可以，凭他的欺朦的天才，或技巧的小慧，耸动一时的视听，弋取浮动的声名，但一经真实的光焰的烛照，他就不得不裎露他的原形。

这话真也够刻薄的了，等于说，这一短文，显露了你的原形。

关于这一点，悲鸿，你有的，是"嫉伪如仇"严正的敌忾之心，正如种田人的除莠为的是护苗，你的嫉伪，我信，为的亦无非是爱"真"。即在平常谈吐中，悲鸿，你往往不自制止你的热情的激发，同时你的"古道"，你的谨严的道德的性情，有如一尊佛，危然趺坐在你热情的莲座上，指示着一个不可错误的态度。你爱，你就热热的爱；你恨，你也热热的恨。崇拜时你纳头，愤慨时你破口。眼望着天，脚踏着地，悲鸿，你永远不是一个走路走一半的人。说到这里，我可以想见碧薇嫂或者要微笑的插科："真对，他是一个书呆！"

提到悲鸿的夫人蒋璧薇（碧微），算是缓和一下气氛。道理嘛，还是要讲个透：

但在艺术品评上，真与伪的界限，虽则是最关重要，却不是单凭经验也不是纯恃直觉所能完全剖析的。我这里说的真伪当然是指一个作家在他的作品里所表现的意趣与志向，不是指鉴古家的辨别作品的真假，那另是一回事。一个中材的学生从他的学校里的先生们学得一些绘事的手法，谨愿步武着前辈的法式，在趣味上无所发明犹之在技术上不敢独异，他的真诚是无可致疑的，但他不能使我们对他的真诚发生兴趣。

下面举的这个英国画家的故事，是很有名的：

换一边说，当罗斯金指斥魏斯德勒Whistler是一个“故意的骗子”，骂他是一个“俗物，无耻，纨袴”，或是当托尔斯泰在他的艺术论里否认莎士比亚与贝德花芬是第一流的作家，我们顿时感觉到一种空气的紧张——在前一例是艺术界发生了重大的趣事，在后一例是一个新艺术观的诞生的警告。魏斯德勒是不是存心欺骗，“拿一盘画油泼上公众的脸，讨价二百个金几尼”？罗斯金，曾经为透纳（Turner）作过最庄严的辩护的唯一艺术批评家，说是！贝德花芬晚年的作品是否“无意义的狂呓”（Meaningless ravings）？伟大的托尔斯泰说是！古希腊的悲剧家，拉飞尔、密仡朗其罗、洛坛、毕于维史、槐格纳、魏尔仑、易卜生、梅德林克等等是否都是“粗暴，野蛮，无意义”的作家，他们这一群是否都是“无耻的剿袭者”？伟大的托尔斯泰又肯定说是！美术学校或是画院是否摧残真正艺术的机关？伟大的托尔斯泰又断言说是！

对悲鸿的瞎比喻，志摩非常气愤：

你把塞尚比作“乡下人的茅厕”，对比你的尊师达仰先生（Dagnan Bouveret）的“大华饭店”。在你大文的末尾你又把他们的恶影响比类“来路货之吗啡海绿茵”；如果将来我们的美术馆专事收罗他们一类的作品，你“个人却将披发入山，不愿再见此卑鄙昏聩黑暗堕落也”。这不过于言重吗，严正不苟的悲鸿先生？

在对时代风尚作了一番剖析之后，志摩说到当今欧西文化研究的状况：

在最近几年内，关于欧西文化的研究也成了一种时髦，在这项下，美术的讨论也占有渐次扩大的地盘。虽则在国内能有几个人亲眼见到过罗浮宫或是乌翡栖或是特莱司登美术院里的内容？但一样的拉飞尔安葛尔米勒铁青梵尼亚乃至塞尚阿溪朋谷已然是极随熟的口头禅。我亲自听到过（你大约也有经验）学画不到三两星期的学生们热奋的争辩古典派与后期印象派的优劣，梵高的梨抵当着考莱琪奥的圣母，塞尚的苹果交斗着鲍狄乞黎的薇纳丝——他们那口齿的便捷与使用各家学派种种法宝的热烈，不由得我不十分惊讶的钦佩。这大都是（我猜想）就近由我们的东邻转贩得来的。日本是永远跟着德国走；德国是一座咆死木死最繁殖的森林，假如没有那种咆死木死的巧妙的繁殖的区分，在艺术上凭空的争论是几于不可能的。在新近的欧西画派中，也不知怎的，最受传诵的，分明最合口味的（在理论上至少），碰巧是所谓后期印象派（“Post Impressionism”这名词是英国的批评家法兰先生 Mr. Roger Fry 在组织 1911 年的 Grafton Exhibition 时临时现凑的，意思只是印象派以后的几个画家，他们其实也是各不相同绝不成派的，但随后也许因为方便，就沿用了）。但是天知道！在国内最早谈塞尚谈梵高谈玛蒂斯的几位压根儿就没有见过（也许除了蔡子民先生）一半幅这几位画家的真迹！除非我是固陋，我并且敢声言最早带回塞尚梵高等套版印画片来的还是我这蓝青外行！这一派所以入时的一个理由是与在文学里自由体诗短篇小说独幕剧所以入时同一的——看来容易。

注意，这里志摩说，“我并且敢声言最早带回塞尚梵高等套版印画片来的还是我这蓝青外行！”随即又特别指出“刻苦出身的朋友”，不无讥讽悲鸿出身贫苦意思。够狠毒的。

我十二分同情于由美术学校或画院刻苦出身的朋友鄙薄塞尚以次一流的画，正如我完全懂得由八股试帖诗刻苦出身的老辈鄙薄胡适之以次一流的诗。你说他们的画一小时可作二三幅。这话并不过于失实，梵高当初穷极时平均每天作画三幅，每幅平均换得一个法郎的代价——二个法郎足够他一天的面包咖啡与板烟！

太长了，不引了，说到底，只是悲愤于中国一流的美术家，且是留过洋的，竟如此之偏执，如此之疯狂。再抄一段，为塞尚辩护，同时斥责悲鸿之蒙昧：

话再说回头，假如你只说你不喜欢，甚而厌恶塞尚以及他的同流的作品，那是你声明你的品味，个人的好恶，我决没有话说。但你指斥他是“无耻”“卑鄙”“商业的”。我为古人辩诬，为艺术批评争身价，不能不告罪饶舌。如其在艺术界里也有殉道的志士，塞尚当然是一个（记得文学界的茀禄贝尔）。如其近代有名的画家中有到死卖不到钱，同时金钱的计算从不曾羼入他纯艺的努力的人，塞尚当然是一个。如其近代画史上有性格孤高，耿介澹泊，完全遗世独立，终身的志愿但求实现他个人独到的一个"境界"这样的一个人，塞尚当然是一个。换一句话说，如其近代画史上有"无耻""卑鄙"一类字眼是应用不上的一个人，塞尚是那一个人！塞尚足足画了五十几年的画，终生不做别的事。他看不起巴黎人因为他有一次听说巴黎有买他的静物画的人；"他们的品味准是够低的。"他在乡间说。他画，他不断的画；在室内画，在野外画；一早起画，黄昏时还是画；画过就把画掷在一边再来第二幅；画不满意（他永远不满意）他就拿刀向画布上搠，或是拿画从窗口丢下楼去，有的穿挂在树枝上像一只风筝；你（不论你是谁）只要漏出一半句夸赞他的画的话，他就非得央着把那幅画送给你（他却不虑到你带回家时见得见不得你的太太！）；他搬家就把他画得的画如数丢下在他搬走的画室里！至于他的题材，他就只画他眼前与眼内的景象：山岭，山谷，房舍，苹果，大葱，乡里人（不是雇来的模特儿），他自己或是他的戴绿帽的，黄脸婆子，河边洗澡的，林木，捧泥娃娃的女小孩……他要传达他的个人的感觉，安排他的"色调的建筑"，实现他的不得不表现的"灵性的经验"！我们能想像一个更尽忠于纯粹艺术的作者不？他一次说他不愿画耶稣因为他自己对教的信仰不够虔诚，不够真。这能说是无耻卑鄙不？

在这段话之后，特意加了一句话，非常值得玩味，抄下来算是我对读到本书的读者的一点小礼。他说，加了个括号，是题外话，却不能说不是重要的话：

在中国不久，我相信，十个画家里至少会有九个要画孙中山先生，因为——因为他们都确信他们自己是三民主义的忠实的信徒！

所谓的不久，意思是国民政府成立，才两年天气。

徐悲鸿当然不会服气，4月27日写了封信，29日又做了补充，送给志摩，为自己的立场辩解。两信均在5月4日《美展》第九期刊出。悲鸿另有一信，也是给志摩的，在《美展》增刊登载，名为《惑之不解》。与此同时，第8期曾刊出李毅士的《我不"惑"》，增刊登出杨清磐的《惑后小言》，也都表述了自己的看法。杨清磐是编辑，文末附笔说，徐悲鸿的《惑之不解》付排后，志摩兄又来洋洋大文。计长六七千字，本刊地位及时间上均不能容，惟有暂为保存，俟有继续出版之机会再为刊布。

直到美展结束，这些三日刊合为一集出版，也没有志摩的文章发表。大概是不便再争辩下去，也就无须刊登了。

这场争论在中国美术史上的地位，有多大不好说，总是中国进入近代以来，第一次关于现代派艺术的争论吧。

合刊本的封面上，“第一次全国美术展览会汇刊”一行墨字，是志摩写的。

有这场争论，一点儿也不妨碍两人的友谊。人们总是把友谊当作一种性格的契合，还是太势利了。友谊是分层次的，在低的层次上，或许只是一种臭味或香味的相投，在高的层次上，又超越了个性的契合，成为一种彼此的欣赏。这就是为什么两个性格有很大不同的杰出人物，却常常是好朋友的道理。

1931年7月中旬志摩暑假回上海，路过南京去看望悲鸿，正碰上悲鸿夫妇失和，他也跟着忙了一阵子，在给胡适的信上是这么说的：

过南京被老谢小郭他们留住一天，晚上刘伯良请客，又出了一个岔子。悲鸿也是太劳，胃病，又睡不好，我那天下午在他家，他给我看画，好好的，晚上与他的夫人同在蜀峡，坐席后称病先走，夫人留，饭后我们同去探“病”，则先生已拿了随身皮包走了！夫人大窘，据说又并无口角。于是大队朋友，都向车站搜索，我夜车走，车上觅不到，今日南京尚无信来，不知这位艺术家是往哪里去了？

据蒋碧微说，这天晚上是郭有守即信中的小郭请客。郭和徐悲鸿、谢寿康都是留法时的朋友。郭在上海举行了婚礼，回到南京宴请亲朋。这一个时期，徐悲鸿跟他的学生孙韵君暗中相恋，蒋是知道的，就在请客的当天，夫妇二人为此发生了口角。这样的宴会又不能不去。请了两桌，两人分桌而坐。吃到一半，徐悲鸿对邻座说他胃痛，要回家休息，便不声不响地走了。席终，谢寿康和徐志摩自告奋勇要送蒋回家，蒋知志摩已买好火车票，当晚要搭车回上海，请志摩不必送，志摩不肯，说他要顺便看看悲鸿胃痛好了没有。

回到家一问用人，方知徐悲鸿提了箱子离家出走。志摩要赶车，先走了。蒋碧微把两人口角的事说了，谢寿康猜想悲鸿会去上海找邵洵美，两人又赶到下关车站。上了车寻找，没找见。第二天谢寿康去上海到邵洵美家，果然找见了。原来徐悲鸿离家后确实来到火车站，估计家里人会来找，便在车站附近的一家旅馆住了一夜，第二天一早乘车来到上海。

志摩说这天晚上请客的是刘伯良，看来是他弄错了。他是临时被拉去的，未必明白底里。大队朋友都向车站搜索，该是简约的说法。

第十章

著作（生前）

徐志摩的著作，生前刊行的有14种，身后由亲友刊行的有4种。

上海商务印书馆版的《曼殊斐儿》中所收的文章，全部收入上海北新书局版的《英国曼殊斐儿小说集》，上海新月书店版的《志摩的诗》系由中华书局版的《志摩的诗》删增而成，故《曼殊斐儿》放在《英国曼殊斐儿小说集》中介绍，新月书店版的《志摩的诗》放在中华书局版的《志摩的诗》中介绍。这样生前死后刊行的书，共是16种。

最早编起的全集，是陆小曼和赵家璧合编的八卷本《志摩全集》，因故直到1983年10月才由商务印书馆香港分馆出版《徐志摩文集》五册。商务印书馆香港分馆在《徐志摩文集》出版后，邀集几位大陆学者收集佚文，编起《徐志摩文集·补编》四册。1993年合在一起，出版九卷本的《徐志摩全集》。1995年8月，上海书店出版社据之重印，在大陆发行。

最早出版的全集，是1969年台湾传记文学出版社出版的六辑本《徐志摩全集》，张幼仪策划，徐积锴提供资料，蒋复璁、梁实秋主编。

最早收集徐志摩佚文成册出版的，是1980年2月台湾时报文化出版事业有限公司出版的《徐志摩诗文补遗》，梁锡华编。手边无此书，从略。

近年来，收集徐志摩佚文，成册出版的，是2018年3月商务印书馆出版的《远山》，陈建军、徐志东编订。

两套全集，合在一起介绍，再加上《远山》，就是18种了。

介绍时，注重版次、编辑过程，不录细目，适当引用名家点评。

本章介绍生前著作，下章介绍死后著作。

1.《涡堤孩》

翻译小说。[英]高斯著。1923年5月上海商务印书馆初版，为共学社丛书之一。1934年8月上海商务印书馆第2版。正文前有译者写的《引子》。

有人认为，此书的翻译出版，或许与林徽因有关。徐志摩与林徽因的恋情，深挚是有的，恐怕不会有人们想象的那么豁朗。林徽因既不回避，他人也不必遮掩，做些探究，不是坏事。据瞿菊农说："十年前，蒋百里先生偶然拿一本《涡堤孩》的中译本给我看，说是一位姓徐的译的，他在英国，亦作新诗。"

蒋百里是共学社的主持人。可知此稿是志摩在英国时所译，寄给蒋百里安排出版的。《引子》中有“母亲虽在万里外”亦可证。这段话是这样说的：

> 我一年前看了Undine（涡堤孩）那段故事以后，非但很感动，并觉其结构文笔并极精妙，当时就想可惜我和母亲不在一起，否则若然我随看随讲，她一定很乐意听。此次偶尔兴动，一口气将它翻了出来，如此母亲虽在万里外不能当面听我讲，也可以看我的译文。译笔很是粗忽，老实说我自己付印前一遍都不曾复看，其中错讹的字句，一定不少，这是我要道歉的一点。其次因为我原意是给母亲看的，所以动笔的时候，就以她看得懂与否做标准，结果南腔北调杂格得很，但是她看我知道恰好，如其这故事能有幸传出我家庭以外，我不得不为译笔之芜杂道歉。

现在要说的，不是这本书是在什么地方、什么时候译的，而是为谁译的。真的是给他母亲看的吗？她母亲识字不识字？据夏志清的考证，或许只能说推测，这本书是译了给其时已回国的林徽因看的，要传递一种信息。《引子》中的母亲，均可改为林徽因。夏志清在《涡堤孩·徐志摩·奥德两赫本》中说：

> 徐志摩读小说时，把他自己和林徽音比作是黑尔勃郎和涡堤孩，把张幼仪比作了培儿托达，这个假定我想是可以成立的。他把《涡堤孩》译成中文，明说是译给母亲看，其实是借他人之笔，写了他自己和林徽音的一段宿缘，虽然徐志摩1922年10月回国想同林徽音结婚的时候，她已正式和梁思成（梁任公长公子）订了婚了。译文引子里好多次提到“母亲”，我敢断定是影射了林徽音本人。文末写道：“所以胆敢将这段译文付印——至少我母亲（林徽音）总会领情的。”

夏志清末后的这句引文，这样写实属不当。母亲二字后面括号里的林徽音三字，肯定是他加的。

这只能说明徐志摩对林徽因迷恋之深，还不能说明林徽因接受这种迷恋。对这一段两人感情的性质，林徽因从没有正面的陈述。1924年5月，徐志摩陪泰戈尔去太原前，两人会面并恳谈，也只是某种感情的结束而不是开始。6月，林徽因与梁思成相偕赴美留学后，过去的一切波澜都渐渐平复，要不也不会有志摩与小曼的相恋与成婚。

2.《志摩的诗》

诗集。1925年8月，自付费用，由中华书局代印出版，宣纸线装，为现代社文艺丛书第二种。

此书要编出目次，因为1928年8月上海新月书店出版《志摩的诗》的平装本，删去甚多。下面诗上标有*号的诗全部删去，《沙扬娜拉十八首》前17首删去，留最后一首名为《沙扬娜拉》，《一条金色的光痕》第一段删去。有的诗个别词句有变动。增加的一首诗是《恋爱到底是什么一回事》。目录：

这是一个怯懦的世界
多谢天，我的心又一度的跳荡
我有一个恋爱
去罢
为了寻一个明星
留别日本*
沙扬娜拉十八首
破庙
自然与人生*
地中海*
灰色的人生
毒药
白旗
婴儿
太平景象
卡尔佛里
一条金色的光痕
盖上几张油纸
无题
残诗一首
东山小曲*

一小幅的穷乐图*
先生！先生！
石虎胡同七号
雷峰塔*
月下雷峰影片
沪杭车中
难得
古怪的世界
朝雾里的小草花
在那山道旁
五老峰
乡村里的音籁
天国的消息
夜半松风
消息
青年曲*
谁知道
常州天宁寺闻礼忏声
一家古怪的店铺*
不再是我的乖乖
哀曼殊斐儿*
一个祈祷*
默境*
月下待杜鹃不来*
希望的埋葬*
家中的岁月*
叫化活该
一星弱火
她是睡着了
问谁
为谁
落叶小唱
雪花的快乐
康桥再会罢*

此书初版，即1925年中华书局出的线装本，其编辑系蒋复璁经手完成。

复璁是蒋百里的本家侄儿。蒋家与徐家都是硖石镇上的大姓，复璁家与志摩家是亲戚，两人是表兄弟。1922年志摩回国后，先在松坡图书馆任职，这时蒋复璁大学毕业后，也在松馆服务。两人都住在石虎胡同七号的第一馆里，且同住在好春轩中，朝夕相见，很是融洽。1925年出版的《志摩的诗》，就是志摩赴欧前委托复璁代编的。在《石虎旧梦记》中，这位编者说：

他第一部的白话诗集《志摩的诗》，仿宋宣纸，由中华书局代印，是志摩在松馆将零稿交给我编的，次序是按着时间的。志摩的作品，以在北平这几年为最多，我与他住松馆，所以诗的本事大体知道。书首有《康桥再会吧》一诗，这是志摩留别剑桥的诗，是白话诗的处女作，文言气很重，他很不满意，要想删去，我硬为编入。想不到今天在书店里东出一本《徐志摩诗文选》，西出一本《徐志摩诗选》，虽然杂乱无次，而这首诗总是冠诸卷首，岂是志摩始料所及。《盖上几张油纸》一诗是记我邻居范姑娘，在雨天去买几张油纸盖在野地里她死去孩子的小棺上，是我问了她而又告诉了志摩的。

蒋先生晚年记忆不确了，东出一本西出一本，或许会有一本是将《康桥再会吧》冠诸卷首，而在他编的《志摩的诗》中，这首诗实实在在是放在最末。从位置的极端上说，则是一样的。待到1928年由新月书店再版时，还是被志摩删去了。

《志摩的诗》线装本出来，朱湘见了，有评价。先是说，“徐君的第一本诗集已经这样的不平凡，以后的更是可想而知”。朱湘对书中《雪花的快乐》一诗，评价甚高，说是“全本诗中最完美的一首诗”。

对这本诗集，评价最高的，是一位打抱不平的读者。他写了文章，投给志摩，志摩当时正在编《晨报副刊》，本来不好意思登，太舒服了，还是登了。这位读者名叫周容，文章的名字，就叫《志摩的诗》。这也是当年一种行文习惯，评什么，就叫什么。按现在的规矩，该写成《〈志摩的诗〉》，太难看了，还是叫成《志摩的诗》显豁些。这篇文章，不是多么重要，是太可贵了，在那个年代，就能这么准确地评价志摩的诗作，还真是不容易呢。

不长，也就两千字的样子。真该全文抄录，为节省篇幅计，将评论文字，撮要叙述，引用的诗句，标明题目，就略去了。只有那首小诗《沙扬娜拉》，太珍贵了，仍留着。

起首先说，《志摩的诗》，一共五十五首；从它的装订和印刷的美丽上看来，觉得是新诗界的一件可喜的事。然而中国的人们，太会静默了，此诗集出来了这么许多时日，还不见有些回响，大概是中国人都太匆忙了吧。他读《志摩的诗》，感觉得欣悦，也感觉得苦闷；自然，多面体的人生，是无奇不有的，他在这五十五首诗中，领略到人生的复杂的味儿了。

人生的欢欣，是不可多得的；尤其一个诗人的心情中流露出来的欢欣：活现着一颗洁白的美丽的童心，志摩这个小小的喜剧，《乡村里的音籁》，先让他爱个不够。在这首诗里，沉醉着童心的美丽，像浸润在清晨的新鲜空气中一般，这自然是不可多得的景象。可是童心的美丽，是不容易长存的；“梦里的颜色，不能永葆鲜妍。”那就再听他对于童心丧失的叹息罢。这便是《不再是我的乖乖（三）》。这集子里有不少的抒情诗，都是新诗界水平线以上的作品。《落叶小唱》这一首，尤其是表现得蕴藉温柔，一幅秋凉与离合的景状，无端地吹动了人生如梦的怅惘。

《志摩的诗》长处，是在那丰富的想象，温柔的情绪，再运用着清丽的词句，在新诗坛也创造出几种奇格；这几种奇格，是几首大胆写下的散文诗——《婴儿》《毒药》和《常州天宁寺闻礼忏声》等，都算是新诗坛的异帜。

谈到《沙扬娜拉》十八首，作者说，都是成熟的作品，然而，待到举例的时候，只拈出了最后这首：

> 最是那一低头的温柔，
> 像一朵水莲花不胜凉风的娇羞，
> 道一声珍重，道一声珍重，
> 那一声珍重里有蜜甜的忧愁——
> 沙扬娜拉！

纵是喜爱，也不是一味地赞扬，这位周先生，仍有自己的好恶。他说，《志摩的诗》中，也有些令人读了会感觉得疲倦的；大概是太不爱剪裁的缘故，似乎成了凑杂的风味。因此，《康桥再会罢》，是一首令他读不完的作品。还有一种诅咒与恐怖的作品——《毒药》《白旗》《婴儿》；还有受了自然主义和平民文学的影响所产生的写实纪事诗——《太平景象》《一小幅的穷乐图》等，这些作品，刺激性实在锐利，几乎让他没有再读第二次的勇气。他也知道，这些都是现代的病的社会里应当产生的作品。至于不朽的价值问题，那就是他猜想不着的了。

落款为“十四，十，八日”，说开了就是，1925年10月8日。

看了周容先生的文章，不能不让人感慨。我们是在百年（实际是95年）之后，来谈《志摩的诗》。可以说，满世界，没有不认为《沙扬娜拉》是一首绝品的小诗。而这位周先生，唉，怎么说好呢，论年纪，比我的爷爷还要出生得早，那个时候，就做出这样的判决了。

据说，正是这位周先生的这个评价，1928年《志摩的诗》在新月书店出平装本的时候，志摩毫不犹豫的，将《沙扬娜拉十八首》的前十七首删去了。朱湘不是赞扬过《雪花的快乐》吗，便将之提前，做了全书的第一首。还有，周先生不是说，《康桥再会罢》他看不下去吗？没的说，删。

登是登了，总得说几句辩白的话，这便是志摩的《附注》。若说周先生的文章，是为他打抱不平的话，他的《附注》，则是诉说自己的苦衷。也是一篇绝佳的好文字：

周容先生来信说他不认识我，他“认识的只是志摩的诗”；他为志摩的诗出了好久没人理会所以自己写了这篇小评。没人理会？不，周先生错了；有人理会的。我就见过好几处的批评：有人仿佛怪嫌我线装绢包角的印法；有人仿佛把资本家与志摩的诗联在一起，怎么说法我记不清了；有人仿佛说我油腔滑调；还有人仿佛说我不该把老爷太太的称呼放进诗里去。不，我们的评坛一点也不寂寞，周先生错怪了。方才我收到周先生的评文，我就想退回去，因为我粗粗看了一遍觉着说我诗要得的地方多，这就大大的不妥当。一来我是不惯受宠的，二来在自己编辑的篇幅上登载称赞自己作品的来稿，似乎有些不怎么合式。但我结果还是把它发了出去付印，也许这是我的软弱，我也不来替自己粉饰。谁不爱夸奖，谁不要鼓励？但我，做诗的我，只觉着通体全是病，精神离着健全，即使有那一天，还差得远着；我所以狠愿意吃药，我决不怕苦，只要我信得过给我药吃的人的确有医治我病的诚意。周先生给我吃了糖，甜的，怕不是医病的材料。我这第一本当然是一碗杂碎，黄瓜与西瓜拌在一起，羊肉与牛肉烧成一堆，想着都有些寒伧。至少这集子里该删的诗还不少；周先生念不下去的那首《康桥》简直不是东西，当然应该劈去，就是周先生喜欢的几首留别日本的《沙扬娜拉》，我以为也是极要不得的，这样格式许有办法，但那十八首里却没有一两首站得住的。不，我还得好好请教医生去。志摩附注

两文均刊于1925年10月17日，志摩接办《晨报副刊》才半个月光景。

志摩的辩白文字，在周容文章之后，落款写的“志摩附注”，很是亲切，

到了编《徐志摩全集》时，只能叫成《〈志摩的诗〉附注》，不光生硬，简直是莫名其妙。只好加个脚注说，此处《志摩的诗》，既是作者诗集的名字，也是周容评论文章的名字。

3.《落叶》

散文集。1926年6月北新书局出版。1929年9月上海北新书局再版。除《序》外，收文13篇。

这是志摩的一个散文集，严格地说，是一个随笔式的政论集。只有最末一篇《海滩上种花》，是个演讲稿，也可说是篇人生随笔吧。全书代表着，志摩初回国那三四年间，思想感情的一个倾向。

本书中，要注意的两篇文章，一篇是打头的《落叶》。

作为一个有良好的政治经济学学理训练的留学生，志摩在政治取向上走过一个漫长的反思过程。在美国哥伦比亚大学，曾大量阅读社会主义方面的书，可说是一个共产主义的信徒，别人称他为"鲍尔雪微克"（布尔什维克）不是没有道理。在英国时，拥护工党的社会理念，自称为社会主义者，是一个思想上的"激进派"。就是回国后，最初的一段时间，也是以社会主义的理念，来分析判断国内的社会现实。对实现了社会主义革命的苏联，也是怀着崇敬的心情，竭力去歌颂的。最能说明他的这一社会观念的，该是曾去苏联驻北京公使馆参观他们的升旗仪式，过后并写了慷慨激昂的赞词。《落叶》中说：

前几时有一天俄国公使馆挂旗，我也去看了。加拉罕站在台上，微微的笑着，他的脸上发出一种严肃的光，他侧仰着他的头看旗上升时，我觉得他的人格的尊严。他至少是一个有胆有略的男子，他有为主义牺牲的决心，他的脸上至少没有苟且的痕迹。同时屋顶上那根旗杆上，冉冉的升上了一片的红光，背着窈远没有一斑云彩的青天。那面簇新的红旗在风前料峭的袅荡个不停。这异样的彩色与声响引起了我异样的感想。是腼腆，是骄傲，还是鄙弃，如今这红旗初次面对着我们偌大的民族？

接下来说，那红色是一个伟大的象征，代表人类史里最伟大的一个时期；不仅标示俄国民族流血的成绩，也为人类立下了一个勇敢尝试的榜样。在那旗子抖动的声音里，他不仅仿佛听出了这近十年来斯拉夫民族失败与胜利的呼声，也想象到了百数十年前法国革命时的狂热，1789年7月4日那天巴黎市民攻破巴士底牢狱时的疯癫。

就是对听到的一些关于俄国革命中的残酷事情，他也有相当的理解。相对于这些传闻，他看重的是这一事件对人类社会的长远的影响。俄国革命告诉我们，什么是有意义有价值的牺牲。那表面紊乱的背后，坚定地站着某种主义或是某种理想，激动人类潜伏着一种普遍的愿望，为要达到那想望的境界，他们就不顾冒怎样剧烈的险与难，拉倒已成的建设，踏平现有的基础，抛却生活的习惯，尝试最不可测量的路子。这是一种疯癫，但是有目的的疯癫；单独地看，局部地看，我们尽可以下种种非难与责备地批评，但全部地看，历史地看时，那原来纷乱的就有了条理，原来散漫的就成了片段，甚至于在这过程中一切反理性的分明残暴的事实都有了他们相当应有的位置。在这部大悲剧完成时，在这无形的理想“物化”成事实时，在人类历史清理结账时，所得便超过所出，盈余至少是盖过损失的。

无论怎样地激进，无论怎样地摇摆，始终不变的是他对中国的期望，真诚而强烈，单纯而崇高。仍用《落叶》中的一句话说，便是：

就使到了绝望最后的边沿，我们还要妄想希望的手臂从黑暗里伸出来挽着我们。我们不能不想望这苦痛的现在，只是准备着一个更光荣的将来，我们要盼望一个洁白的肥胖的活泼的婴儿出世！

再一篇是《列宁忌日——谈革命》。所以说要注意这篇，一是这篇中能看出，志摩思想倾向的变化。再就是，很有意思，此文竟是收到年轻的陈毅同志的传单之后，所写的回复文章。好玩吧？

我本来想引一段文字的，在商务印书馆出的十卷本《徐志摩全集》里，怎么也找不见这篇文章。我编的，明明有嘛，怎么会找不见了。到后来，猛地想起，编辑曾告诉过我，临出书前，他们删去了几篇，那就定规有这篇了。且从前些年出的，也是我编的《徐志摩散文全编》中引上几句吧。

一开始就说，收到了陈毅（曲秋）先生寄来的油印的《纪念列宁》，那是陈在列宁学会的讲话稿。其时陈毅同志，还是北京中法大学的一个学生，已经开始从事革命活动，且革命的热情正在高涨时期。而志摩呢，毕竟是对社会主义作过深入研究的，毕竟是一个诚挚的爱国主义者，他的说理是坦诚的，也是从容的：

我个人是怀疑马克思阶级说的绝对性的。两边军队打仗的前提是各家壁垒的分清；阶级战争也得有这个前提。马克思的革命论的前提是一个纯粹的工业主义化的社会，这就是说社会上只有劳工与资本的分别，两造的利益是冲突的，态度是决斗的。他预言中等阶级的消灭。这来工业社会的战场上只有一边是劳工，一边是资本；等到壕沟设备齐全以后，劳工这边就可以向资本那边下总攻击令——最后的胜利，他更侧重的预言，当然是劳工的。但至少就近百年看（以后我们不知道），就在马克思时代最工业化的国家，他的预言——资本集中，中等阶级消灭——并不曾灵验。不，资本集中自集中，散放自散放，并且中等阶级的势力，政治的，社会的，甚至道德的，不但不曾消灭，并且更巩固了。唯一实现了革命的地方是俄国，那是近代强国中工业化程度最浅的一国。俄国的另一个特征是它没有中等阶级（波淇洼），这实在是它革命得势的消息。俄国革命成功的原因固然很多，但这没有中产阶级的事实，当然是重要原因一个。所以俄国革命虽然有了相当的成功，但不能说是马克思学说所推定的革命；因为俄国的阶级分野不是工业化的结果，不是纯粹经济性的阶级。

再下来是对中国社会的分析：

至于中国，我想谁都不会否认，阶级的绝对性更说不上了。我们只有职业的阶级士农工商；并且没有固定性；工人的子弟有做官的，农家人有做商的，这中间是不但走得通，并且从不曾间断过。纯粹经济性的阶级更看不见了——至少目前还没有。因此在我们的战场上，对垒的军队调齐，战线画清的日子，即使有那一天，也还远得很，在这时候就来谈战略在我看是神经过敏。

志摩的话，虽显出他的单纯，但也可以视为理论上的圆熟。

4.《赣第德》

翻译长篇小说，伏尔泰著。1927年6月上海北新书局出版，为欧洲名家小说丛刊之一。正文前有志摩的《序》，把伏尔泰的本事，把他的用心，说了个明白：

这是凡尔太在三天内写成的一部奇书。凡尔太是个法国人，他是十八世纪最聪明的，最博学的，最放诞的，最古怪的，最臃肿的，最擅讽刺的，最会写文章的，最有势力的一个怪物。他的精神的远祖是苏格腊底士，阿里士滔芬尼士，他的苗裔，在法国有阿拿托尔法郎士，在英国有罗素，在中国——有署名西滢者有上承法统的一线希望。不知道凡尔太就比是读二十四史不看史记，不知道赣第德就比是读史记忘了看项羽本纪。我今晚这时候动手翻《赣第德》——夜半三时——却并不为别的理由，为的是星期六不能不出副刊，结果我就不能不抱佛脚，做编辑的苦恼除了自己有谁知道，有谁体谅。但《赣第德》是值得你们宝贵的光阴的，不容情的读者们，因为这是一部西洋来的《镜花缘》，这镜里照出的却不止是西洋人的丑态，我们也一样分得着体面，我敢说；尤其在今天，叭儿狗冒充狮子王的日子，满口仁义道德的日子，我想我们有借镜的必要。时代的尊容在这里面描着，竟许足下自己的尊容比旁人（看）起来相差也不在远。你们看了千万不可生气，因为你们应该记得王尔德的话，他说十九世纪对写实主义的厌恶是卡立朋（莎士比亚特制的一个丑鬼）在水里照见他自己尊容的发恼。我再不能多说话，更不敢说大话，因为我想起书里潘葛洛斯（意思是全是废话）的命运。

5.《英国曼殊斐儿小说集》

翻译小说集。［英］曼殊斐儿著。1927年4月上海北新书局初版。1927年7月上海北新书局再版，为欧美名家小说丛刊之一。收入《园会》等八篇小说，另有志摩的一篇散文《曼殊斐儿》，算是对原作者的介绍。

1924年11月上海商务印书馆初版《曼殊斐儿》，署名徐志摩、西滢译。为小说月报丛刊第三种。除徐志摩写的《曼殊斐儿》、译的《一个理想的家庭》，西滢译的《太阳与月亮》外，还有沈雁冰写的《曼殊斐儿略传》。

曼殊斐儿，现在译作曼斯菲尔德。志摩的《曼殊斐儿》一文中，说了他在英国，如何去看望曼殊斐儿，交谈时间，仅仅二十分钟。有此一事，可知曼氏其人，在志摩人格养成中的重要性。

1922年7月的一天，志摩和曼殊斐儿的丈夫麦雷，在一家茶店里谈论英法文坛的状况，乘便问起曼殊斐儿的近况。麦雷说她近来身体还过得去，所以敢伴她回伦敦来住两个星期，说着把地址给了志摩，请志摩星期四晚上去彭德街他们的住所。如约前往。曼殊斐儿因病不能下楼，可是接连进来两个先生，经过麦雷的允许，都上楼看望去了。麦雷总也不说让他上去，眼看晚上十点半了，志摩只好告辞，一面穿雨衣一面说："今晚密司曼殊斐儿不能下来，否则我是很想会见她的。"麦雷听了这话，很诚恳地说："如其你不介意，不妨请上楼去一见。"原来麦雷认为让一位相识不久的朋友上楼去会见女主人，是不礼貌的。志摩当即脱了雨衣，跟着麦雷一步一步上了楼梯。进门，介绍，前两位客人退出，志摩坐下，曼氏也在对面坐下。几乎屏住呼吸，他从下往上看去：

她也是铄亮的漆皮鞋，闪色的绿丝袜，枣红丝绒的围裙，嫩黄薄绸的上衣，领口是尖开的，胸前挂一串细珍珠，袖口只齐及肘弯。她的发是黑的，也同密司一样剪短的，但她栉发的式样，却是我在欧美从没有见过的，我疑心她有心仿效中国式，因为她的发不但纯黑而且直而不卷，整整齐齐的一圈，前面像我们十余年前的"刘海"梳得光滑异常，我虽则说不出所以然我只觉她发之美也是生平所仅见。

在他看来，眼前的曼殊斐儿的面容，像是一块印度最清澈的碧玉雕出来的，她的凝视，像是充满了灵魂的电流似的，而她的神态，又像是最和软的春风似的，所得的总的感觉，只能称之为一整个的美感，纯粹的美，完全的美，不能分析的美，可感而不可说的美。

曼殊斐儿的声音也是很美的。一个个音符从她脆弱的声带里颤动出来，在志摩听来，都似在他那习于尘俗的耳朵里，启示一种神奇的意境。仿佛蔚蓝的天空中，一颗一颗的明星先后涌现。像听音乐似的，虽则明明你一生从不会听过，但你总觉得曾经闻到过的，也许在梦里，也许在前生。她的声音，不仅引起你听觉的美感，而竟是直达你的心灵，抚摸你蕴而不宣的苦痛，温和你半僵的希望，洗涤你窒碍性灵的俗累，增加你精神快乐的情调；仿佛凑住你灵魂的耳畔，私语你平日所冥想不得的仙境消息。

就是用这样的神态，这样的声调，曼殊斐儿和他谈起来，所谈的话也很有意味，大部分是曼氏对英国当时最风行的几个小说家的批评。又问志摩回中国后打算怎么样，希望他不要进政治的圈子，愤愤地说现代政治的世界，不论哪一国，只是一乱堆的残暴和罪恶。

志摩说以后也许有机会试翻她的小说，很愿意先得作者本人的许可。曼氏很高兴地说，她当然愿意，就怕她的著作不值得翻译的劳力。曼氏得着很重的肺病，半年后即第二年1月9日就去世了，活了三十五岁。这次会见满共只有二十分钟，后来志摩称之为“那二十分不死的时间”。

回国后的几年间，志摩陆续翻译了曼殊斐儿的八篇小说，1927年由上海北新书局出版了《英国曼殊斐儿小说集》。

6.《玛丽玛丽》

翻译长篇小说。[英]詹姆士·斯蒂芬著。徐志摩、沈性仁合译。1927年8月上海新月书店初版。

此书志摩没译完，后半部分，是沈性仁女士译的。沈是陶孟和的夫人，两人都是志摩的好朋友。志摩去世后，陶孟和著文悼念，表明他对志摩有着深切的了解。他认为志摩不是一个哲学家的寻求理智，而是一个艺术家的寻求感情的满足。最怕的是平凡。“他的生命是不断供给他的朋友们优美的印象与感觉。志摩的一生不是自我中心的取者，实在是十二分利他的与者。”其夫如此，此妇与志摩的感情，也非同寻常。

志摩是1931年11月19日遇难的。遇难的第二天，几个女人聚集在凌叔华家里，有女诗人方令孺，有张奚若的夫人杨景任，还有这位沈性仁。听听她们都说了些什么话。

杨景任垂泪说：“我们这一群人里怎么能缺少他呢！”

沈性仁黯然说：“这都是造化的安排！”

等于说，志摩的遇难，是上天对她们的惩处。

沈氏姊妹四人，均不同流俗。大姐适黄郛，二姐即性仁，三妹适钱昌照。弟弟沈怡是水利工程学家，曾任南京特别市市长。

沈性仁续译《玛丽玛丽》，也有个小故事。

1924年冬天，志摩回硖石过春节，一时高兴便动手译开这本书，译完五章，第六章只译了一节就搁下了。节后回到北京，《晨报》主笔陈博生，知道了拿去发表。1925年2月12日起，徐译《玛丽玛丽》部分，开始在《晨报副刊》连载。沈性仁看了，觉得这小说不错，志摩灵机一动，说那就劳驾你把它译完。性仁慨然应允。2月18日最后一次刊登时，志摩写了《后记》及《附注》，告知自己译书的情形，同时预告，他的朋友沈性仁将译完全书：

这篇小说是爱尔兰作者James Stephens有名的精品，他的谐趣，他的人道，他的想像的同情是最可爱不过的。这里是全书的前几章，前年我住在硖石东山时偶尔高兴时翻成的，到今天还不曾翻完，我还想有一天鼓起兴来写完他的，但这话难说得很，我自己都不敢相信。我起头的事情太多，完工的事情其实太少——也许这是我长寿的预兆，做事情永远不着急的，一时做不完就搁在一旁，有时记在心里，有时整个儿忘了，良心也不来责备，我朋友们有时到来责备，但我一笑一摇头也就算了。今天博生又来敲竹杠——小心主笔先生上你屋子里去，只要你抽屉里柜子里搁着未发表的稿子他们就嗅出了味儿，像夜耗子似的，总有法子爬进去拖了出来才完事，随你防备得多严紧！他问我要小说，我说新鲜的没有，有的就是老旧的，也许已经发酸味了，你要是真有胃口不怕酸你就拿去，我倒不在乎，出空些抽屉了好！（二月六日）

这是《后记》。《附注》只有两句话：

好极了，这篇小说有译完的希望了。沈性仁女士已经回到北京，承她好意愿为接续我翻译：这是一个好消息，我第一个高兴，让我在这里预先深深的谢她。

3月间志摩去了欧洲。性仁译出后，待志摩回来便给了志摩，一直拖到1927年新月书店成立，才出版全书。

7.《巴黎的鳞爪》

散文集。1927年8月上海新月书店初版。除《代序》外，收文14篇。其中文章，多是1925年春，游欧期间写成，或后来补写而成。其中《鹞鹰与芙蓉雀》《生命的报酬》两篇属译文。

《代序》是给陆小曼的一封信，全文如下：

这几篇短文，小曼，大都是在你的小书桌上写得的。在你的书桌上写得：意思是不容易。设想一只没遮拦的小猫尽跟你捣乱；抓破你的稿纸，踹翻你的墨盂，袭击你正摇着的笔杆，还来你鬓发边擦一下，手腕上啃一口，偎着你鼻尖"爱我"的一声叫又跳跑了！但我就爱这捣乱，蜜甜的捣乱，抓破了我的手背我都不怨，我的乖！我记得我的一首小诗里有“假如她清风似的常在我的左右”，现在我只要你小猫似的常在我的左右！你又该撅嘴生气了吧，曼，说来好像拿你比小猫。你又该说我轻薄相了吧。凭良心我不能不对你恭敬的表示谢意。因为你给我的是最严正的批评（在你玩儿够了的时候），你确是有评判的本能，你从不容许我丝毫的“臭美”，你永远鞭策我向前，你是我的事业上的诤友！新近我懒散得太不成话了，也许这就是驽马的真相，但是，曼，你不妨到时候再扬一扬你的鞭丝，试试他这羸倒是真的还是装的。

志摩　八月二十日

这里说的“大都是在你的小书桌上写得的”，不一定是指两人婚后南下，在硖石的洋房里，或是在上海的洋房里写的，多半是欧游回来以后，在他俩同居的北京中街的一个住处。书中《巴黎的鳞爪》，包括两节，一节叫《九小时的萍水缘》，一节叫《“先生，你见过香艳的肉没有?”》。后一节，写的是一个画家，给他讲自己画模特的感受。摘录一部分，以见志摩文笔的放纵跌宕，恣肆汪洋。

不多，就一段，可你要耐得住性子，不是这段有多长，是你的感官，能不能经受这样的文字的冲击：

你倒是真有点羡慕，对不对？不怪你，人总是人。不瞒你说，我学画画原来的动机也就是这点子对人体秘密的好奇。你说我穷相，不错，我真是穷，饭都吃不出，衣都穿不全，可是模特儿——我怎么也省不了。这对人体美的欣赏在我已经成了一种生理的要求，必要的奢侈，不可摆脱的嗜好；我宁可少吃俭穿，省下几个法郎来多雇几个模特儿。你简直可以说我是着了迷，成了病，发了疯，爱说什么就什么，我都承认——我就不能一天没有一个精光的女人躺在我的面前供养，安慰，喂饱我的“眼淫”。当初罗丹我猜也一定与我一样的狼狈，据说他那房子里老是有剥光了的女人，也不为坐样儿，单看她们日常生活“实际的”多变化的姿态——他是一个牧羊人，成天看着一群剥了毛皮的驯羊！鲁班师那位穷凶极恶的大手笔，说是常难为他太太做模特儿，结果因为他成天不断的画他太太竟许连穿裤子的空儿都难得有！但如果这话是真的鲁班师还是太傻，难怪他那画里的女人都是这剥白猪似的单调，少变化；美的分配在人体上是极神秘的一个现象，我不信有理想的全材，不论男女我想几乎是不可能的；上帝拿着一把颜色望地面上撒，玫瑰、罗兰、石榴、玉簪、剪秋罗，各样都沾到了一种或几种的彩泽，但决没有一种花包涵所有可能的色调的，那如其有，按理论讲，岂不是又得回复了没颜色的本相？人体美也是这样的，有的美在胸部，有的腰部，有的下部，有的头发，有的手，有的脚踝，那不可理解的骨格（骼），筋肉，肌理的会合，形成各各不同的线条，色调的变化，皮面的涨度，毛管的分配，天然的姿态，不可制止的表情——也得你不怕麻烦细心体会发见去，上帝没有这样便宜你的事情，他决不给你一个具体的绝对美，如果有我们所有艺术的努力就没了意义；巧妙就在你明知这山里有金子，可是在那一点你得自己下工夫去找。阿！说起这艺术家审美的本能，我真要闭着眼感谢上帝——要不是它，岂不是所有人体的美，说窄一点，都变了古长安道上历代帝王的墓窟，全叫一层或几层薄薄的衣服给埋没了！回头我给你看我那张破床底下有一本宝贝，我这十年血汗辛苦的成绩——千把张的人体临摹，而且十分之九是在这间破鸡棚里钩下的，别看低我这张弹簧早经追悼了的沙发，这上面落坐过至少一二百个当得起美字的女人！别提专门做模特儿的，巴黎那一个不知道俺家黄脸什么，那不算希奇，我自负的是我独到的发见：一半因为看多了缘故，女人肉的引诱在我差不多完全消灭在美的欣赏里面，结果在我这双“淫眼”看来，一丝不挂的女人就同紫霞宫里翻出来的尸首穿得重重密密的摇不动我的性欲，反面说当真穿着得极整齐的女人，不论她在人堆里站着，在路上走着，只要我的眼到，她的衣服的障碍就无形的消灭，正如老练的矿师一瞥就认出矿苗，我这美术本能也是一瞥就认出“美苗”，一百次里错不了一次：每回发见了可能的时候，我就非想法找到她剥光了她叫我看个满意不成，上帝保佑这文明的巴黎，我失望的时候真难得有！我记得有一次在戏院子看着了一个贵妇人，实在没法想（我当然试来），我那难受就不用提了，比发疟疾还难受——她那特长分明是在小腹与……

8.《翡冷翠的一夜》

诗集。1927年9月上海新月书店初版。1928年5月上海新月书店再版。前有代序《给小曼》。内文分两辑。第一辑包括《翡冷翠的一夜》等诗19首，第二辑包括《再不见雷峰》等诗23首。关于这本书，看一下代序《给小曼》就行了。

小曼：

如其送礼不妨过期到一年的话，小曼，请你收受这一集诗，算是纪念我俩结婚的一份小礼。秀才人情当然是见笑的，但好在你的思想，眉，本不在金珠宝石间！这些不完全的诗句，原是不值半文钱，但在我这穷酸，说也脸红，已算是这三年来唯一的积蓄。我不是诗人，我自己一天明白似一天，更不须隐讳；狂妄的虚潮早经销退，余剩的只一片粗埆的不生产的砂田，在海天的荒凉中自艾。“志摩感情之浮，使他不能为诗人，思想之杂，使他不能为文人。”这是一个朋友给我的评语。煞风景，当然，但我的幽默不容我不承认他这来真的辣入骨髓的看透了我。煞风景，当然，但同时我却感到一种解放的快乐——

“我不想成仙，蓬莱不是我的分，

我只要地面，情愿安分的做人”……

本来是！“如其诗句的来”，诗人济慈说：“不像是叶子那么长上树枝，那还不如不来的好。”我如其曾经有过一星星诗的本能，这几年都市的生活早就把它压死，这一年间我只淘成了一首诗，前途更是渺茫，唉，不来也吧，只是我怕辜负你的期望，眉，我如何能不感到惆怅！因此这一卷诗，大约是末一卷吧，我不能不郑重的献致给你，我爱，请你留了它，只当它是一件不希奇的古董，一点不成品的纪念。……

志摩　八月二十三日，花园别墅。

附志：本书的封面图案，翡冷翠的维基乌大桥的节景，是江小鹣先生的匠心，我得好好的道谢；我也感谢闻一多先生，他给过我不少的帮助，又为我特制《巴黎的鳞爪》的封面图案。志摩

前面有句话，读者诸公未必会留意，就是说了版本及篇目之后，在引用作为代序的给小曼的信之前，我说了一句：“关于这本书，看一下《代序》就行了。”介绍一本书，只说这么一句话，就交代了？这可不像韩某人做事的风格。就是为了前后篇幅的协调，也该“胡拉被子乱拽毡”的扯一通闲篇，怎肯轻易放过这么好的显摆的机会？虽是假设，也得承认这确实是我的一个毛病。

但是，今天确实有几分冤枉。我是操了大大的好心，为了你们，也是为了这本书。

全书都快完了，我一直记着的一个心愿，就是在什么地方，谈谈志摩的诗。不是谈诗艺，那不是我的长项，也不是这本书的主旨。我要谈的是，志摩的诗是怎么写成的。

本书的宗旨，前面说了，是写志摩的“学本事，显本事”（原序中的话，现在的序里删去了）。诗是志摩的本事，这本事是怎么学下的，真不好说，他

说他祖上没有一句可传世的诗句，又说他在1922年离开英国之前，从没想到过要做一个诗人，再加上他自己承认他不懂音韵，要是信了这些话，他就是个没有任何家世遗传，也没有任何作诗根基的家伙。但，再一个但，但谁也得承认，这主儿是个诗人，真正的现代意义上的诗人。

那么，他的那些个诗，是怎么作出来的呢？

这，不光是我，怕也是许多对志摩怀有敬意的人，都想知道的。

多少年来，我一直在思考这个问题。我的看法是，此人有捷智，有悟性，眼疾手快，平日做事，与常人无异，但是，当头脑中闪现了一道灵光，眼也疾来手也快，一把将之“绰”住，捺在笔下，便成了绝妙的诗篇。

多年前，我在一次文学讲座上说过，我们在座的任何一个人，当灵感来临的一刹那间，与那些大作家，毫无二致，可为什么我们成不了大作家呢？一是，我们意识不到我们的灵感，是真正的灵感，以为不过是一时的胡思乱想，甚至是发神经，轻轻地放过了。再就是，意识到了，但我们常是自我欣赏一下，便放在一旁不再搭理。在这上头，光眼疾不行，还要手快。金圣叹批《西厢》里有一句话，把这个道理说透了，原话是：“饭前思得一文未作，饭后作之，则为另一文，前一文已不复在矣。”

道理讲清了，再说志摩。他的作诗，可归为六个字：亲历感，即时性。说白了，就是见到什么，有了感悟，当下就写下来，就是当下顾不上，过后也要很快写下来。

明白了这个道理，就明白了志摩为什么能在短短的十年间，做了那么多的事，写了那么多的文，还作了将近300首的诗，且不乏许多的好诗。

这样做的好处是，诗是有灵气的，也是鲜活的，还是快捷的，不耽搁别的事儿。这样的诗，必须是情绪饱满的时候，才能写得出来。就跟有情绪的时候，会不由自主地哼个小调儿一样。如此一来，写诗成了一件十分愉悦的事儿，甚至成了做事情的前奏，在养精神，休息一下，歇过来再做要做的事情。

好了，一说就多了。空口无凭，我要举几首诗做例子，说说他这个“即时性”，即时的感觉，即时的写作，是怎么一回事。

本书第一辑中，有一首《梅雪争春（纪念三一八）》，全诗如下：

南方新年里有一天下大雪，
我到灵峰去探春梅的消息；
残落的梅萼瓣瓣在雪里腌，
我笑说这颜色还欠三分艳！

运命说：你赶花朝节前回京，
我替你备下真鲜艳的春景：
白的还是那冷翩翩的飞雪，
但梅花是十三龄童的热血！

把时间卡一下，就知道这首诗是怎么写出来的。诗题中“纪念三一八”，指的是1926年3月18日这天，北京执政府前，发生的枪杀示威学生的恶性事件。此诗最初发表时，诗题仅为《梅雪争春》，收入诗集时，才加上“纪念三一八”这几个字。

1926年的春节，志摩是在家里过。2月13日是春节，3月初离家到上海，与蒋复璁同乘通州轮起程北上。到大沽口正遇上国民军与奉鲁联军交战，不能上岸，在海上待了一个星期。12日晚到达天津，住进北洋饭店，当晚在饭店，用“北洋饭店”信笺给胡适写一快信，说他“今天得进口总算万幸，可又太迟，赶不进京，明天一早走”。所以写这样的信，是因为他在北大有课，让胡适为他安排（推迟）一下。也就是说，他是3月13日进京的。

3月18日发生了“三一八”事件。

此时他正在做的事，是筹备《诗镌》第一号，准时在4月1日出版的《晨报副刊》上刊出（占《晨副》的版面）。3月30日他为《诗镌》写《弁言》时，说“这一期是三一八血案专号”，也就是说，这时他的《梅雪争春》肯定写出来了。

是什么时候写出来的？只会是3月18日到3月30日这期间写出来的。

怎么写出来的？学生被暴打被枪击，血迹斑斑，由此想到盛开的梅花，而他在南方，蜡梅已败落，那就只有赶上“花朝节”，到北方来看梅花吧。花朝节是二月初二，这年阳历是3月15日，他是来了，可两天后，看到的是青年学生的斑斑血迹。就这样一个念头，在脑际一闪，有了，便写了，就是这样一首好诗。

这是我自己说的，不怎么有说服力，还是听听名家的佐证吧。

《雪花的快乐》，收在《志摩的诗》里，全诗如下：

假如我是一朵雪花，
翩翩的在半空里潇洒，
我一定认清我的方向——
飞飏，飞飏，飞飏——
这地面上有我的方向。

不去那冷寞的幽谷，
不去那凄清的山麓，
也不上荒街去惆怅——
飞飏，飞飏，飞飏——
你看，我有我的方向！

在半空里娟娟的飞舞，
认明了那清幽的住处，
等着她来花园里探望——
飞飏，飞飏，飞飏——
啊，她身上有朱砂梅的清香！

那时我凭藉我的身轻，
盈盈的，沾住了她的衣襟，
贴近她柔波似的心胸——
消溶，消溶，消溶——
溶入了她柔波似的心胸

这是《志摩的诗》里的模样，没有落款。在陈子善的《说徐志摩》书里，有篇文章叫《〈雪花的快乐〉手稿》，说志摩这首诗的手迹，流落到日本，数年前为他的一个收藏家朋友叫王金声的获得，且配有手迹图片。我注意到的是，子善兄说，此诗起初在《现代评论》第1卷第4期刊出时，有落款为“十二月三十日雪夜”。而《现代评论》这一期的刊出时间为1925年1月17日。这是刊物，印制当有个时间。有了这个落款，我们是不是就可以想象，这一年的12月30日夜里，下了雪，志摩坐在桌前，听着外面的风雪声，想到不久要出刊的《现代评论》，编刊的陈西滢，早就说要他来一首诗。这一年，前半年接待了泰戈尔，后半年与小曼陷入热恋，啊，太高兴了。心里高兴，想着窗外飘扬的雪花，也会是高高兴兴。于是瞥了窗外一眼，提笔便写下了这样的一首诗。

《翡冷翠的一夜》第二辑，有一首诗叫《在哀克刹脱教堂前（Exeter）》。全诗如下：

这是我自己的身影，今晚间
倒映在异乡教宇的前庭，——

一座冷峭峭森严的大殿，
一个峭阴阴孤耸的身影。
我对着寺前的雕像发问：
“是谁负责这离奇的人生？”
老朽的雕像瞅着我发愣，
仿佛怪嫌这离奇的疑问。
我又转问那冷郁郁的大星，
它正升起在这教堂的后背；
但它答我以嘲讽似的迷瞬，——
在星光下相对，我与我的迷谜！

这时间我身旁的那棵老树，
他荫蔽着战迹碑下的无辜，
幽幽的叹一声长气，像是
凄凉的空院里凄凉的秋雨。
他至少有百余年的经验，
人间的变幻他长短都见过；
生命的顽皮他也曾计数：
春夏间汹汹，冬季里婆婆。
他认识这镇上最老的前辈，
看他们受洗，长黄毛的婴孩；
看他们配偶，也在这教门内，——
最后看他们的名字上墓碑！
这半悲惨的趣剧他早经看厌，
他自身臃肿的残余更不沾恋，
因此他与我同心，发一阵叹息——
啊！我身影边平添了斑斑的落叶！

一九二五，七月。

北京商务印书馆十卷本《徐志摩全集》里，此诗的下面有注释。哀克刹脱：今译埃克塞特（Exeter），位于英格兰西南部，为德文郡首府，是英国的历史名城之一。现存的诺罗大教堂，为13世纪之物。这注释，是复旦大学英文系教授谈峥先生做的，全套的英文注释，都是他做的。他是英文名家，常在国外跑，这个地方，说不定也去过。

在我的《徐志摩传》里，有志摩1925年春夏间，欧游的记载。“7月上旬来到英国，见到狄更生、恩厚之等老朋友。”对恩厚之，另一处有介绍，说是：

除了与徐志摩的情谊不变外，恩厚之已不是当年随泰戈尔访华时的那个年轻光棍汉了。访华结束后不久，他回到英国，跟美国富孀史特里夫人结婚，婚后夫妇二人按泰戈尔的理想，在英国南部德温郡的托特尼斯置田买地，推进农村建设计划。

我就是再不懂英文，也敢肯定，这里的“英国南部德温郡”，与谈先生注释的“埃克塞特（Exeter），位于英格兰西南部，为德文郡首府，是英国的历史名城之一”，说的是一个地方。诗中说，“这是我自己的身影，/今晚间倒映在异乡教宇的前庭”。给我的感觉，这首诗，就是坐在教堂前面的石凳上写的，举目所及，便落在了笔下。若不是这么快，也是一回到住处，趴在桌上便写了下来。

最能说明志摩作诗快捷，且能互文印证的，该是下面这首《常州天宁寺闻礼忏声》，全诗太长，我们只抄与后面和互文有关的几句：

我听着了天宁寺的礼忏声！
这是那里来的神明？人间再没有这样的境界！
这鼓一声，钟一声，磬一声，木鱼一声，佛号一声……乐音在
　大殿里，迂缓的，曼长的回荡着，无数冲突的波流谐合了，
　无数相反的色彩净化了，无数现世的高低消灭了……
这一声佛号，一声钟，一声鼓，一声木鱼，一声磬，谐音盘礴
　在宇宙间——解开一小颗时间的埃尘，收束了无量数世纪的
因果；
这是那里来的大和谐——星海里的光彩，大千世界的音籁，真
　生命的洪流：止息了一切的动，一切的扰攘。

常州的天宁寺，志摩是去过的，时在1923年秋天。《西湖记》里有记载，10月4日条下：

昨天与君劢、菊农等去常州。乘便游了天宁寺，大殿上有一二百个和尚在礼忏，钟声，磬声，鼓声，佛号声，合成一种宁静的和谐，使我感到异样的意

境。走进大殿去，只闻着极浓馥的檀香，青色的氤氲，一直上腾到三世佛的面前，又是一种庄严而和蔼，静定的境界。

诗里所写，也正是这些声响。可知这诗，是在参观过天宁寺所写。多快呢，在《胡适的日记》里有印证。10月25日，志摩拿上他的诗，去了杭州烟霞洞寺院的禅房，看望在那儿养病的胡适。这个时间，是志摩去看望胡的时间，只能说诗在此前写成，并不是说诗在当天写成。不在当天写成，那就只能在当天之前写成。胡适当天的日记里，这样说：

志摩作了一首《天宁寺闻礼忏声》的长诗，气魄伟大，我读了很高兴。志摩与我在山上时曾讨论诗的原理，我主张“明白”“有力”为一个条件，志摩不尽以为然。他主张Melancholy是一个条件，但他当时实不能自申其说，不能使我心服……志摩对诗的见解甚高，学力也好。但他一年来的作品，与他的天才学力殊不相称。如在《努力》上发表的《铁柝歌》，他自己以为精心结构之作，而成绩实不甚佳。我在山上也如此对他说，我以为这还是工具不曾用熟的结果。及见《灰色的人生》，始觉他的天才与学力都应该向这个新的、解放的、自由奔放的方向去发展。《铁柝歌》时代的枷锁镣铐，至此才算打破。志摩见我赞叹此诗，他也很高兴。此次天宁寺一诗，是因为我赞叹《灰色的人生》他才有这种自由奔放的体裁与音节。此诗成绩更胜于《灰色的人生》，志摩真被我“逼上梁山”了！英美诗中，有一个惠特曼，而诗体大解放。惠特曼的影响渐披于东方了。沫若是朝着这个方向走的；但《女神》以后，他的诗渐显“江郎才尽”的现状。余人的成绩更不用说了。我很希望志摩在这方面作一员先锋大将。

多抄一点，是为了让读到此处的人，知道胡与徐，在诗歌见解上有什么异同。同时也知道，胡对郭沫若诗的赞赏与惋惜。

志摩的写诗，这种快捷，保证了其诗作的即时性，也保证了其诗作的亲历感。再就是，轻松，不累。

9.《自剖》

散文集。1928年1月上海新月书店初版。

分三辑。第一辑名为《自剖》，收《自剖》《再剖》等6篇。第二辑名为《哀思》，收《我的祖母之死》《悼沈叔薇》等5篇。第三辑名为《游俄》，收《欧游漫录——西伯利亚游记》，内中又分《开篇》《自愿的充军》等13篇。

这本书，后来最引人关注的，是它的封面。

图上，长长的脸，戴个眼镜，黑发偏分，一柄利刃，由下而上，将脸面或者说头颅，劈为两半。想来其运思，该在那个“剖”字上。若志摩不是惨死，还倒罢了，志摩一死，谁见了这个封面，都会觉得不吉利。看右下角，有小小两个字：小三。该是志摩的好友画家江小鹣的手笔吧？

这本书里，《自剖》等篇不必说了，《欧游漫录》也不必说了，要说的是那几篇寄托哀思的散文。真叫个好，真叫个妙。看了这样的文章，你会觉得，称志摩为诗人，实在是怠慢了此人。限于篇幅，就不一一论列了。

10.《卞昆冈》

剧本。与陆小曼合著。1928年7月上海新月书店初版。余上沅作序。

看看余上沅先生的序，就知道这是一本怎样的书，又是怎样写出来的。上沅的序，书中叫《余序》。在说了此剧受意大利戏剧风格的影响之后，说了在此剧的诸种因素中，志摩与小曼各自占有的分量。下：

其实，志摩根本上是个诗人，这也是在《卞昆冈》里处处流露出来的。我们且看它的字句的工整，看它音节的自然，看它想象的丰富，看它人物的选择，看它——不，也得留一些让读者自己去看不是？他的内助在故事及对话上的贡献，那是我个人知道的。志摩的北京话不能完全脱去硖石土腔，有时他自己也不否认;《卞昆冈》的对话之所以如此动人逼真，那不含糊的是小曼的贡献，——尤其是剧中女人说的话。故事的大纲也是小曼的；如果在穿插呼应及其他在技术上有不妥当的地方，那得由志摩负责，因为我看见原稿，那是大部分志摩执笔的。两人合作一个剧本实在是不很容易，谁都不敢冒这两人打架的危险。像布孟（Berumont）、弗雷琪（FIetchef）两人那样和气不是常有的事儿。诗人叶芝（W. B. Yeats）同格里各雷夫人（Lady Gregory）合作剧本时是否也曾经打架，我不得而知，不过我想用他们来比譬志摩小曼的合作，而且我以为这个比譬是再贴切没有的了。至于究竟是否切贴，我也不在此地多说，还是请读者去看一看“The Unicorn from the Stais”罢。

说志摩根本上是个诗人，在此地并不含有恭维他的意思。假使莎士比亚不进剧场，没有白贝治一班朋友，也许他只继续写他的商籁（Sonnet）。诗人上再加戏剧两个字是非经过剧场的训练不可的，这件事似乎在历史上还没有过例外。

11.《轮盘》

小说集。1930年4月上海中华书局初版，为新文艺丛书之一。沈从文的序、作者的自序之外，收短篇小说10篇。前面说过，徐志摩拿了中华书局的钱，给中华书局编书，他自己忙，顾不上，分出一部分给沈从文做。或许是感谢志摩早年的恩德吧，也给志摩编了一本。这怕是志摩前些年写的全部的小说作品。

先看志摩自己的序，就知道他对小说写作悬着怎样的高标，自我评价又是如何：

在这集子里，《春痕》，原名《一个不狠重要的回想》，是登一九二三年的《努力周报》的，故事里的主人翁是在辽东惨死的林宗孟先生。《一个清清的早上》和《船上》曾载《现代评论》;《两姊妹》《老李的惨史》，见《小说月报》。《肉艳的巴黎》即《巴黎鳞爪》的一则，见《晨报副刊》。《轮盘》不曾发表过。其余的几篇都登过《新月》月刊。

我实在不会写小说，虽则我狠想学写。我这路笔，也不知怎么的，就许直着写，没有曲折，也少有变化。恐怕我一辈子也写不成一篇如愿的小说，我说如愿因为我常常想像一篇完全的小说，像一首完全的抒情诗，有它特具的生动的气韵，精密的结构，灵异的闪光，我念过佛洛贝尔，我佩服。我念过康赖特，我觉得兴奋。我念过契诃甫曼殊斐儿，我神往。我念过胡尔佛夫人，我拜倒。我也用同样眼光念司德莱謇（Lytton Strachey）、梅耐尔夫人（Mrs. Alice Meynell）、山潭野衲（George Santayana）、乔治马（George Moore）、赫孙（W. H. Hudson）等的散文，我没有得话说。看这些大家的作品，我自己对自己说，“这才是文章！文章是要这样写的：完美的字句表达完美的意境。高抑列奇界说诗是Best words in best order。但那样的散文何尝不是Best words in best order.他们把散文做成一种独立的艺术。他们是魔术家。在他们的笔下，没有一个字不是活的。他们能使古奥的字变成新鲜，粗俗的雅驯，生硬的灵动。这是什么秘密？除非你也同他们似的能从文字里创造有生命的艺术，趁早别多造孽。

但孽是造定的了！明知是糟蹋文字，明知写下来的几乎全都是Still-born还得厚脸来献丑。我只有一句自解的话。除了天赋的限度是事实无可勉强，我敢说我确是有愿心想把文章当文章写的一个人。至于怎么样写才能合时宜，才能博得读者的欢心的一类念头，我从不曾想到过。这也许也是我的限度的一宗。在这一点上，我期望我自己能永远倔强：

“我不知道风

是在那一个方向吹”……

这册小书我敬献给我的好友通伯和叔华。（志摩　十八年五月）

文中外国作家的名字，商务十卷本《徐志摩全集》上，有谈峥教授的注释，去掉文中的序号，排列如下：

1. Lytton Strachey：斯特雷奇（1880—1932），英国传记作家、评论家，代表作为《维多利亚女王传》和《维多利亚女王时代四名人传》。

2. Mrs. Alice Meynell：梅内尔夫人（1847—1922），英国诗人、散文家，作品有诗集《序曲》等。

3. George Santayana：桑塔亚那（1863—1952），西班牙哲学家、文学家。著作有《理性生活》《存在的领域》、小说《最后的清教徒》等。

4. George Moore：穆尔（1852—1933），爱尔兰小说家，将自然主义笔法引入英国小说，主要作品有小说《埃斯特·沃特斯》和自传体小说《欢呼与告别》三部曲等。

5. Hudson：赫得逊（1841—1922），出生于阿根廷的布宜诺斯艾利斯，父母为英国裔的美国人，1874年起定居于伦敦。一生写作了大量小说和关于鸟类学的故事与文章。作品有小说《绿色宅邸》等。

6. Best words in best order：最好秩序的最好辞藻。

7. Still-born：死产

序中有一处，志摩记错了。他说“《轮盘》不曾发表过”。上海文史学者朱勇强发给我的旧报截图显示，此小说曾在《上海画报》上发表过，题名为“倪三小姐·一名轮盘”，竖排。用我们现在的格式，则是《倪三小姐（一名〈轮盘〉）》。起初我只是当作这是《轮盘》初发表时的模样，也就没有在意。及至看到这篇序里，说《轮盘》不曾发表过，这才想起该问问朱先生，《倪三小姐》发表的时间。朱先生回复说：“共分十次，连载于1929年9月30日至10月27日《上海画报》。”可见是发表过的，也只会是作者给了，人家才发表的。

沈从文的序，叫“《轮盘》的序”。排在志摩的自序之前。沈从文的序，还是要看看的：

在本书付印时节，作者因熟人的原故，说从文可以为写一点序在上面。仿佛没有可写的，所以不敢答应，告辞了。但不行，要，要的原因自然是趣味，没有其他。我想成天坐在家中生一点小气，在生活上完全落了伍的我，许多事皆不懂，要写，将写些什么话？人无聊，牢骚好像还多，然而到今日，文学则已有了正宗，办杂志者得战士，一小杂感，还大登广告，利用生财，政治则据说军阀消灭，天下太平，国术考试已到了第二次，有什么牢骚可说呢？

中国事情是很奇怪的。所谓文学运动，最近一个热闹时期，据说就是去年。怎么运动？骂。“战士”与“同志”，为“正宗”“旁门”“有闲”“革命”之争持，各人都毫不吝惜时间与精力，极天真烂漫在自己所有杂志上辱骂敌人。为方便起见，还有新时代文学运动的战士，专以提出属于个人私事来做嘲弄张本的战术。所骂越与本题相远，则人皆以体裁别致抚掌同情的越多。所谓“扯破绅士体面的衣服”，所谓“大无谓精神”，即为谥此辈天才而有名的言语。骂来骂去，两方面好像都抓出不雅观的什么了，我以为或者不久利益均沾，则言归于好，携手赴席亦意中事。谁知到后，天与其便，一方面刊物被禁止，文学运动便告一结束，奏凯者从此就似乎更伟大了。这运动意义结果，虽听人说真是了不得的血肉在搏，但其实，没有的事，只指示出一条做“战士”的路径，中国聪明人多，读杂志当消遣的学生们，自然以后也不必愁无杂感看。

这集子，不是杂感而是创作，因为本书作者与这运动无关。把作者摒除于十七年中国的所谓文学运动以外，虽是我的武断，想来是无关紧要的。作者在散文与诗方面，所成就的华丽局面，在国内还没有相似的另一人，在这集中却仍然保有了这独特的华丽，给我们的是另一风格的神往。但作者似乎缺少一种无赖天才，文字生动反而做成了罪过方便，在一切恶意攻击中从不做遮拦行为，又不善于穿凿，更多理由给人以“绅士”的称谓。一九二八年的时代精神原是完全站在相反的一点上的，作者在某一意义上，是应当把“落伍”引到自嘲的一事上了。作者把这第一个创作集编成，也好像是聊以解嘲的神气，要他说是如他人著作怎样影响了年青人，恐怕也不想承认罢。

写到这里，我想起在上海另外一些新海派作家们、与批评家们、抄译杂志家们，闲聚一处喝茶谈闲天的潇洒情形，觉得无话可说了。因为这类人，据说也就已在中国文学运动史上积了不少劳动，现在也还在做着这大事业。许多天真无知的年青人，为其影响是数得出这些作家名字为幸福的。

——这就算序。

读罢沈从文的序，我只有四个字，还不是连着的，厉害，难怪。厉害在，这么一篇满可以敷衍的短文，他竟是如此认真，如此地敢说出他要说的话。难怪什么呢，难怪他鼎革后受了那么多的苦难，难怪现在又是这样的叫人喜爱。

12.《猛虎集》

诗集。1931年8月上海新月书店初版。除《序》外，收诗39首，其中《猛虎》等7首是译诗。

这个集子，是志摩的诗，成熟期的作品，一向评价都很高。最明显的一个标志是，内中收了他的广为人知的诗篇《再别康桥》。实则，像《他眼里有你》《残破》，都是不可多得的好诗。这个集子，最重要的不是诗，而是志摩写的这篇《序》。可说是志摩对自己一生的总结，心志的，也是实绩的。放在这里，也是这本书最好的收束。我说的这本书，是说这本《非才子的徐志摩》。因为此后的两章，说的都是走向死地的志摩了。

这不是一篇轻松的序文，该说是一篇沉甸甸的人生检讨书。不足三千字，却写了他三十多年的心路历程，有悔恨，也有欣喜，更多的是叹息。

一段一段，且来分享——我也用起这么时髦的词儿。

先说写序的不易：

在诗集子前面说话不是一件容易讨好的事。说得近于夸张了自己面上说不过去，过分谦恭又似乎对不起读者。最干脆的办法是什么话也不提，好歹让诗篇它们自身去承当。但书店不肯同意；他们说如其作者不来几句序言书店做广告就无从着笔。作者对于生意是完全外行，但他至少也知道书卖得好不仅是书店有利益，他自己的版税也跟着像样，所以书店的意思，他是不能不尊敬的。事实上我已经费了三个晚上，想写一篇可以帮助广告的序。可是不相干，一行行写下来只是仍旧给涂掉，稿纸糟蹋了不少张，诗集的序终究还是写不成。

由古人“吟安一个字，捻断数茎须”，联想到他的无须可捻，只能捻那想象的长须：

况且写诗人一提起写诗他就不由得伤心。世界上再没有比写诗更惨的事；不但惨，而且寒伧。就说一件事，我是天生不长髭须的，但为了一些破烂的句子，就我也不知曾经捻断了多少根想像的长须！

志摩是天生不长胡须的。这是只有他说了，后世才知道的一个体貌特征。

这姑且不去说它。我记得我印第二集诗的时候曾经表示过此后不再写诗一类的话。现在如何又来了一集，虽则转眼间四个年头已经过去。就算这些诗全是这四年内写的（实在有几首要早到十三年份），每年平均也只得十首，一个月还派不到一首，况且又多是短短一橛的。诗固然不能论长短，如同 Whistler 说画幅是不能用田亩来丈量的。但事实是咱们这年头一口气总是透不长——诗永远是小诗，戏永远是独幕，小说永远是短篇。每回我望到莎士比亚的戏，丹丁的神曲，歌德的浮士德一类作品比方说，我就不由的感到气馁，觉得我们即使有一些声音，那声音是微细得随时可以用一个小拇指给掐死的。天呀！那天我们才可以在创作里看到使人起敬的东西？那天我们这些细嗓子才可以豁免混充大花脸的急涨的苦恼？

“诗永远是小诗，戏永远是独幕，小说永远是短篇”，这种对中国当前文艺界不景气现象的感慨，前一个月给《醒世姻缘》写序时，就已写到了。那是给前人的小说写序，心理上放得开，话语尖刻得多，打了个比方，说是“现在的文人，也跟现在的丈夫一样，都是还不曾开头已经完了”。这句俏皮话，太淫荡了，他说是不知“是谁说的刻薄话”。到了这儿，他自己说了同样的意思，只能说，这句刻薄话，就是志摩自己的聪明的联想，别白送给了不相干的别人。

下面说到他的家世，听听而已，不可当真：

说到我自己的写诗，那是再没有更意外的事了。我查过我的家谱，从永乐以来我们家里没有写过一行可供传诵的诗句。在二十四岁以前我对于诗的兴味远不如我对于相对论或民约论的兴味。我父亲送我出洋留学是要我将来进“金融界”的，我自己最高的野心是想做一个中国的 Hamilton！在二十四岁以前，诗，不论新旧，于我是完全没有相干。我这样一个人如果真会成功一个诗人——那还有什么话说？

成为一个中国的汉密尔顿，还真的有了这么个意思，只能说政治上不及，而文艺上则过之。

但生命的把戏是不可思议的！我们都是受支配的善良的生灵，那件事我们作得了主？整十年前我吹着了一阵奇异的风，也许照着了什么奇异的月色，从此起我的思想就倾向于分行的抒写。一份深刻的忧郁占定了我；这忧郁，我信，竟于渐渐的潜化了我的气质。

“整十年前”，既然他说的这么斩钉截铁，我们还真得细细探究一番，是什么事件，激发了他诗的灵感且一发而不可收。是女人，还是世事？我的看法，纵然是女人，那女人也只是像钱锺书《围城》里的那个外国典故，为了让驴子走得快，给它额前挂的那一束青草。那驴子以为快走几步，就可以吃上美味的青草，于是不断地加快了蹄子的速度。这还是驴子有这个体力，若给了老牛，再好的青草，也只用它的牛眼，瞪上一眼而已，该怎么走还是个怎么走。对志摩来说，总是他有这个天分，才有这样的开启。若遇上个美女，陷入狂热之恋，就能写出好诗，那满世界的诗人，为害的程度，一定超过了地痞流氓。

话虽如此，我的尘俗的成分并没有甘心退让过；诗灵的稀小的翅膀，尽他们在那里腾扑，还是没有力量带了这整份的累坠往天外飞的。且不说诗化生活一类的理想那是谈何容易实现，就说平常在实际生活的压迫中偶尔挣出八行十二行的诗句都是够艰难的。尤其是最近几年，有时候自己想着了都害怕：日子悠悠的过去内心竟可以一无消息，不透一点亮，不见丝纹的动。我常常疑心这一次是真的干了完了的。如同契玦腊的一身美是问神道通融得来限定日子要交还的，我也时常疑虑到我这些写诗的日子，也是什么神道因为怜悯我的愚蠢暂时借给我享用的非分的奢侈。我希望他们可怜一个人可怜到底！

曾一度陷入人生的困顿，谁都有的事，能走出来，就是英雄好汉。文中的契玦腊，是一个印度的英雄，这个名字，也是泰戈尔访华时，新月社为之演出的话剧的名字。

一眨眼十年已经过去。诗虽则连续的写，自信还是薄弱到极点。“写是这样写下了，”我常自己想，“但谁知道这就能算是诗吗？”就经验说，从一点意思的晃动到一篇诗的完成，这中间几乎没有一次不经过唐僧取经似的苦难的。诗不仅是一种分娩，它并且往往是难产！这份甘苦是只有当事人自己知道。一个诗人，到了修养极高的境界，如同泰谷尔先生比方说，也许可以一张口就有精圆的珠子吐出来，这事实上我亲眼见过来的不打谎，但像我这样既无天才又少修养的人如何说得上？

这是套话，不必理他。下面说的，“我最早写诗那半年”，倒是要细细地推勘。我认为，这半年是他刚离开英国，初回到国内，还有着社会主义思想的时期。看到国内的情景，引发心潮澎湃，要改造社会的冲动。看看这些诗的名字吧，《青年杂咏》《悲观》《康桥再会罢》《希望的埋葬》《一小幅的穷乐图》。那一个时期，他南来北往，胁下总夹着个皮包，里面装的是他的“烂笔头”。有次过上海，《时事新报》副刊《学灯》的编辑柯一岑先生问他要稿子，他当下就取出了《康桥再会罢》。他说写的时间是“半年”，发表可就断断断续续有一年的时光。这一时期的诗作，有的是激情，有的是理念，待到1924年6月回到硖石，去了父亲的工厂，才对中国社会有了真正的了解，笔下就多了思考，多了同情，也就进入了一个真正的诗的境界。

只有一个时期我的诗情真有些像是山洪暴发，不分方向的乱冲。那就是我最早写诗那半年，生命受了一种伟大力量的震撼，什么半成熟的未成熟的意念都在指顾间散作缤纷的花雨。我那时是绝无依傍，也不知顾虑，心头有什么郁积，就付托腕底胡乱给爬梳了去，救命似的迫切，那还顾得了什么美丑！我在短时期内写了狠多，但几乎全部都是见不得人面的。这是一个教训。

接下来，是对自己的第一个诗集的检讨，应当说是真诚的。请注意，他自己也说了，“在这集子里初期的汹涌性虽已消灭”，可见我前面说的，他初期诗作的特点，他自己是知道的。我说上面话的时候，还没有想到下一段会有这样一句。下文中说到跟闻一多等人切磋诗艺的时间，跟参观父亲的丝厂，在时间上是接续的：

我的第一集诗——《志摩的诗》——是我十一年回国后两年内写的；在这集子里初期的汹涌性虽已消灭，但大部分还是情感的无关阑的泛滥，什么诗的艺术或技巧都谈不到。这问题一直要到民国十五年我和一多今甫一群朋友在《晨报副镌》刊行诗刊时方才开始讨论到。一多不仅是诗人，他也是最有兴味探讨诗的理论和艺术的一个人。我想这五六年来我们几个写诗的朋友多少都受到《死水》的作者的影响。我的笔本来是最不受羁勒的一匹野马，看到了一多的谨严的作品我方才憬悟到我自己的野性；但我素性的落拓始终不容我追随一多他们在诗的理论方面下过任何细密的工夫。

文中说的一多，是闻一多，今甫，是杨振声。是的，正是接触到闻一多、杨振声等人，志摩的作诗，才有了向着"诗体"努力的意识。这是非常可贵的。事实上，一旦有了这样的意识，他的诗作就更上一层楼。有天分的人，跟没有多大天分的人，在这上头的差别太大了。

我的第二集诗——《翡冷翠的一夜》——可以说是我的生活上的又一个较大的波折的留痕。我把诗稿送给一多看，他回信说"这比《志摩的诗》确乎是进步了——一个绝大的进步"。他的好话我是最愿意听的，但我在诗的"技巧"方面还是那楞生生的丝毫没有把握。

自个的检讨，总会有些过头的地方。不过，《翡冷翠的一夜》也确实没有多少可称道的地方：

最近这几年生活不仅是极平凡，简直是到了枯窘的深处。跟着诗的产量也尽"向瘦小里耗"。要不是去年在中大认识了梦家和玮德两个年青的诗人，他们对于诗的热情在无形中又鼓动了我奄奄的诗心，第二次又印《诗刊》，我对于诗的兴味，我信，竟可以消沈到几于完全没有。今年在六个月内在上海与北京间来回奔波了八次，遭了母丧，又有别的不少烦心的事，人是疲乏极了的，但继续的行动与北京的风光却又在无意中摇活了我久蛰的性灵。抬起头居然又见到天了。眼睛睁开了心也跟着开始了跳动。嫩芽的青紫，劳苦社会的光与影，悲欢的图案，一切的动，一切的静，重复在我的眼前展开，有声色与有情感的世界重复为我存在；这仿佛是为了要挽救一个曾经有单纯信仰的流入怀疑的颓废，那在帷幕中隐藏着的神通又在那里栩栩的生动：显示它的博大与精微，要他认清方向，再别错走了路。

去了北平教书的半年，有多辛苦，只有他自己这么说了，后人才会知晓。"眼睛睁开了心也跟着开始了跳动"，这是一种心灵的觉醒，也是一种灵魂的复苏。正是这样的复苏，才让他认识到，这一切，"仿佛是为了要挽救一个曾经有单纯信仰的流入怀疑的颓废”。志摩不愧是学过社会学的，单纯的信仰，流入怀疑的颓废，这表达，怎么会这么准确，这么富有哲学的意味。得承认，志摩的这个检讨，是真诚的，也深中肯綮的。只有跟年轻人搅在一起，才能焕发他的精神的活力。

我希望这是我的一个真的复活的机会。说也奇怪，一方面虽则明知这些偶尔写下的诗句，尽是些“破破烂烂”的，万谈不到什么久长的生命，但在作者自己，总觉得写得成诗不是一件坏事，这至少证明一点性灵还在那里挣扎，还有它的一口气。我这次印行这第三集诗没有别的话说，我只要藉此告慰我的朋友，让他们知道我还有一口气，还想在实际生活的重重压迫下透出一些声响来的。

这几句，任铁石人听了，都会感动。一想到三个月后，便殒命荒郊，下面的文字，再好，再再好，我都不想看下去了，更不想点评了：

你们不能更多的责备。我觉得我已是满头的血水，能不低头已算是好的。你们也不用提醒我这是什么日子；不用告诉我这遍地的灾荒，与现有的以及在隐伏中的更大的变乱，不用向我说正今天就有千万人在大水里和身子浸着，或是有千千万人在极度的饥饿中叫救命；也不用劝告我说几行有韵或无韵的诗句是救不活半条人命的；更不用指点我说我的思想是落伍或是我的韵脚是根据不合时宜的意识形态的……这些，还有别的狠多，我知道，我全知道；你们一说到只是叫我难受又难受。我再没有别的话说，我只要你们记得有一种天教歌唱的鸟不到呕血不住口，它的歌里有它独自知道的别一个世界的愉快，也有它独自知道的悲哀与伤痛的鲜明；诗人也是一种痴鸟，他把他的柔软的心窝紧抵着蔷薇的花刺，口里不住的唱着星月的光辉与人类的希望，非到他的心血滴出来把白花染成大红他不住口。他的痛苦与快乐是浑成的一片。

《猛虎集》为后人称道的，还有它的封面。闻一多设计，集名的三个字，也是闻的手笔。陈子善《说徐志摩》书中有篇文章，借着一个签名本，把这本书和这个封面夸了个够。他说，在他看来，1931年8月上海新月书店初版、13.2×18.9厘米开本的《猛虎集》，从内容到形式，“都是一部完美的艺术品”。

还说，他的是个签名本，是沪上名士陆灏先生送他的。陆灏此书得自京师文史大家谷林先生。谷林先生是20世纪50年代初，尚未实行新币制时，以“7 000元”的价格，从北京的一个旧书肆购得的。合新币0.7元。

所以说是签名本，是书的扉页上有志摩的题字，上款魏智先生，下款徐志摩三字。陆灏赠书时，曾叮嘱子善，考证一下魏智何许人也。子善费了一番周折，考证出来了，此人是法国人，中文名魏智，法文名Henri Vetch（1899—？）。20世纪20年代末到北京，任中国图书有限公司经理，后又在北京饭店内设图书馆，出版有关中国历史文化的书籍。

子善兄说起陆灏赠书给他的时候，说了一句，20世纪90年代初，此书得自谷林先生后，陆灏先生把玩若干时日后，知道他专攻中国现代文学，又遵“红粉赠佳人，宝剑赠英雄”的古训，将之转赠给了他。这倒让我想起一件往事。1994年春，我与谢泳先生一同前往上海，在徐家汇藏书楼查找各自需要的史料。谢泳与陆灏早就相识，一天陆来住处看谢，正好我也在，陆知我在搜集资料，要写《李健吾传》，过后便寄我一册李健吾20世纪30年代在商务印书馆出的《福楼拜评传》，道林纸印制，甚是精美。我当时就觉得，此人太了不起了，出手如此阔绰，将来必成大事。不几年就听人说，陆灏其人，已为沪上名士矣。

第十一章

著作（死后）

1.《秋》

散文。赵家璧编。1931年11月上海良友图书印刷公司出版。为一角丛书第13种。1932年11月再版。

出版的及时，堪称奇迹。志摩是11月19日死的。12月16日《申报》上即刊出《秋》出版的广告。也就是说，距志摩之死，不到一个月，这本书就编辑出版了。薄薄的一本，收入志摩在暨南大学文学社的一个演讲。不是听讲者的笔录，而是志摩讲前写好的一篇讲稿。太薄了，又加上《志摩给家璧的信》，家璧写的《前言》，还有一篇家璧写的《写给飞去了的志摩》，另外又从小曼那儿拿到志摩的《翡冷翠日记四页（英文）》，再加上志摩的一幅遗像，合在一起，也才二三十页。影印本不在手边，无法细数。既为一角丛书之一，也就可以想见其薄矣。

2.《云游》

诗集。陈梦家编。1932年7月上海新月书店出版。

这本诗集，是志摩去世后，邵洵美关照陈梦家编，邵安排印制的。除过陆小曼的一篇《序》外，收有志摩诗13首，其中《罗密欧与朱丽叶》《奥文满垒狄斯的诗》两首是译诗。

看看这个未亡人的序吧，仅开篇两段，就叫人心疼：

我真的说不出的悔恨为什么我以前老是懒得写东西。志摩不知逼我几次，要我同他写一点序，有两回他将笔墨都预备好，只叫随便涂几个字，可是我老是写不到几行，不是头昏即是心跳，只好对着他发愣，抬头望着他的嘴盼他吐出圣旨我即可以立时停笔。他只得笑着对我说："好了，好了，太太我真拿你没有办法，去耽着吧！回头又要头痛了。"走过来掷去了我的笔，扶我就此耽下了，再也不想接续下去。我只能默默然的无以相对，他也只得对我干笑，几次的张罗成泡影。

又谁能料到今天在你去后，我才真的认真的算动笔写东西，回忆与追悔便将我的思潮糊得无从捉摸。说也惨，这头一次的序竟成最后一篇，哪得叫我不一阵心酸，这也是上帝早已安排定了的么？

最后一段，更是叫人心酸：

我再也写不下去了，没有人叫我停，我也只得自己停了。我眼前只是一阵阵的模糊，伤心的血泪充满着我的眼眶，再也分不清白纸与黑墨。志摩的幽魂不知到底有一些回忆能力不？我若搁笔还不见持笔的手！

我想，小曼看了梦家编的诗集，感触最深的，怕还是这篇《别拧我，疼》，是情诗，也是艳诗，只有艳到这个份上，才见真情。

不长，且抄录如下，以见志摩诗的另一面：

"别拧我，疼，"……
你说，微锁着眉心。

那"疼"，一个精圆的半吐，
在舌尖上溜——转。

一双眼也在说话，
睛光里漾起
心泉的秘密。

梦
洒开了
轻纱的网。

"你在那里？"
"让我们死，"你说。

此诗并非要编《云游》了，小曼拿出来的，而是志摩生前，已编入1931年10月5日出版的《诗刊》第3期。不管编在什么刊物里，什么诗集里，其写作，只会是1925年春天，两人陷入热恋之际。说是热恋，实在是委屈了这么好的字眼。

在《徐志摩传》里，我考证了志摩和小曼，首次突破男女之大防，是在1925年1月19日，一个酒宴后的晚上。有人在报上著文嘲笑，说韩某人的这种考证，是一种下流文字。殊不知，我的用意在确定志摩那么多的“艳诗”，是什么时候写的。

这些艳诗，当时几乎全没有发表，到了1931年夏天，要出《猛虎集》了，没有顾忌了，放进去几首。待到陈梦家编《云游》，连小曼也无所顾忌了，有的全拿了出来。好多研究者，仍将这些诗的写作，定在1930年前后，与发表时间相距不会太远。大错。这些诗，只会写在与小曼“偷情”之时。像《春的投生》，就是初尝禁果之后。像《别拧我，疼》，简直就是嬉闹过后，扭身趴在床边的小桌上，唰唰唰，一会儿就写下了。

3.《爱眉小札》

日记书信集。陆小曼编。1936年3月上海良友图书印刷公司初版，为良友文学丛书第24种。1945年第二版。开本不大，也不厚，仅包括三个内容，一是《志摩日记》，一是《志摩书信》，一是《小曼日记》。

这是为了志摩40岁冥诞，小曼给上海良友图书印刷公司编的一本书。前面有两篇序，均为小曼所写，内容都很丰富。本着此书不谈情爱的宗旨，我看了最伤感的，是《序二》的头一句：

> 今天是志摩四十岁的纪念日子，虽然甚么朋友亲戚都不见一个，但是我们两个人合写的日记却已送了最后的校样来了。

腾出手来，我要在这儿，订正一个我自己的错误。这个错误，是我的无知造成的，蒙四川师范大学教授龚明德先生指出来的。

天津人民出版社出的八卷本《徐志摩全集》，是我编的，第五卷是小说、戏剧、日记三种文体合为一本。日记一项中，收有《爱眉小札》。我编的时候，参考了书籍版的《爱眉小札》和手迹影印本的《爱眉小札》。有句话，实在让我难以索解，便是8月12日的这则日记：

这在恋中人的心境真是每分钟变样，绝对的不可测度。昨天那样的受罪，今儿又这般的上天，多大的分别！像这样的艳福世上能有几个人享着；像这样奢侈的光阴这宇宙间能有几多？却不道我年前口占的“海外缠绵香梦境，销魂今日竟燕京”，应在我的甜心眉你的身上！海，明白了，我真又欢喜又感激；他这来才够交情，我从此完全信托他了。眉，你的福分可也真不小，当代贤哲你瞧都在你的妆台前听候差遣！海与先生争送花的故事极趣。眉你该睡着了吧，这时候，我们又该梦会了，说也真怪，近来精神异常的抖擞，真想做事了；眉你内助我，我要向外打仗去！

我当时闹不懂的是，“海明白了”，觉得不可解。现在知道了，下面有“海与先生争送花的故事”，就该想到是张歆海。自作聪明，以为这个海，是个假借字，相当于“嗨”。编订时，我的原则是，绝不改动原文，但那时的文章是没有标点的，而标点是可以酌定的。于是便将这句话断为：“海，明白了。”

龚明德先生文章叫《轻轻地我走了——张歆海、胡适追求陆小曼考实》，载《太原晚报》2016年11月19日第13版。我们是老朋友，发表后他将剪报寄我，还附言说“石山兄正我”，我一看就知道是自己错了，只有“认”，哪里还敢“正”？

文中，明德兄对这两句话的出处与改动，做了详细的考证。他看过两种手迹本，一种上面是“争花”，一种上面是“争送花”。最早的铅字排印文本的文字，发表在1934年4月16日出版的《论语》第39期上，已是“争送花”。而到了1947年3月上海晨光公司出版陆小曼编的铅字排印本《志摩日记》一书，《爱眉小札》中的这则日记干脆全部删去了这一句，连省略号都没有。接下来就说到我编的《徐志摩全集》了：

让人不理解的是，2005年5月天津人民出版社印行的八卷本《徐志摩全集》第五卷中的《爱眉小札》仍是沿用经陆小曼添了一个字的“海与先生争送花的故事极趣”释文，而且还变本加厉地错将“海明白了”误为“海，明白了”，把人名弄成了叹词，从而导致陆小曼王赓尚未正式离婚到陆小曼徐志摩正式再婚之间，陆小曼情爱交往重要史实有人为抹灭的趋向，只好在此据可靠“文献”予以考述。

我承认，将“海明白了”，断为“海，明白了”，是我的过错。是争花，还是争送花，还要保留我的看法。

现在商务印书馆版的十卷《徐志摩全集》这句话下面，有个注：“指张歆海与胡适争着向陆小曼示好。”这个注释，是为了说明那个海字是指“海与先生”各指谁。示好，与“争花”，还是有质上的不同的。我以为，在那个年代，“送花”是一种礼仪，比如要约女子出来，打电话太鲁莽，派人送信太张扬，而送一束花，里面夹一信，则是温柔而又文明的做法。《爱眉小札》里，就有志摩在上海，向陆家送了花，过后说送花未附信，你知道是谁送的之语。

“争送花”，是指争着约小曼出来吃饭或看戏。这是合情合理的。再说，“争送花”，句子是志摩写下的，事情肯定是小曼说出来的。我的《徐志摩传》里，就有从《吴虞日记》里，发掘出的一个实例，可以证明是“送花”的一个结果。

胡适1917年就到北京，认识陆小曼比徐志摩要早。徐陆的事闹大了，1925年3月志摩去欧洲避风，曾托胡适照顾小曼，同时探听陆家对两人婚事的态度。这样一来，两人的来往更为密切。1925年6月14日，北大教授吴虞在开明剧院看到这样一幕：

立三约往开明观剧，见须生孟小冬，其拉胡琴人为盖叫天之拉胡琴者，叫坐力颇佳。胡适之、卢小妹在楼上作软语，卢即新月社演《春香闹学》扮春香者，唱极佳。

事见四川人民出版社1986年8月版《吴虞日记》下册，第265页。

有了新月社演《春香闹学》扮春香者这样的话，就不必以为卢小妹非陆小曼而另有其人。北京当年的戏院，楼上多是包间，在包间而作软语，该是如何情调，当不难想见。

这次约小曼出来看戏，怕不是下个条子能办得了的吧。最好的方式，只会是送花。

再就是，给志摩说，“海与先生争花”，这样说，等于小曼自己以花自命了，那小曼把自己当作何等人物了。

不是辩驳，是我觉得，在没有更为确凿的证据之前，还是理解为“送花”较近实情。

4.《志摩日记》

日记集，陆小曼编。1947年3月上海晨光出版公司初版。1948年9月再版。

1949年4月三版。为晨光文学丛书之一。

这本书的情形，和上一本相似，也是为纪念志摩冥诞而编的书，只是时间后了许多。书中除小曼序与日记之外，属于志摩的，主要有三项，一是《西湖记》，一是《爱眉小札》，再一是《眉轩琐语》。本书中，最为醒目的是，收入了志摩家的留言画册，名为《一本没有颜色的书》，书中说是“友人书画”。

小曼的序中，最为伤心的是，她和赵家璧编的《志摩全集》，这么久了，还不见踪影。她用的词是“影儿”，更有意味：

飞一般的日子又带走了整整的十个年头儿，志摩也变了五十岁的人了。若是他还在的话，我敢说十年决老不了他——他还是会一样的孩子气，一样的天真，就是样子也不会变。可是在我们，这十年中所经历的，实在是混乱惨酷得使人难以忘怀，一切都变得太两样了，活受到苦难损失，却不去说它，连死的都连带着遭到了不幸。《志摩全集》的出版计划，也因此搁到今天还不见影踪。

十年前当我同家璧一起在收集他的文稿准备编印“全集”时，有一次我在梦中好像见到他，他便叫我不要太高兴，“全集”决不是像你想象般容易出版的，不等九年十年决不会实现。我醒后，真不信他的话，我屈指算来，“全集”一定会在几个月内出书，谁知后来固然受到了意想不到的打击。一年一年的过去，到今年整整的十年了，他倒五十了，“全集”还是没有影儿，叫我说甚么？怪谁，怨谁？

还有一个信息，是我先前没有注意到的。1925年和1928年，志摩两次赴欧期间，都有大量书信给小曼。过后志摩曾埋怨说，第二次赴欧，他未写文章，要说的事，全写在给小曼的信上了。1931年初到北平，3月19日给小曼的信上有言：“我那时寄回的一百封信，确是心血的结晶，也是漫游的成绩。”这些信，多少年了，一直未曾面世。原以为是小曼弄丢了，而在这里，小曼说，都还在：

此后，我要把他两次出国时写给我的信，好好整理一下，把英文的译成中文，编成一部小说式的书信集，大约不久可以出版。其他小说、散文、诗等等，我也将为他整理编辑，一本一本的给他出版，我觉得我不能再迟延、再等待了。志摩文字的那种风格、情调和他的诗，我这十几年来没有看见人接续下去，尤其是新诗，好像从他走了以后，一直没有生气似的，以前写的已不常写，后来的也不多见了，我担心着，他这条路从此就完了吗？

然而，几十年过去了，却从未见这样的书出来。是小曼说了诳话，还是这些信存在别的地方，终有一天会现世？

5.《远山》

佚作集。陈建军、徐志东编。商务印书馆2018年3月出版，属该社“涵芬楼文化”出品。书前有韩石山序。

《凡例》中言，书中所收徐志摩佚作共141篇（首），大体分为诗歌、散文、日记、书信和其他等五类。其中，诗歌7首（含译诗1首），散文36篇，日记1种，书信76通，其他21篇（含演讲记录稿7篇、翻译记录稿10篇、启事2则和戏曲曲词、唱词整理稿2篇）。书后有陈建军《编后记》。文中对此书的编辑，有简略的介绍：

早在2012年5月，我把自己所经眼过的徐志摩集外佚作编了一份简目，寄给山西太原的韩石山先生。6月4日，徐志摩国际学术研讨会在山东济南举行，石山先生在题为《越来越近的〈徐志摩全集〉》（收入《寻觅康桥的诗魂——2012中国济南徐志摩国际学术研讨会论文集》，上海交通大学出版社，2015年9月版）的发言中，针对这份目录专门介绍了我搜集徐志摩散佚作品的情况。7月，石山先生来信说，北京商务印书馆拟出他的《徐志摩全集》修订本，不想无端地将我发现的佚作收入，希望我编一册徐氏佚作集，先行出版。在石山先生的鼓动下，我开始着手整理徐志摩佚作。

2013年4月，辽宁沈阳春风文艺出版社编辑姚宏越兄来信告诉我，江苏徐州有个叫徐志东的，也搜集了不少徐志摩的佚作。得宏越兄指引，我给志东君去了一信，诚邀其与我合编徐志摩佚作集。志东君慨然允诺，并于8月间，把整理好的佚作发给了我。志东君乃“80后”青年才俊，是徐志摩的“铁杆粉丝”，收藏有关徐志摩的各类图书达四百多种，还在徐州创办了公益性民间机构“徐志摩图书馆”。他也是徐志摩研究专家，撰有《续爱眉小札》等著作，曾担任中央电视台摄制的纪录片《徐志摩》的顾问。因此，能和对徐志摩情有独钟的志东君合作编辑徐志摩的佚作集，也算是一种难得的缘分。

我写的序文，无甚可称道，有两句话，虽有我一贯的自炫的毛病，算不上真知，勉强可说是灼见：

我一直认为，拾遗补阙，是一项基本的学术训练。一个学者，有这种训练，跟没有这种训练，是不一样的。这样说，当然是因为我有过这样的训练。这话还可以往前推一步，那就是，拾遗补阙，是一项高尚的学术事业。

陈建军先生是现代文学研究专家，对徐志摩作品的出版情况了如指掌。尤其对海外出版状况，知之甚详：

据我所知，自20世纪60年代以来，坊间印行的徐志摩全集多达十几种。台湾的大东书局、文化图书公司、正言出版社、综合出版社、大方出版社、雷鸣出版社、博元出版社、大孚书局、文翔图书公司、阳明书局和香港的文化图书公司等，都曾出版过《徐志摩全集》。但这些所谓的全集，大多名不副实，离“全”字不可以道里计。真正称得上是全集的，仅有以下五种版本：

一是传记版。1969年1月，台湾传记文学出版社出版六辑本《徐志摩全集》，由张幼仪赞助，徐积锴负责搜集资料，蒋复璁、梁实秋主编。2013年3月，中央编译出版社出版的六卷本《徐志摩全集》，是以传记版为底本重新排印的。

二是商务版。1983年10月，商务印书馆香港分馆根据《志摩全集》的纸型和清样出版五卷本《徐志摩全集》。1992年7月，又出版四卷本《徐志摩全集补编》，由陆耀东、吴宏聪、胡从经主编，赵家璧、陈从周、徐承烈审校。1988年1月和1994年2月，上海书店先后重印了商务版的全集本和补编本。1995年8月，上海书店将这两种本子合在一起，推出九卷本《徐志摩全集》。

三是广西版。1991年7月，广西民族出版社出版五卷本《徐志摩全集》，由赵遐秋、曾庆瑞、潘百生合编。

四是天津版。2005年5月，天津人民出版社出版八卷本《徐志摩全集》，由韩石山编。

五是浙江版。2015年2月，浙江人民出版社出版六卷本《徐志摩全集》。其中，散文卷、诗歌卷、评论卷、书信卷、日记卷由顾永棣编，小说戏剧卷由顾永棣、顾倩合编。

对此书的介绍，到此为止。腾出篇幅，我想说一下梁实秋对徐志摩诗的看法。原来想在介绍《志摩的诗》等四部诗集时说的，那些地方，要说的事太多，挤不进去。《远山》中也收有志摩的佚诗，搁在这儿也算是名正言顺。梁氏在《谈徐志摩》文中有言：

志摩的作品，最大的成就是在新诗方面。他的第一部诗集《志摩的诗》，是他自己印的，中华书局出版，连史纸，中式线装，仿宋体的字，古色古香。以后几部诗集，《翡冷翠的一夜》《猛虎集》《云游》，都是在上海新月书店印的。《志摩的诗》最先出，也是比较最弱的，以后的作品渐臻于成熟。

志摩有天生的诗人的气质。他对于生活的兴趣异常浓厚，他看见什么东西都觉得有意思，所以他的诗取材甚广。他爱都市，也爱乡野，喜欢享受物质文明，也喜欢徜徉于山水之间，他描写丑陋的（韩注，此处似有落字）。他常常流连在象牙之塔里，但是对社会政治偶尔也有正义的流露。这是最好的诗人气质，能这样才能充实，"充实之为美"。

志摩之异于他人者，在于他的丰富的感情之中带着一股不可抵抗的"媚"。这妩媚，不可形容，你不会觉不到，它直诉诸的你的灵府。从表面上看，这妩媚的来源可能是他文字运用之巧妙。陆小曼说："他的诗比一般的来得俏皮，真是像活的一样，字用得特别美，神仙似的句子，叫人看了神往，忘却人间有烟火气。"这话是对的，我还嫌不够。志摩的诗是他整个人格的表现，他把全副精神都注入了一行行的诗句里，所以我们觉得在他诗的字里行间有一个生龙活虎的人在跳动，他的音容、声调、呼吸，都历历如在目前。他的诗不是冷冰冰的雕凿过的大理石，是有情感的热烘烘的曼妙的音乐。他平常说话就是惯用热情的腔调，所以笔底下也是一派撩人的妩媚。

我抄梁先生的这两三段话，原先看中的是，他对志摩诗的理解，尤其是对诗中"妩媚"的阐释。抄到后来，我才发现，梁先生对志摩的认识，竟跟我此书的构架，有不谋而合之处。他说，志摩的诗，字里行间看到的，是一个生龙活虎的人，他的音容、声调、呼吸，都历历如在目前。我的这本书，不就是一入手，就先谈志摩的容貌、声调、做派吗？

还想说的是，小曼的话，也很有见地。她说，志摩的诗"神仙似的句子，叫人看了神往，忘却人间有烟火气"。不愧是真聪慧，感觉果然不凡。我也有这样的看法。就是，大文学家，其智慧表现在语言上，几乎都是，能把别人连不在一起的词，连在一起且频出新意的高手。比如《沙扬娜拉》里，说到了忧愁，谁都知道，忧愁是苦涩的，可是志摩却说，"那一声珍重里有蜜甜的忧愁"。光这么一句，徐氏志摩，就可以光耀万世矣。

6.《徐志摩全集》

前面《远山》一节里，陈建军先生说，“真正称得上是全集的”有五种版本。这里，我们只说最早的两种。

真也怪了，这最早两种，分别是他的前后两任夫人，分头着手进行的。有夫君如志摩，是人生的大幸，有夫人如张幼仪、陆小曼，又何尝不是人生的大幸？

两个女人，因为名分不同，幼仪这边是暗中出力，将名分让给了志摩两个好朋友，还有她和志摩的宝贝儿子。朋友挂主编，儿子写了前言。小曼这边，有夫人的名分，就不管不顾地进行了，只是她的运气不佳，起了个大早，赶了个晚集。

先说大陆这边，陆小曼编的这一套。

最早提出编全集设想的是志摩的学生，在上海良友出版印刷公司当编辑的赵家璧先生。他的说法是：“早在志摩去世的第二年（1932年）就在开始酝酿了。”陆小曼的说法是：“在他遇难后，我病倒在床上一年多。在这个时间，昏昏沉沉，什么也没有想到。病好后，赵家璧来同我商量出版全集的事，我当然是十分高兴。”（均见香港商务版《徐志摩全集》序）

赵是良友出版公司编辑，正在编《中国新文学大系》，一时还顾不上，真正排上工作日程表，已到了1935年。大约此前，小曼已开始搜集资料，有赵的协助，很快编起《志摩全集》八卷，分别为诗集、小说集、散文集甲乙丙丁四集、戏剧集、书信集。

这里还得说一下这个名字。按我们的理解，叫《徐志摩全集》就是了，怎么叫个《志摩全集》呢？我的看法是，当时出全集的作家不多，出了的，在我的阅读范围里，有两个，一个是《冰心全集》，一个是《达夫全集》，都是只有名，不带姓。此其一也。再就是，小曼编亡夫的全集，总愿意透着一份爱意，叫成《志摩全集》，正好体现了这个情分。我见过流落到民间的《志摩全集》的纸型。上海商务印书馆打出的纸型上，用毛笔标的是《志摩文集》。是编辑部改了，还是小曼他们编的时候，实际上叫的是这个，就说不清了。

正准备付印时，出了件事，耽搁下来。

1936年10月，胡适从北平来到上海，住新亚饭店，赵家璧请客，陆小曼出席。席间谈起《志摩全集》编辑工作初步完成，小曼请胡适写序，胡适漫应之。四天后，小曼来电话跟赵说，胡适认为“良友”是小出版社，不适宜出志摩的全集，应由商务印书馆出，他已与商务总经理王云五说妥，只要小曼把编起的全集稿子送过去，马上就可以预支一大笔稿酬。赵知道小曼生计困窘，急需用钱，纵然心里不快，仍将稿子送去。

一年后，抗战爆发，八一三战事随之而起，良友关门，商务先迁香港后迁重庆。抗战胜利后，商务迁回上海，出版仍遥遥无期。连稿子存放在哪里，一时间也弄不清楚。

1946年王云五从政，离开商务，朱经农接任总经理。经农是志摩的好朋友，也与小曼相熟。小曼亲自去找经农，要求寻找文稿下落并尽快出版。经农很在心，查出文稿在香港商务馆内，调到上海并安排编辑出版事宜。从已存的资料上看，1949年5月上海解放后，这项工作仍未停止。至少年底前，已完成全部编辑程序，制成纸型且打出清样，付印便可出书。形势变化很快，已不允许出版《志摩全集》这样的书籍。商务很负责，1954年迁北京前，将纸型与清样留给陆小曼。1962年小曼去世前，将纸型与清样托付志摩的表妹夫陈从周保管。1966年春，陈从周预感不妙，将纸型交上海图书馆保存，清校交北京图书馆保存。

1983年，香港商务印书馆根据上海图书馆保存的纸型，参考北京图书馆保存的清样，舍弃原来《志摩全集》的名字，将散文甲乙两集合为一卷，丙丁两集合为一卷，戏剧集和书信集合为一卷，原来的诗集与小说集仍各为一卷，出版了五卷本的《徐志摩文集》。

随即组织人力，着手编辑《徐志摩文集》的《补编》。历时八载，1992年始竣其功，出版了四卷本的《徐志摩文集·补编》。五卷的文集本与四卷的补编本，在香港出版后，很快即由上海书店出版社出版了大陆发行的本子。随即又将两种本子合为一体，出版了九卷本的《徐志摩全集》。

这是一部以作品体裁分类的全集。应当说，是当年最好的一个版本，无论编校质量，还是印刷质量，都相当高，至今仍是研究者使用最多的一个版本。缺点是，陆小曼编的五卷本100万字，后来编的四卷补编本80万字，几乎是将徐志摩的几类作品，全部分作了两部分，查找不便。再就是，遗漏作品甚多。

小曼这边，起初的进行，幼仪该是知道的。到了1966年，知道志摩全集在大陆出版无望了，幼仪坐不住了。1967年初，她去了一趟台湾。有没有别的事，我们不知道，但可以推测，主要该是为前夫全集出版的事。这样的事，光想一下，都让人落泪。

台湾版的《徐志摩全集》前面，有一篇他们的儿子徐积锴写的《前言》，其文甚简，叙事清楚，录之如下：

一九六七年初，家母游台，遇蒋复璁及梁实秋两位老伯，谈起坊间先父遗作，因翻印关系，错误百出，家母商得两位老伯同意，为先父编辑全集，由锴在美向各大学图书馆，搜集先父著作，务必以上海出版者，始可采用。费时一年半，陆续向各大学借到各种书籍，影印寄台，至今才告段落。特此纪念。徐积锴寄自纽约（民国）五十七年二月四日

徐积锴的《前言》之后，有梁实秋写的《编辑经过》。其中说，张幼仪来台，志摩的表弟蒋复璁设宴招待，宴席上谈起志摩的著作，他提出"我们应该把他的著作整理出版，幼仪表示愿意赞助"。幼仪当即寄信到纽约，让儿子徐积锴负责搜集资料。有资料显示，张幼仪"赞助"此事而不挂名，乃是因为她是徐志摩的前妻，且后来又嫁人，不愿意出头露面。

说到这里，我想插上一句，不知梁先生是真的太厚道，还是太自以为是，脑子一时失灵。幼仪游台，肯定是先找表弟蒋复璁，商量好了要做什么事，该劳驾什么人，才请的梁实秋。断不会是到了台湾，因为梁先生德高望重，不见梁先生，过101大厦都不敢瞥一眼才请的这个客。依梁先生的说法，好像是推杯换盏间，忽然想起有这么一档子事似的，他说了，别人才应和的，不是太自以为是了吗？

作品资料大体齐备，传记文学社刘绍唐闻知，毅然引为己任，于是便由传记文学出版社承揽，于1969年出版了台版《徐志摩全集》六辑。他们不叫卷，而叫辑。这是因为，全集中徐志摩作品，成书的均原书影印，再附以佚文。称之为辑，倒也恰切。

全书六辑。第一辑为图片、函札墨迹、未刊稿手迹、纪念文、挽联挽诗祭文、年谱。第二辑至第五辑，系影印徐志摩过去出版的单本著作，每种后面附有《勘误表》。第六辑为新编诗集、新编文集、新编翻译集。

这部全集的特点是，收录资料丰富。第一辑，几乎全是资料。现在各类著作中，收录的徐志摩的照片、墨迹，多半是从这里来的。再就是，志摩的单本著作全部影印，买下这么一部全集，等于买下了徐志摩全部著作的单行本。从保存徐志摩已出著作的完整上说，这部全集的功劳最大。

缺点也很明显，就是当时在台湾收集志摩遗文，甚为不易，也就难以齐全。比如《新月月刊》，起初只找到十余册，后来还是驻日主官陈之迈鼎力协

助，在日本访得三十余册摄影寄来。

这套全集，近年来也有大陆出版社引进印行。

陈建军说的另外三种全集，其中天津人民出版社2004年出版的八卷本《徐志摩全集》，经过增补，又由商务印书馆于2019年出了十卷本的《徐志摩全集》。正如陈先生所言，增补部分主要取自陈建军、徐志东二位编的《远山》一书。

第十二章

南下、殒命与哀荣

1. 离北平前的十几天

志摩的死，就是飞机触山轰隆一声，当下就没了命。但是，事后回溯，却不能不说，冥冥中有什么注定了的东西。至少几句话，说得蹊跷，让人过后，思之极恐。这样的话，古人的说法是一语成谶。

我们不必讲究这些，且将志摩去世前的日子，以11月11日晚到上海，分成两个时间段，一一考察。

先得确定，是哪天决定南下的，这样就能确定第一个时间段，从哪天开始。

志摩这次南下，是为两宗房地产生意，他做中介，可以收一笔佣金。两宗买卖，哪宗先成做哪宗，不管哪宗成了，都必须回，做中介不能两边不见人光收钱。第一宗是蒋百里的房子要卖，何竞武想买。还有一宗是孙大雨的房子要卖。且看1931年10月23日（星期五）给小曼的这封信：

今天正发出电报，等候回电，预备走。不想回电未来，百里却来了一信。事情倒是缠成个什么样子？是谁在说竞武肯出四万买，那位“赵”先生肯出四万二的又是谁？看情形，百里分明听了日本太太及旁人的传话，竟有反悔成交的意思。那不是开玩笑了吗？为今之计，第一先得竞武说明，并无四万等价格。事实上如果他转买，“卖”出三万二以上，也只能算作佣金，或利息性质，并非少蝶一过手即有偌大利益。百里信上要去打听市面，那倒无妨。我想市面决不会高到那里去。但这样一岔，这桩生意究竟着落何处，还未得知。我目前贸然回去，恐无结果；徒劳旅费，不是道理。

我想百里既说要去打听振飞，何妨请少蝶去见振飞，将经过情形说个明白。振飞的话，百里当然相信。并且我想事实上百里以三万二千元出卖，决不吃亏。他如问明市价，或可仍按原议进行手续，那是最好的事；否则就有些头绪纷繁了。

至于我回去问题，我那天都可以走，我也极想回去看看你。但问（题）在这笔旅费怎样报销，谁替我会钞，我是穷得寸步难移；再要开窟窿，简直（受）不了。你是知道的。大雨搁浅，三百渺渺无期。所以只要生意确有希望，钱不愁落空，那我何乐不愿意回家一次。但星六如不走，那就得星四（十月

二十九）再走（功课关系）。你立即来信，我候着！摩摩　星五

看来蒋百里那边一时定不下来，而孙大雨这边，有些眉目，成的可能性大些。10月29日又有信给小曼：

大雨家贝当路那块地立即要出卖，他要我们给他想法。他想要五万两，此事瑞午有去路否？请立即回信。如瑞午无甚把握，我即另函别人设法。事成我要二厘五的一半。如有人要，最高出价多少，立即来信，卖否由大雨决定。

早就说好10月29日（星期四）再走，既然大雨这儿的房子“立即要出卖”，回去活动一番，插进去做个中介（通常两人），拿一半的佣金，也是值得的。

现在可以确定，决定南下的日子，应该是10月23日。所以一拖再拖，是要搭顾维钧的飞机。顾是张学良的外交顾问，要去南京向中枢汇报，乘的张学良的专机。徐是顺便搭乘。

这个搭乘，并不是与顾维钧有交情，也不是与张学良有交情，是与张学良私交甚厚的政界名流汤尔和搭的线。一次次走不了，11月9日，在给小曼的信上说了原委：

这可真急死我了，我不说托汤尔和给设法坐小张的福特机吗？好容易五号的晚上，尔和来信说：七号顾少川走，可以附乘。我得意极了。东西我知道是不能多带的，我就单买了十几个沙营，胡沈的一大篓子，专为孝敬你的。谁知六号晚上来电说：七号不走，改八号；八号又不走，改九号；明天（十号）本来去了，凭空天津一响炮，小顾又不能走。方才尔和通电：竟连后天走得成否都不说了。你说我该多么着急？

10号白天都不知道可飞，晚上才知道第二天一早起飞。

这样就知道了，第一个时间段，从10月23日决定南下算起，到11月11日当晚到上海，不算23日，共计19天。

早就定下了，又一次一次地展期，让志摩在南归前，几乎见到了北平城里所有的朋友。一次次的见面，就是一次次的告别。有的朋友也将这样的见面，称之为送行。

最早为志摩送行的，应当说是刘半农。

在廖辅叔写的《乐坛谈往》一书里，有篇《刘半农与赵元任》，其中说：

徐志摩南下上海，刘半农邀集友好为徐饯行。一个月之后，徐志摩因飞机失事遇难，刘半农给他送去一副挽联曰："一夕清谈成永诀，万山浓雾葬诗魂。"

志摩决定南下的日子是个星期五，若这个饯行也还正规的话，当会选个星期天，清闲的人多些。假定为星期天，那就是10月25日，距志摩遇难，一个月零几天，正是一个月之后。

再一个是熊佛西，地点在燕京大学的勺园。佛西散文集《山水人物印象记》里，有一篇《忆志摩》，内中说：

某夜，我们在勺园小集，记得正是深秋阴霾天气，北风虎虎的刮着窗纸，落叶纷纷在院内卷起。熊熊炉火，一杯清茶，我们互谈心曲，他说往事如梦，最近颇想到前线去杀敌！他恨不能战死在沙场上！他什么样的生活经历都已经历，只没有过战场上的生活！他觉得死在战场上是今日诗人最好的归宿。

什么时间，从"深秋"上推断，只会在南行前。勺园在燕大旁边，也可说是燕大的校园。

或许就是这次出城，也去清华，看望了在清华教书的叶公超。叶在《新月拾旧——忆徐志摩二三事》一文中说：

志摩死的前几天，神采飞扬地来找我："明天一起去上海吧！机票来回免费。"我说："没事去上海，不去！"他一直怂恿我去玩玩，我坚持不去。谁知过几天飞机就出事了。

这个时间，只会是个大略的说法。城内距清华甚远，不是说去就能去的。再者，志摩死的前几天，没有出城的记载，要去，只会是见了熊佛西这次。至于先见谁后见谁，为了见谁，又顺便见了谁，则另议。我的看法是，白天去了，见了叶公超，听说在哈佛学戏剧的熊佛西回来了，在燕大任教，便去了勺园找熊。去了就住在熊处，晚上天冷，才会有熊熊的炉火。

这次在燕大，还见了谢冰心。且看一封信，冰心写给梁实秋的：

志摩死了，利用聪明，在一场不人道不光明的行为之下，仍得到社会一班人的欢迎的人，得到了一个归宿了！我仍是这么一句话，上天生一个天才，真是万难，而聪明人自己的糟蹋，看了使我心痛。志摩的诗，魄力甚好，而情调则处处趋向一个毁灭的结局。看他《自剖》里的散文，《飞》等等，仿佛就是他将死未绝时的情感，诗中尤其看得出。我不是信预兆，是说他十年来心里的酝酿，与无形中心灵的绝望与寂寥，所形成的必然的结果！人死了什么话都太晚，他生前我对着他没有说过一句好话，最后一句话，他对我说的："我的心肝五脏都坏了，要到你那里圣洁的地方去忏悔！"我没说什么。我和他从来就不是朋友，如今倒怜惜他了，他真辜负了他的一股子劲！

说到女人，究竟是"女人误他？""他误女人？"也很难说。志摩是蝴蝶，而不是蜜蜂，女人的好处就得不着，女人的坏处就使他牺牲了。——到这里我打住不说了。

这里，我们不必牵涉别的女人，说冰心与志摩，只说冰心与志摩。这样的材料，我愿意多引用些。这本书，总的倾向，是说志摩好的，遇上说他不好的，就该多引用些，也才公道。只是冰心这话，也要细细检讨。不是冰心检讨，是我们对它多些检讨。

先说时间。是1931年11月25日，在燕大教书的冰心，写给在上海教书的梁实秋。其时距志摩遇难，不到一个星期。志摩刚死，朋友通信，自然要提到。谢与梁的私谊甚好，说话也就不会有顾忌。可以说，对志摩的鄙薄，是这个女人的真实心态。"女人的好处（他）就得不着"，这话最合一个好女人（或自命为好女人的女人）的身份。好女人的名誉，冰心是当得起的。

这里要推究的是时间。信中有"最后一句话"之语，她与夫君都在燕大任教，我以为这最后的一句话，只会是志摩这次去清华，先见了叶公超，再去燕大，见了冰心之后说的。

至于话语，"我的心肝五脏都坏了，要到你那里圣洁的地方去忏悔！"不像是信上写的，很像是要去了，打个电话，电话上说的。这口气，像志摩的，俏皮，甚至可说是轻佻。冰心知道实秋与志摩相友善，对着有好感的实秋，说对另一个男人怎样的不屑，当在情理之中。这样的比对，是许多女人，对着自己心仪的男士，常用的一种表情达意的招儿。

"他生前我对着他没有说过一句好话"，只是为了加重对志摩不屑的分量。

心态是真实的，事情不一定真实。

冰心说徐生前，她"对着他没有说过一句好话"，真是这样吗？

1928年12月间，梁启超病重，志摩从上海赶到北平看望，同时顺便看望北平的老朋友。12月24日去清华看望罗家伦、张彭春等人后，12月25日写给小曼的信中说："（昨天）晚归路过燕京，见到冰心女士，承蒙不弃，声声志摩，颇非前此冷傲，异哉。”至少这次是好话。该信冰心后来的表白，还是该信志摩当年的日记？我的看法是，志摩为人再不好，在这件事上，我还是信志摩的。志摩就是神仙，也不会料到冰心在他死后说那样的话，预先伏下这么一笔。

再一个见过的是郑振铎。在《悼志摩》文中说：

我和他最后一次见面是在四个礼拜以前，适之先生家里。他到了北平，便打电话来找我，我在他房里坐了两三点钟。我们谈的话都是无关紧要的，但也都是无顾忌的。他的态度仍如平常一般的愉快，无思虑。想不到四个星期之后，我们便永远的再见不到他了！——我们住在乡下的人，消息真是迟钝，便连他南下的消息也还不曾听到过呢。我还答应过清华的同学，说要找他来讲演。不料这句话刚说过不到几天，我们便再也听不到他的谈吐，他的语声了！

这里的“他到了北平”，指的是志摩10月间去沈阳，看望过林徽因夫妇又回到北平。郑振铎此文，写于1931年12月3日，说是四个星期之前见过志摩，那么当是11月初。回到清华之后，再跟同学们说要请志摩来讲演，又在数天之后，“刚说过不几天”，志摩便死了，从时间上说，是契合的。

离北平前，还见过许地山，也是郑振铎文里说的：

地山告诉我，他最后见到志摩的一天，是在前门拥挤的人群里，志摩和梁思成君夫妇同在着。

“地山，我就要回南了呢。”志摩说。

“什么时候再回到北平来？”

志摩悠然的带着玩笑的态度说道：“那倒说不上，也许永不再回来了。”

地山复述着最后这句话时，觉得志摩的话颇有些“语谶”。

11月9日去看望凌叔华。凌在《志摩真的不回来了吗？》里有记载：

我分明记得你在南去前两天告诉我“明早要御风南去”，可是第二天在电话里你答我说“风太大，吹回来了”，电话里的带笑的顽皮声分明还在我耳朵里响，那绝不是梦，安知你这一次不会又向我来电话说被风吹回来呢？可是我呆呆等了三天电话，等到去济南探望的朋友回来，听他们讲志摩身体比其余两人完整多了，竟在空机架内度了两个黑夜（听到这里，我不禁还说这却是他平日所爱的昏夜梦境，有时听得到枭鸟怒号的荒郊……他诗的幻象）。可是这憔悴了的朋友，他不得不往下说志摩是已经装在棺材里了，上面有块玻璃，只看见他的脸。

这里多引用几句，是因为此文里，说了一些外人很少提及的情况，比如志摩的尸体，在空机架里待了两个黑夜。尸体装在棺材里，上面有块玻璃，能看见死者的脸。至于这块玻璃，是在棺材盖上，还是在棺材里面，殓衣的上面，就不清楚了。以我的估计，当是在殓衣的上面。志摩入殓，用的是现成的棺材，不会有人想到，在上面挖个洞安上块玻璃。

9日晚，在中山公园见到吴其昌兄弟等乡友。吴在《徐志摩在家乡》一文里，有详细的记载。这个日子，是从吴的文章中推勘出来的，因为10日晚，另有事情占据，只能将这个会面放在9日晚上：

让我再记记吧！我最后一次会见志摩。十一月十九日前的一个星期左右。我从朱桂莘先生家里出来，梁思成邀我到他家里去坐，同去的还有叶公超先生。——谢谢梁先生。因为他的一邀，使我最近得见志摩一面。

见面的情形，在第二章《他的声音》一节里有转述，不赘。

11月10日白天，在景山东大街遇见周作人。周作人《志摩纪念》文中，一起首，就说了这次的偶遇：

面前书桌上放着几册新的旧的书，这都是志摩的创作，有诗，文，小说，戏剧，——有些是旧有的，有些给小孩们拿去丢了，重新买来的。《猛虎集》是全新的，封页上写了这么几行字："志摩南飞的前一天，在景山东大街遇见，他说还没有送你《猛虎集》，今天从志摩的追悼会出来，在景山书店买得此书。"

11月10日白天，与陶孟和、沈性仁夫妇谈话三小时，有时趣味横生，有时郑重。（陶孟和《我们所爱的朋友》）

10日晚上，两次去梁思成家。林徽因在《悼志摩》文中有记载：

他离平的前一晚我仍见到，那时他还不知道他次晨南旅的，飞机改期过三次，他曾说如果再改下去，他便不走了的。我和他同由一个茶会出来，在总布胡同口分手。在这茶会里，我们请的是为太平洋会议来的一个柏雷博士，因为他是志摩生平最爱慕的女作家曼殊斐尔的姊丈，志摩十分的殷勤，希望可以再从柏雷口中得到些曼殊斐尔早年的影子，只因限于时间，我们茶后匆匆地便散了。晚上我有约会出去了，回来时很晚，听差说他又来过，适遇我们夫妇刚走，他自己坐了一会儿，喝了一壶茶，在桌上写些字便走了。我到桌上一看：——

“定明早六时起飞，此去存亡不卜……”我怔住了，心中一阵不痛快，却忙给他一个电话。

“你放心，”他说，“很稳当的，我还要留着生命看更伟大的事迹呢，哪能便死？……”

再看第二天到南京的事。

11日晨6时由北平起飞，中午到南京，即去看望张歆海、韩湘眉夫妇，谈至夜晚，张韩夫妇送徐上火车，晚11时抵沪。这个时间的推定，也该说一下。志摩死后，韩湘眉在纪念文章《志摩最后的一夜》中，先说了志摩北上教书后，每次回上海，路过南京，总会在他们家住一宿，且每次都在同一个房间：

我们坐在这曾经多次做过你卧室的房间，对着这一炉熊熊的火，心里却只有冰霜。想起你，未进门来，笑语先闻，一进门后，屋内顿时变态，连一桌一椅甚至于壁上挂的画，都从你得了特殊的生气。

说过对死的惊异之后，说：

志摩！你是十一日由平南来的，那日我们同聚到送你上车回沪。

至于11点到沪这个时间，只能从给小曼的信上勘定了。前面引过的11月9日给小曼的信上，在说过本想做一个飞将军，突然回家，给小曼一个惊喜，当得知小曼小产之后，心急火燎，说了他当下的打算：

我为此呆了两天，又急于你的身体，满想一脚跨到。飞机六小时即可到南京，要快当晚十一点即可到沪，又不化本；是多痛快的事！

有这个行程时间，前面说过顾维钧南下，是6点起飞，也就知道，志摩到南京的准确时间，是11日中午12点。志摩说他晚11时可到上海，若南京到上海的夜车要走3个小时，则湘眉夫妇送志摩离开南京上车的时间，当在晚8点。

2. 在上海的几天

在上海的时间，从12日算起，到18日午后离家，共是7天。

这7天，在徐志摩研究上，不是很清晰。都会说到的是，和小曼起了争吵，小曼飞过来的烟具，打碎了志摩的眼镜。实则，这7天，有着丰富的内容。

且一天一天地往下推勘。

11月12日，像是在家休息了一天，或者去跟孙大雨说卖房子的事。像是没什么实质性进展，真应了他的话，做不成买卖，就是回来看望小曼，也是值得的。

13日晚上，郁达夫来徐家。《志摩在回忆里》一文中，达夫说：

在他遇难之前，从北平飞回来的第二天晚上，我也真是偶然的，真真是偶然的，闯到了他的寓里。那一天晚上，因为有许多朋友会聚在那里的缘故，谈谈说说，竟说到了十二点过。临走的时候，还约好了第二天晚上的后会才兹分散，但第二天我没有去，于是就永久失去了见他的机会了。

志摩是11日晚上11点到家的。中国人计时的习惯，只会说12日是回来的第一天。那么，达夫说志摩“从北平飞回来的第二天晚上”，只会是13日晚上。

14日上午，去刘海粟住处，看刘欧洲海外归来，带回的画作。

此事，在刘的《志摩之死》里，有详细的记载。

《志摩之死》一文甚长，于志摩死后，分五次连载于《申报·自由谈》，时间是1931年的12月4日到8日。此文过去我曾见过，不是全文，且出处失记，这次是在上海文史学者朱勇强先生的资料汇编《轮盘永转　新月长悬——徐志摩治丧琐记》里，看到复印件，经辨认才读到全文的。

在考察志摩停留上海期间的纪事上，此文有重要的价值。因系复印件，有许多字迹实在难以辨认，这里只能将志摩去刘家的一节抄录如下。辨不清的字，仍要用□代替：

11月14日那天我本想下午到杭州去。正在午餐时候，志摩来了，他一面上楼梯，一面大声喊道。

“海粟，海粟，你好吗。我来看你的宝物了。”

我真没法形容我那在快乐的神奇的启示中的浑身的极欢。谚云，得一知己，终身无憾。志摩就是我一个终身的知己，尤其是对于我的画。

他走到画室，就一张一张地细看着我的新作，大约看到二十几张以后，他就坐在沙发上。充满着两颊发烧那样的神气，深深地说：

“这样，才是画，看了才过瘾。海粟你的力量已到了画面之外，你站住了。现在你是世界的人，不是中国的人了。可怜中国，云何谈艺。人才太少，但是有一个人也够了……”

以后，又大谈其巴黎。显着满是希望的脸色，他也讲了各样的话，我正想着留他吃饭，他说罗隆基请他吃饭，吃过饭再来详细复看几幅。

大约三点多钟，他又用他天生的银一般澄澈的声音，一直喊上楼来，将一双大手一把拉住我，使我重复感到无穷的温情。

“海粟，我同了二位朋友来看你的杰作。我来介绍罢，这是罗隆基，这一位是王□姐。”

他自己一张一张将我堆积在一边的画理出来，放在画架上。坦率地站在那里看，看一回，讲了好几回。每看一张画，总是“海粟，海粟”的，用了对自己手足一般的亲密谈着话。我也不知不觉像我的兄弟到了家的亲密。不多久，我们的朋友顾荫亭从南京来，他又像是出于意外的与荫亭叙了阔别。那样子，很自然，像和自然同化着似的。他又很热心地叫荫亭看我的画。后来大家又谈了东北的事和翡冷翠的事。他忆起翡冷翠的□桥，他又洋洋地感慨着国事。一直谈到五点钟他才回去。临行他又说：“海粟，你等一会儿早些到我家，一同到程霖生那里吃晚饭看石涛。”

大约七点左右，我到志摩家。他在楼上又是那样狂喊，坐了一刻，王文柏也来了，他把看画的事一一说起。又促文柏快去看我的画。文柏总是拿微笑来对付他。

停了一会，我们就到程家去。走进宅内，仆人引路，一直到客厅里面去。却是程先生还没有回家。只有三个中年的绅士或是富商。后来由翁君领我们去看程先生收藏的铜器，却有不少珍异。程先生回来后，和我大谈了一通石涛。志摩只是静静地倾听着。

吃饭时又讲了许多关于中国书画的话。程先生对于我们，是很尊敬的。他和文柏又谈了上海的经济现状。这一段话我是很外行，所以忘得干干净净。

饭后，我们充满着希望，希望快看石涛。

当程先生展开石涛的《百美图》大手卷时，我们便都不开口，只是谨慎地注视着。看完了《百美图》以后，又连看了十几个手卷。有山水，幽兰，墨菊，罗汉，一直看到十二点。

“好极了，好极了。”我们不约而同地说。

这时候又来了朱庆澜、查勉仲，又谈了黑龙江的事和赈灾的事。朱先生是真实的慈善家，他是真能为灾民请命的。他的人望，也是非常之大呀，我想。中国近三十年来，未曾有过他那么一个可以使人感戴的人。勉仲这几年来也脱离了教育事业，跟着朱先生救灾。因为中国是一个灾难的国呀。

“不早了，一点左右了。不要尽管听着不肯走开。”我这样说。于是我同志摩、文柏就告别主人出了宅门。

文中的王文柏，该是王文伯，也叫王征，1928年与志摩一同去了美国，又一同去欧洲，在印度才分的手。与罗隆基同来的王□姐，很有可能是他当时的夫人王右家。那个辨不清的□，该是一个与右同音的字，或者就是右字。志摩说的时候，说的是王右家，海粟初识，只能听音，就听成了“王右姐”，写的时候，不知是哪个右字，便取了一个同音的字，复印件上模糊不清，只能用□替代。

去刘海粟家看画，应罗隆基之请吃晚饭，又与刘海粟一起去程霖生家看石涛的画，这该是志摩回南后，一项重要的活动。

这里要插一笔，罗隆基请志摩吃饭，不会只请志摩一人，而没有陪客。陪客几人又是谁呢，我的看法是，至少有一人，这一个人还是梁实秋。且看梁在《谈徐志摩》里的这一节文字：

提起志摩坐飞机，我就想起他对我的一次谈话。他说：“实秋，你坐过飞机没有？”我说我没有坐过，一来没有机会，二来没有必要，三来也太贵。“喂，你一定要试试看，哎呀，太有趣，御风而行，平稳之至，在飞机里可以写稿子。自平至沪，比朝发夕至还要快，北平吃早饭，到上海吃午饭。太好。”

这是二十多年后写的，不会那么准确。比如说，北平吃早饭，到上海吃午饭，比朝发夕至还要快，这样的话，只会是他后来的情形。因为志摩当年，这条航线还没有开通。只会是北京吃早饭，到南京吃午饭。至于飞机上可以写稿子，倒有可能是真的。他南下坐的是张学良的福特机，属专机性质，办公设施，一应俱全，写文章当不在话下。我所以说这是梁先生参加了罗隆基的宴请而得到的记忆，最最主要的是，志摩在上海只停了六七天，时间卡得紧紧的，绝没有梁先生单独请志摩的机会。而志摩坐北平南下的飞机，也就这么一次。

这天下午邢鹏举因病，将赴无锡休养，行前得知志摩回沪，即赴志摩寓所求见，不遇，留一信片即去。志摩回寓，写一便函，着仆人转送去，信中说：

得片至慰。此番匆匆回南，事前不及通知。今日午后来得不巧，我又因事外出。我已决定明日赴硖，后日夜车到宁。一切容后函谈。弟身体太弱，最好暂时休养，"雪莱"等篇，且等复原后再做不迟。弟事已与萧恩承先生商妥，下年准可有成。"勃莱克"至今未曾出版，甚觉奇怪，有便当向中华催询。志摩候候　十一月十四日。

这个信，最早收入志摩死后，邢鹏举写的《爱俪儿释放了——哭志摩师（二）》文中，载《光华附中》第5期。不知为何，收入各种版本的《徐志摩全集》时，都写成1930年11月14日。查后来中华书局出版的"新文艺丛书"翻译部分，有邢鹏举的《勃莱克》一书。未必是志摩在世时不出，死了才出。极有可以是书稿送过去，书局方面还有个编辑出版的过程，拖的时间长了，志摩才会说那样的话。

这封信的价值，不在对青年作家的关怀，而在确定了志摩后几天的行程。即15日这天回硖石老家看看，16日夜车到南京。真要这样，就不一定会死了。17日济南附近不一定有大雷雨也。不管这些，只说此后两三天做了什么。

我的《徐志摩传》上说："11月15日，回硖石老家。第二天没回来，在老家多待了一天。"但没出注。不知是从什么书上看到的，还是我自己估摸出来，且不必作数。看看后来的事，能不能推算出，是按时回来，还是真的多待了一天。

志摩死后，贺天健写了一篇文章，名叫《志摩遭劫前二日之晚上》，登在1931年12月1日的《申报》上。连出版的日子都算上，距志摩之死也才12天。

他是小曼学画的老师。文章开头，先表明了自己的这个身份。说志摩夫人小曼女士，于画道，研究固有素也。拜他为师，不过是聊备咨询而已。咨询时间亦颇少。上次别时，约为持画之叙。"持画"的持字，看不甚清，是我猜的。想来意思是，拿来真正的画看了再说。下面就说到他要说的那个晚上了：

盖志摩自硖石家中，携有无为公子一篓，硖石产蟹固著名者。余隔一日过其寓，志摩自外入，握手言欢，情致拳拳，未几，即桌食蟹，兜充脐清，小鱼为羹，座有不善食者，志摩教以分割法。食次谈及乘福特机，在京平道中情况。言自黄河以北，下视田畴，皆作紫黑色，自河以南，下视田原，皆作赤色，甚为光洁。阡陌径界之分布，历历如棋枰，章章有序。言及市井道路人烟密处，则如蚁围蝶聚，营营不息。至此忽叹息曰，不图此区区之间，而有所谓愁云之扰扰耶！余曰，南华秋水之篇，于此三致意焉，子何复有此感哉。

小曼女士以志摩目疾未愈，即劝少食。志摩因谓余曰："余最嗜此物，在北平时，目疾由是而得，现且愈矣。"余因晚餐已进，尽其兴，志摩复饮酒三杯，兴会淋漓，即离座而起，引吭高歌，并作海鸥之舞，此（志）摩之欢，诚非平日所有也。余以吴子诚尝托余要志摩书法，盖已三年矣。乘此要志摩书，志摩兴酣落笔，为书屈原渔父篇。既竣，绝似郑海藏。夜已阑，余乃与握手言别，志摩曰，余此去仅三星期即返，相见不远也。相与致意而别行。翌晨，余亦乘车返锡。呜呼，孰知此半宵之欢叙，即为志摩一生末日之前之第二晚耶，哀哉。

末后，贺氏还说，志摩曾因中国画史无精当之作，约他编《中国画家史传》，还曾与他较臂力，志摩盖亦学武术者。

文中有几处要阐释一下。

志摩自硖石家中带来一篓蟹，贺氏称之为“无为公子”。这是彼时，南方的蟹，安徽无为县所产，最为著名，遂有“无为公子”之戏称。志摩的书法，“绝似郑海藏”，郑海藏者，郑孝胥也。屈原渔父篇甚长，志摩酒后，所书该是摘句，名句有两三处，适合写条幅的当是："沧浪之水清兮，可以濯吾缨；沧浪之水浊兮，可以濯吾足。"但愿这个条幅，仍在人间某处庋藏。

这次喝酒的时间，文题与文中，说得最是明确：1931年11月17日晚饭起，到“夜已阑”。文中又说，蟹是志摩自硖石家中带来。蟹之为物，最不宜存放。当天拿来，当天食之，最是相宜。此其一也。再就是，贺氏说“余隔一日过其寓”，也就是说，前天他还来过徐家教小曼作画，且许下“持画之叙”，拿上画来，细细叙谈。这样才会隔了一天，又来到徐家。这么说来，志摩15日回硖石，16日没有回来，17日回到上海该是确实的。至于是上午就到了，还是下午才到，极有可能是下午才到。硖石到上海，130公里，彼时的车速，不比现在，车程当在四五个小时。

贺氏下午晚些时候到家，家中并无志摩，先与小曼谈画，之后“志摩自外入，握手言欢”。若志摩下午到家，此时外出，不会是有应酬，极有可能是去请那个待会儿来了的“座有不善食者”。

这样一厘清，16日交代过，17日也不必多议，只说晚上这场“大战无为公子”的螃蟹宴就行了。

有三点，要关注。

一、贺天健来了，并不知志摩今晚请人在家吃螃蟹。文中有语，他“晚餐已进”，“过其寓”，接下来才是“志摩自外入”。很快开饭，螃蟹上了桌，“座有不善食者，志摩教以分割法”，则此不“不善食者”，当是志摩请来的正式客人。这样，饭桌上，连同小曼，最少也有四个人了。

二、小曼此晚，颇有主妇的风仪。留老师吃蟹，不用说了，主要是饭桌上，对志摩的关心。“以志摩目疾未愈，即劝少食”。志摩也承认，在北平就爱吃蟹，目疾由此而得，只是将要痊愈了。

三、志摩这一晚上，喝高了。吃蟹喝酒，当是黄酒，又“复饮三杯，兴会淋漓”，可见兴致之高。再就是，这后来的三杯，说不定还是白酒。这样才会有接下来的，“离座而起，引吭高歌，并作海鸥之舞”，也才有贺氏一说，当下就“兴酣落笔，为书屈原渔父篇”。

说这些是什么意思呢？

这一晚上，志摩极有可能是醉了。

说到这里，要探讨一下志摩的酒量。

因为这一晚，醉了还是没醉，关系甚大。

先得说一下志摩的酒量。梁实秋在《谈徐志摩》中说，“他喜欢喝酒，而从没有醉过”。我的看法是，他没有在人前醉过，不等于他就没有醉过。喜欢喝酒的，几乎没有不醉的，只说醉的次数多少，醉的情形是轻是重。而且我还认为，志摩醉了，跟常人的醉，不会有大的区别，或许某一刻，较常人甚之。

为什么这么看重这一晚是醉还是不醉呢？

因为这一晚，两人大吵一通，到了不可收拾的程度，导致了志摩愤而出走，再推衍下去，就是导致了志摩猝死也不为过。什么都是踩着点来的，一步一步，正好踩在那个点上，就不能不怨前一个点儿。

接着说在上海的事，仍以材料为凭据。

当晚，客人走后，回到楼上卧室。

后来发生的事，志摩曾告诉他人，达夫辗转知晓后，告了其妻王映霞，多年后王映霞在《我与陆小曼》一文中有记述：

当天晚上，志摩劝小曼戒了鸦片，苦口婆心地说：“眉，我爱你，深深地爱着你，所以劝你把鸦片戒掉，这对你身体有害。现在你瘦成什么样子，我看了，真伤心得很，我的眉啊！”不料小曼听了，大发雷霆，随手把烟枪往志摩的脸上掷去。志摩赶快躲开，金丝眼镜掉在地上，玻璃碎了。

我的《徐志摩传》里，认为此事发生在11月16日晚上，是错的。王映霞认为此事发生在志摩离开上海的前一天晚上，是对的。

这前一天，就是贺天健说的11月17日，晚餐请客吃螃蟹。

台湾天一出版社，出过一套朱传誉主编的《徐志摩传记资料》，内中收有芝厂的《一生多彩多姿的陆小曼》一文，说了当天晚上后来的事：

志摩一怒之下离家外出。晚上陆母责怪小曼，小曼心灰意冷又气愤难平，写了一封措辞刻毒的信放在志摩桌上，以为志摩晚上回来会看到。当晚志摩没有回家，在陈定山家里谈了一夜。见有现成的烟榻，嚷着也来一口，定山夫人说："你不是不吸的吗？"志摩苦笑地说："我要尝尝看到底是什么滋味。"

在陈家住了一晚，第二天上午仍不愿回家。做什么呢，曹聚仁《听涛室人物谭》一书中有记述。参考上文，撮述如下：

18日上午，志摩仍在陈定山家，托查猛济约曹聚仁第二天同往苏州访章太炎先生。

当天下午志摩回家后，改变主意，又打电话告诉查猛济取消前约，不去苏州了。事情不急，晚上查猛济才来告诉曹聚仁说志摩次晨要飞北平，去不成苏州了，以后再说。

志摩所以改变主意不去苏州，是因为回家后看了小曼放在桌上的信。

当时志摩悲愤交加却又气极无语，没和小曼说一句话，随便抓起一条裤子换上，提起平日出门的箱子就走。这一切小曼和她母亲都看在眼里，却无法阻拦，只能眼睁睁地看着志摩离家出走。志摩一走，小曼就后悔了，也后怕了，第二天上午赶紧写了封长信寄往北平，给志摩认错。全信如下：

前天晚上我亦不知怎样写的那封信，我真是没有□的人了，我心里为难我亦不管你受得受不得我，我糊里糊涂的写了那封信！我这才受悔呢！还来得及么？你骂我亦好，怨我亦该，我没有再说话的权了！我忍心么？我爱！你是不会怨我的亦决不骂我我知道的！可是我自己明白了自己的错比你骂我还难受呢！我现在已经拿回那信了，你饶我吧！忘记了那封被一时情感激出来的满无诚意的信吧！实在是因为我那天晚上叫娘哭得我心灰意懒的，仿佛我那时间犯了多大的罪似的，恨不能在上帝前洗了我的罪立刻死去。现在我再亦不信我会写那样的信给你了，就算是你疑我亦不怨你，不过摩呀我的心！你非信我爱你的诚心，你要我用笔形容出来，是十支笔都写不出来的。摩呀！你要是亦疑心我或是想我是个Coquette，那我真是连死都没有清白的路了。摩呀！今天先生说些话使我心痛的利害，咳！难道说我这几个朋友还疑心我还看不起么？可是我近来自己亦好怕我自己，我不如先的活了，有时我竟觉得我心冷得如灰一样，对于无论何事都没有希望，只想每天糊乱的过去，精乏力尽后倒床就睡。我前年的样子又慢慢的回来了，我自己的本性又渐渐的躲起来了，他人所见的我——不是我本来的我了。摩呀，我本来的我恐怕只有你一人能得到——享受或是永不再见人。前天下午你走的时候我心里乱极了，我要你——近我——近了我——又怕娘见著骂——你走了我心如失，摩呀！

Coquette一词，意为卖弄风情的女人。

由这一词，可以推测，志摩17日晚在劝小曼戒烟的同时，还说了些什么话，何以小曼会勃然大怒，竟将烟枪甩了过去。怕不止这么一个英文词儿。小曼信上，还有一句，“现在……就算是你疑我亦不怨你”，那么就是，当时你疑了我，我才那样的怨你。据此，可知志摩在说了这个Coquette英文词儿之前或是之后，还说了几句别的话，以坐实小曼的Coquette。

这样的话，只会是酒醉之后，脱口而出。

信中“前天下午你走的时候”，当是昨天之误。因前面有“前天晚上我亦不知怎样写的那封信”之语。若志摩已走，小曼写的信是不可能让志摩看到的。必须是前一天晚上写下，才能在第二天看到。必须是在家中写了给志摩看，志摩走后才能将那封信拿回。

小曼认错的信19日寄出，志摩未看到，胡适接到后收藏。几十年后，在黄山出版社1994年出版的《胡适遗稿及秘藏书信》里，披露出来。

事情发展到这一步，还要补充一个情由的是，好多书上都说，志摩对小曼因病而吸大烟是理解的。周围的朋友，都知小曼吸大烟时，是与翁瑞午两人在烟榻上，一人一边，相对而卧。多认为一男一女，如此行事，不成体统。志摩则不然，内心或许有些不快，看法还是豁达的。他认为，夫妻之间是爱，朋友之间是情，男女的情爱既有如此分别，丈夫就不应该禁止妻子结交男性朋友。且两人横卧烟榻之上，中间隔着烟盘烟灯，只能谈情，不能做爱，也就不必多心。

如果真有这样的话，我要说，这不过是做给人看的，究其实，他的内心是很痛苦的。且看1931年春天，初到北京，内心烦躁，3月19日给小曼的信上是怎么说的：

我决意去外国时是我最难受的表示。但那时万一希冀是你能明白我的苦衷，提起勇气做人。我那时寄回的一百封信，确是心血的结晶，也是漫游的成绩。但在我归时，依然是照旧未改；并且招惹了不少浮言。我亦未尝不私自难受，但实因爱你过深，不惜处处顺你从着你。也怪我自己意志不强，不能在不良环境中挣出独立精神来。在这最近二年，多因循复因循，我可说是完全同化了。但这终究不是道理！因为我是我，不是洋场人物。于我固然有损，于你亦无是处。

不必多说了，一句“招惹了不少浮言”，再一句“我是我，不是洋场人物”，若有第三句，就该是“是可忍，孰不可忍”了。李健吾在一篇文章里说，遇上难以索解的文学人物，若无法下手，那就“迎着人性走过去”，不难得到完满的解答。文学人物如此，现实中人物亦然。对志摩与小曼关系的解读，也应当是“迎着人性走过去”。

这样一来，11月17日晚上的事，只可说，一个是酒后吐恶言，一个是气极不理智。不必苛责，均人之常情也。志摩后来的死，是谁也料不到的，这件事上，不必责怪小曼。若不死，多少年后，两人说起此事，保不准还会相视之下，莞尔一笑呢。

好了，这一节就到此为止。

3. 急急北上，所为何事

过去对徐志摩急急北上的解释，有两个，一个是要上课，一个是要赶去听11月19日下午，林徽因给外国领馆人员讲中国古代建筑，地点是协和小礼堂。

要上课，这不用说了，南下是请了假的，请假总有个期限，该回就得回。但是，既然请了假，若是迟上一天两天，胡适是文学院的院长，课程上不难给以调整。从迫切性上说，不是急着北上的理由。

从志摩在上海，对行程的安排上，也能看出迟一天早一天，不是个多大的事儿。比如14日晚上从刘海粟处回来，见到邢鹏举留的信片，当即写信告知他下一步的行程，是明天（15日）回硖石，后天（16）晚车去南京，事实是在家里，多待了一天，17日上午或过午才回到上海家中。其时他母亲已去世，回家只会是去看望他父亲申如先生。父子间过去有好些过节，父亲知道，有妻子在，自会暗中照料儿子，如今家中，一切事务，只有父子相对。面对日益衰老，又新近丧妻成为鳏夫的父亲，志摩的心头，怕也是百般的不是滋味，纵然没有多少话可说，也不忍遽然离开。这才有打乱原定行程，多住了一晚的事情。

这样的推测成立吗？前提必须是申如先生在硖石家中。

在刘海粟的《志摩之死》文中，后面一部分，说了他14日当晚，与志摩长谈后，第二天即去杭州，半途车上遇见志摩父亲也去杭州的事。去杭州是办事，当天去，当天回，不会久留。志摩15日去硖石，申如先生就是当时不在家，傍晚也会回来。或许正是因为父亲回来晚了，所以要多待一天。这样也才会有父亲为他备了一篓螃蟹带上。

如此唠叨，是为了说明下一个揣想，即他的上课时间是怎样一个安排。

志摩初到北京，在给小曼的信上，说了他上课的情形。事见1931年3月4日信上：

> 此星期已上课，北大八小时，女大八小时。昨今均七时起身，连上四课。因初到须格外卖力（学生亦甚欢迎），结果颇觉吃力。明日更烦重，上午下午两处跑，共有五小时课。星六亦重，又因所排功课，皆非我所素习，不能不稍事预备，然而苦矣。晚睡仍迟，而早上不能不起。胡太太说我可怜，但此本分内事，连年舒服过当，现在正该加倍的付利息了。女子大学的功课本是温源宁的，繁琐得很。八个钟点不算，倒是六种不同科目。

可知，他在北京大学、女子大学两处上课，课程是很重的。他要请假，只会是一个星期。南下的时间，由不了他，要看顾维钧什么时候南下，11日南下，是个星期三。这样，他的请假如果从11日算起，一个星期，那么18日（星期三）到校，还是能说得过去的。既然18日去不了，那就只有19日（星期四）赶回。

因此上我说，他这样急急地北上，只是一个正常的行程，绝不会是为了听林徽因的讲座而赶着回去的。

林徽因的讲座，以两人的关系，不在乎这么一个讲座的听与不听，听了固然好，不听也不是多么严重的事。过去的书上，多从两人感情上着眼，有这么一档子事，似乎飞机失事，就跟开汽车赶事、翻车殒命一样，有了非同寻常的意义。这可不是说别人，我的《徐志摩传》上，对志摩的急急北上，也是这么说的。且还是顺着志摩的一句话，给了个更有诗意的阐释。不嫌丢人，且引述如下：

回到胡适家，确知明天要南飞。又来梁家，适遇梁思成和林徽因另有约会刚出去，坐了一会儿，喝了一壶茶，等不来主人，在桌上写个便条离去。林回来很晚，听说徐来过，到桌上一看，徐写的是："定明早六时起飞，此去存亡不卜……"

林一看怔住了，心中一阵不痛快，忙给志摩去了个电话。

"你放心，"志摩说，"很稳当的，我还要留着生命看更伟大的事迹呢，哪能便死？"

这更伟大的事迹若可具体地说，小点说是指林徽因将在协和小礼堂作的关于中国建筑的报告，大点说该是全民族的抗日行动吧。

谁也能看出，末后的一句话里，小点说，大点说，主要的还是那个小点说，并没有把这个"全民族的抗日行动"当回事。

现在，随着材料的不断发现，我以为，志摩的急急北上，实则心里悬着更大的一个心事，就是在这民族存亡的紧要关头，我徐志摩要有所表示，绝不能落在人后。

当时形势，不必说了，九一八事变的发生，不过一个多月，全国民众，正处于高昂的抗日激情之中。只说志摩自身的反应，就足以说明他思想上的波澜。

且将前面有关抗日情怀的事项，逐条开列如下：

1. 南下前一个月，在燕大勺园，跟熊佛西谈心，说他最近颇想到前线去杀敌，他恨不能战死在沙场上。他什么样的生活经历都已经历，只没有过战场上的生活。他觉得死在战场上，是今日诗人最好的归宿。

2. 回到上海，11月14日在刘海粟家看画，顾荫亭从南京来了，志摩叫荫亭看海粟的画。后来大家又谈了东北的事和翡冷翠的事。他忆起翡冷翠的□桥，又洋洋地感慨着国事。同一天晚上，在程霖生家看石涛画，来了朱庆澜、查勉仲，又谈起黑龙江的事和赈灾的事。也就是说，东北的局势，走到哪儿谈到哪儿。

3. 17日在家里吃螃蟹，跟贺天健的谈话，也有对国事蜩螗的感慨。原话是："至此忽叹息曰，不图此区区之间，而有所谓愁云之扰扰耶！"

4. 其时北方的局势，确实非常危急。不必找什么时政资料了，在刘海粟的《志摩之死》里，有这么个情节，最能说明问题：

11月22日那天，我同周碧初、郝克昌二位跑上丁家山去作画，目击着"一天园"的败坏，我想起南海先生，不觉凭在"闲天天室"的窗上，临风涔涔流了许多酸泪。那天晚上归去，有二处请我吃饭，严次平等及林风眠等。我先到严君那里去吃了几杯酒，不多时姜敬庐来简催我去，他说林君住在半山，怕你不认路，所以我亲自来同去。我想这礼是当不起的，即时就赶回旅店，姜君等已在大门口等着。

“你今日看报没有?”姜君劈头就这样问，我说还没有功夫。是否黑龙江失守。他说是的，不过还有一件使你更伤心的事呀，你的朋友徐志摩乘飞机焚死。我听了这一句正如晴天霹雳，浑身冰冷。

这个情节，一是说明了当时人们对时局的关心，再是准确地说明了黑龙江失守的时间。黑龙江在东三省的最北边，黑龙江失守，就等于东三省全部沦陷。时局的严重，自在不言之中。

5. 最能说明这一阶段心事的，该是南下前夕，给小曼的信上说的一句话。信是11月9日写的。隔一天就要南下。因小曼来信，说到翁瑞午想要一个俄国的皮帽，而这种帽子只有天津盛锡福有售，便说到天津的形势（日军会不会入关打进天津），由天津又说到北京：

天津还不知闹得怎样了，北京今天谣言蜂起，吓得死人。我也许迁去叔华家住几天；因她家无男子，仅她与老母幼子；她又胆小。但我看北京不会出什么大乱子，你不必为我担忧。我此行专为看你：生意能成固好，否则我也顾不得。且走颇不易，因北大同人都相约表示精神，故即成行亦须于三五日内赶回，恐你失望，故先说及。

这封信最重要的，不是确定徐志摩离京前的心态，而是对徐志摩急急返回北平提供了另一种更为高尚的解释。原来说要三五日内赶回，如今延宕了两三天，当然更要急着赶回了。而急着赶回的一个重要缘由，则是“北大同人相约表示精神”之举动。

下面还要说到志摩18日晚上，去杨杏佛家看望，杨不在，留了个条子，条子上的一句话，很少有人注意，是这样说的：

北京闻颇恐慌，急于去看看。

急于去看看，也就有表示精神的意思在里面。所谓北大同人，就是北大的教授们，所谓表示精神，就是要在日寇步步紧逼、东三省渐次沦陷、华北几将不保的国难时刻，表示他们同仇敌忾的抗日信念。

当时大学教授们“表示精神”的方式，一是集会发表演说，一是在报上联名发表对时局的宣言。

这样一说，我们就应当对志摩的急急北上，有一个更为丰富的理解，不应只是单一地给林徽因去捧场。

这关系着我们对志摩一生的理解。刚回国，还是一个社会主义者，志在改造社会。参观过父亲的工厂，对民众的生活状况，有了切实的了解，又经过深长的思考，他已成为一个诚挚而又坚定的爱国主义者。知道要改变中国，自己最该做的是什么。

4. 殒　命

18日下午，坐车到南京，住何竞武家。

原拟乘张学良座机返平，顾维钧不即返，只有作罢。离沪时拿上去年保君健所赠免费机票，经联系，正巧次晨有去北平的飞机，乃决定搭飞机北返。保君健为中国航空公司财务主任，欲借诗人之名以作宣传，故赠机票。

一切决定后，即外出看望朋友。从后来的情况看，他是坐了何竞武的汽车出去的。先去张歆海家，张与夫人韩湘眉不在家，去明陵一带游玩去了。复去杨杏佛家，杨也不在家，留了张便条：

> 才到奉谒，未晤为怅。顷去湘眉处，明早飞北京，虑不获见。北京闻颇恐慌，急于去看看。杏佛兄安好。志摩

晚饭在金陵咖啡馆吃茶并糕饼。

黄昏时分张氏夫妇回家后，知徐来过，恰好志摩来电话：

“是的，我来过了，晚上再来，我明天一定飞。”

湘眉怪志摩预先不写信，他们晚间有约。

“你们早点回来，我十点钟在家等你们。”志摩如此说。

“你九点半就来，我们一定早回家。”湘眉如此叮嘱。

九点半左右到张家，张夫妇尚未回来，独自烤火、抽烟、吃糖果，等候张夫妇回来。杨杏佛来电话，志摩邀他来张家。杨杏佛来了。张夫妇回家已是十

点多钟。韩湘眉说：

"志摩！我们来迟了，累你等候。"

"我很舒服，烤火，吃糖，杏佛又来了。"徐又说，"好，来来，我们继续讨论上次未完的题目。"

志摩这话，指前些天回沪路经南京时，他们曾讨论过的话题。

韩湘眉夫妇注意到志摩胖了，11日那天过南京时与往常无甚差异，相隔一星期竟胖多了，长脸几乎变成圆脸了。张歆海说，自从认识以来，未曾见过志摩有那夜的胖。韩湘眉说定是在上海作Good boy（意为乖孩子）吃得饱、睡得足的缘故。志摩当即说：

"哪里，说起又该挨骂了，我这一星期平均每夜睡不到五个钟头。"

屋里热脱去长袍，湘眉注意到志摩穿的西装裤子又短又小，腰间还破了个窟窿。志摩螺旋似的转来转去，寻一根久已遗失的腰带，引得湘眉夫妇大笑，志摩说临行仓促不管好歹抓来穿上的。说笑之间，湘眉似乎有所感，说：

"Suppose something happens tomorrow？"（意为不知明天会出事吗？）

徐顽皮地笑着说："你怕我死吗？"

"志摩！正经话，总是当心点的好。飞行员是中国人，还是外国人？"

"不知道！没关系，I always want to fly."（意为我一向要飞的。）

半晌，湘眉又说："你这次乘飞机，小曼说什么没有？"

志摩连笑带贫地说："小曼说，我若坐飞机死了，她作Merry widow。"（意为风流寡妇。）

杨杏佛接嘴说："All widows are merry."（意为凡寡妇皆风流。）

大家都笑了。谈笑中，涉及朋友，涉及志摩此后在北平的生活，涉及一团乱麻似的国事，不觉已是深夜。

杏佛要走，志摩说："一同走吧！"

握手话别时，湘眉说："杏佛还来，志摩是不来的了！"

——志摩出事后杏佛对湘眉说，她那晚连"常"字也掉了。

临行时，杏佛在前，志摩转过头，极温柔地像长兄一样，轻吻了湘眉的左颊。

湘眉和歆海要送他们到大门口，他们不许，便各道晚安。

湘眉说："志摩！到了北京，即刻来信，免得我们挂心。"

志摩答应着，湘眉又说："Let us hear from you before the week is out."（意为不出这星期就来信。）

"一定。"志摩说。

随之便是汽车关门，汽车喇叭响，走了。

以上情形，见韩湘眉《志摩最后的一夜》，载《新月》1932年第4卷第1期。

徐志摩当天曾去南京狱中探望蒋百里。蒋因与唐生智有联络，被南京政府拘捕，关押在三元巷总部军法处看守所待审。看望蒋与卖房有关，是来南京必办之事。时间当在18日下午去张歆海家之前。

当晚住何竞武家。

关于这一天晚上的情况，杨杏佛（铨）亦有记述。志摩遇难后，杨把志摩留给他的字条加跋后装裱，跋中概述当晚及第二天晨志摩的行踪：

志摩于二十年十一月十九日下午二时，在山东党家庄附近之开山飞行遇祸，此为其十八夜六时半过访不遇时所留之手笔。当晚在湘眉处狂谈至十二时始归，翌晨八时即北飞。竞武云志摩晨起即赴飞机场，十分匆促，故知所书为绝笔也。二十年十一月二十一日铨记

事见其子杨澄所写《徐志摩绝笔遗墨》，载《新文学史料》1982年第2期。

11月19日早上八点钟，乘“济南号”飞机从南京明故宫机场起飞。起飞前的情景，有人目睹，多年后追忆：

民国十九年，我在中国航空公司所属南京明故宫航空站服务。八点多钟，正驾驶王贯一与副驾驶刘职炎，乘着一辆小包车来了。车子里面，塞满大包小包的东西。王贯一一下车走向飞机时，神情委靡，频频打着哈欠。看样子头天晚上准是没睡好觉，他懒洋洋地将飞机察看一番后，随即吩咐在场的小工，将车里的东西搬上飞机，自己站在一旁监视。当时副驾驶刘职炎与我们在飞机旁边闲谈，据刘职炎说，王贯一昨晚赶着为女儿办嫁妆，同时也打了个通宵麻将。虽然精神不大好，可是因为在北平的女儿婚期已近，不得不勉强飞一趟以便把嫁妆及时送去。正谈论间，公司里的专车已驶到飞机跟前，送来了四位旅客。当他们鱼贯登机时，有位同事指指其中一个穿长袍、外罩黑呢子大衣的人对我说：“喏！你看，那个就是有名的文学家徐志摩。”

我还没来得及看清那个人的面貌，他已躬着身子钻进机舱里去了。接着机门立刻被人关上。发动机也开始转动起来。在一阵“隆隆”的机声中，我们目送那架客机缓缓地滑进跑道，然后在和煦的阳光中，徐徐升空。

事后公司方面透露：主要原因是驾驶员王贯一精神太差，飞行时精力不集中，以致糊里糊涂地肇成大祸。（湘江《忆徐志摩先生之死》，载1964年12月

18日台湾某报副刊。)

文中十九年当是二十年之误。据报纸报道，遇难的副驾驶员为梁璧堂。三十多年后的回忆，难免记错人名。目睹种种，当属可信。

九时在南京机场，有电报给梁思成夫妇，说下午三时准时到南苑机场，派车接。当是志摩付费，委托机场人员发出的。

十时十分抵徐州，曾发一信给小曼，说头痛不欲再行。前面引文中说四位旅客登机，可知在徐州有三位下机。十时二十分继续北行，飞抵济南附近党家庄时遇上大雾，飞机误触山头，机身着火遇难。终年三十五岁。

同日北京方面的情况。

下午三时，梁思成雇车来到南苑机场接志摩，至四时半无人可接，车回。

【申报19日济南专电】

济南号机失事·云中机触山尖油箱失火·两机师一航客烧成灰烬

今日京平航空公司济南号机，由飞机机师王锡五、梁璧堂驾驶，早十点二十分由徐州北开，除载邮件外，尚有该公司友人一，下午一点许飞抵津浦线济南站南三十里之黑（党）家庄站西南十二里、距路线四里馀开山地方，因天大雾，而对面不能见人，机触山头，将万斯林油箱发火，机由山顶落于谷内。津浦路警闻讯往视，见三人已烧成灰烬。一人尚能□□，机身只馀虚架，馀全烧毁，济南车务段长警务段长总部驻站办公室主任关世康，驰往察看，该公司驻济南事务员朱凤藻定明日往运该机与被难者，据闻王技术甚佳，今日实因天气太坏失事，又今日该公司由平南下徐州号机，到济南因雾大，停济南未开。

这是《申报》11月20日的报道。当天还不知道该公司友人即徐志摩。机师姓名也有误。同日，《北平晨报》也刊发了类似的消息。

《胡适的日记》11月20日条下载：

昨早志摩从南京乘飞机北来，曾由中国航空公司发一电来梁思成家，嘱下午三时雇车去南苑接他。下午汽车去接，至四时半人未到，汽车回来了。我听徽音说了，颇疑飞机途中有变故。今早我见《北平晨报》记昨日飞机在济南之南遇大雾，误触开山，坠落山下，司机与不知名乘客皆死，我大叫起，已知志摩遭难了。电话上告知徽音，她也信是志摩。上午，十点半我借叔永的车去中国航空公司问信，他们也不知死客姓名。我问是否昨日发电报的人，他们说是的。我请他们发电去问南京公司中人，并请他们转一电给山东教育厅长何思源。十二点钟，回电说是志摩。我们才绝望了。

下午，思成徽音夫妇来，奚若来，陈雪屏、孙大雨来，钱端升来，慰慈来，孟和来，孟真来，皆相对凄惋。奚若痛哭失声。打电话来问的人更无数。

朋友之中，如志摩天分之高，性情之厚，真无第二人！他没有一个仇敌：无论谁都不能抗拒他的吸力。

上文中孟和为陶孟和，孟真为傅孟真即傅斯年。

5．上海方面的祭奠活动

志摩去世后，北平和上海，都有悼念活动。比较而言，北平的悼念文章多些。上海的祭奠活动很是隆重，见到的资料却没有多少。

现在好了，有上海文史学者朱勇强整理出的资料汇编，名为《轮盘永转新月长悬——徐志摩治丧琐记》，可资征引，这上头的缺憾，可以补上了。还得说一下，此文早在2016年1月6日，就发表在福林先生办的“民国地图”公众号上。只怪我耳不聪来眼不明，见闻有限，直到朱勇强先生发给我，方才知晓。让我感慨的是，民间自有高手，他们搜罗之广，研究之精，不是我这样的二把刀可望其项背的。

上海方面的祭奠活动，最给力的是《申报》，资金上给力的当然是徐家，暗中出力的，还有其前妻张幼仪女士。

下面的文字，全是《申报》上的报道：

【申报10日南京专电】

京平航空定于十五日起，正式开航，每日上午七时半，京平对开一次，徐州、济南、天津沿站无线电，已装置齐备。沿途试行通电时，成绩均佳。开航后，先充分装载邮件，邮费规定每件重不过二十格兰姆，一千公里内者，收费一角五分，超过规定外者加倍，两月后再载乘客。

也就是说，志摩搭乘的飞机，主要负责邮件的运送，且11月15日才正式通航。他是在通航的第5天坐的飞机。对于载人来说，只能算是试航。

《申报》对飞机失事的报道，已见前节。21日的报道，就详细多了。指明失事的乘客，即是诗人徐志摩：

【济南号飞机失事沪讯·机师两人殒命，徐志摩亦遇难】

中国航空公司京平线之济南号飞机，于19日在济南党家庄附近遇雾失事，机既全毁，机师王贯一、梁璧堂，及搭乘客徐志摩，均同时遇难，华东社记者，昨住公司方面及徐家访问，兹将所得汇志如后。

△失事情形，济南号飞机，于十九日上午八时，由南京载邮件四十余磅，由飞行师王贯一、副飞行师梁璧堂驾驶出发，乘客仅北大教授徐志摩一人，拟赴北平。该机于上午十时十分飞抵徐州，十时二十分由徐继续北飞，是时天气甚佳，不料该机飞抵距济南五十里党家庄附近，忽遇漫天大雾，进退俱属不能，致触山顶坠毁，机身着火，机油四溢，遂熊熊不能遏止，飞机师王贯一、梁璧堂，及乘客徐志摩遂同时遇难。

△办理善后。事后，为津浦路警员发现，当即报告当地站长，遂由站长通知公司济南办事处，再由办事处电告公司。公司于昨晨接电后，即派美籍飞行师安利生驾飞机赴京，再转津浦车，驰往出事地点，调查真相，以便办理善后。公司方面并曾通知徐宅，徐宅方面，一方既嘱公司代为办理善后，一方亦已由徐氏亲属张公权君，派中国银行人员，径往料理一切。

△公司损失。济南号为司汀逊式，为十八年蓉沪航空管理处，从美国购入。马力为三百五十匹，速率每小时九十哩。今更装换新摩托，甫于二月初完成试飞，不意偶遇重雾，竟至失事，机件全毁，不能复事修理，损失除邮件等外，计共五万余元。

△徐氏小史。颇著声誉于文艺界，现方教授于北京大学，上星期乘京平线飞机来沪，探视其夫人陆小曼女士，尽伉俪之情，殊相得也。才五六日，以教务纷烦，即匆匆拟返，不意竟罹斯祸。当公司消息传达徐宅时，陆女士曾一度晕倒，徐与陆女士及陆老太太同居，据陆老太太语人，谓徐之乘坐飞机，系公司中保君健送往乘坐，票系公司所赠。言时且有悻悻之色。

△王梁略历。王贯一，山东平原人，年三十六岁，保定军官学校及南苑航空学校毕业，领得飞行毕业证书，曾充直隶航空队飞航员兼教官，航空署飞行员，国民第三军航空队队长，联军航空司令部第三分队队长，直军航空司令部航空队长，山西航空学校教官，山西航空队队附，沪蓉航空线飞机师，现任中国航空公司京平线飞行师。梁璧堂，河北肥乡县人，年三十六岁，保定军官学校及南苑航空学校毕业，曾任江苏航空队飞航员，航空署飞航员，东北飞行队

队员，现任中国航空公司京平线副飞行师。

△昨日停航。济南号肇事后，公司方面以济南方面重雾未散，为求旅客安全起见，故于昨日停航一日，如今日云散雾消，则仍照常飞航。

硖石徐府在《申报》刊登《讣告》，11月21日、22日、23日连续三天：

敬启者，本宅少主志摩于本月十九日，由京乘济南号飞机飞平，当日午后二时途经济南党家庄附近，遇雾出险，惨遭不测，本宅主人申如老先生命孙公子积锴遄赴，扶柩回沪，择日设祭，谨此讣告。硖石徐慎思堂账房谨启

【申报23日讯·徐志摩灵柩今日抵沪】

中国航空公司济南号飞机失事中罹祸惨毙之徐志摩氏，其灵柩已由济南直运来沪，进京时并未停留，故昨日预定赴京之诸亲友，遂亦留沪，据沪宅人云，灵柩约于二十三日下午可抵沪，将安葬于万国殡仪馆。唯徐之夫人陆小曼女士，自徐氏噩耗抵沪后，于伤感痛切之馀，已致疾病矣。（韩注，实际这天未抵达）

【申报同日讯·笔会昨日开会追悼】

笔会于昨日（二十二日）午刻，在大西洋菜馆开常会。到会成员及来宾叶誉虎、章行严、宋春舫、程演生、曾虚白、罗隆基、孟寿椿、赵景深、沈虚庵、曾今可、汪翰章、陈志群、邬翰芳、戈公振诸君，及应德蕙、王右家等。餐半，由孟寿椿君主席报告本会发起人徐志摩先生，乘飞机北上遇难情形，全体起立静默三分钟，表示哀悼，并议发行特刊，为徐先生留纪念。末后由戈公振君报告会务而散。

【申报24日上海电】

△徐志摩柩今日到沪

△徐之友人组织治丧会

济南号飞机遇险，焚毙诗人徐志摩及王梁两机师，现正由航空公司人员在济料理后事，徐氏棺柩今（二十四日）下午三时即可到沪，胡适之昨晚并有覆电致该公司，兹转各项消息，抄录如次。

△徐柩明日到。航空公司沪总办事处及京站办事处叠接徐志摩家属及徐氏友人函电，嘱于济南号出事次日，由京办事处派员到济，会同济南职员料理善后，徐氏家属派往人员，于二十二日到济，协助一切，徐氏尸体已经棺殓完事，徐柩今夜五时可抵浦口，明日下午即可到沪。

△组织治丧处。徐志摩先生遇难消息已志本报，兹闻徐氏在沪一班友人，已组织治丧处，并已推定江小鹣、王文伯，孟寿椿、宋春舫、潘光旦、邵洵美、董任坚、戈公振、罗隆基等，暂时主持一切，借威海卫路150号中社为办事机构。惟徐氏友人众多，仓促中未能普遍通知，该治丧处决定，本日在中社午餐晚餐，举行聚餐，凡徐氏友人关于治丧、致祭、追悼等事，有新建议或接洽者，本日随时可往中社里找治丧办事处接洽。

△机师柩厝济。王贯一、梁壁堂两技师之焦灼尸体，在济已经棺殓，暂厝济城，刻由该公司电知其家属，待其覆讯，即分道运柩至两技师之原籍安葬。

△胡适之覆电。据航空公司保君称，徐志摩乘机之心念，已非一日，屡欲试尝，不图一试而瞑目，遗恨黄泉，眷属失依。胡适之为徐氏挚友，惊闻恶耗后，即电致公司询问，由该公司保君健电覆胡适之后，昨晚又得胡氏覆电云：保君健先生，函电敬悉，已分发表，此间友朋，虽哀志摩惨死，亦知他久欲飞行之意，见诸诗文。济南不幸，适逢其会，遂使全国失一人才，深盼航空事业，能更谋安全，勿因志摩惨祸，而畏惧航空。胡适。

△京平机飞。京平航空自济南号失事后，连日阴沉，天气恶劣，京平两地航线，停飞三日，昨为星期一日，按例不飞，今晨如天晴气爽，即照常开航。

1931年11月25日《申报》刊出《徐慎思堂启事》：

敬启者，本宅少主志摩先生灵柩已于本月二十四日到沪，权厝胶州路万国殡仪馆，今日上午十时在馆设奠，择日公祭。如有祭奠追悼等事项，均请向威海卫路150号中社徐志摩先生治丧处接洽可也。

同时刊出的还有《徐志摩先生治丧处启事》：

诗人徐志摩先生于本月十九日因飞机失事在济南遗逝，先生故好莫不悲恸，为处理丧事起见，特设治丧处于威海卫路一五〇号中社，凡关祭奠追悼等事项均请向本处接洽可也。此启。

【申报26日上海讯】

徐志摩昨日大殓·治丧办事处筹备举行公祭

徐志摩先生灵柩，于前晚九时由京运沪，昨日在万国殡仪馆举行大殓，前往吊唁者三百余人。昨晚八时，徐先生之亲友，均在中社治丧办事处会商丧事善后，筹备于两星期内，举行追悼大会，并拟举行公葬仪式，至徐志摩先生创作，将搜集由新月书店出版志摩纪念号，以志不朽。

1931年12月1日《申报》刊出新月书店广告：

新月书店为纪念徐志摩先生廉价一个月
十二月一日起（四马路望平街新月书店）
现代文学丛书五十种预约期已绝止，
但在廉价期内仍照预约价出售

12月17、18、19接连三日《申报》刊出治丧处广告《恕讣不周》：

徐志摩先生痛于国历十一月十九日，因飞机失事终于济南附近开山之途次。距生于民国纪元前十六年一月十五日，即夏历清光绪二十二年丙申十二月十三日享年三十六岁。先生灵榇业于十一月二十四日运回沪上，权厝于万国殡仪馆，兹择日于二十日假静安寺路静安寺设奠领贴，恕讣不周，特此奉闻。

治丧处威海卫路中社

收件处静安寺路云裳公司

注意，静安寺路云裳公司，是志摩前妻张幼仪主持的企业。中社是个公司，收花圈、挽幛有不便处，故收件处设在云裳公司。

1931年12月20日，徐志摩追悼会在静安寺举行。12月22日《申报》以《徐志摩在静安寺设奠》为题，报道如下：

新诗人徐志摩，于上月十九日，乘济南号飞机赴平，在济南附近开山失事遇险。灵柩运沪后，即停厝万国殡仪馆。昨日在沪西静安寺开吊，上午八时起，吊客络绎不绝。礼堂满饰灯花，中为诗人半身像，高二丈余，奕奕神姿，栩栩欲活，厅屋三进，四周悬挽联。蔡孑民、叶玉虎、张啸林、梅兰芳、褚民谊、徐新六氏等，均有唁辞。尤以徐新六一联最为切当，句云：轮盘永转，新月长悬，虽死难忘裘丽亚；猛虎未除，翡翠终冷，此恨当作曼殊斐。盖集诗人作品名而成者。公祭团体，有新月同人，光华全体学生，笔会同人，中社同人，时代印刷公司，龙马影片公司及中公诗社同人等。徐氏生前故好，亦皆到齐，又银行界，法律界，文艺界中人，如叶恭绰、张公权、徐新六、谢寿康、罗隆基、王文伯、张慰慈、潘光旦、吴经熊、应时、杨杏佛、戈公振、钱瘦铁、陈小蝶、韩湘眉、唐瑛、江小鹣、张光宇、邵洵美、张振宇、林徽音、孟寿椿氏等，往来招待，极形忙碌。闻其灵柩，不久即运归硖石原籍。但其至友蔡孑民、叶玉虎、杨杏佛、胡适之氏等，并将发起公葬仪式，现正在作筹备中。

凡前往参加祭奠者，每人领到一个纸质的胸签，可挂在胸前。长条梯形，上窄下宽。上面有圆孔，可悬于纽扣上。上面是徐的头像，下面是竖行四句诗：

悄悄的我走了，
正如我悄悄的来。
我挥一挥衣袖，
不带走一片云彩。

落款是墨字手迹：志摩。

次日报上登出此胸签的照片，旁边的说明文字是：

已故新诗人徐志摩先生，于12月20日在静安寺设奠，吊客各赠以纪念品，佩之胸前，上为小像，下为诗谶。

哈，竟视志摩的名诗《再别康桥》，也有了谶意。

祭奠期间，《申报》上发表多位名人写的哀悼诗文，计有叶恭绰、贺天健、林守唐、杨杏佛、徐朗西、陶在东、刘海粟、黄炎培等，从略。

6. 北平方面的悼念活动

南边有志摩的家，有灵柩在，叫祭奠活动，北平这边，只能说是悼念活动。

过去一直认为，南边热闹些，北边冷清些。我的《徐志摩传》里，《本传》部分，说到北边的悼念活动，只有一句：

12月6日，北平召开徐志摩追悼会，地点在北京大学第二院。

全书所写，比这要丰富些。格于体例，几处都说到。在《交游》部分的《吴宓》一节中，说到吴这天参加了追悼会。在会场上作成挽诗，散会后，到对门景山书社，借用了他们的纸笔和地方，将诗写出，投寄给《北平晨报》。诗名《挽徐志摩君》，全诗云：

牛津花园几经巡，檀德支莱仰素因。
殉道殉情完世业，依新依旧共诗神。
曾逢琼岛鸳鸯社，忍忆开山火焰尘。
万古云宵留片影，欢愉潇洒性灵真。

在《吴世昌》一节里，写了《北平晨报》的学园副刊，一连多日载文纪念，并合集成书。此举引起了北大德文教授杨丙辰的不满，在百科学会的一次讲演中，猛烈地抨击了这种现象，且以《大诗人、天才徐志摩和他的朋友们》为名，在《北平晨报》刊出。吴世昌大为反感，著长文予以驳斥，编辑冰森先生嫌原名过长，刊发时改名为《论志摩》，分两天刊出。

在《周作人》一节里，说到周家里的一本《猛虎集》，是周“从志摩的追悼会出来，在景山书社买得此书”。

不管怎么说，跟南边的热闹相比，还是冷清了许多。

怪我见闻不广，现在更多的资料抖搂出来，情形又有了不同。

最显豁的是，杭州徐志摩纪念馆编的《太阳花》2020年第2期上，肖伊绯的一篇文章。其文名曰《徐志摩之死：北平追悼活动备忘录——以北平〈世界日报〉相关报道为中心》。

我又要当文抄公了。

此文开篇，先对胡适《追悼志摩》的迭次发表，做了一番考证。一般的说法，都说此文，刊载在《新月》第四卷第一期“特大号”上。因《新月》经常衍期，这期杂志又没有标明出刊时间，有人多方考证，印行时间当在1932年8月1日。胡适的文章，哪肯规规矩矩等这么长时间。其写作日期，文末标明“二十年，十二月，三夜”，即志摩遇难半个月之际。作者查阅发现，1931年12月15日出版的《上海画报》第771期上，辟有纪念徐志摩专版，头条文章正是胡适的《追悼志摩》一文。文前有编者按语，称：

新文学家徐志摩先生死了，南北故旧，都开会哀悼他，北平晨报特刊专号，胡适之先生撰文长数千言，对志摩的人生观，有很详细的评论，且发表三信，关于志摩与小曼夫人的婚姻，录下权当一哭。

也即是说，《上海画报》上的文章，是从《北平晨报》的特刊专号上转载而来。

肖伊绯先生言，据此可知，《北平晨报》特刊专号的发表时间，最接近胡适的写作时间。是否专为《北平晨报》特刊专号而写，还在两说。

肖先生在查阅台湾某图书馆藏书时，发现一种《追悼志摩》的单行本，内文仅11页。封面为胡适手书“追悼志摩”四字。肖先生推断，极有可能是在志摩追悼会上，单独发送的纪念物。

北平的追悼会，是12月6日开的，胡适此文，写于12月3日，其为追悼会而写，印成小册子在会上赠送，于情于理，都是可信的。过几天，才在《北平晨报》特刊专号上正式发表。《上海画报》是周刊，再过几天转载，就顺理成章了。

我曾在北京图书馆复印过《北平晨报》学园副刊上好几期的“纪念徐志摩专号”。林徽因的《悼志摩》，即载1931年12月7日这天的报上。似乎是头一期。“晨报学园纪念徐志摩专号”几个字，还是胡适的手笔。

不管怎样，有这一段考证文字，总算弄清一个事实：在北京大学第二院召开的这个追悼会上，有一项内容是，给每个与会者发了本《追悼志摩》的小册子。

肖伊绯先生的文章里，刊布的《世界日报》消息，在遇难后的处置上，上海方面的祭奠上，跟《申报》的报道没有什么区别。只是在有些地方，更能见出北平的特色，比如赴济南处理丧事，《申报》说到南边去的人，颇为详细，北边去的人，较为粗略，而《世界日报》的报道，对北边去的人，就说得具体了。且看下面两则报道：

1931年11月22日《徐志摩遗骸，将运上海暂厝》

北大教授徐志摩，日前乘中国航空公司飞机济南号机由京北返，在济南附近遇险殒命。平中各大学教授，徐氏好友颇多，北大张慰慈、清华张奚若及梁启超之子梁思成等，均于昨日下午五时，同乘平浦快车赴济，收殓徐氏遗骸，并办理一切善后事宜。拟将徐氏灵柩，运往上海暂厝，徐氏之遗著，亦将搜集汇编，以资传世云。

1931年11月26日《徐志摩灵柩，已离济南下》

北大教授徐志摩，日前乘济南号机惨死，其灵柩现已离济，胡适昨接济

电，原文如下：北平南长街中华教育基金会胡适之先生鉴，摩柩已离此，弟等宥晨返平。（下略）

电文中宥字，表示时间，指26日。此电极有可能是张慰慈所发。盖张系北大教授，与胡适最是亲近，发电告知，为份内事。

肖先生整理的这篇文章，最有价值的，是志摩去世周年与二周年，北平方面的纪念活动。

周年纪念，《世界日报》上是这样说的：

1932年11月19日《徐志摩周年祭，在米粮库胡适宅举行纪念，胡谓不取集会形式，无演说，不收礼》

去年今日，北大文学院教授徐志摩，自京搭乘飞机返平，机过济南附近失事。徐以身殉，徐之知友及海内知徐名者，莫不同声悼惜。今日适为徐逝世周年祭日，在平之徐氏友人胡适等，日前曾一度集议，筹商纪念办法，并决定届期借一公共场所，设位致祭。嗣因是日各处大多均有集会，乃改在后门内米粮库四号徐之故居（即胡住宅）举行。昨据胡氏语记者，谓此次举行徐志摩先生逝世周年纪念，并无何种仪式，仅在室内悬挂徐之遗像。凡徐之知好在十九日（即今日）下午二时至五时之间，可自由前往，行鞠躬礼或静默致哀，一听来者自便，不取集会形式。无演说，亦不收礼云。北平文艺界，识徐者甚多，想今日必有一番盛况也。

后门内米粮库四号，是胡适住所。这里的后门，我过去一直以为是指北海后门。后来知道是我理解错了，这里的后门，当指附近更重要的一个庭院或衙门的后门。

南方有周年祭，蔡元培等人去了硖石，没有二周年祭。

北方则有二周年悼念活动。仍是由胡适召集，地点变了，不像周年祭，是在胡适家。《世界日报》上是这样说的：

1933年11月20日《徐志摩逝世二周年纪念，平学术界昨在欧美同学会开会，蒋梦麟胡适等均到，当场成立志摩文学奖金会，并决定募捐办法》

北平学术界，昨日下午四时，在欧美同学会小客厅，举行故文学家徐志摩逝世二周年纪念会。到胡适、蒋梦麟、陶曾毅、梁思成、张奚若、陶履恭、沈性仁、吴世昌、沈从文、杨振声、宋兴愚、彭筌相、郑襄孙、林徽音、袁同礼等二十余人。各人到会，随到随行礼，并不举行仪式。会后，并举行志摩文学奖金会议。兹将各项情形，分志于左：

会场布置

礼堂设于欧美同学会小客厅，灵桌左右及后面，堆满菊花山，上置徐氏本身小影，下悬徐氏持菊之全身相片。盖徐氏生前最嗜梅花，故友侪特掇菊花山，藉资纪念。灵桌上设香炉一，燃有檀香，满室氤氲，与祭人随到随行敬礼，并静默三分钟志哀，行礼后，随入室旁休息。

奖金会议

至五时，即在休息室举行志摩文学奖金会议，由胡适主席，致开会词，略谓：光阴荏苒，志摩殉难之后，同人就计议永久纪念志摩办法两种：一，搜集志摩印行及未印作品，整理志摩通信与日记，俾刊行志摩全集。惟因志摩之作品，中英文俱有，分编上颇费时日，而通信以私人函件，不能发表者甚多，故此事筹办虽久，尚未办好。二，容易办者，厥为志摩文学奖金，宗旨为提携后来作家，及未得社会认识之少年作家。奖金办法，系予彼等名誉及经济帮助，此为志摩生前未竟之志，吾人纪念志摩，应先使此事成功。该项草案，早已拟就，因时局关系，故未实现。今日同人利用相聚一堂机会，开会讨论云云。嗣即开始讨论。

募捐委员

一、凡到会人员，统为志摩文学奖金发起人；二、通过募捐办法；三、推定基金募集总委员会九人，人选如下：（一）北平委员蒋梦麟、陶履恭、杨今甫、卓君庸、胡适、张奚若六人。（二）上海委员王文伯一人。（三）南京委员张慰慈一人。（四）武汉委员陈通伯一人，议毕即散会。

募捐办法

（一）由北平友人发起，推举五人至九人，成立基金募集总委员会，各地如有设分委员会必要，由总会决定后，推举该地朋友若干人组织分会。（二）募集的进行，仍依原定计划，以一万元为目标，但认捐者可以一次交纳，或于一年内分期交纳，其分期交纳者，由总委会按期发信，征收之款，按期即付收条。（三）至志摩逝世三周年纪念日，由总委员会总计收款之总数，作一报告，并由总委会依据募集成绩，拟具纪念奖金动用方法，及组织审查委员会之方法。（四）总委会应指定银行为基全存储机关。

从后来的事实看，募集奖金上，并未成功。出版全集事，也因收集书信困难而搁置起来。北平朋友们的诚意与热忱，则是不可否认的。

7. 下　葬

下葬所以要单列一节，是因为志摩墓曾被掘，有二次下葬之事。否则，说安葬就行了。

12月20日上海举行公祭之后，棺木仍暂厝万国公墓。第二年春天运回硖石，停柩于西山梅坛，各界公祭后，下葬于东山万石窝。

志摩下葬，其时父亲在，家中富裕，棺木墓室，都是很讲究的。这个且不必说，只要看一张墓园的照片就行了。照片曾载拙著《徐志摩传》初版插页，可参看。这张照片上，没有墓碑，只有背后一面石砌的矮墙，一人多高的样子。前面是一块高大的太湖石。那矮墙的正面，像是四层整齐的石块垒起，旁边又像是不规则的石块垒起的，应当说，肃穆与威仪，还是有的。想来这样的设计，也是当年的一种时尚。

只是在正面的石墙上，不是镌刻着墓主的姓名，而是黑漆写的一行行书字，道是：

诗人徐志摩之墓

落款：胡适。

在我的《徐志摩传》上，图下的注释是：

东山万石窝徐志摩墓。石碑未立之前，墓壁上胡适写的墓名，直到抗战胜利后，还是这几个字。

当时没有注明这句话，是从哪里来的，就这么写在书上。这么写了，总是有依据的。

现在要说的是，下葬了，墓园都围起来了，怎么就没有立碑呢?

这要怪徐申如老先生，爱子心切，又虑事不周，将原本可以一次做完的事，没有做成，延宕下来，遂成如此模样。

想来碑石是有的，至少现买也不是难事，难在由谁来写碑上的这几个字，还有碑阴的碑文。

徐申如原先的打算，是请凌叔华来写。儿子与媳妇离婚后，好长时间没定下再娶谁，老人在北京，想来是多次见过凌，印象甚佳，最希望儿子续弦的，就是这位才女。并非没有可能，在叔华这边，却是有禁忌的。

叔华也是姨太太所生，跟徽因一样，最忌的是给人做小。叔华在1925年嫁给了陈源，论才情，陈肯定在徐之下，但是对叔华来说，感觉就不同了。

请叔华来写碑文，可说是虑事不周，也可说是企望过奢。叔华与志摩之间的关系，不管两人怎样的清白，外界是有传闻的。志摩一死，与志摩有染没染的女人，都想的是撇清。活着的时候，传闻或许会成为情感进一步拓展的引线，其表白的功能，强似黑色的笔墨，扭捏间还可以说是遵从了民众的意志。别的女人是这样，叔华想来不会不是这样。现在老先生托人传话，说是想让她来写志摩的碑文，这不是要将她这条在水中自由自在游着的鱼儿，扔到岸上晾晒吗？她要写，身份是什么？前女友，还是未亡人？

但也不能说就不写，那样又对不起正在往西天路上走着的志摩。去西天的路上，不必风雨兼程，志摩就是闲庭信步听不见，多情的叔华还是一个不忍峻拒，那就只有拖着。总是拖了一个不短的时期，不知是申如老先生悟过来了，还是真的等不及了，便请了志摩生前最好的朋友胡适之来动笔。时间呢，我想该是1932年的秋冬之际，上海的一批朋友来硖石为志摩周年祭奠之前。因为这个时候，若墓壁上还秃着，徐家面子上就说不过去了。

这次请的是胡适，不用等，肯定及时办了。

墓碑还是没立，胡适的字，放大了描在墓园石壁上，就是前面说的样子。

胡先生的墨字，横向扁长而肢体舒展，如同美人坦陈榻上，别具风情。

周年祭奠的事，《申报》也刊出启事。

1932年11月17日刊出，名为【徐志摩先生逝世周年纪念公祭启事】：

本月十九日为徐志摩先生逝世周年纪念之日，同人等拟于是日上午由沪乘九时十分特快车，往硖石徐先生柩前致祭，下午五时四十一分快车回沪。凡徐先生亲友愿参加公祭者，请准时乘车在硖石站聚齐同往，此启。

发起人　蔡元培　徐新六　杨杏佛　王文伯　李青崖　潘光旦
张歆海　全增嘏　章克标　邵洵美　郁达夫同启

公祭发起人这么多，响应者应当还是有的，但是，真正去了的没有多少。后来报上发表了一张照片，是硖石“一同仁”照相馆老板宋少莲摄的。画面上一排人，略有参差，站在一处古建筑门前，自左至右，依次是：

蒋复璁　邢鹏举　谢寿康　邵洵美　王钰槐
张慰慈　唐　瑛　王文伯　杨杏佛　郑晓沧

当然不排除，有人来了，太匆忙，临到照相已走了。不管怎么说，去世周年之时，还有这么多好朋友，专程从上海赶来办个周年公祭，已是很让人感慨不已了。

墓园的正式完工，是在1947年徐申如先生去世以后。

老先生的墓址，也选在东山万石窝。夫人早就去世，老人不在了，正好合葬。这样的碑，说立就要立起。志摩坟前的碑，也就一起规划在内。此时硖石的张宗祥先生，已是书法大家，便请这位同乡，写了徐申如先生的，也写了志摩的。志摩碑上的字，仍是按照胡适题字的款式：

诗人徐志摩之墓

落款：张宗祥题

这些事，都是幼仪一手办的。不必说她任事劬劳，出钱就是了。女子储备银行的行长，办这样两个男人的事，不在话下。

接着说第二次下葬。

“文化大革命”初期，乡民误信志摩遗体的脑袋为金制，掘墓，墓石与墓碑均被人搬走。1981年硖石东山中学教员许逸云，发愿寻觅墓碑，终于在硖石乡下一处河畔寻获，只底部少有损坏，基本完好，仍有铁锤砸过的痕迹。后经陈从周、许逸云诸人呼吁，并得到海宁县政府的支持，把徐墓迁至硖石西山白水泉山坡，志摩次子德生墓地的上首。1982年冬动工，1983年春竣工，存心照原样修建，事实上已无可能，小了许多，也就失去了原先的堂皇景象。留心一下，就会发现，重立起来的墓碑矮了一些，这是底部因损坏而截短了。

旧墓室荡然无存，复墓时墓中无物可放，仅放置一块刻有铭文的庐山金星石。陈从周题，蒋启霆书，王运天刻。铭文为：

诗人徐志摩之墓。清光绪二十二年（一八九六）丙申农历十二月十三日酉时生，民国二十年（一九三一）辛未十一月十九日午时卒于山东济南党家庄附近之开山，终年三十六岁。次年春归葬浙江硖石东山万石窝，一九八三年春由海宁县政府迁葬于西山之原。爰以庐山金星石志其梗概。

原文无句读，标点是我加的。

附：年　表

1897年　1月15日生于硖石镇保宁坊徐氏老屋第四进楼上。农历为光绪二十二年（丙申）腊月十三日。

1901年　入徐氏私塾开蒙。

1905年　清廷废科举，各地立新式学堂。入硖石镇开智学堂（小学）读书。

1910年　旧历年底，开智学堂小学毕业。

1911年　春，入杭州府中学堂。上学期间，写《春游纪事》，文内自称徐志摩。

秋，辛亥革命起，府中停办，回硖石老家自修。

1913年　春，府中重新开办，入校读书。

1914年　夏，府中毕业。

1915年　10月，入北京大学预科。住锡拉胡同蒋百里宅。

12月5日与张幼仪成婚，未北上，就近入上海沪江大学预科读书。

1916年　6月沪江大学预科毕业，秋季开学后，转入本科。

冬，投考天津北洋大学法科特别班，录取。

1917年　春，入天津大学法科特别班。秋季开学后，北洋大学法科并入北京大学法科，来到北京，入北京大学法本科。住腊库胡同。

1918年　4月22日，长子徐积锴在硖石老宅出生。

夏，由内兄张君劢介绍，拜在梁启超门下。

8月14日，在上海乘南京号轮赴美。

9月4日抵美，入马萨诸塞州克拉克大学政治和社会学系。

1919年　夏，参加康乃尔大学夏令班学习，获4个学分。克拉克大学政治和社会学系毕业。

秋，入纽约哥伦比亚大学经济系修硕士学位。

1920年　秋，获哥伦比亚大学硕士学位。论文名为《论中国妇女的地位》。

8月1日，论文《社会主义之沿革及其影响》刊于上海出版之《政治学报》第2期。

9月24日，与刘叔和同船赴英。10月上旬到伦敦，入伦敦大学政治经济学院，完成硕士论文寄美。

年底，张幼仪到英，住伦敦中国留学生公寓。

1921年　春，经狄更生介绍，以特别生资格入剑桥大学国王学院研修。与张幼仪迁至沙士顿居住。

4月15日，论文《安斯坦相对主义（物理界大革命）》载《改造》第3卷第8号。

1922年　3月初，在柏林由吴德生、金岳霖等四人作证，与张幼仪签署离婚协议。

9月，自马赛启程回国。10月15日抵上海。

12月1日，与瞿菊农同行到北京。任松坡图书馆英文干事。

1923年　5月，翻译小说《涡堤孩》由商务印书馆初版。

暑期，应梁启超之邀，去天津南开暑期学校讲课两星期。

8月下旬，祖母去世，从山海关赶回奔丧。

9月28日（农历八月十八），邀胡适、朱经农、任叔永、陈衡哲、汪精卫等人，来海宁观潮。

1924年　3月，新月社成立。先在石虎胡同七号好春轩挂牌，后在松树胡同七号设立新月社俱乐部。

4月，泰戈尔访华，担任翻译。6月初送泰戈尔一行抵日本，又至香港始返回。

6月中旬，参观父亲与他人合资办的缫丝厂。

8月，与张海韵赴庐山避暑，翻译整理泰戈尔在华讲演。

秋，任北京大学教授。

11月，与陈西滢合译的《曼殊斐儿》，由商务印书馆出版。

1925年　约1月19日夜，与陆小曼突破“男女之大防”。

3月10日，起程经莫斯科赴欧。所持护照，身份为北京大学教授。

7月底，回到北京。

8月，诗集《志摩的诗》，由中华书局代印出版。

9月，接编《晨报副刊》，同时在北京大学任教。

1926年　4月1日，《诗镌》创刊，附在《晨报副刊》里发行。

6月，散文集《落叶》由北新书局出版。

10月3日，与陆小曼在北海公园画舫斋举行结婚典礼。婚后回硖石居住。

年底，避战乱迁居上海。

1927年　春季开学后，任光华大学英文系教授。

4月，翻译小说《英国曼殊斐儿小说集》由北新书局出版。

7月1日，新月书店正式开业。

8月，散文集《巴黎的鳞爪》由新月书店出版。

同月，与沈性仁合译的英国长篇小说《玛丽玛丽》由新月书店出版。

9月，诗集《翡冷翠的一夜》由新月书店出版。

1928年　1月，散文集《自剖》由新月书店出版。

3月10日，《新月》月刊创办。

6月15日，起程经日本赴美、英、印度等地游历。

7月，与陆小曼合著的剧本《卞昆冈》由上海新月书店出版。

11月，欧美游历归来，回到上海。

12月7日，赴北平探望病危的梁启超。

1929年　3月19日，泰戈尔出国途经上海，住徐宅两日。

4月10日，第一届全国美术展览会在上海开幕，志摩主持其事。

4月21日，参加胡适发起组织的平社第一次活动。

1930年　4月，短篇小说集《轮盘》由上海中华书局出版。

9月起，兼任南京中央大学外文系教授。

11月，发起成立国际笔会中国分会，任理事，未办成。

1931年　1月4日，到北平住胡适家，去沈阳看望林徽因的病情。

1月20日，主编的《诗刊》创刊。

2月24日，应北京大学教授之聘北上，住胡适家。同时兼任女子大学教职。

4月23日，母亲钱太夫人在硖石病逝，南归奔丧。

7月上旬，写成《醒世姻缘序》，随即回上海度假。

8月5日，北大中基会合作研究特款顾问委员会召开第一次正式会议，聘志摩为研究教授。

8月，《猛虎集》由新月书店出版。

10月间，去沈阳东北大学，与梁思成、林徽因小聚一两日即回北平。

11月11日，乘飞机由北平南下，当晚乘火车回沪。

11月19日上午8时，乘济南号飞机从南京起飞，10时10分抵徐州，10时20分继续北行，飞抵济南附近，遇雷雨触山，机毁遇难。

图书在版编目(CIP)数据

非才子的徐志摩 / 韩石山著. —上海：文汇出版社，2021.5

ISBN 978-7-5496-3472-9

Ⅰ.①非… Ⅱ.①韩… Ⅲ.①徐志摩(1896-1931)—传记 Ⅳ.①K825.6

中国版本图书馆CIP数据核字(2021)第045196号

(文汇传记)

非才子的徐志摩

丛书主编 / 周伯军
丛书篆刻 / 唐吟方
丛书策划 / 鲍广丽

著　　者 / 韩石山
责任编辑 / 鲍广丽
封面装帧 / 观止堂_未氓

出版发行 / **文匯**出版社
上海市威海路755号
(邮政编码200041)
经　　销 / 全国新华书店
排　　版 / 南京展望文化发展有限公司
印刷装订 / 上海新文印刷厂有限公司
版　　次 / 2021年5月第1版
印　　次 / 2021年5月第1次印刷
开　　本 / 720×960　1/16
字　　数 / 450千字
印　　张 / 25.25

ISBN 978-7-5496-3472-9
定　　价 / 88.00元